Sigrid Lamberg
Subsistenzökonomie in Nicaragua

Die Unterschiede innerhalb des Agrar-Sektors Nicaraguas, die von industrieller bis subsistenz-ökonomisch orientierter Produktion reichen, sind beträchtlich. Die Autorin konfrontiert den Einfluss von Liberalisierungsbestrebungen mit beschriebungen der Lebensrealität der *indigenen comunidades*, die auf der Basis von Subsistenzökonomie in den autonomen Gebieten leben. Im Mittelpunkt steht die Frage, ob die Subsistenzökonomie eine realistische »Alternative zur Entwicklung« darstellt oder ob sie einem verklärten sozialromantischen (Welt-)Bild unterliegt.

Die Autorin:
Sigrid Lamberg ist promovierte Sozial- und Wirtschaftswissenschaftlerin an der Johannes Kepler Universität Linz. Spezialgebiete: Entwicklungssoziologie, Stadt- und Regionalsoziologie, mehrmalige Reisen und Aufenthalte in Nicaragua.

Sigrid Lamberg

Subsistenzökonomie in Nicaragua

Perspektiven in einer sich
transformierenden Gesellschaft

Brandes & Apsel

Auf Wunsch informieren wir regelmäßig über das Verlagsprogramm:
Brandes & Apsel Verlag, Scheidswaldstr. 22, 60385 Frankfurt am Main,
Germany
E-Mail: info@brandes-apsel-verlag.de
Internet: www.brandes-apsel-verlag.de

wissen & praxis 157
1. Auflage 2010
© Brandes & Apsel Verlag GmbH, Frankfurt am Main
Alle Rechte vorbehalten.
DTP: Felicitas Müller, Frankfurt am Main
Umschlaggestaltung: Franziska Gumprecht unter Verwendung eines Photos der Autorin
Druck: Grafika Soča d.o.o., Printed in Slovenia
Gedruckt auf säurefreiem, alterungsbeständigem und chlorfrei gebleichtem Papier.
Bibliografische Information Der Deutschen Nationalbibliothek
Die Deutsche Nationalbibliothek verzeichnet diese Publikation in der
Deutschen Nationalbibliografie; detaillierte bibliografische Daten sind
im Internet über http://dnb.ddb.de abrufbar

ISBN 978-3-86099-668-3

Inhalt

Vorwort

Nicaragua kann wie ein Fieber sein, das einen befällt und nicht mehr loslässt. Freunde hatten mir schon von dieser »Gefahr« erzählt und gleich bei meiner ersten Reise hatte es mich erwischt. Aber eigentlich steckte das Fieber schon länger in mir. Ich hatte das Glück, die Faszination von Nicaragua mit meiner wissenschaftlichen Arbeit verbinden zu können, mich darauf einzulassen und während der vielen Stunden der Erarbeitung dieser, dieses Gefühl niemals verloren zu haben.

Ich möchte zu Beginn dieses Buches die Gelegenheit nutzen, um mich bei jenen Personen zu bedanken, die mich während meines Forschungsprozesses unterstützen haben und ohne deren Hilfe, die Umsetzung nicht möglich gewesen wäre.

Meinen herzlichen Dank gilt Tobias Eder, Michael Svoboda und Geri Trübswasser für das »Nicaragua-Fieber«, mit dem sie mich durch viele Gespräche und Berichte »angesteckt« haben. Während der Zeit meiner Feldforschung in Bilwi gebührt mein Dank vor allem der Mendoza-Familie; besonders Judith, Josefina und Yuri, die mich mit offenen Armen in ihrer Familie aufnahmen. Desweiteren möchte ich mich herzlich bei den Institutsmitgliedern von IREMADES der URACCAN in Bilwi bedanken: Tom, Soto, Yadder, Adonis und Cefe – vielen Dank für die vielen und hilfreichen Gespräche. Meinen ganz speziellen Dank möchte ich Clara Antonio ausdrücken, die mir nicht nur als Übersetzerin in den comunidades behilflich war, sondern mit der mich auch eine herzliche Freundschaft verbindet. Ohne ihre Hilfe hätte vieles nicht so einfach geklappt und der Forschungsaufenthalt wäre mir nicht so positiv in Erinnerung.

Besonders bedanken möchte ich mich für die inhaltliche Unterstützung und Auseinandersetzung mit meiner Arbeit bei Prof. Franz Nuscheler, der mir trotz meiner (teilweise) eigenwilligen Schreibweise immer ein konstruktives Feedback gegeben hat und damit viel zum Gelingen der Arbeit beitrug. Danken möchte ich auch Professorin in Gabriella Hauch, die mir eine Arbeitsatmosphäre am Institut für Frauen- und Geschlechterforschung geboten hat, ohne die ich meine Arbeit nicht in diesem Zeitraum hätte fertig stellen können. Besonders bedanken für ihre Freundschaft möchte ich mich bei Philip Glück, Evi Gmach, Sebastian Lasinger, Bettina Leibetseder und Stefan Leyerer.

Mein ganz besonderer und tiefer Dank für ihre Freundschaft, ihre emotionale Unterstützung und ihre fachliche Hilfe gilt Christina Altenstraßer, Nicole Schneeweis und Veronika Wittmann. Ohne ihre Unterstützung würde ich wohl nicht diese

Zeilen hier schreiben. Desweiteren möchte ich meinen Eltern und meinen drei Brüdern danken für den Weg, den ich aufgrund ihrer Unterstützung habe einschlagen können, auch mit dem Bewusstsein, dass sie immer für mich da sein werden.

Abschließend möchte ich der Johannes Kepler Universität Linz und den Grünen und Alternativen StudentInnen danken, die mir die Drucklegung des Buches ermöglicht haben.

1. Forschungsgegenstand und Forschungskontext

Das zentralamerikanische Land Nicaragua rückte durch die sandinistische Revolution und deren Scheitern in den 1980er Jahren in das Interesse der Weltöffentlichkeit. Der auf die Revolution folgende Bürgerkrieg wurde von den USA finanziell und personell mit beeinflusst, brachte schlussendlich die sandinistische Bewegung zu Fall und hinterließ ein Land, das durch jahrzehntelange Diktatur und den darauffolgenden Bürgerkrieg am Rand des Zusammenbruches stand. In Europa wurden aufgrund der Kriegswirren viele Solidaritätsgruppen gegründet, deren Verbindungen zum größten und nach Haiti zweitärmsten lateinamerikanischen Land bis heute noch vereinzelt bestehen. Vielleicht war es bis zu einem gewissen Grad auch die Revolutionsromantik, die faszinierte; mit Sicherheit jedoch wurde dieser »politische Kampf« unter der Prämisse wahrgenommen, dass ein Land nach jahrzehntelanger Diktatur, mithilfe einer am Sozialismus angelehnten »Revolution« versuchte, den Staat in eine neue Richtung zu lenken und danach aber auch am Widerstand der USA scheiterte. Diese Bilder waren es jedenfalls, die nach Europa herüberschwappten und besonders in den politisch linken Kreisen Widerhall fanden und auch den Grund für die Solidaritätswelle darstellte. Eine differenzierte Betrachtung der Revolution und der Rolle der SandinistInnen lieferte die zeitgeschichtliche Analyse; die Epoche erscheint auch heute noch für viele Menschen von Interesse zu sein, wie aktuelle Publikationen darüber zeigen.[1]

In das Blickfeld der internationalen Aufmerksamkeit rückte Nicaragua auch aufgrund von verheerenden Naturkatastrophen, wie bspw. Hurrikan *Mitch*, welcher im Jahr 1998 über 10.000 Menschen in Zentralamerika in den Tod riss. Honduras und Nicaragua waren jene Länder, welche von *Mitch* am stärksten betroffen waren.[2]

Nach der Wiederwahl des ehemaligen Präsidenten und sandinistischen Generals Daniel Ortega im Jahr 2006 waren die Erwartungen an den Machtwechsel, nach mehr als 16 Jahren (neo-)liberaler Politik[3], im zentralamerikanischen Land

---

[1]   Im Jahr 2007 erschien bspw. ein Photoband von Bujard, Otker und Wirper, Ulrich (Hg.): Die Revolution ist ein Buch und ein freier Mensch, indem anhand von politischen Plakaten die Zeit der sandinistischen Revolution aufgearbeitet wurde.

[2]   Im Herbst 2007 verwüstete der Hurrikan Felix die Atlantikregion in Nicaragua. Besonders die indigenen Gemeinden an der Karibikküste waren vom Hurrikan betroffen.

[3]   Im Kapitel 4.10 wird genauer auf die Politik in Nicaragua ab den 1990er Jahren eingegangen. Sie orientierte sich an den politischen Vorgaben des IWF und der Weltbank und verstand sich in der Tradition des Washington Konsens. Die Politik war geprägt durch Entstaatlichung, Deregulierung und durch Liberalisierung; anhand von Strukturanpassungsprogrammen durch den IWF wurde diese Politik vorangetrieben. So kam es bereits in der Regierungszeit von Doña Violeta zu einer Privatisierungswelle von staatlichen Betrieben und auch zu Kürzungen

groß. Auch die internationale Presse verfolgte die erneute Präsidentschaftswahl von Ortega, welche sich in den »Linksruck« der lateinamerikanischen Wahlergebnisse einreihte.[4] Nach knapp zwei Jahren Präsidentschaft von Ortega scheint den großen Erwartungen jedoch Ernüchterung gefolgt zu sein.[5]

Diese Informationen über das zentralamerikanische Land begleiteten mich während meines ersten »Nicaragua-Besuches«: Mit Gioconda Belli »Die Verteidigung des Glücks« (2000) und »Die Bewohnte Frau« (1989) trat ich dagegen meine literarische Reise an. Viele Gespräche mit FreundInnen, welche bereits in Nicaragua gelebt hatten, nährten mein Interesse. Durch diese Unterhaltungen wurde mir jedoch schnell bewusst, dass es in Nicaragua neben den herkömmlichen Heterogenitäten[6] eines »Land des Südens« noch eine zweite, jedoch auf den ersten Blick nicht wahrgenommene Kluft gibt; nämlich jene zwischen der Costa Caribe und dem Rest von Nicaragua. Diese Kluft macht sich nicht nur durch eine geographische Trennung bemerkbar, vielmehr zeigt sie sich auch an ihren ethnischen, kulturellen und sozialen Grenzen. Die Costa Caribe, zu der zirka die Hälfte des Territoriums des zentralamerikanischen Landes zählt, zeigt das andere, jedoch oftmals übersehene Gesicht von Nicaragua. Die sehr dünn besiedelte Region versteht sich selbst als multiethnisch: sechs unterschiedliche Bevölkerungsgruppen und indigene Ethnien leben in der Region und ebenso viele Sprachen prägen die Gesellschaft an der Atlantikküste. Die Region genießt Autonomiestatus und ist unterteilt in zwei Teilbereiche; die RAAN (Región Autónoma del Atlántico Norte) und die RAAS (Región Autónoma del Atlántico Sur).

Der Großteil der BewohnerInnen der Altantikregion lebt in indigenen Gemeinden, wobei die Subsistenzökonomie[7] innerhalb dieser comunidades die vorherrschende Wirtschaftsform darstellt. Gemeinschaftsbesitz von Boden, traditionelle (politische) Entscheidungsstrukturen innerhalb der indigenen Gemeinden, sowie territorial abgeschlossene Siedlungen, extreme Armut und eklatante infrastrukturelle Mängel bestimmen das Bild von der Region.

Diese Unterschiedlichkeiten innerhalb des Landes warfen viele Fragen auf,

---

im Sozialbereich bzw. im Bildungswesen.

4   Dazu werden unter anderem die Wahl von Evo Morales zum Präsidenten von Bolivien sowie die venezolanische Präsidentschaft von Hugo Chavez gerechnet.

5   Diese Einschätzung ergibt sich aus vielen Gesprächen mit den Menschen vor Ort während meiner Aufenthalte in Nicaragua und auch aus der Lektüre von Tageszeitungen im Lande (la prensa und el nuevo diario).

6   Wie bspw. ein hohes Maß an sozialer Ungleichheit, sehr unterschiedliche Partizipationsmöglichkeiten an Bildungsinstitutionen oder dem Gesundheitssystem uvm.

7   In Burkard (2000: 33) wird Subsistenzökonomie als Produktion für den Eigenbedarf verstanden, die (teilweise) auf minimale Kommerzialisierung abzielt.

auch in Hinblick auf mögliche Gemeinsamkeiten und gegenseitige Abhängigkeiten. Am 10. Oktober 2005 ratifizierte das nicaraguanische Parlament den DR-CAFTA-Vertrag; ein Freihandelsabkommen zwischen den USA, Honduras, Guatemala, El Salvador, Costa Rica, der Dominikanischen Republik und Nicaragua[8]. Das regionale Freihandelsabkommen zielt auf eine weitere gegenseitige Öffnung der Märkte ihrer Mitgliedsstaaten ab und verfolgt damit die Forcierung von bilateralen und regionalen Handelsabkommen, die sich nach den immer mühsamer gestaltenden globalen Liberalisierungsbestrebungen durch die World Trade Organisation (WTO) verstärkt bemerkbar machen.

Die nicaraguanische Wirtschaft ist agrarisch geprägt; mehr als 20% des BIP stammt aus dem Agrarsektor und ca. 30% der erwerbstätigen Bevölkerung arbeitet in der Landwirtschaft (vgl. Banco Central de Nicaragua 2007: 10 und CIPRES 2006: 54). Besonders dieser sehr verwundbare Sektor stand während der Verhandlungen des CAFTA im Zentrum und polarisierte die Bevölkerung. Exportchancen für Agrarprodukte (bspw. Rindfleisch, Tabak) wurden prognostiziert, aber auch Risiken für die Grundnahrungsmittelproduktion (bspw. Mais, Reis usw.) angesprochen. Der Pazifik- und Zentralraum von Nicaragua ist teilweise auf eine exportorientierte Landwirtschaft ausgerichtet, die sich im Spannungsfeld zwischen Chancen und Risiken durch das neue Freihandelsabkommen befindet.

Daneben existiert in Nicaragua eine Ökonomieform, welche grundsätzlich nicht in ein kapitalistisches Agrarkonzept passt – die Subsistenzökonomie der indigenen *comunidades*. Genau an diesem Punkt setzt der Untersuchungsfokus der vorliegenden Arbeit an: Welche Perspektiven hat die Subsistenzökonomie der indigenen *comunidades* innerhalb eines Landes, das verstärkt auf Liberalisierung des Agrarsektors setzt? Wo finden die indigenen Gemeinden Andockmöglichkeiten und mit welchen Produkten? Oder erfolgt durch das neue Handelsabkommen eine weitere Marginalisierung der Atlantikregion?

Diese Fragen verdeutlichen die Verbindung zwischen der regionalen (Mikro-) und der nationalstaatlichen (Meso-)Ebene und zeigen, dass eine Betrachtung der Mikroebene nur im nationalstaatlichen Kontext sinnvoll erscheint. Dabei wird besonders die Analyse des Agrarsektors von Interesse sein und diese auch den Fokus der Mesoebene bilden. Wenn der nationale Agrarsektor Teil des Untersuchungsgegenstandes ist, kommt die Analyse nicht ohne eine Auseinandersetzung mit dem CAFTA aus. Da keine Zollharmonisierung zwischen allen UnterzeichnerInnenstaaten des CAFTA-Abkommen in den Verhandlungen erreicht werden konnte –

---

[8]   In der vorliegenden Arbeit wird der Freihandelsvertrag oftmals nur mit der Abkürzung CAFTA versehen, jedoch werden darunter immer alle Mitgliedsstaaten subsumiert, so auch die Dominikanische Republik, welche als letzte in die CAFTA-Verhandlungen eintrat.

die einzelnen Staaten verfügen über eine sehr unterschiedlich strukturierte Landwirtschaft – wurden die Quoten und Übergangsfristen für den zollfreien Handel von Agrarprodukten bilateral zwischen der USA und den Einzelstaaten ausgehandelt. Für die KritikerInnen des CAFTA stellten diese bilateralen Verhandlungen eine Schwächung der Position der zentralamerikanischen Staaten dar, da es ihnen nicht gelang, ihre Kräfte zu bündeln und gemeinsam gegen die verhandlungsmächtigen USA aufzutreten.

Die Bestrebungen der USA, die Handelsliberalisierungen mit Hilfe von regionalen bzw. bilateralen Freihandelsverträgen zu ihren Gunsten voranzutreiben, stehen auch im Zusammenhang mit der geschwächten Verhandlungsmacht der WTO. Die Welthandelsorganisation musste ihr angepeiltes Ziel der Forcierung der globalen Handelsliberalisierung Stück für Stück zurücknehmen, da der Widerstand der Schwellenländer[9] besonders in Fragen der Agrarmarktliberalisierung wuchs und keine Einigung mit der auf eine protektionistisch orientierte Agrarpolitik setzende Europäischen Union und den USA erzielt werden konnte.

Aus dieser kurzen Darstellung wird ersichtlich, dass die nationalstaatliche Ebene in Nicaragua nicht losgelöst von den globalen Entwicklungen gesehen werden kann. Während die WTO-Verhandlungen stocken, forcieren bspw. die USA ihre bilateralen und regionalen Liberalisierungsbestrebungen. Dies macht deutlich, dass neben der regionalen und nationalstaatlichen Ebene auch eine Analyse der globalen Ebene notwendig ist. Nicaragua agiert nicht in einem autarken Wirtschaftsraum, sondern ist eingebunden in regionale, aber auch globale Marktstrukturen.

Die Makroebene dient somit einerseits der Beschreibung der weltweiten Entwicklungen im Bereich der Handelsliberalisierung und andererseits der Verortung der nicaraguanischen Wirtschaft innerhalb dieser. Genauso wie auf der Meso- und Mikroebene wird dabei das Hauptaugenmerk auf den Agrarsektor gelegt. Durch die strategische Bedeutung des Agrarsektors für viele Schwellen- und Entwicklungsökonomien wächst auch deren Bedeutung in den jeweiligen Verhandlungsrunden bspw. in der WTO.

Aber auch die USA und die Europäische Union verfolgen im Agrarbereich ihre eigene Strategie und setzten auf Schutz ihres Landwirtschaftssektors. Genau an diesem Punkt entzündet sich der Streit zwischen den an Wichtigkeit gewinnenden

---

[9] Schwellenländer werden auch als *Newly Industrializing Countries* (NIC) bzw. als *Newly Industrializing Economies* (NIE) bezeichnet; darunter wird ein Land verstanden, dass sich an einer Entwicklungsschwelle zu einem Industrieland befindet. Als Definition von Schwellenländern wird von internationalen Organisationen, wie bspw. der Weltbank oder der OECD, das Pro-Kopf-Einkommen, der Anteil der Industrieprodukte am Export, überdurchschnittliche Wachstumsraten der Wirtschaft als Kriterien herangezogen (vgl. Nuscheler 2004: 110 ff.).

Schwellenländern wie Indien oder Brasilien und den Industrienationen. Wenn der Fokus der vorliegenden Arbeit auf den Agrarsektor, sowohl auf staatlicher wie auch auf regionaler Ebene in Nicaragua gelegt wird, dann kann man nicht umhin, sich auch die internationalen Entwicklungen anzusehen, um ein stimmiges Bild zu erhalten.

Die vorliegende Arbeit in drei Ebenen gliedert, die ineinander greifen und sich auch aufeinander beziehen. Die Makroebene, welche den Schwerpunkt auf die internationale Agrarmarktliberalisierung legt; die Mesoebene, die sich mit der nationalstaatlichen Entwicklung des nicaraguanischen Landwirtschaftssektors auseinandersetzt und die Mikroebene, welche sich die spezielle Situation von indigenen Gemeinden ansieht, die großteils auf Basis von Subsistenzökonomie leben. Damit bilden diese drei Ebenen das Spannungsfeld, in dem sich die vorliegende Arbeit bewegt.

2. Theorien und Fragestellungen

Bevor eine nähere Auseinandersetzung mit den Forschungsfragen möglich ist, sollen zuerst die theoretischen Konzepte, die in der Arbeit Verwendung finden dargestellt werden. Die theoretische Klammer bilden dabei zwei sehr unterschiedliche Theoriekonzepte, welche sich aus verschiedenen Richtungen dem Untersuchungsgegenstand nähern: das Konzept der strukturellen Heterogenität und die Post-Development-Ansätze.

Das Konzept der strukturellen Heterogenität ist insbesondere für die Betrachtung des Einflusses nationaler und internationaler Liberalisierungsmaßnahmen auf eine Ökonomie, die sich durch große Heterogenität auszeichnet, von Interesse. In Nicaragua findet man dabei fast idealtypische Voraussetzungen: einen Agrarsektor, der großteils auf die Produktion von Agrarprodukten für den Weltmarkt ausgerichtet ist und einen zweiten Sektor, der fast ausschließlich zur Erzeugung der eigenen Subsistenz dient.

Als zweiter Theoriestrang dienen die Post-Development-Ansätze, die sich einer sehr kritischen Auseinandersetzung mit dem Entwicklungsbegriff stellen und die bis zu einem gewissen Grad in der Subsistenzökonomie einen Gegenentwurf zur herkömmlichen Wirtschaftsform sehen, die zu einer verstärkten Marginalisierung von weiten Bevölkerungsteilen der Länder des Südens geführt hat.

2.1 Konzept der strukturellen Heterogenität

Das Konzept der strukturellen Heterogenität, das den *dependencia*-Ansätzen[10] zurechenbar ist, trug dazu bei, das in der entwicklungspolitischen Debatte vor-

---

[10] Der dependenztheoretische Ansatz lehnt die These der Modernisierungstheorie ab, dass traditionelle Kulturen Hemmnisse für Entwicklung darstellen. Der Ansatz verfolgt vielmehr die Überlegung, dass die Ursachen für Unterentwicklung nicht in den Entwicklungsländern selber liegen, sondern dass sie durch externe, exogene Faktoren bestimmt sind. Diese entstehen primär durch die Eingliederung der Länder des Südens in internationale Wirtschaftsstrukturen. Es herrscht eine strukturelle Abhängigkeit der Länder des Südens (Peripherie) von den hoch entwickelten Industrieländern (Metropolen) (vgl. Kerner 1999: 21).

Der *dependencia*-Ansatz hatte ihren Ursprung in Lateinamerika; als einer der wichtigsten Mitbegründer diese Theorieströmung kann *Raúl Prebisch* benannt werden. Er und sein Kollege *Hans Wolfgang Singer* entwickelten die These der säkularen Verschlechterung der *terms of trade* für Primärgüter aus Entwicklungsländern. Der niedrigen Einkommenselastizität von Rohstoffen aus den Entwicklungsländern steht eine hohe von Fertigprodukten aus Industrieländern gegenüber, d. h. bei steigenden Volkseinkommen werden vermehrt Fertigprodukte

herrschende Dualismusmodell[11] aufzubrechen und den Glauben daran zu erschüttern, dass durch Wirtschaftswachstum alleine Unterentwicklung überwunden werden kann. Vielmehr trägt diese teilweise zur Verfestigung von Unterentwicklung bei. Das Dualismusmodell ging grundsätzlich von einer Dichotomie in den Entwicklungsökonomien aus: traditionelle vs. moderne; stagnierende vs. dynamische; marginalisierte vs. integrierte Sektoren. Dieses Konzept besagte, dass sich beide Sektoren unabhängig voneinander entwickeln werden; weiters wurde angenommen, dass die zwei Sektoren intern homogen wären. Unterentwicklung im Dualismusmodell erklärte sich nunmehr aus dem Widerstand des sogenannten traditionellen Sektors gegenüber dem modernen Sektor und unter Entwicklung wird in diesem Zusammenhang die Durchkapitalisierung und Integration des

gekauft, jedoch weniger Rohstoffe. Somit müssen Entwicklungsökonomien immer mehr Rohstoffe exportieren, um ihrerseits Fertigprodukte beziehen zu können. Nach der *Prebisch-Singer These* kommt es somit zu einem stetigen Realtransfer von den Entwicklungsländern in die Industrieländer und somit zu einer Zementierung der Unterentwicklung. *Raúl Prebisch* war über einen längeren Zeitraum auch Direktor der UN-Wirtschaftskommission für Lateinamerika (CEPAL – *Comisión Económica para América Latina y el Caribe*) und er empfahl seine theoretischen Konzepte und Handlungsalternativen den lateinamerikanischen Ländern für ihr realpolitisches Agieren. Die zentralen Aspekte dieser Politikempfehlung betrafen eine verstärkte regionale Wirtschaftsintegration und die Importsubstituierende Industrialisierung (ISI) (vgl. Nohlen 1999: 316). Das Entwicklungskonzept durch ISI definiert Hein (1994: 3) wie folgt:»›Entwicklung‹ wurde vor allem als Industrialisierung gesehen, und diese Industrialisierung sollte dadurch gefördert werden, dass zunächst bisher importierte Konsumgüter – nach denen also eine interne Nachfrage bereits bestand – nun im Lande selbst hergestellt werden. Der damit eingeleitete Industrialisierungsprozess würde dann wiederum zu einer Ausweitung der internen Nachfrage führen und so eine gewisse Eigendynamik in Gang setzen.« Die Politik der Importsubstituierenden Industrialisierung in Lateinamerika war jedoch aus diversen Gründen nicht erfolgreich (vgl. Hein 1994, Nuscheler 2004).

[11] Der Dualismusbegriff ist dem entwicklungstheoretischen Konzept der Modernisierungstheorie zuzurechnen. Man spricht auch von dualen Gesellschaften, in denen der traditionelle und der moderne Sektor beziehungslos neben einander stehen; der traditionelle jedoch als Hemmschuh wahrgenommen wird und überwunden werden muss zugunsten des modernen, kapitalistischen Sektors. Damit erklärt sich die Annahme der Modernisierungstheorien, dass die Ursachen der Unterentwicklung hauptsächlich in den Ländern des Südens selbst zu suchen sind – man spricht in diesem Zusammenhang von endogenen Faktoren.
Eines der bekanntesten Modelle des modernisierungstheoretischen Ansatzes bietet wohl die Stadientheorie von den US-amerikanischen Ökonomen *Walt Rostow*. Er skizziert dabei die fünf Stadien, die ein Land in seiner wirtschaftlichen Entwicklung durchläuft. Diese fünf Wachstumstadien bezeichnet er wie folgt: (1) die traditionelle Gesellschaft, (2) die Phase, in der die Voraussetzungen für den wirtschaftlichen Aufschwung geschaffen werden, (3) die Take-Off-Phase, (4) die Entwicklung zur Reife und (5) die Phase des Massenkonsums (vgl. Rostow 1960: 18ff.).

zurückgebliebenen, jedoch änderungsfähigen, traditionellen Sektors in den modernen verstanden.[12]

Das Konzept der strukturellen Heterogenität geht im Gegenteil davon aus, dass eine enge Beziehung zwischen den wie auch immer bezeichneten Teilsektoren innerhalb einer Entwicklungsökonomie bestehen.

> Der moderne (kapitalistische) und der sog. traditionelle (vorkapitalistische) Sektor sind in einen historischen Prozess eingebunden (…) Im Gegensatz zu modernisierungstheoretischen Perspektiven dualistischer Gesellschaften befinden sich strukturell heterogene Gesellschaften nicht in einem Übergangsstadium – der vorkapitalistische Sektor nicht im Prozess der Durchkapitalisierung und die gesamte Volkswirtschaft nicht im Prozess der fortschreitenden Integration und Homogenisierung –, sondern in einem Prozess sich fortlaufend reproduzierender struktureller Heterogenität. (Nohlen/Sturm 1982: 102).

Die beiden Sektoren agieren somit nicht autonom voneinander; der moderne Sektor dient vielmehr als Bindeglied zum Weltmarkt und auch als Überträger dessen Dynamik auf die nationale Ökonomie der »Entwicklungsländer«. Daraus ableitbar, definiert das Konzept der strukturellen Heterogenität eine andere Form zur Überwindung der Unterentwicklung: Nicht das Wachstum und die Expansion des modernen Sektors ist der Schlüssel, sondern vielmehr die Analyse der internen als auch der externen Faktoren, die strukturelle Heterogenität verursachen und aufrechterhalten.

Die Ursachen für strukturelle Heterogenität können in der strukturellen Abhängigkeit der Länder des Südens gefunden werden, wobei diese beiden Konzepte in einer engen Beziehung zueinander stehen. Wie bereits festgestellt wurde, definiert die Dependenztheorie Unterentwicklung nicht als eine Phase der »Entwicklungsländer«, die sie auf den Weg zur Industriegesellschaft durchlaufen müssen, sondern sieht die Unterentwicklung vielmehr als Struktur[13] innerhalb der Entwick-

---

[12] Das Dualismusmodell ging davon aus, dass aufgrund des »trickle-down effect« in gewisser Hinsicht alle Menschen von Wirtschaftswachstum innerhalb einer Ökonomie profitieren werden; auch wenn nicht alle im gleichen Umfang daran partizipieren.

[13] Senghaas (1974: 17) erklärt das Entstehen dieser Struktur wie folgt: »Wird eine derartige Arbeitsteilung (*Anm. Autorin: Senghaas beschreibt damit jene internationale Arbeitsteilung in der »Entwicklungsländer« Rohstoffe bzw. landwirtschaftliche Produkte zum internationalen Handel beitragen, wohingegen »Industrienationen« sich auf verarbeitete Produkte spezialisieren*) über Jahrzehnte – oder wie in diesem Fall über Jahrhunderte – hinweg systematisch betrieben, so entwickelt sich, als das Theorem vom komparativen Nutzen in der gängigen Außenhandelstheorie es nahelegt, notwendigerweise eine Kluft zwischen Industrienationen und den Lieferanten von nicht oder nur wenig verarbeiteten Produkten, die sich zu einer eigenständigen Struktur verfestigen.«

lungsökonomien. Das Konzept der strukturellen Abhängigkeit beschreibt dabei die externen, außenwirtschaftlich determinierten Bereiche dieser Struktur, und die strukturelle Heterogenität wiederum steht für den internen Bereich dieser Abhängigkeitsstruktur. Diese interne, deformierte soziale und ökonomische Struktur kann als Ergebnis von externen Faktoren wahrgenommen werden, wodurch sich argumentieren lässt, dass strukturelle Heterogenität die interne Konsequenz struktureller Abhängigkeit darstellt.

(...) strukturelle Heterogenität [ist] ein historisches Produkt der Eingliederung der Peripherien in den von den kapitalistischen Metropolen beherrschten Weltmarkt ... Durch diese Eingliederung wurden die vorkolonialen Gesellschaften Lateinamerikas, Asiens und Afrikas zu *Peripherien*, d. h. – politisch, ökonomisch, sozial und kulturell gesehen – zu verkrüppelten Anhängseln und Außenposten des metropolitanen Kapitalismus. Sie gerieten dabei nicht nur in Abhängigkeit; sie wurden vielmehr *strukturell abhängig*. (Senghaas/Menzel 1976: 60)

Strukturelle Abhängigkeit führt ihrerseits wieder nur zur »Entwicklung der Abhängigkeit« in den Ländern des Südens und zur Verfestigung der deformierten Wirtschafts- und Sozialstrukturen. Senghaas (1974: 24) sieht dies folgendermaßen: »Die in den Peripherien nicht zu den dynamischen Polen zu rechnenden sozioökonomischen Sektoren (z. B. Sektoren außerhalb von Enklavenwirtschaft und der Produktion innerhalb von multinationalen Firmen) werden, je nach den Bedürfnissen und Erfordernissen der dynamischen Sektoren, selbst partiell dynamisch oder aus der vorherrschenden Reproduktionsdynamik ausgestoßen, also in strukturelle Stagnation getrieben«.

Zu einer Verfestigung von Unterentwicklung kommt es nach Senghaas (1978: 67ff.) deshalb, weil die dynamischen Sektoren einer durch strukturelle Heterogenität deformierten »Entwicklungsökonomie« in Abhängigkeit zu den kapitalistischen Zentren stehen und dies zur Vertiefung der sektoralen Aufspaltung innerhalb der Länder des Südens beiträgt. Durch diese Verschränkung des »Zentrums« mit der »Peripherie« ist keine autonome Entwicklung möglich.

Aufgrund dieser Gegebenheiten kann strukturelle Heterogenität nicht als etwas Überwindbares innerhalb der bestehenden Strukturen begriffen werden, vielmehr stellt es eine überdauernde Eigenschaft der Beziehung zwischen Zentrum und Peripherie dar. In strukturell heterogenen Entwicklungsökonomien ist weiters eine steigende Anzahl von marginalisierten Bevölkerungsschichten anzutreffen. Der marginalisierte Sektor, wie bspw. die Subsistenzökonomie, wird durch die verstärkte Einbindung des dynamischen Sektors in die internationale Wirtschaft weiter abgedrängt, dient höchstens als Arbeitskräftereservoir, jedoch findet er, aufgrund der Ausgestaltung der peripheren Wirtschaftsordnung, keinen Anschluss.

Die VertreterInnen der *dependencia*-Ansätze können, grob zusammengefasst, in zwei Strömungen unterteilt werden, welche eine eventuelle Auflösung dieser Abhängigkeit der Entwicklungsökonomie von den Zentren anbieten und damit einen Weg zur autonomen Entwicklung zeigen könnten. Die Ungleichheit wird innerhalb der *dependencia*-Ansätze durch die Einbindung in die Weltwirtschaft und der daraus resultierenden Reproduktion von Abhängigkeit und Verfestigung von struktureller Heterogenität in den Peripherien erklärt. Daraus ableitbar werden zwei Richtungen innerhalb der *dependencia* diskutiert: Entweder soll es zu einer vollkommenen Herauslösung aus den globalen Strukturen kommen, oder versucht werden, diese aufgrund von Reformen gerechter zu gestalten.

Durch die Forderung einer Neuordnung der Weltwirtschaft, sowie von Veränderungen der globalen Rahmenbedingungen könnte eine Überwindung der strukturellen Abhängigkeit der Länder des Südens erreicht werden. Folgende Aspekte zur Neugestaltung der Weltordnung wurden von den VertreterInnen der *dependencia* diskutiert:

– Abbau protektionistischer Maßnahmen und Zugang zu den Märkten der Industrieländer,
– Regelungen und Kontrolle der Transnationalen Konzerne,
– stabilisierte Rohstoffpreise,
– eine Demokratisierung der internationalen Finanzinstitutionen,
– Erhöhung der Entwicklungshilfeleistungen der Industrieländer als Ausgleich für die Schäden des Kolonialismus usw. (vgl. Engel 2001: 29)

Vieler dieser Forderungen werden auch heute noch diskutiert und harren ihrer Umsetzung.

Die zweite Strömung und die wesentlich radikalere fordern die konsequente Herauslösung (*Dissoziation*) aus dem Weltmarkt, als einzige Lösung für die Beseitigung von Unterentwicklung.

Senghaas kann dieser zweiten Strömung zugerechnet werden. Er beschreibt Dissoziation für die Länder des Südens wie folgt: »Bruch mit der überkommenen exportorientierten Ökonomie und dafür Mobilisierung von eigenen Ressourcen mit dem Ziel der Nutzbarmachung solcher Ressourcen für eigene Zwecke. Im Einzelnen bedeutet das: Bruch mit einer Rohstoffproduktion, deren Wertschöpfung im Wesentlichen in den Metropolen erfolgt; Bruch mit einer exportorientierten Industrialisierung, die sich bald als kostspielig und als neue Sackgasse im Entwicklungsprozess herausstellen wird (…)« (Senghaas 1979: 390).

Die Idee der Dissoziation bzw. Abkoppelung vom kapitalistischen Weltmarkt gilt für die AnhängerInnen der *dependencia*-Theorien somit als einer der denkbaren Wege zur Überwindung von struktureller Abhängigkeit. In diesem Punkt treffen sich die in der vorliegenden Arbeit verwendeten Theoriekonzepte der strukturellen Heterogenität und die Post-Development-Ansätze, wobei jedoch ihr Zugang ein anderer ist. Auch einige VertreterInnen der Post-Development-Ansätze fordern die Abkoppelung vom Weltmarkt und versuchen sich dadurch der gängigen Entwicklungslogik zu entziehen.

Eine Abkoppelung vom Weltmarkt alleine funktioniert jedoch nicht, denn »(...) ohne Revolution gegen die prokapitalistischen Führungsgruppen in den Entwicklungsländern selbst ist diese Forderung nicht umzusetzen.« (Eßer 1979: 14). Diese Ansichten vertraten vor allem die marxistischen VertreterInnen der *dependencia*, zu denen auch bspw. Andre Gunder Frank zu zählen ist.[14]

2.1.1 Kritik an der Theorie der strukturellen Heterogenität

Ein Kritikpunkt an der *dependencia* und damit auch an der Theorie der strukturellen Heterogenität verweist auf die zu pauschal formulierten Aussagen, welche den Anspruch in der Theorie erheben, für alle Entwicklungsökonomien gleichermaßen gültig zu sein. Nohlen/Sturm (1982: 96f.) betonen bspw. dass die *dependencia*-Ansätze zwar als deskriptive theoretische Kategorie eine sehr interessante Perspektive eröffnen, jedoch in der realpolitischen Umsetzung wenig Antworten bieten. Boeckh (2004: 152) verweist ebenfalls auf die Mängel in der empirischen Umsetzung der *dependencia*-Ansätze. Speziell in Hinblick auf die Entwicklung der Schwellenländer würde das theoretische Konzept aufgeweicht, da genau in diesem Punkt die sehr unterschiedliche Entwicklungsdynamik innerhalb der Länder des Südens sichtbar wurde.

Bereits zu Beginn der 1980er Jahre konnte festgestellt werden, dass sich die »Entwicklungsländer« in unterschiedliche Gruppierungen (bspw. die Gruppe der 77[15]) zusammenfanden und von keiner Homogenität innerhalb der Entwicklungsökonomien auszugehen war. Auch torpedierte die Entwicklung der asiatischen Tigerstaaten die theoretischen Annahmen der *dependencia*, da besonders diese durch weltmarktorientierte Industrialisierungsstrategien (Strategie der Exportorientie-

---

[14] Eine Zuordnung der VertreterInnen zu den unterschiedlichen Strömungen in der Dependenztheorie findet sich bspw. in Kolland 2003: 57.

[15] Dieser Zusammenschluss von Ländern des Südens wurde 1967 in Algier (Algerien) gegründet, welche mit 77 Mitgliedsstaaten begann, aktuell jedoch schon 141 Staaten umfasst. Die Gruppe agiert im Eigenverständnis als »Gewerkschaft« der Länder des Südens (vgl. Nuscheler 2004: 89).

rung und Weltmarktintegration) unbestreitbare Wachstumserfolge erzielten (vgl. Engel 2001: 33).

All diese Kritikpunkte bzw. Gegenbeispiele für eine anders gestaltete erfolgreiche Entwicklung von Ländern des Südens ließen das allgemein gültige theoretische Konzept der *dependencia* an der empirischen Realität scheitern.

Für die im Forschungsinteresse stehende Entwicklungsökonomie erscheint jedoch die Theorie der strukturellen Heterogenität für die empirische Überprüfung deshalb besonders geeignet, da in Nicaragua eine fast idealtypische Ausgestaltung einer strukturell heterogenen Ökonomie vorzufinden ist. Aufgrund der geschichtlichen Entwicklung und der historischen Trennung von der *Costa Caribe* und dem Rest von Nicaragua; die traditionelle Subsistenzökonomie der indigenen Gemeinden einerseits und eine Agrarökonomie andererseits, die auf starke Exportorientierung setzt, bedingen diese »idealtypische Teilung«.

In der neueren Literatur zum Thema konstatiert Arturo Guillén (2006) eine Vertiefung der strukturellen Heterogenität in den Produktionssystemen und Sozialstrukturen der Länder Lateinamerikas durch das neoliberale Projekt, wobei dieses im Sinne des Washington Konsenses zu verstehen ist. Er beruft sich dabei auch auf jüngere Publikationen von Celso Furtado, einer der bekannten Vertreter der *dependencia*. Er beschreibt seine These wie folgt:

> Der Exportsektor, der den dynamischen Kern des neuen Modells bildet, ist vom Rest des Produktionssystems praktisch abgetrennt und daher nicht in der Lage, die Gesamtheit der Wirtschaft mitzuziehen. Da der Ökonomie ein interner Motor, also eine endogene Basis für die Kapitalakkumulation fehlt, ist sie unfähig, den technischen Fortschritt aufzunehmen und ihn auf den Rest des Systems auszubreiten.

Auch die Beziehung zwischen dem »modernen« und dem »rückständigen« Sektor sind komplexer geworden. Aufgrund der Veränderungen im Produktionssektor wurde die Sozialstruktur heterogener und Phänomene wie Informalität oder Migration in die USA (…) haben eine ungewöhnlich große Bedeutung erlangt. Die Eingliederung in die neoliberale Globalisierung hat keine Beschäftigung »höherer Qualität« nach sich gezogen, sondern die informelle Wirtschaft in einer noch nicht da gewesenen Weise expandieren lassen und zudem den formalen Sektor der Wirtschaft »informalisiert«. (Guillén 2006: 103).

Den von *Guillén* beschriebenen Phänomenen, wie zunehmende Marginalisierung von bereits benachteiligten Bevölkerungsgruppen, der Bedeutungszuwachs des informellen Sektors und die verstärkte Migration sind auch im Untersuchungsfeld nachzugehen. Durch die verstärkte Eingliederung in den zunehmend liberalisierten Weltmarkt kommt es, laut dem Autor, zu einer Vertiefung dieser Aspekte.

Wie zu Beginn des Kapitels festgehalten wurde, wird in der vorliegenden Arbeit nicht nur mit der Theorie der strukturellen Heterogenität gearbeitet, sondern es wird der Untersuchungsgegenstand auch anhand des theoretischen Konzeptes der Post-Development-Ansätze beleuchtet. Eine ausführliche Diskussion über die Entwicklung der theoretischen Ansätze innerhalb der Entwicklungsforschung wird in dieser Arbeit hintangestellt, da es dazu genügend Literatur gibt (bspw. Menzel (1992): Das Ende der Dritten Welt und das Scheitern der großen Theorien uvm.) und diese Diskussion nicht zwingend in der Arbeit geführt werden muss. Es sollte jedoch festgehalten werden, dass aufgrund der realpolitischen und ökonomischen Entwicklung zu Beginn der 1990er Jahre das Scheitern der entwicklungspolitischen Theorien konstatiert wurde (vgl. Menzel 1992).

Schurrmann (1993: 10f.) definiert dabei folgende Krisenfaktoren, die für dieses Scheitern benannt werden können:

- The realisation that the gap between poor and rich countries continued to widen and that the developing countries were unlikely to be able to bridge that gap whatever strategy they would follow.
- The realisation that developing countries, in the 1980s, were preoccupied with short-term policies aimed at keeping their heads above water in terms of debt. Policies did not take intermediate or long-term goals into consideration, nor did it seem likely that they would be able to do so in the future.
- The growing awareness that economic growth has had, and is having, a catastrophic effect on the environment. (…)
- The delegitimisation of socialism as a viable political means of solving the problem of underdevelopment. (…)
- The conviction that the world market is an over-arching whole which cannot be approached using development policies oriented at the national level. Individual nation-states are assigned an increasingly smaller function. Development-Theories, however, still used the nation-state as a meaningful context for political praxis.
- The growing recognition of differentiation within the Third World that could no longer be handled by global theories assuming a homogenous First and Third World. (…)
- The advancement of post-modernism within the social sciences, where there has been a tendency to undermine ›the great narratives‹ (capitalism, socialism, communism, etc.) by arguing that there is no common reality outside the individual. (…)

Die Auflistung verdeutlicht, dass die entwicklungspolitischen Bemühungen Entwicklungsländer und Industrienationen auf dasselbe wirtschaftliche und gesellschaftliche Niveau heranzuführen nicht funktionierten. Alle beiden großen Theoriekonzepte (Modernisierungstheorie und *dependencia*) boten keine adäquaten Antworten bzw. Lösungen für die von ihnen verfolgte Idee des Heranbringens von Entwicklungsökonomien an den Lebensstandard der Industrienationen.

An diesem Punkt setzen die für die vorliegende Arbeit relevanten Post-Development-Ansätze an: Wer definiert eigentlich Entwicklung, was bedeutet Unterentwicklung und welche Wege bzw. Richtungen sollten »unterentwickelte Ökonomien« einschlagen, um zu den »entwickelten« aufschließen zu können und gibt es überhaupt solche »Wege« (vgl. Leyerer 2007: 4f.). All diese Fragen ergaben sich für die TheoretikerInnen der Post-Development-Ansätze nach »dem Scheitern der Großen Theorien« (Menzel 1992).

2.2 Post-Development-Ansätze

Die VertreterInnen[16] des Post-Development-Ansatzes lassen sich schwer innerhalb einer Richtung zusammenfassen, weshalb auch eine klare Definition dessen, was eigentlich »Post-Development« sei, nicht leicht möglich ist. Als gemeinsamer Kernpunkt des Ansatzes kann jedoch die grundlegende Ablehnung des nach westlichem Vorbild geprägten Entwicklungsbegriffes in Theorie und Praxis genannt werden.

Die Diskussion über die Post-Development-Theorie wurde vor allem im angelsächsischen Sprachraum geführt, während im deutsprachigen Raum dieser Ansatz wenig Reaktion auslöste. In der Benennung »Post-Development« kann bereits ebenso die Grundthese dieses Ansatzes herausgelesen werden, welche besagt, dass das »Projekt der Entwicklung« gescheitert ist und die »Entwicklungsära« am Ende sei; die Suche nach einer »Alternative zur Entwicklung« müsste angetreten werden (vgl. Ziai 2006: 195).

Escobar (1995: 4), einer der bedeutendsten VertreterInnen der Post-Development-Ansätze, beschreibt das Ende der »Entwicklung« wie folgt:

> For instead of the kingdom of abundance promised by theorists and politicians in the 1950s, the discourse and strategy of development produced its opposite: massive underdevelopment and impoverishment, untold exploitation and oppression. The debt crisis, the Sahelian famine, increasing poverty, malnutrition, and violence are only the most pathetic signs of the failure of forty years of development.

---

16 Zu den wichtigsten VertreterInnen des Post-Development-Ansatzes zählen: Escobar, Arturo; Esteva, Gustavo; Rahnema, Majid; Sachs, Wolfgang; Shiva, Vandana.

Ein weiterer Vertreter des Post-Development, Wolfgang Sachs, beschreibt die Idee der Entwicklung als eine geistige Ruine in der intellektuellen Landschaft. »Sie überschattet unser Denken, aber gehört doch unübersehbar einer vergangenen Epoche an.« (Sachs 1992: 25).

Grundsätzlich erfolgte die Kritik der Post-Development-Ansätze am Entwicklungsbegriff auf drei Ebenen: als politisches Projekt, als gedankliche Struktur und als Begriff.

Zur Verdeutlichung des ersten Punktes, Entwicklung als politisches Projekt, kann die berühmte und oft zitierte Amtsantrittsrede von US-Präsident Truman 1949 als Ausgangsbeispiel herangezogen werden, in der er den »Kampf gegen die Unterentwicklung« mittels freiem Handel, Kapitalinvestitionen und Technologietransfer ankündigte. Für die VertreterInnen des Post-Development wird genau hier das politische Projekt Entwicklung sichtbar, da die »entwickelten Nationen« dieses nur aufgrund von eigennützigen außenwirtschaftlichen und geopolitischen Motiven verfolgen.

Der zweite Aspekt greift die ihr zugrundeliegende gedankliche Struktur auf und lässt sich ebenfalls in der Antrittsrede von Truman ablesen: Im Kampf gegen die Unterentwicklung definierte Truman, was »Entwicklung« bedeutete und zementierte damit auch eine Werteordnung. Der US-amerikanische Präsident Truman sprach davon, dass die westlichen Industrienationen die Verpflichtung hätten den »unterentwickelten Nationen« soweit zu helfen, dass sie damit den gleichen Wohlstand erfahren könnten, wie die Industrienationen selbst. Durch diese Aussage wurden die »entwickelten Nationen« zum anstrebenswerten Maßstab und mehr als »(...) zwei Milliarden Menschen [waren] plötzlich unterentwickelt.« (Esteva 1993: 90f.)

Durch diese dargestellten Problematiken liegt es auch auf der Hand, dass der Begriff »Entwicklung« alleine schon ein umstrittener ist und auch ganz schwer fassbar erscheint. Esteva (1985: 79) bezeichnet Entwicklung, in Anlehnung an Wolfgang Sachs[17], als »Amöbenwort« und sowohl durch das »politische Projekt« als auch durch die zugrundeliegende »gedankliche Struktur« erscheint der Begriff Entwicklung nicht mehr tragbar.[18] Damit wird auch klar, dass jegliche Idee

---

[17] Sachs (1992: 30) beschreibt weiters den Entwicklungsbegriff als inhaltsleer: »Inzwischen ist »Entwicklung« zu einem qualligen, amöben-gleichen Wort geworden. Es fasst nichts mehr, weil seine Konturen verschwimmen, und es ist unausrottbar, weil es sich überall breitmachen kann. Wer es ausspricht, benennt gar nichts, doch nimmt für sich alle guten Absichten dieser Welt in Anspruch. Zwar hat es keinen Inhalt, aber doch eine Funktion. Es verleiht jedem beliebigen Eingriff die Weihe, im Namen eines höheren, evolutionären Zieles vollzogen zu werden.«

[18] Eine gute Darstellung über die geschichtliche Herausbildung des Entwicklungsbegriff findet

einer »alternative Entwicklung« in den Post-Development-Ansätzen keine Zustimmung findet.

Esteva (1992: 56f.), ebenfalls ein bekannter Vertreter des Post-Development, zeigt sich sehr strikt in seiner Ablehnung des Begriffs »Entwicklung«:

> Was viele immer schon vermutet hatten, aber nicht zu sagen wagten, wurde jetzt unübersehbar: Entwicklung stinkt. Ein neues Establishment von Experten dokumentierte die an sich schon bekannten Fakten. Die Experten benutzen dabei so viel Duftwasser, wie sie konnten, um die Ergebnisse ihrer Untersuchungen schönzufärben, aber sie lieferten dennoch genug analytische Hilfe zu der einfachen Einsicht für die »Unterentwickelten«: Entwicklung ist ein gesellschaftliches Experiment im Weltmaßstab, das für die Mehrheit der Betroffenen entsetzlich fehlgeschlagen ist. Ihre Eingliederung in den Weltmarkt zu fairen und gleichen Bedingungen ist zunehmend undurchführbar, während sich der Abstand zwischen Zentrum und Peripherie konstant vergrößert. Die Realisierung der Entwicklungsziele wird nun auf einen zeitlich immer weiter entfernten Punkt verschoben (…), wodurch ihre wahre Natur bloßgelegt wird: Entwicklung ist ein heimtückischer Mythos, dessen bloße Existenz die Mehrheit der Weltbevölkerung bedroht, da er ihre üble Lage in einen chronischen Alptraum verwandelt – das ist die entwürdigende Modernisierung der Armut.[19]

Die (teilweise) fundamentale Kritik am Entwicklungsbegriff und die Forderung nach einer »Alternative zur Entwicklung« lässt die berechtigte Frage, welche Ziele die Post-Development-Ansätze verfolgen bzw. welche Inhalte sie vertreten, zu. Nach Escobar (1995: 215) lassen sich, trotz aller Unterschiede in den Ansätzen des Post-Development folgende Gemeinsamkeiten benennen:

- An interest in local culture and knowledge;
- a critical stance with respect to established scientific discourses;
- and the defense and promotion of localized, pluralistic grassroots movements.

Diese »Alternative zur Entwicklung« verorten die VertreterInnen des Post-Development-Ansatzes in lokalen Gemeinschaften, die sich auf traditionelle Wissenssysteme zurückbesinnen, welche basisdemokratische Entscheidungen für ihre Gemeinschaft treffen und ihre wirtschaftliche Existenz mittels Subsistenzwirtschaft behaupten. In diesem Kontext spielt natürlich die Wiedererlangung von kulturellen Identitäten eine entscheidende Rolle. Der Lebenskontext traditioneller indigener Gemeinschaften würde dabei diese Beschreibung schon sehr nahe kommen.

---

sich bspw. auch bei Gustavo Esteva 1993: 92ff.

[19] Es gibt auch noch extreme Bewertungen der Auswirkungen des »Projekt Entwicklung«; so sprechen Esteva/Prakah in diesem Zusammenhang gar von »Holocaust« und »Gulag«. An Polemik wurde in der Diskussion nicht gespart (vgl. Ziai 2004: 178).

Majid Rahnema, ein weiterer Vertreter der Post-Development-Ansätze, charakterisiert lokale Gemeinschaften wie folgt[20]:

- They have a certain organic consistency: in other words, their structures are a living tissue of social und cultural relations defining the activities of their members and protecting them against possible dangers. It is this tissue of human solidarities that preserves the community's immune system.
- They are generally formed by communities with a limited number of members.
- The cultural and material needs of these communities are, as a matter of principle, simple and restricted. What is considered to be necessary and desirable for them to live in dignity both by tradition and by their collective capacity to meet their culturally defined needs. A vernacular society does not believe that it must, at all costs, maximize its ›resources‹, for its functionality is not based on the idea that the needs of its members are without limits. On the contrary, greed being perceived as a vice, it considers that the restriction of needs to the minimum dictated by the socio-economic and natural environment ensures the cohesion of the social tissue, to the benefit of everyone.
- Although the activities recognized as economic or ›productive‹ play a leading role in the functioning of vernacular societies, they are always ›embedded‹ in socio-cultural relations. Their economy is a social affair in which the actors are involved with a view to strengthening the group's immune system. (…)
(Rahnema 1997: 113)

Die Propagierung von lokalen Gemeinschaften als Alternative zur Entwicklung, sowie die Charakterisierung von *vernacular societies* (ebd.: 112), gab Anlass, um die Post-Development-Ansätze zu kritisieren. In dem Aufsatz von Rahnema, der als einer der »radikalsten« Post-Developmen-Theoretiker einzustufen ist, vergleicht er »Entwicklung« mit dem HIV-AIDS-Virus (vgl. ebd. 116ff.).

Kritik an den Post-Development-Ansätzen

Die Kritik an den Post-Development-Theorien fiel scharf aus. Die Radikalität ihrer Ablehnung von Entwicklung und ihre vorgestellte Alternative dazu bot viel an Angriffsfläche. Der Bogen der Kritik spannt sich von der Feststellung einer Romantisierung vormoderner Zeiten hin zu einer zynischen Legitimation des Neoliberalismus[21], wobei weniger radikalere KritikerInnen vor allem das Fehlen von umsetzbaren und konstruktiven Alternativen bemängelten. Zu den wichtigsten Kri-

---

[20] Rahnema gebraucht bei dieser Charakterisierung lokale Gesellschaften die Metapher eines intakten Körpers bzw. eines intakten Immunsystems.

[21] Der Begriff Neoliberalismus wird hier im Sinne des Washington Konsens gebraucht, d. h. Entstaatlichung, Deregulierung und Liberalisierungsdruck sind die Ziele neoliberaler Politik.

tikerInnen der Post-Development-Ansätze zählen bspw. Frans Schuurman, Luuk Knippenberg und Ray Kiely.

Der Vorwurf, Post-Development liefere eine Legitimation des Neoliberalismus erscheint auf den ersten Blick verwunderlich, wobei bei genauerer Betrachtung durchwegs eine gewisse Logik dahinter erkennbar ist. Die Post-Development-Ansätze setzen genauso wenig wie der Neoliberalismus auf einen starken Staat, sondern sehen die Bewältigung von Problemen eher in lokalen Gemeinschaften oder in der Zivilgesellschaft als möglich an. Der neoliberalen Staat im Verständnis des Washington Konsens sieht es nicht als seine Aufgabe, den marginalisierten Bevölkerungsteilen zu helfen. Vielmehr sollten diese versuchen, sich mittels »Selbsthilfekapazitäten« selbst zu helfen.

Jedoch kann dieser vermeintlichen Affinität zwischen Post-Development und Neoliberalismus entgegengehalten werden, dass die Idee der Schaffung von einer entkoppelten Alternative zum Weltmarkt auch eine Gefahr für den neoliberalen Kapitalismus darstellt, weil diese natürlich zu einem Abzug von Arbeitskräften und natürlichen Ressourcen führen und auch das Konsumverhalten verändern würde.

Zudem wurden die Post-Deveolopment-Theorien mit weiteren Vorwürfen konfrontiert, wobei Ziai (2006: 202ff; 2004: 208ff) diese in vier »Hauptpunkte« zusammenfasst:

1. Unkritische Sichtweise gegenüber lokalen Gemeinschaften und kulturellen Traditionen. In der romantisierenden Sicht auf diese idealistische Lebensweise werden die realen und oftmals schwierigen Lebensbedingungen der Menschen ausgeblendet. Weiters wird das Bild eines herrschaftsfreien Raumes innerhalb dieser kleine Gemeinschaftsstruktur erzeugt, in denen alle gleichberechtigt partizipieren können.
2. Die radikale Ablehnung der Moderne und die aus ihr entstandenen Entwicklungen, wie bspw. die moderne Medizin erscheinen als nicht gerechtfertigt und zu pauschal.
3. Die positive Besetzung von kultureller Differenz und auch die Ablehnung von universellen Konzepten wurden von den KritikerInnen deshalb aufgegriffen, da sich daraus eine Unantastbarkeit von Gewalt und Unterdrückung in den lokalen Gemeinschaften ergibt. Als Beispiel wird die Genitalverstümmelung von Mädchen herangezogen.
4. Die Ablehnung der »modernen und westlichen« Werte innerhalb der Theorie und das von den Post-Development VertreterInnen beschriebene Alternativmodell muss sich den Vorwurf gefallen lassen, dass es in seinem Anspruch der Umsetzung genauso autoritär sei, wie das von ihnen verworfene.

Dieser erste Kritikpunkt wird auch von den Autoren Knippenberg/Schuurman (1994: 93f.) vorgebracht. Sie werfen den VertreterInnen der Post-Development vor, dass sie einen naiven Zugang zu den Bedürfnissen der Menschen in den Ländern des Südens verfolgen. Geweckte Bedürfnisse und die Erfahrung von Mangel können nicht so einfach zu Seite geschoben werden.

»Thus, the solution to underdevelopment as proposed by many of the authors in *The Development Dictionary*[22] is astonishingly naive in is simplicity: let the poor in the Third World forget about needs which resemble our needs. Let them forget about wanting a standard of living which the North has, let them forget about wanting a decent house, access to health care, employment etc.«

Ohne jedoch genauer auf die Rezension der Kritik an den Post-Development-Ansätzen einzugehen, sollte abschließend festgehalten werden, dass diese nicht an allen AutorInnen geübt werden kann. Einige von ihnen warnen vor der Idealisierung lokaler Gemeinschaften und sprechen sich explizit gegen die Vorstellung eines unberührten herrschaftsfreien sozialen Raumes aus und sind somit auch jenen TheoretikerInnen zuzurechnen, die innerhalb der Post-Development-Ansätze einen differenzierteren Zugang verfolgen und deshalb auch die Vorwürfe relativieren können (bspw. Escobar 1995).

2.2.1 Subsistenzökonomie als Perspektive der Post-Development-Ansätze

Als eine Antwort auf das »Scheitern von Entwicklung« wird von einigen VertreterInnen der Post-Development-Theorien die Subsistenzökonomie als mögliche Alternative propagiert. Die Subsistenz-Sicht ist in der theoretischen Auseinandersetzung im deutschsprachigen Raum mit Namen wie Maria Mies, Claudia von Werlhof oder Veronika Bennholdt-Thomsen verbunden; ebenso wie mit der indischen Feministin Vandana Shiva.

Sie ist aus der Kritik an der Praxis und Theorie der Entwicklungspolitik entstanden. Dabei werden ein Ansatz der Wirtschaft von unten verfolgt und Perspektiven aufgezeigt, wie Menschen ihren Alltag, ihr Zusammenleben, ihr Essen, ihr Trinken, ihre Kleidung, ihr Wohnen, ihr Auskommen, kurz ihre Subsistenz, produzieren (vgl. Bennholdt-Thomsen/Holzer 1999: 13f.).

Im Konzept der Post-Development-Theorien wird Subsistenzwirtschaft teilweise in lokalen Gemeinschaften verortet. Carina Milborn stellte nachfolgende Kriterien für eine subsistent lebende Gemeinschaft auf:

– Eigenständigkeit im Sinne von Autonomie

---

[22] Das angesprochene Buch *The Development Dictionary*, herausgegeben von Wolfgang Sachs, gehört zu den zentralen Publikationen innerhalb der Post-Development-Ansätze.

- Selbstgenügsamkeit im Sinne eines Nicht-Expansionismus
- Aus-sich-selbst-Bestand-Haben im Sinne kultureller Identität
- Subversivität im Sinne des Sich-Entziehens von dem vorherrschenden (kapitalistischen) System (vgl. Milborn 1999: 61).

Neben diesen vier Aspekten wird oftmals die Idee des Gemeinschaftseigentums als ein weiteres zentrales Merkmal von subsistent lebenden Gemeinschaften definiert (vgl. ebd.: 68).

Die genannten fünf Kriterien können bei idealtypischer Betrachtung auf den Untersuchungsgegenstand der Mikroebenen in der vorliegenden Arbeit angewandt werden. Die indigenen *comunidades* der nördlichen Atlantikregion in Nicaragua leben großteils noch auf Basis von Subsistenzökonomie. Das Land, welches sie bestellen, gehört der Gemeinschaft, Individualbesitz gibt es innerhalb der *comunidades* nicht. Die Bewahrung der kulturellen Identität (bspw. die eigene Sprache) und die politische Selbstverwaltung innerhalb der Gemeinden sind weitere Aspekte die diesem Idealtypus entsprechen würden. Die konkrete Darstellung der tatsächlichen Ausgestaltung der Lebenssituation der Menschen innerhalb der indigenen Gemeinden wird Bestandteil eines Teiles dieser Arbeit sein.

Das Konzept der strukturellen Heterogenität und die Post-Development-Ansätze stellen somit jene Theorien dar, mit denen der Untersuchungsgegenstand näher analysiert wird. Ausgehend von diesen Theorien wurden in der Auseinandersetzung mit dem komplexen und ineinander verwobenen Forschungsfeld die relevanten Forschungsfragen formuliert. Wie bereits dargestellt sind in der vorliegenden Arbeit drei Ebenen miteinander verwoben. Diese Ebenen können nicht unabhängig voneinander gesehen werden und erzeugen durch ihre konsequente Analyse ein logisches Gesamtbild. Das theoretische Konzept der strukturellen Heterogenität bietet dabei das Analyseinstrument, um die Auswirkungen der ökonomischen Einbindung Nicaraguas in den Weltmarkt, mit Fokus auf den Agrarsektor, sichtbar zu machen, wobei sie für alle drei Forschungsebenen herangezogen wird.

Die Post-Development-Ansätze setzen mit ihrer Kritik von »Entwicklung« an dem Punkt an, der besagt, dass durch die Anbindung an den »Weltmarkt« und durch die Forcierung der »Entwicklungsideologie« breite Bevölkerungsgruppen in die Marginalisierung abgedrängt werden. Dieser Ansatz kann als Bindeglied zwischen der Meso- und Mikroebene verstanden werden. Auch die Theorie der strukturellen Heterogenität benennt als Konsequenz der deformierten Einbindung der Entwicklungsökonomien in den Weltmarkt, dass sich dadurch »Unterentwicklung« in den Ländern des Südens manifestiert und schlussendlich auch zu einer verstärkten Marginalisierung breiter Bevölkerungsschichten führt.

Die Subsistenztheorie, als eine »Alternative zur Entwicklung« im Sinne der Post-Development-Ansätze, bietet ihrerseits einen Gegenentwurf zum herkömmlichen liberalen Ökonomieverständnis und weist einen Weg, abseits von ökologischen, kulturellen und sozialen Zerrissenheiten, um ein gutes ökonomisches und menschliches Auskommen zu finden. Dabei stehen vor allem die indigenen Gemeinden in der Nordatlantikregion in Nicaragua im Interesse der Analyse.

Die Forschungsfragen wurden nach der Auseinandersetzung mit der dargestellten Theorie und mit der verfügbaren Literatur noch vor dem Forschungsaufenthalt in Nicaragua formuliert. Wie es nicht anders zu erwarten war, veränderten sich während der Forschung vor Ort einige Fragestellungen bzw. kamen neue hinzu. Als »Schreibtischtäterin« aus einem komplett anderen kulturellen Background kommend waren einige wichtige Fragen zur Annäherung an den Forschungsgegenstandes noch nicht sichtbar, weshalb es in einer entwicklungssoziologischen Arbeit mit diesen Fragestellungen notwendig war, in das »Feld« zu gehen und dadurch den Blick zu schärfen.

Die Nachzeichnung des Prozesses der Veränderung der Forschungsfragen vom »Schreibtisch« ins »Feld« ist nicht Bestandteil dieser Arbeit; jedoch alleine der Hinweis erscheint wichtig, um sich auch klar zu machen, dass (wichtige) Aspekte einer entwicklungssoziologisch orientierten Arbeit durch Feldforschung Veränderungen erfahren. Diese Erfahrung kann mit Sicherheit von der Mehrzahl der WissenschafterInnen bestätigt werden, die Forschungen in Ländern des Südens machen bzw. gemacht haben.

2.3 Forschungsfragen nach Forschungsebenen

Wie bereits oben dargestellt wurde, erfolgt die Analyse der vorliegenden Arbeit auf drei Ebenen, wobei nochmals darauf hingewiesen werden soll, dass diese drei Elemente miteinander verwoben sind:

- die globale (Makro-)
- die nationalstaatliche (Meso-) und
- die regionale (Mikro-) Ebene.

2.3.1 Globale Ebene

Folgende Forschungsfragen sind für die Aufarbeitung der globalen Ebene von Interesse, wobei an dieser Stelle festgehalten werden muss, dass diese Ebene deskriptiv bearbeitet wird.

– Die Länder des Südens können nicht als homogene Gruppe gesehen werden, vielmehr sind sie durch Heterogenität geprägt. Ermöglicht diese Tatsache eine gemeinsame Position der Länder des Südens im Rahmen der WTO-Verhandlungsrunden zu Fragen im Bereich zur Agrarmarktliberalisierung?

– Welche Konsequenz bzw. Forderungen für die Produktion von Grundnahrungsmitteln können aus der aktuellen Nahrungsmittelkrise gezogen werden? Welche Rolle spielt dabei die nationale kleinbäuerliche Landwirtschaft und inwieweit kann (konnte) ihre Existenz sichergestellt werden?

– Welche agrarischen Produkte produziert Nicaragua für den internationalen Markt? Welche Probleme bzw. Gefahren ergeben sich daraus für das zentralamerikanische Land?

2.3.2 Nationalstaatliche Ebene

Für die Mesoebene kann, angelehnt an die Theorie der strukturellen Heterogenität, folgende zentrale Forschungsfrage gestellt werden: *Führen weitere Liberalisierungsbestrebungen im Agrarbereich (Etablierung des CAFTA) zu einer Vertiefung der Marginalisierung der autonomen, vorwiegend indigenen Gebiete des zentralamerikanischen Landes?*

Diese Frage verfolgt ebenso das Ziel, eine Brücke zwischen der Meso- und der Mikroebene zu schlagen. Die weiteren Forschungsfragen zur Mesoebene dienen der Verdichtung der zentralen Fragestellung und der deskriptiven Beschreibung des im Forschungsfokus stehenden nationalen Agrarsektors.

– Mit welchen strukturellen Schwierigkeiten kämpft der *primäre Sektor* in Nicaragua? Welche Gefahren ergeben sich aus einer agrarwirtschaftlich orientieren Exportindustrie?

– Welche Agrarbereiche bzw. ProduzentInnen werden durch das CAFTA profitieren – welche werden zu den VerliererInnen zu zählen sein? Wie wird das CAFTA den landwirtschaftlichen Sektor von Nicaragua beeinflussen?

– Welche Produkte aus der *Costa Caribe* werden für den nationalen bzw. internationalen Markt hergestellt bzw. abgebaut? Ist dabei eine differenzierte Einbindung der einzelnen Gruppen bzw. Ethnien der *Costa Caribe* feststellbar?

– Wie stellt sich die Marginalisierung der *Costa Caribe* im nationalstaatlichen Kontext aktuell dar und worin ist sie begründet?

2.3.3 Regionale Ebene

Der Fokus der Feldforschung wurde auf die Mikroebene gelegt, wobei durch Reisen und Aufenthalte in indigenen Gemeinden ein Eindruck über die Lebensbedingungen der Menschen vor Ort erzielt werden konnte. Für die Mikroebene wurde vor allem mit den Post-Development-Theorien gearbeitet. In Teilen der Post-Development-Ansätze erscheint die Subsistenzökonomie als ein Ausweg, als eine »Lebenssicherung« jenseits von »Entwicklung«. Eine der zentralen Forschungsfragen auf der Mikroebene kreist um diesen Themenkomplex: *Kann die Subsistenzökonomie zur »Lebenssicherung« der indigenen comunidades in der RAAN beitragen, oder dient sie vielmehr nur mehr als »Überlebenssicherung«?*

Die nachfolgenden Forschungsfragen dienen der Ausdifferenzierung der Problembereiche innerhalb des Forschungsfeldes auf der regionalen Ebene. Die Sozialstruktur der *Costa Caribe* ist eine durch Heterogenitäten geprägte, in der auch politische Aspekte mitbedacht und berücksichtigt werden müssen.

- Inwieweit haben die regionalen Institutionen die Möglichkeit, die nationalen politischen Entscheidungen mit zu gestalten? Welche Rolle spielt die RAAN auf nationalstaatlicher Ebene?
- Mit welchen zentralen Problemen sind die RAAN und die *comunidades indigendas* konfrontiert und führen diese zu einer weiteren Verstärkung der Marginalisierung der Region? Welche Vorschläge zur Verbesserung der Situation der *comunidades* werden diskutiert? Wer diskutiert sie und erfolgt dies in Zusammenarbeit mit *lideres* der *comunidades*? Werden dabei die unterschiedlichen kulturellen und traditionellen Zugänge der *comunidades* bzw. auch Ethnien berücksichtigt?
- Welche Rolle spielen das Autonomiegesetz und die Fragen zu Landtitelrechten? Konnten durch diese gesetzlichen Regulative positive Veränderungen herbeigeführt werden?
- Ist die Form der Subsistenzökonomie innerhalb der RAAN noch die vorherrschende Ökonomieform? Welchen Transformationen wurde die RAAN, auch aus historischer Sicht, unterworfen und wieweit beeinflusste dies das Leben der indigenen Gemeinden? Kann dabei von einer homogenen Veränderung in der ökonomischen Position der unterschiedlichen gesellschaftlichen Gruppen und Ethnien ausgegangen werden oder sind dabei Unterschiede wahrnehmbar?
- Sind die gesellschaftlichen Gruppen und indigenen Ethnien in der RAAN von nationalstaatlichen Entwicklungen unterschiedlich betroffen? Wenn ja, auf welche Ursachen kann dies zurückgeführt werden?
- Welche Auswirkungen hat der Faktor Bildung auf die Entwicklung der Region und mit welchen Schwierigkeiten sind dabei die indigenen Gemeinden konfrontiert? Gibt es einen Zusammenhang zwischen Zugang zu Bildung und Migration?
- Welche Rolle spielen die *remesas* für die wirtschaftliche Entwicklung der RAAN?

Nach der Ausformulierung der Forschungsfragen wird im nächsten Schritt die methodische Umsetzung beleuchtet. Die Impressionen des Forschungsaufenthalts müssen dabei Berücksichtigung finden, um nachvollziehbar zu machen, wo sich etwaige Probleme durch das Forschen im »Feld« ergeben können. Zudem sollen auch Eindrücke eines »Forschens« in einem anderen kulturellen, ökonomischen und sozialen Kontext vermittelt werden.

3. Feldforschung: Herausforderungen und Probleme

Der verwendete Methoden-Mix beruht auf der qualitativen Sozialforschung und bedient sich zur Materialerhebung der Dokumentenanalyse, teil-strukturierten Interviews, ExpertInneninterviews und teilnehmender Beobachtung.[23]

Wie bereits aus dem methodischen Zugang ersichtlich ist, bedurfte deren Umsetzung einer Feldforschungsphase[24]; von Februar 2007 bis August 2007 wurde diese »Feldphase« in der nördlichen Atlantikregion in Nicaragua durchgeführt. Als erste Anlaufstelle während meines Aufenthaltes in Bilwi[25] diente die URACCAN (*Universidad de las Regiones Autonomas de la Costa Caribe de Nicaragua*).[26] Die Universität, welche als sehr ambitioniertes Projekt seit Anfang der 1990er Jahre an mehreren Standorten[27] in den autonomen indigenen Gebieten von Nicaragua aktiv ist, bot mir die Möglichkeit während meines sechsmonatigen Forschungsaufenthalt dort ein Büro mitbenutzen zu können und damit in Austausch mit dortigen WissenschafterInnen treten zu können. Mein spezieller Dank gilt dabei dem Institut IREMADES (*Instituto de Recursos Naturales Medio Ambiente y Dessarrollo Sostenible*) der URACCAN in Bilwi. Die MitarbeiterInnen am Institut, welche eher durch Zufall auf meine Person gestoßen wurden[28], halfen mir mittels vielen

---

23 Kohl (1993: 110) geht in seinem Einführungsbuch über die Ethnologie und den Methoden der ethnographischen Feldforschung, in Anlehnung an den bekannten Ethnologen Bronislaw Malinowski, davon aus, dass in der teilnehmenden Beobachtung, der Akt des »Beobachtens« kein bloßer passives Aufnehmen visueller Sinneseindrücke ist. Vielmehr ist es ein zielgerichtetes Hinsehen, das Vorwissen benötigt, um auch das sehen zu können, was vorhanden ist. Weiters ist es für ihn notwendig, dass der/die ForscherIn sich vorbehaltlos am Leben der »Beforschten« teilnimmt.

24 Mayring (1993: 38) definiert Feldforschung als eine Form von Forschung, die »ihren Gegenstand in möglichst natürlichem Kontext untersuchen [will], um Verzerrungen durch Eingriff der Untersuchungsmethoden bzw. durch die wirklichkeitsferne Außenperspektive zu vermeiden.« Als eine der wichtigsten Methoden der Feldforschung gilt die teilnehmende Beobachtung.

25 Bilwi ist die Bezeichnung der Regionalhauptstadt der autonomen Region Atlántico Norte, Puerto Cabezas, in der indigenen Sprache der Miskito. Die Miskito sind die größte indigene Gruppe in Nicaragua und sind vor allem in der nördlichen Region des autonomen Teiles von Nicaragua vertreten.

26 Eine nähere Auseinandersetzung mit der URACCAN folgt im Verlauf der Arbeit.

27 Im Spanischen werden sie als *recintos* bezeichnet.

28 Trotz vorheriger Kontaktaufnahmen mit der Universität und Gesprächen mit VertreterInnen während eines Forschungsaufenthaltes in Jahr 2006 in Nicaragua waren die zuständigen Personen im *recinto* Bilwi nicht informiert, dass ich kommen werde. Somit »improvisierte« die Universitätsleitung und verschaffte mir einen Arbeitsplatz am Institut für nachhaltige Ent-

Gesprächen das Forschungsfeld besser greifbar zu machen und meine Forschungsfragen zu adaptieren und zu ergänzen.[29]

Die Interviewleitfäden[30] für die ExpertInneninterviews und die teil-strukturierten Interviews wurden während der Anfangsphase des Forschungsaufenthaltes ebenfalls überarbeitet und mit neuerworbenen Informationen vom Forschungsfeld erweitert. Die ExpertInneninterviews[31] wurden für die Mikroebene in Bilwi durchgeführt, wobei hier ExpertInneninterviews mit VertreterInnen der regionalen Regierung, der *alcadia*[32] in Bilwi, verschiedenen nationalstaatlichen Institutionen, lokalen und internationalen NGOs, KirchenvertreterInnen, usw. durchgeführt.

Neben den ExpertInneninterviews wurden in indigenen Gemeinden Daten durch teil-strukturierte Interviews erhoben. Nach Atteslander (1995: 162) handelt es sich »bei der teil-strukturierten Form der Befragung (…) um Gespräche, die aufgrund vorbereiteter und vorformulierter Fragen stattfinden, wobei die Abfolge der Fragen offen ist. Die Möglichkeit besteht (…) aus dem Gespräch sich ergebende Themen aufzunehmen und sie von den Antworten ausgehend weiter zu verfolgen.«

Die Interviews in den *comunidades* erfolgten großteils in der indigenen Sprache Miskito. Spanisch ist in den Gemeinden die erste Fremdsprache; die älteren Generationen, bedingt auch durch den Bürgerkrieg, hatten großteils keine Gelegenheit, Spanisch zu lernen bzw. überhaupt eine Schulbildung zu erfahren. Aber auch für die jetzt schulpflichtigen Kinder ist aufgrund der schlechten infrastrukturellen Ausgestaltung des Schulsystems das Erlernen der spanischen Sprache kein Selbstverständnis.[33]

Diese sprachliche Einschränkung machte es notwendig, mit Übersetzung zu

---

wicklung (IREMADES), dessen Mitarbeiter bis zu meiner Ankunft nichts davon gewusst hatten.

29   Ich habe mir während dieser Zeit am Institut oftmals die Frage gestellt, ob dies an einer österreichischen Universität einfach so möglich gewesen wäre und aus meiner praktischen Arbeitserfahrung an einer solchen, kann ich dies nur verneinen. An einer Universität hier wäre es nicht so einfach, dass eine Forscherin aus einem komplett fremden Kulturkreis, ohne vorherigen langwierigen Abklärungsprozess, so unkompliziert einen Platz zum Arbeiten findet.

30   Die Interviewleitfäden befinden sich im Anhang der Arbeit.

31   Nach Meuser und Nagel (1991) definiert Flick (2006: 139f) das ExpertInneninterview als eine Form, in der die/der Interviewte nicht als ganze Person von Interesse ist, sondern als ExpertIn für ein bestimmtes Handlungsfeld gesehen wird. Das ExpertInneninterview ist kein leichtes und biete viele Aspekte, welche zum Scheitern führen können; laut Flick spielt dabei die Frage, ob es gelingt, die interviewte Person auf das interessierende ExpertInnentum begrenzen zu können, eine entscheidende Rolle.

32   *Alcadia* ist die spanische Bezeichnung für das Amt des/der BürgermeisterIn.

33   Eine nähere Betrachtung der Probleme des Schulsystems in der RAAN erfolgt in Kapitel 7.

arbeiten, d. h. von Miskito ins Spanische und umgekehrt.[34] Wenn mit Übersetzung gearbeitet wird, kommt es zwangsläufig zu Ungenauigkeiten; die Antworten wurden nicht zur Gänze übersetzt und deshalb gestaltete sich das Nachfragen schwieriger. Zu lange Gespräche zwischen der Übersetzerin und mir führten zum Stocken des Interviewflusses und wirkten sich daher eher negativ auf das Gespräch aus. Ohne genauere Erklärung des Erzählten war es aber wiederum für mich schwer, bei gewissen Punkten nachzuhaken. Diese sprachliche Problematik floss natürlich in das Antwortverhalten der befragten Personen ein, da auch keine gezielten Nachfragen möglich waren. Neben der sprachlichen Komponente gab es weitere Aspekte, die Einfluss auf die Interviewsituation hatten.

Einer dieser Aspekte betraf die Erwartungshaltung der interviewten Personen mir gegenüber. Trotz des »Rituals« meiner Übersetzerin vor jedem Interview genau zu erklären, wer ich sei und warum ich diese Gespräche führen wollte, sahen viele der interviewten Personen in mir eine weitere Vertreterin einer Entwicklungsorganisation.[35] Die indigenen *comunidades* in der Region sind seit Längerem beliebte »Objekte« diverser Entwicklungsprojekte. Die Sinnhaftigkeit bzw. Unsinnigkeit der Arbeit der ONGs (*Organización no gubernamental*) in den Gemeinden ist nicht Teil der vorliegenden Auseinandersetzung, nur soviel kann dazu gesagt werden, dass sie mit Sicherheit das Bild von *extranjeros* prägen.

Diese teilweise vorgenommene Kategorisierung als Mitarbeiterin einer ONG muss im Antwortverhalten mitberücksichtigt werden; es kann davon ausgegangen werden, dass bis zu einem gewissen Grad die Gegebenheiten in den Gemeinden

---

34 An dieser Stelle möchte ich Clara Antonio nochmals danken, die mich auf meinen Reisen in die *comunidades* stets begleitet hat und als Übersetzerin fungierte. Ohne ihre Hilfe, ihre Orts- und Sprachkenntnisse wäre es für mich unmöglich gewesen, einen »Feldzugang« zu bekommen. Ein weiterer positiver Aspekt, welcher sich immer wieder während unserer Reisen in die Gemeinden bemerkbar machte und auch zu einer höheren Akzeptanz beitrug, war die Tatsache, dass Clara die Schwester der aktuellen Superintendentin der Morava-Kirche in Nicaragua ist. Die *iglesia morava* hat besonders in den indigenen Miskito-Gemeinden einen großen Einfluss und spielt im alltäglichen Leben der Menschen eine zentrale Rolle. Deshalb ist auch die oberste Vertreterin der Kirche eine sehr bekannte Person; das Verwandtschaftsverhältnis von Clara zu ihr trug sehr viel dazu bei, dass der »Zugang« zu den InterviewpartnerInnen in den *comunidades*, trotz der dargestellten Problematiken, ein so einfacher war.

35 Im Kontext der Interviews in den *comunidades* aber auch auf der Ebene der ExpertInneninterviews wurde in diesem Zusammenhang oftmals der spanische Ausdruck ONG (*Organización no gubernamental*) verwendet. Im Grunde kann nicht davon ausgegangen werden, dass alle Entwicklungsorganisationen den Status von einer Nichtregierungsorganisation inne haben; bei manchen dieser Organisationen besteht eine enge Verbindung zu den Regierungsstellen der jeweiligen Länder. Im »Feld« fand diese Unterscheidung jedoch nicht statt, vielmehr wurden alle Entwicklungsorganisation unter den Oberbegriff ONG subsumiert.

schlechter dargestellt wurden, als sie in Realität gegeben sein dürften. Für viele meiner InterviewpartnerInnen erschien es wenig verständlich, warum jemand von Europa in die Region reist, um hier »bloß« Informationen über das Leben in den *comunidades* zu erfahren.[36]

Die ersten Ansprechpersonen in den bereisten *comunidades* waren die traditionellen *líderes*.[37] Ohne ein klärendes Gespräch mit den VertreterInnen der Gemeinden wären keine Interviews möglich gewesen; oftmals wurden auch Interviews mit ihnen durchgeführt, da sie über viel Wissen zu der ökonomischen Situation und der Geschichte ihrer *comunidad* verfügen. An diesem Punkt muss ein weiterer »Verzerrungseffekt« angeführt werden; die InterviewpartnerInnen in den Gemeinden wurden ausschließlich von den *líderes* vermittelt, d. h. sie trafen die Auswahl, wer mit uns redete und wer nicht.[38] Dabei kann mit Sicherheit bemängelt werden, dass die politische Führung der Gemeinde eine Selektion vorgenommen hat, jedoch hätten wir ohne die Vermittlung der *líderes* nicht mit den Menschen sprechen können. Die *líderes* dienten einerseits als Brücke zu den anderen GesprächspartnerInnen, andererseits konnten wir sie dadurch nicht selbstständig auswählen.

In der Feldforschung muss Bedacht genommen werden auf die Rahmenbedingungen vor Ort und somit muss auch den im Untersuchungsfokus stehenden Subjekten innerhalb ihrer traditionellen Ordnung begegnet werden. Während einer Interviewsituation in den *comunidades* kam es vor, dass aus einem Einzelinterview eine Gruppendiskussion wurde. Das Interview war mit den *juez* der *comunidad* geplant, jedoch fanden sich zu Beginn des Interviews weitere *líderes* ein und wollten sich beim Gespräch beteiligen. Es wäre unhöflich gewesen und hätte auch nicht den üblichen Gepflogenheiten entsprochen, die anderen Personen aus der Interviewsituation auszuschließen, da es in den Gemeinden üblich ist, Dinge gemeinsam auszudiskutieren. Ohne Respekt der Regeln in den *comunidades*

---

36 In einer Gemeinde wurde uns von einem traditionellen Führer nahe gelegt, die Messen am Abend zu besuchen, um damit zu zeigen, dass wir mit »guten Absichten« und mit Respekt gegenüber den Traditionen der Gemeinde gekommen sind. Wir nahmen bei der Messe am Abend auch teil und wurden durch den Priester der Gemeinde vorgestellt, der mein Ansinnen erklärte. Da fast die gesamte Gemeinde bei dieser Messfeier anwesend war und da unsere Anwesenheit auf viel Zustimmung stieß, erfuhr auch meine Person größere Akzeptanz, das mir wiederum den Zugang zu meinen InterviewpartnerInnen erleichterte.

37 Die genauere Darstellung der traditionellen politischen Struktur und die gewählten VertreterInnen erfolgt in Kapitel 4.8.1.

38 Die Ethnologie verwendet dafür den Begriff des/der Informanten/in. Diese Person dient als MittlerIn zwischen den »Untersuchungsfeld« und der/des Forscherin/s, jedoch hat die Person auch eine Funktion innerhalb der untersuchten Gesellschaft. Die Problematik, die sich daraus ergibt und die teilweisen schwierigen Situationen, die daraus für ForscherIn entstehen können, werden von Karl-Heinz Kohl (1986) eindrucksvoll beschrieben.

wären Interviews nicht möglich gewesen. Alleine jedoch der Hinweis auf diese Problematik darf in einer Abhandlung über die Erfahrungen in der Feldforschung nicht fehlen.

Zur praktischen Durchführung der Interviewphasen in den *comunidades* ist folgendes zu sagen: Die Forschungsaufenthalte erstreckten sich immer über mehrere Tage; die Gründe dafür waren unterschiedlich, einerseits konnte dadurch ein besserer Zugang zum Feld erreicht und auch teilnehmende Beobachtung angestellt werden, andererseits war es auch unmöglich, aufgrund der schlechten Erreichbarkeit der abgeschlossenen Siedlungsgebiete, die Aufenthalte in den *comunidades* auf einen Tag zu beschränken. Einige der bereisten Gemeinden waren nur über Wasser erreichbar, d. h. eine Anfahrtszeit mit einem Boot von fünf Stunden. Diese Boote verkehrten jedoch nicht regelmäßig und alleine dadurch ergab sich die Notwendigkeit einige Tage in den jeweiligen *comunidades* zu verbringen. Da es in den Gemeinden keine »Gästehäuser« gibt, schliefen wir normalerweise im Haus eines *líder* und erhielten auch das Essen bei ihnen.[39] Diese Form der nahen Teilnahme erlaubte auch weitreichende Einblicke in das alltägliche Leben in den Gemeinden und auch viele Gespräche abseits von den Interviewsituationen.

Durch die Aufenthalte in der *comunidades* konnte ein Einblick in das Leben der Menschen vor Ort gewonnen werden; die Eindrücke wurden auch in einem Forschungstagebuch festgehalten und in der vorliegenden Arbeit verarbeitet. Durch die Reisen in den Gemeinden wurde ich vielfach mit der Lebensrealität der indigenen Bevölkerung konfrontiert. Die Gemeinden verfügen bspw. großteils über keine Brunnen und die Menschen trinken das Wasser vom Fluss; für meine gesundheitliche Konstitution wirkte sich dies nicht besonders günstig aus und nicht nur einmal fing ich mir während meiner Aufenthalte in den *comunidades* Magenprobleme oder Parasiten ein. Die Gesundheitsversorgung in den Gemeinden ist katastrophal; wenn jemand ernsthaft krank wird, muss er/sie auf dem schnellsten Wege nach Bilwi gebracht werden, in das einzige Krankenhaus in der RAAN. Oftmals fehlt es aber am Geld, die Transportkosten dorthin zu bezahlen. Das Leben in den *comunidades* ist ein schweres, und oftmals habe ich in solchen Situationen an die »Subsistenzliteratur« gedacht und mir die Frage ob ihres Realitätsbezuges gestellt.

Neben der schlechten Gesundheitsversorgung und anderen gravierenden infrastrukturellen Mängeln stellt besonders auch das wachsende Problem des Drogenhandels und -konsums die Gemeinden vor immense Herausforderungen. Die *Costa Caribe* liegt an der Drogenroute von Kolumbien in die USA und besonders in den

---

[39] Eine Darstellung von dem, was es für einen/e ForscherIn heißt ins Feld zu gehen, welche Strapazen und Entbehrungen dies auch (teilweise) nach sich zieht, ist in Kohl (1993: 114 f.) nachzulesen.

comunidades, die sich am Meer befinden, nimmt der Drogenhandel zu. Die Armee führt punktuell Razzien durch und während einer Reise zu einer *comunidad* wurde unser Bus (für den Personentransport finden in Gesamt-Nicaragua alte, gelbe ausrangierte Schulbusse aus den USA Verwendung) angehalten und Uniformierte mit Gewehren im Anschlag kontrollierten sowohl den Bus als auch uns. Die Probleme in der RAAN und in den indigenen Gemeinden sind vielschichtig und haben wenig mit sozial-romantisierenden Bildern von dörflichen Gemeinschaften zu tun. »Feldforschung« bedeutet in diesem Zusammenhang ein Eintauchen und bis zu einem gewissen Grad ein Spüren der Lebensrealitäten der »Untersuchungsgruppe«.

Für die Aufzeichnung der Interviews wurde ein digitales Aufnahmegerät benutzt und die Audiofiles auf den mitgebrachten Laptop gespielt.[40] Die auf Miskito geführten Interviews wurden noch während des Forschungsaufenthaltes in Bilwi ins Spanische übersetzt und transkribiert.

Ingesamt wurden in sieben *comunidades* Interviews durchgeführt, zwei im *municipio* Waspam und fünf im *municipio* Bilwi.[41] Die Interviews in den beiden Gemeinden in Waspam wurden jedoch nicht in die Analyse miteinbezogen, da die Daten von den zwei Gemeinden zuwenig Informationen lieferten und eine zweite Reise in die Region nicht mehr möglich war.[42] Aufgrund dieser logistischen Tatsachen erfolgte eine Konzentration auf die *comunidades* im *municipio* Bilwi: Auyha Pihni, Karata, Krukira, Sumubila und Wara Bar waren jene fünf Gemeinden, in denen Interviews durchgeführt wurden.[43] Die Auswahl der *comunidades* erfolgte einerseits aufgrund der unterschiedlichen ökonomischen Situation der Gemeinden und andererseits wegen ihrer Erreichbarkeit.

Das nachfolgende Bild zeigt das Transportmittel von der *comunidad* Wara Bar nach Bilwi. Die Gemeinde ist ausschließlich über das Meer und damit nur mit Booten erreichbar. Diese dienen sowohl zur Beförderung von Waren, als auch Menschen und sind meist schwer überladen.[44]

---

40 Die *comunidades* sind zum großen Teil nicht an das Elektrizitätssystem angeschlossen und verfügen deshalb auch über keinen Strom. Dies bedeutete für mich im praktischen Sinne, dass ich immer einen Vorrat an Batterien mitnehmen musste und den Laptop nur zum Überspielen der Audiofiles verwenden konnte.

41 Die nördliche Atlantikregion in Nicaragua gliedert sich in sieben *municipios*, welche im Verlauf der Arbeit noch näher dargestellt werden.

42 Die Anreise nach Waspam ist bereits sehr beschwerlich; bei schlechten Straßenverhältnissen dauert sie acht bis zehn Stunden in einem überfüllten Bus. Die Weiterreise in die *comunidades* gestaltet sich danach jedoch noch um einiges schwieriger; die meisten Gemeinden sind nur mittels Boot erreichbar und dies bedingt eine lange, aber auch kostspielige Anreisezeit.

43 Eine Karte von den *comunidades* in der RAAN befindet sich im Anhang.

44 Die Bootsfahrt von Wara Bar nach Bilwi dauert ca. vier bis fünf Stunden über das offene

Abbildung 1: Comunidad Wara Bar

Photo von Sigrid Lamberg, aufgenommen am 30. April 2007.

Karata, Wara Bar und Krukira liegen am Meer bzw. in einer Bucht; die Bewohner-Innen der Gemeinden betreiben teilweise kommerziellen Fischfang bzw. Langusten- und Shrimpsfang, die anschließend an Firmen in Bilwi verkauft werden, die die Meerestiere ausschließlich für den Export verarbeiten. Weiters wird in diesen Gemeinden für den Eigengebrauch bzw. für den Verkauf auf dem lokalen Markt in Bilwi Fischfang betrieben. Die Menschen in Auhya Pihni und Sumubila leben dagegen von Viehzucht und der Produktion von Reis, Mais, Bohnen.

In vier von den fünf *comunidades* stellen die Miskito die Bevölkerungsmehr-heit; nur in Sumubila sind die Mestizos zahlenmäßig die größte Gruppe. In Sumu-bila konnten die Interviews in Spanisch durchgeführt werden; in den vier anderen Gemeinden wurde mit Übersetzung ins Miskito gearbeitet. Die Gemeinde Sumu-bila befindet sich in geographischer Hinsicht in der Nähe vom Minendreieck[45] und grenzt an das *municipio* Siuna. Der hohe Anteil von Mestizos in der Gemeinde erklärt sich einerseits durch die zunehmende Besiedelung aus dem Zentral- und Pa-

---

Meer. Bei hohem Wellengang sind diese Fahrten nicht gerade angenehm und es kommt auch immer wieder zum Kentern der nicht gerade großen Boote.

[45] Als das Minendreieck, in der Region *las minas* genannt, werden die drei *municipios* Siuna, Bonanza und Rosita bezeichnet und fußt auf der Tatsache, dass sich in diesen Gebieten Silber- und Goldmienen befinden.

zifikraum von Nicaragua und andererseits aus den historischen Gegebenheiten.[46]
Die beiden nachfolgenden Fotos zeigen eine Interviewsituation in der *comunidad*
Karata und eine in Sumubila.

Abbildung 2: Comunidad Karata

Foto von Sigrid Lamberg, aufgenommen am 28. April 2007.
Das Foto zeigt im Vordergrund Clara Antonio, die die Übersetzung machte, und Ceferino,
einen Fischer, mit dem das Interview durchgeführt wurde. Im Hintergrund des Bildes sieht
man den *juez* (der Richter) der *comunidad*, welcher uns zu den Interviews »begleitete«.

Die Interviewsituation verdeutlicht zwei der oben angeführten Problempunkte: Die
Arbeit mit Übersetzung und die Anwesenheit von Autoritäten der Gemeinde bei
den Interviews.

Das nachfolgende Foto zeigt eine Interviewsituation mit einem *anciano* der
comunidad Karata. *Ancianos* sind die »Älteren« in der Gemeinde und aufgrund
ihrer Erfahrungen Teil der Autoritäten in den *comunidades*. Fast ausschließlich
alle Entscheidungsfunktionen in den Gemeinden sind von Männern besetzt; die
Partizipation von Frauen ist minimal und spiegelt somit die patriarchal geprägte
Gesellschaftsstruktur wider.

---

46 Sowohl das Phänomen der *avanca de la frontera agrícola* als auch die besondere Situation,
    die sich durch den Bürgerkrieg im Hinblick auf die Siedlungspolitik der SandinistInnen ergab,
    wird im Laufe der Arbeit noch thematisiert.

Abbildung 3: Comunidad Karata

Foto von Sigrid Lamberg, aufgenommen am 28. April 2007. Das Foto zeigt Clara Antonio, als dritte von links, den *juez* von Karata als »Interviewbegleiter« und Carls Jow, jenen *anciano* mit dem wir das Interview führten. Wie fast immer in den Interviewsituationen waren interessierte ZuhörerInnen anwesend.

Die nachfolgende Aufnahme zeigt eine Interviewsituation in der *comunidad* Sumubila. Die Interviews in Sumubila wurden alle in Spanisch geführt und benötigten deshalb keine Übersetzung. Das Bild zeigt ein Gespräch mit Bernadina Taler Mueler, die sich lange Zeit für Frauenbelange in der *comunidad* einsetzte.[47] Wenn Frauen eine Funktion in der Gemeinde ausüben, dann fast ausschließlich nur jene im Bereich für Frauenfragen.

---

[47] Im Laufe des Interviews setzte sich ihr Ehemann, Mareclino Alfonso Lopez Lakijo, zum Interview dazu und mischte sich immer mehr in das Gespräch ein. Trotz meiner Hinweise darauf, dass ich das Interview mit seiner Ehefrau gerne zu Ende bringen würde, nahm er keine Rücksicht darauf. Somit musste ich improvisieren und das Interview mit den beiden gemeinsam durchführen. Dieses Interview zeigte mir einmal mehr, wie stark der *machista* in der nicaraguanischen Gesellschaft ausgeprägt ist.

Abbildung 4: Comunidad Sumubila

Foto von Sigrid Lamberg, aufgenommen am 12. Mai 2007.

Neben den Interviews wurde viel an Daten, Literatur und Dokumenten gesammelt, welche ebenfalls in die Analyse mit einflossen. Dabei wurde mir von unterschiedlichen Stellen eine Vielzahl von sogenannter »grauer Literatur« angeboten, d. h. interne, von der Organisation erstellte Dokumente und/oder Papiere über durchgeführte Studien, welche nicht publiziert wurden usw.[48]

Sowohl für die Meso- als auch für die Mikroebene konnte in Hinblick auf die Forschungsfragen relevantes Material während der »Feldphase« gesammelt werden. Das geführte Forschungstagebuch und die teilnehmenden Beobachtungen in den *comunidades* runden die gewonnenen Erkenntnisse aus den Interviews für die Mikroebene ab.[49] Das Datenmaterial, welches von den einzelnen Institutionen

---

[48] An diesem Punkt gebührt all jenen Interview- und AnsprechpartnerInnen Dank, welche mir durch ihre unkomplizierte Art einen Zugang zu wertvollen Informationen ermöglicht haben.

[49] Die Bearbeitung des umfangreichen Datenmaterials aus den Interviews erfolgte mit Hilfe des qualitativen Auswertungsprogramms MAXQDA. Dieses Programm erlaubt es relativ einfach und übersichtlich eine Codierung des Materials durchzuführen und die Codings dann unkompliziert zu gruppieren und somit die Basis für die Reduzierung und danach für die Interpretation zu schaffen. Zur Vertiefung der Methodik der qualitativen Inhaltsanalyse empfiehlt sich unter anderem Mayring (1993): Einführung in die qualitative Sozialforschung; oder Lamnek (1995): Qualitative Sozialforschung, Band 2, Methoden und Techniken.

zur Verfügung gestellt wurde, bzw. durch Bibliotheksrecherche erhoben wurde, muss aber auch einer kritischen Betrachtung unterzogen werden. Alleine die Angaben von Bevölkerungszahlen in der RAAN, weichen, wie in Kapitel 4, Tabelle 5 noch näher dargestellt wird, je nach Datenquelle voneinander ab. Neben den geschilderten »Besonderheiten« der Interviewsituationen in den Gemeinden, kann auch bspw. das Zahlenmaterial nicht mit jenem verglichen werden, welches in einem europäischen Forschungskontext zur Verfügung stehen würde. Eine lückenlose statistische Erfassung aller gesellschaftlichen Bereiche scheint ein Luxus der Länder des Nordens zu sein. Der Hinweis auf dieses Problem darf jedoch nicht außen vor gelassen werden, um die Auseinandersetzung mit den Forschungsfragen auch quellenkritisch reflektieren zu können.

Im nachfolgenden Kapitel erfolgt eine Auseinandersetzung mit der historischen Entwicklung der *Costa Caribe*, da sich daraus auch die spezielle Situation der autonomen Gebiete erklären lässt.

4. Die zwei Gesichter Nicaraguas – historische Aufarbeitung der unterschiedlichen Entwicklung

Meine erste Nicaraguareise führte mich – wie vermutlich die Mehrheit der BesucherInnen des zentralamerikanischen Landes – in den bekannten und touristisch erschlossenen Pazifikraum, genauer gesagt nach Granada. In den Gesprächen mit den Menschen vor Ort, erzählte ich von meinen Plänen nach Bilwi zu gehen, um dort ein halbes Jahr zu leben und zu forschen. Die Reaktionen reichten von ungläubigen Blicken bis hin zu gut gemeinten Ratschlägen, mir dieses Vorhaben aus dem Kopf zu schlagen. Die Atlantikregion, obwohl offiziell ein Teil von Nicaragua, erschien für die meisten meiner GesprächspartnerInnen, zwar irgendwie zu Nicaragua gehörend, jedoch nicht als integraler Bestandteils des Landes wahrgenommen.

Mein Sprachlehrer in Granada sagte immer, dass die *Costa* arm und gefährlich sei, und dass es nicht ratsam sei für eine Frau, diese alleine zu bereisen. Er sagte aber immer auch dazu, dass er noch nie in Bilwi war und die RAAN nur aus Erzählungen kenne. In manchen Gesprächen wurde mit Staunen darauf reagiert, dass Puerto Cabezas ein Teil von Nicaragua sei; das man noch nie von dieser Stadt gehört hätte. Zu Beginn erschienen mir diese Reaktionen befremdlich; das autonome Gebiet macht ca. 50% des gesamten Staatsgebietes von Nicaragua aus und daraus ableitbar nicht ein zu marginalisierender Anteil. Die Frage drängte sich auf, warum diese Wahrnehmung bzw. diese Bilder von der *Costa Caribe* vorhanden sind. Je mehr ich mich mit der Geschichte Nicaraguas und im Speziellen mit jener der autonomen Gebiete auseinander setzte, desto mehr konnte ich mir diese »Zweiteilung und Konstruktionen« in den Köpfen der Menschen erklären.

Im nachfolgenden Teil der Arbeit wird ein Abriss über die Geschichte der Atlantikregion gegeben, um ein besseres Verständnis der besonderen Situation der Region zu erzeugen und die Reaktionen der Menschen aus dem Pazifikraum gegenüber der *costeños* besser verstehen und verorten zu können.

Davor wird die Kolonialisierungsgeschichte von Nicaragua kurz dargestellt. Dieser Schritt ist notwendig, um die unterschiedliche Entwicklung des Pazifik- und Zentralraumes und der Atlantikregion fassbar zu machen.

4.1 Kolonialismus und Weg in die Unabhängigkeit

Im Jahre 1522/23 wurde die heutige Pazifikregion von Nicaragua durch spanische Truppen erobert. In dieser Zeit kam es zu Gründung der beiden Städte Granada und León. Mit der Kolonialisierung einher ging ein Genozid an der indigenen Bevölkerung – viele *indígenas* starben an eingeschleppten Krankheiten oder wurden als SklavInnen nach Panama oder Peru verschleppt. Die Goldsuche blieb im Pazifikraum von Nicaragua erfolglos und deshalb verlagerten sich die Konquistadoren auf den Landwirtschaftssektor, d. h.: Erzeugung von Agrarprodukten und Viehzucht. Die *indígenas* wurden gezwungen auf den Ländereien der spanischen Eroberer zu arbeiten – man spricht in diesem Zusammenhang auch von der Zeit der *encomiendas*. Der Begriff *encomiendas* bedeutete, dass den spanischen Eroberern Ländereien von der Krone zugewiesen wurden und ebenso eine Anzahl von *indígenas*, welche als Leibeigene für sie arbeiten mussten (vgl.: Bernecker 1992: 73).

Der Begriff der *encomienda* wird von Nohlen/Nuscheler (1992: 657) definiert als »(…) grundlegende Organisationsform der spanisch-kolonialen Zwangsarbeit. Mittels der Encomienda wurde einer (spanischen) Privatperson eine bestimmte Anzahl von Indios zur Nutzung ihrer Arbeitskraft zugeteilt, aber nicht Land geschenkt oder belehnt.«[50]

Am 15. September 1821 wurde das Generalkapitanat Guatemala von Spanien unabhängig und dadurch erlangte auch Nicaragua seine Souveränität. Von 1822 bis 1823 kam es zu einer Angliederung an das Königreich Mexiko. Im Jahre 1823 schlossen sich die Staaten des ehemaligen Generalkapitanats Guatemala zu der Zentralamerikanischen Konföderation zusammen, welche bis in das Jahr 1838 bestehen blieb (vgl. Krennerich 1992: 205).

Im Jahr 1839 wurde Nicaragua – nach Auflösung der Zentralamerikanischen Konföderation – zu einer selbstständigen Republik (vgl. Deutsches Auswärtiges Amt). Die politischen Konfliktlinien dieser Zeit verliefen zwischen den beiden Städten León und Granada. León galt als Hochburg der Liberalen, wohingegen Granada eher die VertreterInnen des konservativen Lagers beherbergte. Zwischen diesen beiden politischen Gruppierungen kam es immer wieder zu blutigen Auseinandersetzungen. Diese eskalierten Mitte der 50er Jahre des 19 Jhdt. in einen Bürgerkrieg zwischen den politischen Polen. Die liberale Partei bat den US-amerikanischen Söldner William Walker um militärische Unterstützung. Walker verfolgte den Plan das gesamte Gebiet von Zentralamerika zu unterwerfen. Er riss 1855 die Macht in Nicaragua an sich und ernannte sich zum Staatspräsidenten. In der

---

[50] Vgl. dazu auch Slezak 2006: 2.

einjährigen despotischen Regentschaft von Walker führte er die Sklaverei, welche in Nicaragua 1824 abgeschafft wurde, wieder ein und rief Englisch als Landessprache aus. Im Jahr 1856 konnte Walker jedoch mit Hilfe der anderen zentralamerikanischen Staaten aus Nicaragua vertrieben werden (vgl. Krennerich 1992: 205)

4.1.1 Los Treinta Años de los Conservadores[51]

Nach der Vertreibung von William Walker und der Beendigung des Bürgerkrieges unterschrieben die Vertreter der beiden politischen Lager – Máximo Jerez (für die Liberalen) und Tomas Martínez (für die Konservativen) – ein Übereinkommen und einigten sich auf eine neue Verfassung.

Nach der Befriedung des Landes folgte die Periode der *los Treinta Años de los Conservadores*; in dieser Zeitspanne regierte die konservative Oligarchie aus Granada das Land. Diese Periode war gekennzeichnet durch wirtschaftliche und gesellschaftliche Umwälzungen. Das gemeinschaftlich bewirtschafte Land der *indígenas* wurde (zwangs-)privatisiert und den *Latifundistas*[52] zum Kauf geboten. Auf diesen Böden wurde hauptsächlich Kaffee produziert. Ab den 1870er Jahre stieg Nicaragua in den Kaffeeexport ein und wurde zu einem wichtigen Anbieter auf dem Weltmarkt. Dies zog auch Investitionen in die Infrastruktur nach sich; so wurde zum Beispiel 1878 mit dem Bau einer Eisenbahn begonnen (vgl. Torres 2006).

Nach einem Staatsstreich im Jahr 1893 übernahm ein liberales Militärregime unter der Führung von General José Santos Zelaya die Macht in Nicaragua. Diese liberale Militärjunta war eng mit der ökonomisch immer mehr an Bedeutung gewinnenden Kaffee-Oligarchie verbündet und es kam unter der Regierung von Zelaya zu einer gezielten Förderung der Kaffeeproduktion. In politischer Hinsicht verfolgt er eine strenge Säkularisierungspolitik – es kam zu einer Trennung von Kirche und Staat. Staatliches Land und Teile des kirchlichen Großgrundbesitzes wurden privatisiert und zum Verkauf angeboten; dies wurde wiederum großteils zur Erweiterung der Anbauflächen für Kaffee genutzt (vgl. Nicaragua-Verein).

Unter der Präsidentschaft von Zelaya wurde auch die Region der *Costa Caribe*

---

51 Beschreibt die dreißigjährige Periode von 1858 bis 1893, in der die Konservativen in Nicaragua regierten.

52 *Latifundista* (span.) sind die GroßgrundbesitzerInnen. Nohlen/Nuscheler (1992: 510) definieren Latifundismus als landwirtschaftlichen Großgrundbesitz, der sich von der Plantage durch hohe Bodenkonzentration und niedrige Produktion unterscheidet. Der Großgrundbesitzer – auch als Patron bezeichnet – beherrscht seine regionale Umwelt und übt auch auf nationaler Ebene, gestützt auf Status und Einkommen, großen Einfluss aus. Daraus ergibt sich, dass Latifundismus nicht nur Bodenbesitzstrukturen kennzeichnet, sondern vor allem auch die darauf gegründeten Machtverhältnisse.

an Nicaragua angegliedert. Eines der politisch vorherrschenden Ziele von Zelaya war die Idee der Wiederbelebung der Zentralamerikanischen Föderation. Dieses Ziel misslang. Er blieb bis zum Jahr 1909 an der Macht, musste jedoch danach aufgrund von politischem Druck der USA zurücktreten. Es erfolgte ein erneuter Machtkampf in Nicaragua, in den sich die USA auch direkt einmischten (vgl. Krennerich 1992: 206).

4.1.2 Kolonialismus und der Glaube

Die geschichtlich unterschiedliche Entwicklung der beiden Regionen Nicaraguas wirkte sich auch auf die Etablierung von unterschiedlichen Glaubensgemeinschaften aus. Während der Pazifikraum durch die spanische Kolonialisierung mehrheitlich katholisch geprägt ist, dominiert an der *Costa Atlántica* die moravische Kirche das religiöse Leben.

Die moravische Kirche geht ihrem Ursprung nach zurück auf die Herrnhuter Brüdergemeine, die der evangelischen Kirche zuzurechnen ist. Als Begründer dieser Kirche gilt Graf Nikolas Ludwig von Zinzendorf, welcher in seiner Heimatgemeinde Herrnhut (damaliges Mähren/Sachsen) in der Mitte des 18. Jhdts. den Grundstein für die religiöse Strömung legte (vgl. http://www.herrnhut.de, Download 13. Februar 2008). Im englischen Sprachraum wurde die Kirche unter den Namen *Moravian Church* (Mährische Kirche) bekannt.

Die Herrnhuter Brüdergemeine waren besonders durch ihren Missionarswillen geprägt; der Versuch ihren Glauben weltweit zu verbreiten brachte sie im Jahre 1849 auch nach Bluefields; in die heutige Regionalhauptstadt der südlichen Atlantikregion in Nicaragua.

Die ersten Tätigkeiten der moravischen Kirche beschränken sich vorab erstmals auf die Zone um Bluefields und auf die hier ansässige schwarze Bevölkerungssicht, den Creoles. Der Einfluss der Morava wuchs bis in die 1880er Jahre nur sehr langsam (vgl. Zapata: 42).

In den Jahren danach kam es aber zu einer rapiden Steigerung der Mitgliedszahlen der moravischen Kirchen; besonders erfolgreich waren die Missionare[53] unter der indigenen Ethnie der Miskito. Einer der wichtigsten Gründe für diesen Erfolg sieht García (1996) darin begründet, dass die moravische Kirche für die Bevölkerung Schulen, Gesundheitszentren usw. bauten. Die Morava nützten das Fehlen von staatlichen Institutionen, um ihren Einfluss zu festigen. Sie errichteten bspw. ein Krankenhaus in Puerto Cabezas und in Bilswascrama am Río Coco.

---

[53] Zu diesem Zeitpunkt der Missionstätigkeit wurde sie ausschließlich von Männern durchgeführt.

The Moravian hospitals, for example, in Puerto Cabezas and especially Bilswas-carma on the River Coco, established reputations in preventative health and in the provision of care and attention for Miskito miners who returned penniless and suffering from silicosis to communities where the had no lived for 20 years or more. (Sollis 1989: 494)

Der durchschlagende Erfolg der *Iglesia Morava* ab den 1880er Jahren, welcher auch als *el Gran Despertar*[54] bekannt wurde, erfolgte zeitgleich mit den wirtschaftlichen Veränderungen in der Region. Die Arbeitsethik, als ein Grundpfeiler der protestantischen Lehre, bereitete deshalb einen guten Nährboden für die auf LohnarbeiterInnen angewiesenen ausländischen Firmen (vgl. Henriksen/Kindblad 2005: 11).

Ein weiterer Aspekt, der zur hohen Akzeptanz der moravischen Kirche in der Altantikregion beitrug, war die Bereitschaft der Priester, ihre Messen nicht nur in Englisch abzuhalten, sondern auch in Miskito. Weiters trug die Übersetzung der Bibel in die Miskito-Sprache nicht nur zur Festigung der Vormachstellung der Morava bei, sondern bewahrte dadurch auch die indigene Sprache.

Während des Ersten Weltkrieges wurde die Verantwortung für die moravische Kirche Nicaraguas von Deutschland an die USA delegiert. Damit wurde ein Zuzug von US-amerikanischen MissionarInnen in die Region ausgelöst, der bis heute nicht abgerissen ist.

Sowohl die Etablierung der moravische Kirche als auch das Auftreten der ausländischen Firmen führten zu einer tiefgreifenden Umgestaltung der sozialen Normen und Werte innerhalb der indigenen Gemeinden.

Im nachfolgenden Abschnitt wird ein Überblick über die politische und ökonomische Entwicklung der *Costa Caribe* vom Jahr 1880 bis zur sandinistischen Revolution 1979 gegeben. Dies dient zur Verortung bzw. zum besseren Verständnis der aktuellen und durchaus prekären wirtschaftlichen Situation der *Costa Caribe*.

4.2 Politische und historische Entwicklung der Costa Caribe

Am 20. November 1894 wurde das Königreich *Mosquitia* durch den General und späteren Präsidenten Nicaraguas José Santos Zelaya an Nicaragua angegliedert. Damit ging ein lang geteilter Weg, zumindest auf politischer Ebene, der Pazifik- und der Atlantikregion zu Ende. Die *Costa Caribe* hatte sich bis dahin als unabhängig verstanden, obwohl über Jahrhunderte hinweg eine enge Verbindung zur britischen Krone bestand.

---

54 Der Ausdruck kann als »großes Erwachen« übersetzt werden (vlg. WANI 2005: 11).

Bereits Mitte des 16 Jhdt. versuchte die spanische Krone die Atlantikregion erfolglos zu kolonialisieren; dies scheiterte einerseits am Widerstand der indigenen Bevölkerung, andererseits an den schwierigen geographischen Bedingungen.

There are good geographical reasons for distinguishing two main natural regions in Nicaragua. The Altantic Coast has a hotter, more humid climate than the Pacific Coast and is affected by a prolonged and intensive rainy season. (…) Moreover, the mountain ranges of Central Nicaragua have proved an effective barrier between east and west of the country. (Sollis 1989: 482)

Die geographische Trennung der beiden Küstenregionen erklärt die unterschiedliche Entwicklung der Gebiete. Aus geopolitischen Gründen hatte das britische Empire, welches ihren Einflussbereich in der Karibik festigen wollte, ein Interesse sich mit der indigenen Bevölkerung der Atlantikküste zu verbünden. Zentralamerika wurde zu diesem Zeitpunkt von den beiden großen Kolonialmächten Spanien und Großbritannien beansprucht. Während die Pazifikregion durch die spanische Krone unterjocht und ausgeplündert wurde, beanspruchte das britische Empire die Altantikregion. Die politische Allianz zwischen Großbritannien und den Miskito – welche die größte indigene Gruppe in der Region darstellten – war durch ein wirtschaftliches Interesse des britischen Empires geprägt. Die Ausbeutung der großzügig vorhandenen natürlichen Ressourcen der *Costa Caribe* bot dafür genügend Anreiz.

To strengthen the alliance with the Miskito population the English created the Kingdom of Mosquitia with a king, first crowned in Jamaica in 1687, and a range of military offices from General to Admiral and Governor. (ebd.: 484).

Das Königreich Mosquitia war zwar unabhängig, jedoch eng an das britische Empire gebunden. Um diese Verbindung zu festigen und effizienteren Schutz gegenüber den nach wie vor artikulierten Machtanspruch Spaniens auf das Territorium der Altantikregion zu gewährleisten, wurde Mosquitia kurz darauf ein Protektorat[55] des britischen Empire. Diese politische Verbindung hatte neben der wirtschaft-

---

[55] Ein Protektorat wird nach Meyer Lektion *online* folgendermaßen definiert: »Protektorat *[lateinisch]* das, Völkerrecht: Schutzherrschaft eines Staates oder einer Staatenmehrheit über einen anderen Staat, der zwar Völkerrechtssubjekt bleibt, der Schutzmacht (Protektor, souveräner Staat) in der Regel aber die Führung seiner Außenvertretung und den militärischen Schutz anvertraut und ihr oft auch Einfluss auf seine inneren Angelegenheiten zugesteht; im Allgemeinen durch Vertrag begründet. Das Protektorat war v. a. ein Mittel europäischer Kolonialpolitik (z. B. das Protektorat Großbritanniens über Ägypten 1914–22). Das klassische Völkerrecht kennt auch das personelle Protektorat, z. B. das Protektorat Frankreichs über die Christen im Osmanischen Reich.« (http://lexikon.meyers.de/meyers/Protektorat, Download: 03 Dezember 2007).

lichen Dimension ebenso Einfluss auf die Vergabe von Landtitel und dem Titulationsprozess im Allgemeinen.

Nach der Unterzeichung der Verträge von Versailles im Jahr 1783[56] zwischen Spanien und Großbritannien kam es zum Rückzug des britischen Empires aus Mosquitia und zur Aufgabe des Protektorates über die Region (vgl. PNUD 2005: 40).

Durch den britischen Einfluss bzw. die Dominanz der englischen Sprache in wirtschaftlichen Belangen, kam es zu einer Verschiebung innerhalb der gesellschaftlichen Positionen der einzelnen Gruppen der Atlantikregion. Die schwarze Bevölkerung (Creoles) – freigelassene SklavInnen bzw. *free coloureds* – siedelten sich vermehrt in den beiden Städten Bluefields und Pearl Lagoon an. Da die Creoles Englisch sprachen, wurden sie für das britische Empire wichtige PartnerInnen in wirtschaftlichen sowie in politischen Fragen. Die Creoles schafften es dadurch eine gehobene Stellung in der Gesellschaft der Atlantikregion einzunehmen und sich wichtige Positionen zu sichern. Diese Dominanz der Creoles als Kaufleute bzw. in politischen Positionen ist bis heute spürbar. Die multiethnische Gesellschaft der *Costa Caribe* wird in der Arbeit noch näher dargestellt werden.

1824 wurde Robert Charles Frederick zum König von Mosquitia[57] gewählt; er sollte unter anderem deswegen Erwähnung finden, da er einerseits die Sklaverei in Mosquitia verboten hatte und andererseits jedoch die Verbindungen zu England wieder vertiefte. Unter seiner Regentschaft wurde ein zweites britisches Protektorat über die Atlantikküste errichtet.[58] Der Schutz von Seiten der britischen Krone erfolgte jedoch nicht uneigennützig, vielmehr bestanden wirtschaftliche Interessen. Britische Geschäftsleute erhielten Konzessionen für Holzschlägerungen, hier im Speziellen für Edelhölzer wie z. B. Mahagoni als auch verbriefte Landrechte.

1844 wurde ein britischer Generalkonsul nach Bluefields entsandt, um dort die Interessen des britischen Empire zu vertreten. Der reale Einfluss Englands auf das politische und wirtschaftliche Agieren des Königreiches Mosquitia war enorm, obwohl formal die Altantikregion zu diesem Zeitpunkt ein souveräner Staat war. De facto hatte jedoch das britische Außenministerium die Kontrolle über die gesamte Verwaltung (Administration) des Landes und ebenso – einen ganz zentralen

---

[56] Die Verträge sind auch unter den Namen »Convention of London« bekannt. Sie sicherten einerseits die Holzabbaurechte Großbritanniens in Belize, andererseits erklärte sich das Empire bereit alle britischen SiedlerInnen aus Mosquitia abzuziehen – http://www.country-data.com/cgi-bin/query/r-1333.html, Download: 02. Januar 2008.

[57] Als erster König von Mosquitia wurde im Jahr 1661 der Häuptling Old Man von Großbritannien gekrönt. Die Krönung erfolgte in Jamaika. vgl. http://www.manfut.org/cronologia/kings.html#1670, Download: 03. Januar 2008.

[58] http://www.nicaragua.com/forums/history-historia/7258-el-rey-misquito-robert-charles-frederick.html, Download: 19. Dezember 2007.

Bereich – über die Vergabe von Landtitel inne. Durch diese informelle Oberhoheit über das Land wurde auch ein weiterer Transformationsprozess im wirtschaftlichen Bereich ausgelöst, da die britische Administration Nutzungsrechte bzw. Landtitel an ausländische Firmen vergaben. Durch diese Vergabe und die Ausbeutung der natürlichen Ressourcen kam es zu einem verstärkten Zufluss von ausländischem Kapital. Der Zuzug von Firmen veränderte auch das Leben der Menschen in der Region nachhaltig.

Im folgenden Zitat wird nicht nur davon berichtet, dass der Einfluss der USA und Englands auf die *Costa Caribe* wuchs, sondern dass sich dadurch auch das Verständnis von Landbesitz veränderte. Durch die Präsenz von ausländischem Kapital und den Erwerb von Boden wurde die *Costa* auch erstmalig mit der Idee des privaten Grundbesitzes konfrontiert.

> Este período marcó una transición en el régimen de tenencia de la tierra en la Costa Caribe, que se manifestó en la creciente influencia del capital international, el imperialismo inglés norteamericano y la tradición occidental de titulacíon de propiedad privada en la región. (PNUD 2005: 42)

Im Jahre 1848 erobert das Königreich Mosquitia mit britischer Unterstützung die Stadt San Juan del Norte. Während dieser Zeit wurde bereits über den Bau eines Kanals diskutiert, der den Pazifik mit dem Atlantik verbinden sollte. Die Pläne konzentrierten sich damals jedoch noch auf die Möglichkeit, dieses Vorhaben auf dem heutigen Staatsgebiet von Nicaragua umzusetzen; dabei nahm die Stadt San Juan del Norte eine strategisch wichtige Position ein. Über diese Stadt sollte die Verbindung nach dem *Lago de Nicaragua* geschlagen werden, um auf diesem Wege an den Pazifischen Ozean zu gelangen. Vor diesem Hintergrund unterschrieben die USA und Großbritannien den Clayton-Bulwer Vertrag[59]. In diesem Vertrag wurde festgelegt, dass weder die USA noch England über das Recht verfügen, alleine Entscheidungen über den Bau eines Kanals zwischen Pazifik und Atlantik treffen zu können. Weiters wurde festgehalten, dass die beiden Großmächte eine neutrale Position in der Region einzunehmen hätten.

Der unterzeichnete Vertrag hatte ebenfalls unmittelbare Konsequenzen für Mosquitia, da dadurch das britische Empire gezwungen wurde, sein Protektorat aufzugeben, um die verlangte neutrale Position wahren zu können.

Im Jahre 1859 übergab die britische Krone das Protektorat Mosquitia an Honduras; erntete jedoch erbitterten Widerstand der indigenen Bevölkerung an der At-

---

[59] Der Vertrag wurde nach den beiden Verhandlungspartner benannt; der US-amerikanische Staatssekretär John Clayton und den britischen Diplomaten Sir William Bulwer. Er wurde 1850 unterzeichnet.

lantikregion. Um eine Eskalation der Situation zu vermeiden, wurde am 28. Januar 1860 der Vertrag von Managua – auch bekannt unter dem Namen Zeledón-Wyke – zwischen Großbritannien und Nicaragua unterzeichnet. Dieser bedingte, dass ein Großteil des Territoriums Mosquitia der Souveränität Nicaraguas unterstellt wurde; das Gebiet erstreckte sich von San Juan del Norte bis nach Cabo Gracias a Dios am Río Coco. Das Miskito-Gebiet nördlich des Río Coco wurde an Honduras übergeben. Durch die Unterzeichnung des Vertrages von Managua erkannte das britische Empire erstmalig die Oberhoheit von Nicaragua über die Atlantikküste an.

Por medio de este instrumento Gran Bretaña reconoció oficialmente por primera vez la soberanía del Estado de Nicaragua sobre el territorio. (PNUD 2005: 42)

Jedoch wurde im Zeledón-Wyke Vertrag auch vereinbart, dass Mosquitia einen autonomen Status im Staate Nicaragua zuerkannt werden muss. Weiters wurde eine regionale Regierung – *el gobierno del municipio de la Reserva Mosquitia* – etabliert. Die Regierung, bestehend aus VertreterInnen der einzelnen Ethnien und gesellschaftlichen Gruppen in der Region, kontrollierte die Steuerpolitik, die Landtitelvergabe und die Verwaltung der natürlichen Ressourcen. Bluefields war zu der Zeit das städtische Zentrum des Reservats Mosquitia – wie es nach der Unterzeichung des Vertrages von Managua genannt wurde (vgl. ebd.: 42f.).

Die Zuerkennung des Autonomiestatus der Atlantikregion hielt jedoch nicht lange an. Vielmehr versuchte die nationale Regierung sich immer mehr in die Belange des *reserva* Mosquitia einzumischen und das Territorium vollständig an Nicaragua anzubinden.

Am 11. Februar 1894 besetzte die nicaraguanische Armee auf Befehl von General José Santos Zelaya Bluefields. Diese Okkupation führte zur Einverleibung des *reserva* Mosquitia in den nicaraguanischen Staat und zur Aufhebung des Autonomiestatus der Region. Weiters wurde die gewählten Autoritäten der Regionalegierung abgesetzt. (vgl. Palazio Gola 2000: 4)

Als einer der Gründe für die Annexion des *reserva* Mosquitia, das nach der Aneignung in *Departamento Zelaya* umbenannt wurde, kann das Interesse des nicaraguanischen Staates an den reichhaltigen natürlichen Ressourcen der Altantikregion genannt werden (vgl. ebd.: 8f.).

Die Okkupation der *Costa Caribe* stieß auf wenig Zustimmung in der ethnisch und kulturell sehr unterschiedlich geprägten Atlantikregion. Besonders die Machtelite der Creoles sah in der Annexion auch rassistische Gründe und fürchtete um ihre Rechte. Die Kultur, die gesellschaftlichen Werte und Normen und auch der Glaube der indigenen Bevölkerung der Altantikregion wäre ebenso durch die Einverleibung gefährdet, wie auch die politische VertreterInnen der indigenen

Bevölkerung postulierten. Der letzte König der *reserva* Mosquitia, Robert Henry Clarence[60], übergab deshalb eine Petition an Königin Victoria von England, um Unterstützung und Schutz vom britischen Empire zu erhalten.

(...) estaremos en las manos de un gobierno y un pueblo – afirmaban – que no tiene ni el mas escaso interés, simpatía, o buenos sentimientos hacia los habitantes de la reserva Mosquitia; y ya que nuestros modales, costrumbres, religion, leyes e idioma no están de acuerdo, nunca puede haber una unificación (...). (Oertzen in Palazio Gola 2000: 14)

Die Unterstützung von Großbritannien für Mosquitia blieb jedoch aus, da das britische Empire keinen Krieg um den schmalen Streifen Land in Zentralamerika führen wollte. Alleine konnte sich das *reserva* Mosquitia jedoch nicht gegen die Streitkräfte aus dem Pazifikraum wehren und damit blieb der Regionalregierung nichts anderes übrig als die Einverleibung Mosquitias (*Departamento Zelaya*) in das nicaraguanische Territorium Nicaragua zu akzeptieren.

Durch die Angliederung von Mosquitia an den Rest von Nicaragua wurde auch ein Migrationstrom ausgelöst. Immer mehr Mestizos aus dem Pazifikraum drängten in den dünn besiedelten Atlantikraum – es waren vor allem Personen aus der Armee, HändlerInnen, Angestellte der Regierung und Geschäftsleute. Neben der Migration, die einen immensen Einfluss auf das ethnische Gefüge der Region hatte, wurde auch die Frage der Landtitelvergabe ganz neu definiert. Mit der Annexion erklärte der nicaraguanische Staat alle von der Regierung des *reserva* Mosquitia vergebenen Landtitel für ungültig und legte fest, dass alleine der nationalen Regierung das Recht zustehe, Landtitel zu vergeben (vgl. PNUD 2005: 43).

In den ersten zwei Jahrzehnten nach der Annexion von Mosquitia wurde auf dem Territorium eine große Anzahl von Landtitel an eingewanderte Mestizos vergeben und auf die traditionellen Landrechte der indigenen *comunidades* keine Rücksicht genommen. Vielmehr wurde das traditionelle indigene Land in der Atlantikregion verstaatlich und damit verfügte auch der Staat Nicaragua auch über die Vergaberechte. Die Regierung vergab Rechtstitel für Landbesitz jedoch nicht nur an Mestizos aus dem Pazifikraum, sondern auch an AusländerInnen; im Speziellen an nordamerikanische Geschäftsleute. Landtitel bedeuteten auch die Möglichkeit die natürlichen Ressourcen des Bodens zu nutzen. Die Regierung vergab weitreichende Konzessionen an ausländische Unternehmen; dies erfolgte wiederum ohne Rücksichtnahme auf die traditionellen wirtschaftlichen und kulturellen Gegebenheiten der indigenen Bevölkerung. Im Gegenteil, es kam zu einem Ausschluss die-

---

[60] Er war der letzte Vertreter der Erbmonarchie Mosquitia. Robert Henry Clarence wurde im Jahr 1873 in Kingston/Jamaica geboren und starb am 6. Januar 1908.

ser aus der ökonomischen Entwicklung der Region. Das Land konzentrierte sich in den Händen einiger Weniger und erschwerte die traditionelle Lebensweise der Subsistenzwirtschaft[61] der indigenen Gemeinden. Damit trug die Annexion und die Politik von General und Präsidenten Nicaraguas José Santos Zelaya[62] zu der im nachfolgenden Kapitel beschriebenen Enklavenökonomie bei.

> (…) el gobierno de José Santos Zelaya otorgó concesiones monopólicas a mestizos nacionales y a intereses norteamericanos para actividades tan diversas como la recolección de cocos, el comercio de tortugas, las actividades pesqueras y navegación fluvial para transporte de banano de exportación. (…) Semejantes concesiones monopólicas limitaron la capacidad de los productores indigenas y afrodescendientes de pequeña escala para competir en el mercado exportador en expansión y promovió aún más la concentración de tierras cultivables en manos pocos individuos y grandes compañias. (ebd.: 44)

Mit der Eingliederung des Atlantikraumes am 11. Februar 1894 an den Pazifik- und Zentralraum des heutigen Nicaraguas und der Gründung des *Departamento Zelaya* wurde ein Schlussstrich unter den politisch getrennten Weg der beiden Teile gesetzt.

Dieser formale Eckpunkt trug aber wenig zu der real gelebten Trennung der beiden Regionen bei und bis dato ist diese Kluft nur teilweise überwunden.

Die nachfolgende Tabelle verdeutlicht, dass die Identifikation der *costeños* als Teil der nicaraguanischen Gesellschaft auch aktuell noch eher gering ausgeprägt ist.

Tabelle 1: Identidad costeña

Identitätsabfrage (costeño versus nicaraguanisch)	Umfrage 1997*	Umfrage 2001
mehr costeño als nicaraguanisch	32,7	36,9
sowohl costeño als auch nicaraguanisch	45,8	43,5
weniger costeño als nicaraguanisch	15,9	17,1
keine Angabe	5,6	2,5

* Angaben in Prozent
Übersetzung der Tabelle durch d. Autorin
Quelle: PNUD 2005: 107

---

61 Subsistenzwirtschaft kann wie folgt definiert werden:»Landwirtschaftliche Produktion, die der Eigenversorgung dient und nicht bzw. nur geringfügig den (überlokalen) Markt beliefert und deshalb außerhalb des monetären Kreislaufs bleibt.« (Nuscheler 2004: 633).

62 José Santos Zelaya war von 1883 bis 1910 Präsident von Nicaragua.

Aus der Tabelle ergibt sich, dass im Jahr 2001 fast 37 % der befragten Menschen aus der Altantikregion sich mehr als *costeños*, denn als nicaraguanische Staats-bürgerInnen fühlen. Weiters ist ein Anstieg der Identifikation mit der Costa um 4 % zwischen 1997 und 2001 zu verzeichnen. Als Ursache für diese Veränderung könnte das wachsende Bewusstsein der lokalen Bevölkerung durch den Autono-miestatus[63] der *Costa Caribe* gesehen werden.

4.3 Ökonomische Entwicklungen der Costa Caribe

Die Annexion der indigenen Gebiete der *Costa Caribe* durch den Staat Nicaragua brachte nicht nur politische Veränderungen mit sich, sondern auch einschneidende ökonomische. Fragen der Vergabe von Landtiteln und der Konzession für die Nut-zung bzw. Ausbeutung der natürlichen Ressourcen wurden auf nationalstaatliche Ebene gehoben.

Die natürlichen Ressourcen der Costa wurden bereits vor der Annexion der Atlantikregion genutzt; jedoch nicht in dem Ausmaß, wie nach der Besetzung der Region. Durch das politische Naheverhältnis des Königreichs Mosquitia zum britischen Empire bestanden bereits vorher handelpolitische Beziehungen mit Großbritannien. Jedoch erreichte die wirtschaftliche Aktivität dieser Zeit nicht die Dimension, welche sie in der Phase der sogenannten »Enklavenökonomie« ein-nahm.

4.3.1 Economía de enclave

Die Enklavenökonomie ist eine spezifische Form einer ökonomischen Entwick-lung, welche wie folgt definiert werden kann.

> (…) Bezeichnung für Teile/Sektoren von EL-Ökonomien, die meist mit modernsten und Auslandskapital beherrschter Technologie für den Weltmarkt produzieren und mit der eigenen Ökonomie nur schwach verbunden sind. (Nuscheler/Nohlen 1982: 505)

In der Costa Caribe war diese Ökonomieform von den 1880er bis zu Beginn der 1930er Jahre vorherrschend. Neben der Bananenproduktion waren besonders die Holzindustrie und der Abbau von Edelerzen in den Minengebieten in dieser Form der Ökonomie inkludiert.

Die Machtergreifung des liberalen Präsidenten Zelaya und dessen (anfängliches)

---

[63] Der Autonomiestatus wurde im Verfassungsgesetz 28 im Jahre 1987 durch das nicaragua-nische Parlament festgelegt.

Naheverhältnis zu den USA, führten zu einer Konzentration der Vergabe von Konzessionen zur Ausbeutung der natürlichen Ressourcen in der Region an (US-amerikanische) transnationale Konzerne (Transnational Corporations – TNCs)[64]. Die ausländischen Unternehmen gestalteten den gesamten Transport, die Ausfuhr und Extraktion der natürlichen Ressourcen und führten ihrerseits Handelswaren und Maschinen sowie wiederum technisches Wissen zur Verbesserung der Nutzung der natürlichen Ressourcen ein. Die lokale Bevölkerung bzw. Gesellschaft stellte bei dieser Form der Ökonomie »nur« die Arbeitskraft zur Verfügung. Bezahlt wurden die ArbeiterInnen einerseits mit Geld (Verfestigung der Geldwirtschaft) und andererseits mit importierten Waren.

Die Enklavenökonomie war in den beiden Teilen der Atlantikregion[65] (*Region Autonoma de Norte y de Sur*) in unterschiedlicher Form anzutreffen. Im Süden, in der Gegend von Bluefields[66], kam es zur Konzentration der Bananenproduktion; einer der ersten Bananenkompanien, welche für den Export produzierten, war 1893 die Bluefields-Rama Banana Company. Im Laufe der Zeit gewann jedoch die United Fruit Company an Einfluss und kontrollierte ab 1924 den gesamten lokalen Bananenmarkt (vgl. Vernooy 1991: 17f.).

Im Norden der autonomen Gebiete verlief die wirtschaftliche Entwicklung anders als im Süden. Die Bananenproduktion im großen Stil setzte erst Mitte der 1920er Jahre ein und wurde vom größten Konkurrenten der United Fruit Company betrieben – der Standard Fruit Company. Das Unternehmen konzentrierte sich jedoch nicht nur auf den Bananenexport, sondern stieg unter dem Namen Bragman's Bluff Lumber Company ebenfalls in den Holzhandel ein. In dem Minengebiet um Siuna, Bonanza und Rosita kam es in den ersten beiden Dekaden des 20. Jhdt. zu einer enormen Ausbeutung der Gold- und Silbervorkommen. Diese Zeitspanne ist auch unter dem Namen *The Golden Years* bekannt.

---

[64] »Transnational corporations (TNCs) are incorporated or unincorporated enterprises comprising parent enterprises and their foreign affiliates. A parent enterprise is defined as an enterprise that controls assets of other entities in countries other than its home country, usually by owning a certain equity capital stake. An equity capital stake of 10 per cent or more of the ordinary shares or voting power for an incorporated enterprise, or its equivalent for an unincorporated enterprise, is normally considered as a threshold for the control of assets. A foreign affiliate is an incorporated or unincorporated enterprise in which an investor, who is resident in another economy, owns a stake that permits a lasting interest in the management of that enterprise (an equity stake of 10 per cent for an incorporated enterprise or its equivalent for an unincorporated enterprise)« (UNCTAD 2000: 267).

[65] Durch das Autonomiegesetz von 1987 wurde das *Departamento Zelaya* in zwei autonome Gebiete aufgeteilt: *Region Autonoma del Atlántico Norte y del Sur.*

[66] Bluefields ist die Regionalhauptstadt der *Region Autonoma del Atlantico Sur.*

Die ausländischen Unternehmen drückten der Region ihren Stempel auf: sie bauten das Landstraßennetz aus und es wurde sogar eine Eisenbahnlinie in der nördlichen Region der jetzigen autonomen Gebiete angelegt. Diese Investitionen in den infrastrukturellen Ausbau der Region dienten jedoch nicht zur Verbesserung der Lebenssituation der Bevölkerung, vielmehr wurden sie allein zum Zweck des Exportes der natürlichen Ressourcen des Landes getätigt. Peter Sollis (1989: 489f.) beschreibt, dass mit dem Rückzug der transnationalen Unternehmen auch die Infrastruktur »mitgenommen« wurde.

(…) On this occasion a region that had been well endowed with physical infrastructure was left virtually abandoned as railway lines were pulled up, bridges taken down (such as that across the River Wana), electricity plant dismantled and packed away and machinery stripped down and boxed for shipment back to the United States or to other sawmills elsewhere in Central America.

Durch diese Darstellung wird deutlich, dass die ausländischen Unternehmen kein Interesse daran hatten, die Infrastruktur in der Region nachhaltig auszubauen. Sobald sie nicht mehr von Nöten war, wurde sie »zusammengepackt« und entweder wieder in die USA oder in benachbarte Länder weitertransportiert.

Ein weiterer Transformationsprozess wurde durch die Präsenz der Transnationalen Konzerne an der Costa ausgelöst – die Lohnarbeit erhielt in großem Umfang Einzug in die Region. Die Nachfrage nach Arbeitskräften stieg an und viele Menschen verließen ihre *comunidades* um in den Produktionszentren (bspw. der Minenregion) eine Lohnarbeit nachzugehen.

Der Einfluss der Transnationalen in die wirtschaftliche und soziale Entwicklung der Region Costa Caribe war in dieser Zeitspanne immens und veränderte sie auch nachhaltig.

Entre 1910 y 1930 las inversiones norte-americanas dominaron la economía costeña en todas las áreas: extracción, transporte, exportación, importación, servicios, inclusive las aduanas, el presupuesto nacional y el sistema bancario. (Vargas in Vernooy 1991: 18f.).

Diese Enklavenökonomie trug zu einem massiven Abfluss des natürlichen Reichtums in der Region bei und die Gewinne wurden in die USA transferiert. Es wurde nicht versucht eine heimische bzw. regionale Wirtschaft aufzubauen bzw. zu fördern; vielmehr diente die Region als reiner Rohstofflieferant. Die Ergebnisse dieser Entwicklung sind heute noch in den autonomen Gebieten spürbar; bis dato gibt es nur eine sehr schwach ausgebaute verarbeitende Industrie in der RAAN und in der RAAS.

Wie bereits angemerkt, blieb José Santos Zelaya bis zum Jahr 1909 Präsident von Nicaragua. Er musste jedoch danach aufgrund politischen Drucks aus den USA zurücktreten. Zelaya versuchte eigenmächtig die Idee eines Kanalbaues zur Verbindung von Atlantik und Pazifik durchzusetzen. Dies widersprach jedoch den US-amerikanischen Plänen, den Kanal in Panama zu bauen und damit die geopolitisch wichtige Durchquerung zu sichern. Nach dem Rücktritt von Zelaya fiel das Land in ein Machtvakuum und es kam wiederum zu Kämpfen zwischen AnhängerInnen des konservativen und des liberalen Lagers. Die Vereinigten Staaten von Amerika ihrerseits intervenierten auf Seiten der Konservativen in Nicaragua, auch mit militärischen Mitteln. 1912 wurden US-amerikanische Truppen nach Nicaragua entsandt; durch die Allianz mit den konservativen Kräften gelang es den USA ihren Machteinfluss auch durch Truppenpräsenz bis zum Jahre 1925 zu sichern. Diese Konstellation erklärte, warum der politische und wirtschaftliche Einfluss der USA in Nicaragua dermaßen ausgeprägt war.

Im Bericht von PNUD (2005: 45) wird bezüglich dieser Epoche festgestellt, dass die Enklavenökonomie der *Costa Caribe* – bedingt auch durch die militärische Präsenz der USA – zu den wichtigsten ökonomischen Zentren ganz Zentralamerikas zählte.

Monopolizada por la United Fruit Company y respaldada miliaremente por la ocupación de fuerzas de la infantería de Marina de los EE.UU., la economía de enclave de intereses norteamericanos en la Costa Caribe llegó a ser una de las mayores de Centroamérica, durante las décadas de 1910 y 1920.

Neben den wirtschaftlichen und politischen Veränderungen kam es durch die intensive Enklavenökonomie auch zu Veränderungen im sozialen Kontext. Viele chinesische HändlerInnen und Kaufleute wurden durch den wirtschaftlichen Boom angezogen; noch heute gehören chinesisch anmutende Familiennamen zum Alltag – besonders in den Städten Puerto Cabezas und Bluefields. Wie bereits angedeutet, erfolgte durch das Auftreten der transnationalen Konzerne eine verstärkte Nachfrage nach Lohnarbeit. Draus folgte, dass die indigene Bevölkerung der Miskito aus ihrer traditionellen, dörflichen Lebensstruktur herausgelöst wurde und sie sich ihren Lebensunterhalt als HolzfällerInnen, TagelöhnerInnen und ArbeiterInnen verdienten. Dies stellte einen vehementen Eingriff in die traditionelle Lebensform der indigenen Bevölkerung dar.

Weiters kam es auch zu einer Verfestigung der Vormachtstellung der Creoles. Waren es vormals die britischen HändlerInnen, welche nach Englisch sprechenden Kontaktleuten und HändlerInnen in der Bevölkerung suchten, bekräftigten die US-amerikanischen Unternehmen ihr Interesse an einer verstärkten Zusammenarbeit mit der Creoles. Damit profitierten die einzelnen gesellschaftlichen Gruppen und

Ethnien sehr unterschiedlich von den wirtschaftlich erfolgreichen Jahren zwischen 1880 und 1930. Die Creoles siedelten im städtischen Raum und gehörten eher der (klein)bürgerlichen Schicht an, während die Miskito traditionell in ihren *comunidades* lebten, die auch eine abgeschlossene Siedlungsform inkludierte (vgl. Dietrich, 1988: 99).

4.3.2 Wirtschaftlicher Niedergang der Costa Caribe

Am Ende der 1920er Jahre erlitt die Enklavenökonomie in der Costa einen Einbruch. Die Ursachen für diese Entwicklung waren vielschichtig. Ein erster Aspekt betraf die politische Entwicklung in der Region. 1925 gewannen die Konservativen, mit Rückdeckung durch die USA, erneut die Präsidentschaftswahlen. Die liberale Opposition jedoch vermutete Wahlbetrug hinter der erneuten Wiederwahl der Konservativen. Im Jahr 1926 kam es deshalb zu vermehrten Aufständen gegen die konservative Regierung in Managua, im Speziellen in Puerto Cabezas. Als Reaktion darauf besetzten US-Marines Bluefields, Puerto Cabezas, Prinzapolka und Río Grande und erklärten sie zur neutralen Zone (vgl. Sollis 1989: 489).

Auf Seiten der Liberalen kämpfte auch der Anführer einer linksgerechteten revolutionären Bewegung, Augusto Sandino[67]. Er versuchte mittels Sabotageaktionen und gezielten Angriffen auf US-amerikanischen Einrichtungen (bspw. die Abbauanlagen in den Minen) die politische und wirtschaftliche Vormachtstellung der USA in der Region zu brechen und auch die konservativen Regierung, die mit ihnen eng zusammenarbeitete, zu schwächen. Zwischen 1928 und 1932 verübten er und seine AnhängerInnen eine Vielzahl von Anschlägen.

A raid against Logtown[68] in 1931 destroyed the installations of the Bragman's Bluff and Standard Fruit Companies and in the following year the offices of the Standard Fruit Company in Puerto Cabezas were burnt down. Substantial damage was also caused to the mine at Siuna during an attack in 1928 and production was severely affected in the Bonanza mine when it was attacked three years later. (ebd.: 489).

Die Anschläge auf die Minen in Bonanza und Siuna brachten die Produktion teilweise bis ins Jahr 1936 vollständig zum Erliegen.

Jedoch nicht nur die politisch instabile Lage an der Costa Caribe zwang die US-amerikanischen Unternehmen zum teilweisen Abzug aus der Region, vielmehr kam auch eine internationale wirtschaftliche Depression dazu. Im Jahr 1929 er-

---

[67] Augusto César Sandino wurde am 18. Mai 1895 in Niquinahomo (in *Deparatamento Masaya*) geboren und am 21. Februar 1934 in Managua ermordet.

[68] *Logtown ist eine kleine Gemeinde in der Atlantico Norte Region (RAAN) in der Nähe von Waspam.*

schütterte der Börsenkrach von New York die internationale Wirtschaft. Aufgrund der Enklavenökonomie und die sich daraus ergebende Anbindung der Costa Caribe an den Weltmarkt, traf diese internationalen Entwicklungen auch die Wirtschaft in der Atlantikregion.

Ein zusätzlicher Aspekt, der die wirtschaftliche Situation, im Speziellen die Bananenproduktion, beeinflusste, war das Auftreten einer Krankheit der Bananenstauden. Die unter dem Namen *Mal de Panamá – Panama disease*[69] bekannte Bananenkrankheit richtete immense Schäden in den Plantagen der Costa an.

All diese Vorkommnisse führten dazu, dass einige transnationale Konzerne wie die Bragman's Bluff Lumber und die Standard Fruit Company teilweise ihre Niederlassung in der Atlantikregion schlossen.

Am 7. Juni 1930 gab der damalige Präsident von Nicaragua José María Moncada eine Erklärung in der Zeitung *The Bluefields Weekly* ab, in der er sich sehr über die Lage an der Costa Caribe besorgt zeigte.

> La crisis económia mundial, que ha venido preocupando a los estadistas de todos los países, ha invadido esta región del Caribe de Nicaragua, de manera alarmante. Hace tiempo que la situación de esta Costa, se viene resintiendo. Empezó su descenso con la falta de exportación de hule[70] que no tiene demanda, debido al poco precio que se cotiza en los mercados extranjeros; después por la paralización casi por completo de las exportaciones de minas, reagravados con la voladura con dinamita de las minas »La Luz y Los Angeles« y »La Bonanaza«, por el propio Augusto C. Sandino, el 23 de Mayo de 1928, y a continuación con la retirada de las compañías que se dedicaban a la exportación de maderas, quedándonos solamente la industria del bananao como elemento de vida. (The Bluefields Weekly in Vernooy 1991: 20)

Die wirtschaftliche und politische Lage an der Atlantikküste war zu diesem Zeitpunkt sehr angespannt; durch die Schließung einiger Produktionsniederlassungen wurden viele LohnarbeiterInnen entlassen. Jedoch hatten sich bereits Teile der indigenen Bevölkerung an die Lohnarbeit und damit an die Geldökonomie gewöhnt. In dieser Zeit wurde erstmals das Problem der Arbeitslosigkeit akut. Die indigene Bevölkerung, welche vor dem »Eintreffen« der transnationalen Konzerne fast ausschließlich auf Basis von Subsistenzökonomie lebte, sah sich mit dem neuen Phänomen der Erwerbsarbeitslosigkeit konfrontiert. Dies betraf vor allem die männliche Bevölkerung. Die Männer waren es großteils, die die *comunidades* verließen,

---

[69] Dabei handelt es sich um einen Pilz, welcher die Bananenpflanzen befällt und gegen den es keine Behandlung gibt.

[70] *Hule* ist die Bezeichnung von Kautschuk in der indigenen Sprache Náhuatl. Dieser Ausdruck fand Einzug ins Spanische.

60

um sich als Tagelöhner zuerst in den Bananenplantagen und dann auch in den Minen zu verdingen. Teilweise wurde das verdiente Geld an die zurückbleibenden Familien in den *comunidades* weitergeben und löste damit erste Transformationsprozesse in den Gemeinden aus.[71] Die Subsistenzarbeit in den *comunidades* wurde mehrheitlich von Frauen übernommen.

Nach dem vermehrten Rückzug der TNCs in den 1930er Jahre aus der Atlantikregion und die Reduktion von Lohnarbeitsplätzen kehrten viele Miskitos in ihre *comunidades* zurück, um dort wieder der traditionellen Subsistenzwirtschaft nachzugehen. Diese Rückkehr gestaltete sich schwierig, da besonders durch die Lohnarbeit und die erfolgreiche Missionstätigkeit der moravischen Kirche in den indigenen Gebieten die traditionelle Lebensweise einem Erosionsprozess ausgesetzt worden war.

Dietrich (1988: 143 f.) beschreibt die Veränderung in den *comunidades* wie folgt:

Auch die Indios kehrten zurück: in die Subsistenzwirtschaft ihrer Dörfer. Doch wie hatte sich das Leben in zwei Generationen Wirtschaftsboom verändert! Obwohl die Flurschäden, die die Amerikaner angerichtet hatten, an manchen Stellen katastrophal waren, fand man schnell wieder Platz zum Leben und man fand ebenso schnell in die Lebensweise der Großväter zurück. (…) Doch geprägt von den Wertbegriffen der westlichen Welt und ihrer früheren Ideale beraubt, fühlten sich die Indios plötzlich »arm«. Die vollständige Eingebundenheit in das natürliche Leben im Busch war den Miskito, Sumu und Rama verloren gegangen wie ihre alte Religion, die diesem Leben einst seinen inneren Halt gegeben hatte. Das Selbstbewusstsein der Indios war nun ein anderes und die puritanisch-kapitalistische Ausrichtung des moravischen Glaubens förderte dieses Bewusstsein einer als Mischrasse marginalisierten Volkes, das in einer gewissen Distanz zu seiner eigenen Identität irgendwie fortlebte.

Durch die Enklavenökonomie wurde die traditionelle Lebensweise der indigenen Bevölkerung – der Miskito, Mayagna und Rama – nachhaltig erschüttert.

Nach den Präsidentschaftswahlen von 1932 übernahm der liberale Juan Bautista Sacasa das PräsidentInnenamt in Nicaragua. Die US-Truppen wurde 1933 aus Nicaragua abzogen; jedoch etablierten die USA vorher noch die Nationalgarde, eine militärische Eliteeinheit. Die Nationalgarde[72] wurde von Sacasa unter dem Befehl seines Neffen, Anastasio Somoza García, gestellt. Dieser konnte durch die Führung der Elitetruppe und den politisch eher schwachen Präsidenten Sacasa seine Macht ausbauen. Durch den Rückzug des US-Militärs konnte der Bürgerkrieg beendet werden und auch Augusto César Sandino und seine Armee legten die Waf-

---

[71] In diesem Zusammenhang kann von einer ersten Art von *remesas* gesprochen werden. Eine nähere Auseinandersetzung mit der Thematik der *remesas* erfolgt ab Seite 203.

[72] In Spanisch: *Guardia Nacional*.

fen nieder. Präsident Sacasa lud am 21. Februar 1934 Sandino und seine Generäle nach Managua zu einem Festakt ein; die Nationalgarde unter der Führung Somoza nützte diese Gelegenheit und ließ den Revolutionsführer ermorden.

Die politische Macht des zentralamerikanischen Staates lag nicht mehr beim gewählten Präsidenten – Juan Bautista Sacasa – vielmehr kontrollierte Somoza, der enge Verbindungen mit den USA unterhielt, das Land. 1936 wurde Sacasa zum Rücktritt gezwungen und ein Jahr darauf ließ sich Somoza zum Präsidenten von Nicaragua wählen. Durch diesen Akt wurde die »Familiendiktatur« der Somozas, welche 42 Jahre anhielt, eingeläutet (vgl. Krennerich 1992: 207).

4.3.3   Rückkehr der transnationalen Konzerne in die Enklave

Nach der Ermordung Sandinos und der Machtergreifung Somozas wurde jeglicher Widerstand gegen die Somoza-Diktatur mit Hilfe der Nationalgarde vehement unterdrückt. Für die transnationalen Konzerne ermöglichte diese erzwungene politische Stabilität eine Rückkehr in die Altantikregion und ein Fortsetzen ihrer Aktivitäten. Besonders die Extraktion der Edelmetallvorkommen in den Minengebieten und die Holzindustrie erlebten einen neuen Aufschwung. Die nach dem Niedergang der Bananenindustrie arbeitslos gewordenen einheimischen LohnarbeiterInnen fanden in den Minen erneut Arbeit. Teilweise unter sehr schlechten Bedingungen arbeiteten zum Beispiel in den 1940er Jahren mehr als 1.000 ArbeiterInnen in den Minen in Siuna und Bonanza. Neben Gold, Silber und Platin wurden ab den 1950er Jahren auch Kupfer und Zinn abgebaut, da die Nachfrage nach diesem Edelmetall am internationalen Markt im Steigen begriffen war. Alleine in der Dekade der 1960er Jahre erzielte die Falconbrigde Company[73] in Rosita einen Profit von 40 bis 50 Millionen Dollar. (vgl.: Sollis 1989: 490).

1945 übernahm das US-amerikanische Unternehmen NIPCO (*Nicaraguan Long Leaf Pine Lumber Company*) die Konzession zur Holzgewinnung in der Costa Caribe von der Bragman's Bluff Lumber Company[74]. Das Unternehmen errichtete Sägewerke in Puerto Cabezas und in Leimus und stieg innerhalb von kurzer Zeit zum größten Exporteur von Holz in der Altantikregion auf.

By 1955 NIPCO produced around 50 % of Nicaraguan wood production and exported production valued at 3.5 million dollars annually. (ebd.: 491).

---

[73]   Die Falconbridge Company ist ein kanadisches international tätiges Unternehmen, welches in mehr als 18 Ländern weltweit tätig ist.
http://www.falconbridge.com/about_us/history_milestones.htm, Download: 05. Februar 2008.

[74]   Die Bragman Bluff Lumber Campany war eine Tochtergesellschaft der Standard Fruit Company.

Die Wiederankurbelung der Wirtschaft gelang jedoch nur für einen begrenzten Zeitraum. Der Abbau der natürlichen Ressourcen der Region unterlag keinem nachhaltigen Konzept. Die somozatreue Regionalverwaltung der Costa Caribe verlangte von den transnationalen Konzernen keine nachhaltigen Investitionen wie bspw. Aufforstungsprojekte oder Umweltschutz. Im Gegenteil, das Agieren der ausländischen Unternehmen brachte für die Region lang anhaltende Negativfolgen mit sich. Es wird geschätzt, dass durch die Holzextraktionen der Unternehmen mehr als 240.000 Hektar Wald zerstört wurde. Im Minendreieck (Sinua, Bonanza, Rosita) wurden die Edelmetalle mit Hilfe von giftigen Substanzen ausgewaschen; dies führte dazu, dass ein Großteil der Flüsse in der Region verschmutzt wurde und es zu einem Fisch- und Tiersterben kam. Die Umweltzerstörung wirkte sich direkt auf das Leben der indigenen Gemeinden aus. Teilweise waren die indigenen Gemeinden gezwungen ihr traditionelles Land zu verlassen, da der Boden durch die Verseuchung nicht mehr nutzbar war.

Ende der 1950er Jahre waren die Holzkapazitäten in der Region um Puerto Cabezas erschöpft und NIPCO verlagerte daher seiner Aktivitäten in die Region nördlich des Río Cocos. Die Grenzregion zwischen Honduras und Nicaragua war traditionelles Miskito-Land und in indigene selbstverwaltende Gemeinden aufgeteilt, wobei Staatsgrenzen für die Miskito hierbei keine Rolle spielten. 1957 eskalierte der Streit zwischen Honduras und Nicaragua über die territoriale Zugehörigkeit der Miskito-Gebiete nördlich des Río Coco; das honduranische Militär besetzte die umstrittenen Gebiete und löste damit einen Grenzkonflikt mit seinem Nachbarland aus (vgl. Bryan 2007: 8).

Der Konflikt wurde im Jahr 1960 vom Internationalen Gerichtshof in Den Haag zu Gunsten von Honduras entschieden und der Río Coco wurde als neuer Grenzfluss festgelegt. Das gesamte Miskito-Territorium nördlich des Río Coco gehörte ab diesem Zeitpunkt zum Staatsgebiet von Honduras. Diese Entscheidung hatte negative Konsequenzen für die indigenen *comunidades* in der Region. Ihre Siedlungsgebiete befanden sich auf nicaraguanischen Boden, während ihre Anbauflächen jedoch, nach dieser Gerichtsentscheidung, auf honduranischem Territorium lagen. Durch die Trennung verschärfte sich die ökonomische Situation der *comunidades*, da sie dadurch unmittelbar Objekte in der politischen Auseinandersetzung wurden und ihnen (teilweise) der Zugang zu ihrem nutzbaren Land erschwert wurde.

Für das Unternehmen NIPCO hatte das Urteil die Konsequenz, dass sie sich aus dem honduranische Teil zurückziehen mussten; da jedoch die nicaraguanischen Teile der Miskito-Gebiete bereits stark abgeholzt waren, wurde die Ausbeutung der Holzbestände für NIPCO in der Atlantikregion uninteressant. 1963 schlossen sie die Sägewerke in Puerto Cabezas und 1965 zogen sie sich endgültig aus Nicaragua zurück. Der sukzessive Rückzug der transnationalen Unternehmen aus der Region stürzte die Bevölkerung in eine hohe Arbeitslosigkeit. Die ehemaligen LohnarbeiterInnen zogen in ihre *comunidades* zurück, um dort mittels Subsistenzökonomie ihr Auskommen zu finden. Für die betroffenen Menschen bedeutet dies jedoch, dass ihnen nicht mehr genügend Geld zur Verfügung stand, um sich die gewohnten Konsumgüter zu kaufen (vgl. Henriksen/Kindblad 2005: 11).

Dependían de la comida generada por las actividades de subsistencia y no podían comprar los bienes de consumo a los cuales habían tenido acceso anteriormente.

Die Präsenz der transnationalen Konzerne in der Costa hatte jedoch nicht nur die Konsumgewohnheiten der Bevölkerung verändert, sondern hatte auch gesellschaftspolitische Auswirkungen. Die nationale Politik unter Somoza hatte kein nennenswertes Interesse an den Vorgängen in der Costa; weiters war durch die fehlenden infrastrukturellen Verbindungen zwischen Pazifik und Atlantik das Bereisen des jeweils anderen Teils nur sehr begrenzt möglich.

The was no real interest on the Pacific Coast in knowing about the eastern seabord. Secondary schools on the Pacific Coast neglected to teach about the Atlantic Coast and opportunities to visit were limited by the lack of regular communication between the two coasts. (Sollis 1989: 495f.)

Bis zum heutigen Tag existiert nur eine Staubpiste zwischen Puerto Cabezas und Managua, welche in der Regenzeit nur erschwert passierbar ist. Bluefields, die Regionalhauptstadt des südlichen Teils der Atlantikküste, ist nur am Seeweg mittels *pangas*[75] erreichbar; es gibt keine Straßenverbindung.

Das Desinteresse des Restes von Nicaragua am *Departamento Zelaya* einerseits und der alltägliche US-amerikanische Einfluss andererseits, erklärt die ausgeprägte kulturelle Nähe der Costa an die USA. Sollis (1989: 495) beschreibt dies wie folgt: »(…) Living-room walls in Bluefields were more likely to have posters of Woodrow Wilson, Eisenhower and J. F. Kennedy than leading Nicaraguan historical figures.«

Die 1960er Jahre waren geprägt durch einen vermehrten Rückzug der US-amerikanischen Unternehmen aus der Costa; die natürlichen Ressourcen schienen

---

[75] *Pangas* sind kleine, mit Ausbootmotoren betrieben Schnellbote. Bluefields ist bis heute von El Rama aus mit diesen Pangas zu erreichen. Natürlich gibt es auch die Möglichkeit mit kleinen Propellermaschinen von Managua nach Bluefields zu fliegen, jedoch ist dies für den Grossteil der einheimischen Bevölkerung nicht leistbar. Eine Überfahrt von El Rama nach Bluefields kostet ca. 200 Cordoba (ca. 8 Euro) und dauert ca. drei Stunden.

besonders im Bereich der Holzindustrie weitgehend ausgebeutet. Da sich jedoch die jüngere Generation in den *comunidades* bereits an den Konsum von (ausländischen) Gütern gewohnt hatte, suchten sie nach Möglichkeiten, an Bargeld zu kommen. Um diese Bedürfnisse befriedigen zu können, wurden innerhalb der *comunidades* die lokalen Ressourcen vermehrt ausgebeutet. Die indigenen *comunidades* an der Küste stiegen in den kommerziellen Fischfang ein und lieferten die gefangenen Fische und Meeresfrüchte an Fischverarbeitungsfirmen in den beiden Städten Bluefields und Puerto Cabezas. Diese Firmen waren entweder in Händen von internationalen Konsortien oder gehörten dem Somoza-Clan. Besonders die Gewinne aus der Vermarktung der *tortuga verde* (die grüne Meeresschildkröte) fielen fast vollständig der Familie Somoza zu. Die *tortuga verde*, welche zur traditionellen Nahrung der indigenen Bevölkerung der Costa zu zählen ist, wurde dadurch fast vollständig ausgerottet.

Die Kommerzialisierung der *recursos comunitarios* löste, wie Henriksen/Kindblad (2005: 11) beschreiben, Konflikte zwischen der jungen und der älteren Generation in den *comunidades* aus. Die *recursos comunitarios* wurde auch zur Erwirtschaftung der Subsistenz gebraucht und durch die teilweise intensive Nutzung war auch die Erzeugung von Nahrungsmitteln für die Familien gefährdet. Die beiden Autoren Henriksen/Kindblad (2005) zitieren Nietschmann, welcher bereits 1973 konstatierte, dass für die »Alten« die »Jungen« nur an kurzfristigen monetären Gewinn orientiert waren und sich keine Gedanken über die Zukunft der eigenen Familie machten.

Besonders die Kommerzialisierung der *tortuga verde* zeigte das Dilemmata auf, in welchem sich die indigene Gemeinden befanden. Die *tortuga* ist – wie bereits oben angeführt – nicht nur ein zentraler Nahrungsbestandteil der der Gemeinden, sondern diente auch als Geschenk bzw. Tauschware zwischen den einzelnen *comunidades*. Durch die kommerzielle Vermarktung der Schildkröten wurde dieser Kreislauf zerstört. Henriksen/Kindblad (2005: 11) gehen davon aus, dass dieser Eingriff in den ökonomischen Kreislauf die *comunidades* in eine moralische Zwangslage brachte und einen Streitpunkt zwischen den Generationen in den Gemeinden darstellte.

Estos conflictos morales se agravaron en torno a la tortuga verde, plato central en la dieta cotidiana de los miskitos y una importante muestra de solidaridad entre los hogares cuando es entregada como regalo o donación. La existencia de un mercado interno y externo para la tortuga y otros recursos propició un dilema moral. Se trataba de regalar los recursos o venderlos a cambio de efectivo.

Dieses Dilemma betraf jedoch nicht nur die Kommerzialisierung der Schildkröten. Viele Produkte, welche in den kulturellen Kreislauf der *comunidades* einen ganz spezifischen Platz einnahmen, wurden nunmehr als normales Verkaufsgut gehandelt. Diese Brüche innerhalb des Lebens in der Gemeinde – Subsistenzökonomie in Verbindung mit dem kulturellen und sozialen Leben einerseits und Verkauf der *recursos comunitarios* andererseits – wurden in den1960er Jahre in den *comunidades* immer deutlicher spürbar. Der Rückzug der transnationalen Konzerne und damit auch einhergehend der Wegfall von Verdienstmöglichkeiten für die Bevölkerung, führte zu den oben beschriebenen Konflikten und Veränderungen in den Gemeinden.

Jedoch nicht nur regionale Phänomene veränderten die sozio-ökonomischen und kulturellen Werte in der Atlantikregion, auch die nationalstaatlichen Entwicklungen im Agrarsektor trugen zu Transformationen auf lokaler Ebene bei.

4.4 Die Entwicklung des nationalen Agrarsektors und avance de frontera agrícola

Auf nationaler Ebene kam es nach dem zweiten Weltkrieg zu massiven Veränderungen im Agrarbereich, welche mittel- und langfristige Auswirkungen auf das Geschehen an der Costa hatten. Die große Nachfrage nach Baumwolle am Weltmarkt löste in Nicaragua ebenfalls einen Boom aus und verdrängte Kaffee als traditionelles Exportgut Nummer Eins.

Laut Dietrich (1988: 120) lag die Ursache für die gestiegene internationale Nachfrage nach dem Rohstoff Baumwolle im Koreakrieg begründet. Die guten Verbindungen zwischen der Somoza-Diktatur und den USA ermöglichte einen vermehrten Zufluss von US-amerikanischen Kapital, das wiederum zum Aufbau der Baumwollindustrie verwendet wurde.

Die Vermehrung der Anbaufläche für Baumwolle wurde jedoch nicht zu Ungunsten der Kaffeeplantagen betrieben, vielmehr erfolgte sie auf Kosten der Anbauflächen für Grundnahrungsmittel. Diese Tatsache löste eine nachhaltige strukturelle Veränderung innerhalb des Agrarbereiches der Pazifikregion aus, deren negative Folgen für die Bevölkerung bis dato spürbar sind.

Während die Anbauflächen für Kaffee in den nördlichen Regionen von Matagalpa und Jinotega lagen, benötigte die Baumwolle das heiße Klima der Tiefebene in der Nähe der Pazifikküste. Die Gebiete in den *Departamentos* Leon, Chinandega und Managua dienten jedoch traditionell zum Anbau von Grundnahrungsmitteln wie Mais und Bohnen. In Folge des Baumwollbooms wurde jedoch dieser Boden von den GroßgrundbesitzerInnen in Anspruch genommen und es erfolgte eine Vertreibungswelle der *campesinos* und KleingrundbesitzerInnen aus diesen Regionen.

Dietrich (1988: 123) schreibt dazu:

Anfang der Sechzigerjahre wurden in der Pazifikregion nicht weniger als 80 % der Anbaufläche von Baumwolle beansprucht. Dies ist für die tiefgreifendste Veränderung der Gesellschaft Nicaraguas in diesem Jahrhundert ursächlich geworden.

Die Vertreibung der *campesinos* führte jedoch, neben den Problemen der Verringerung der Grundnahrungsmittelproduktion zu einem weiteren Phänomen – das der Binnenmigration. Das unter dem Schlagwort der *avanca de frontera agrícola* zusammengefasste Problem betraf die indigenen Gebiete der Costa Caribe. *Mestizos campesinos*, welche von dem von ihnen bewirtschafteten Grund und Boden im Zuge des Baumwollbooms vertrieben wurden, drängten vermehrt in die indigenen Gebiete der Altantikregion.

(…) as a result of the spontaneous migration and colonisation by mestizo peasants forced form their lands on the Pacific Coast by the expansion of large-scale cotton, sugar-cane and cattle farms. In the thirty years after the Second World War, over 100.000 movied into the zone around the mines and into the southern part of the Atlantic Coast. (Sollis 1989: 492).

Die Besiedelung provozierte Landkonflikte, da sich die *campesinos* auf traditionellem indigenen Land niederließen. Es kam immer wieder zu gewaltsamen Zusammenstößen zwischen den Mestizos und der indigenen Bevölkerung der Altantikregion. Jedoch nicht nur die Landfrage ist im Zusammenhang mit der *avanca de frontera agrícola* von Interesse, vielmehr muss auch der dadurch ausgelöste Transformationsprozess im gesellschaftlichen Kontext der *Costa Caribe* Betrachtung finden.

Die nationalstaatlichen Entwicklungen in den 50er/60er Jahre des 20 Jhdts. führten zu einer grundlegenden Umgestaltung der Wirtschafts- und Gesellschaftsstruktur von Nicaragua. Das Vorantreiben der *frontera agrícola* umfasst hier nur ein Teilphänomen.

Wie Krennerich (1992: 208) beschreibt, erfolgte durch die Veränderungen innerhalb des Agrarsektors und durch die Etablierung von einem regionalen Wirtschaftsabkommen[76] eine massive Transformation der nicaraguanischen Gesellschaft.

Die Entfaltung der exportorientierten Landwirtschaft, die sich verstärkt auf moderne, kapitalistische Arbeits- und Produktionsverhältnisse stützte, sowie die Industri-

---

[76] Damit ist folgendes Wirtschaftsabkommen gemeint: MCCA = Mercado Común Centroamericano; Zentralamerikanischer Gemeinsamer Markt. Diese Wirtschaftsbündnis wurde zwischen den Ländern Guatemala, El Salvador, Honduras und Nicaragua im Jahre 1960 gegründet – 1962 trat auch Costa Rica den MCCA bei (vgl. Bendel/Nohlen 1992: 32).

alisierung im Rahmen des 1960 gegründeten Gemeinsamen Zentralamerikanischen Marktes unterwarfen den Existenzmodus breiter Bevölkerungsschichten innerhalb einer Generation radikalen Wechseln. Zahlreiche Kleinbauern verloren ihr Land, sie mussten sich größtenteils als Wander- und Saisonarbeiter verdingen, wanderten in die Städte ab, wo sie den informellen Sektor vergrößerten (…).

Wie bereits angedeutet, benötigte die exportorientierte Landwirtschaft bzw. die Produktion von *Cash Crops*[77] hohe Investitionen; auch in den Ausbau einer dafür notwendigen Infrastruktur. Diese Nachfrage nach Kapital brachte auch ein Aufbrechen der Machtkonzentration in den Händen des Somoza-Clans mit sich. Die »alten Kapitalgruppen« (Dietrich 1988: 108) sahen große Gewinnchancen durch den Baumwollboom und brachten ihr durchaus benötigtes Kapital in den Ausbau dieser Exportzweiges ein. Neben dem Somozca-Clan stellten die beiden Familien der Pellas Chamorro rund um die *Banco de America Central* und die Familien Montealegre Callejas und Sacosa Guerro mit der *Banco Nicaragüense* die beiden anderen Kapitalblöcke dar. Weiters floss vermehrt US-amerikanisches Kapital ins Land.

Das Zweiparteiensystem blieb in Nicaragua auch nach der Machergreifung des Somoza-Clans bestehen und garantierte damit die Präsenz aller drei Kapitalblöcke im Staatsapparat. Sowohl die konservative Partei als auch die demokratische Partei vertraten die Interessen der Oligarchie; Somoza verstand es geschickt immer wieder Pakte mit den einzelnen Parteien auszuhandeln, um ihnen eine politische Partizipation vorzugaukeln. Da beide Parteien dieselbe Klientel vertraten, welche gerade während der Phase nach dem Zweiten Weltkrieg und den darauf folgenden zwanzig Jahren des Wirtschaftsbooms von der wirtschaftlichen Entwicklung Nicaraguas enorm profitierten, war die politische Macht in der Hand Somozas nicht gefährdet.

Rediske (1984: 33) beschreibt die dargestellte Situation folgendermaßen:

Dass diese *(Anm. d. Autorin: gemeint sind damit die beiden Parteien)* die Gewichtsverschiebung zugunsten der Somozagruppe nicht einmal zu verhindern suchen, ist zum einen auf die positiven Funktionen zurückzuführen, die Somoza für die Interessen des gesamten Blocks an die Macht übernimmt (Repression, ökonomische Interventionspolitik und politische Absicherung der Assoziation mit dem US-Kapital), und zum anderen auf die anhaltende politische Schwäche des nicht-somozistischen Kapitals. Politische Schwäche und relative ökonomische Stärke kompensieren einander, schaffen ein instabiles Gleichgewicht, das Zweiparteiensystem

---

77 *Cash Crops* werden nach Nuscheler (2004: 621) folgendermaßen definiert: Landwirtschaftliche Produkte (Kaffee, Tee, Baumwolle etc.) die zumeist auf Plantagen vorwiegend für den Export angebaut werden.

und (im dynamischen Ablauf) durch die Abfolge von oligarchischen Pakten[78], die Nichteinhaltung der Pakte durch Somoza, den offenen Konflikt (Boykott oder Rebellionsversuch durch die Konservative Partei, Repression durch Somoza) und jeweils einen neuen Pakt gekennzeichnet ist.

Die Ermordung von Anastasio Somoza García am 29.September1956 durch den Dichter Rigoberto Lopez Perez konnte die Macht des Somoza-Clans wenig erschüttern. Es folgte ihm sein Sohn Luis Somoza Debayle nach, der vorerst durch das Parlament zum Übergangspräsidenten bestimmt und danach durch eine Scheinwahl 1957 zum Präsidenten gewählt wurde. Jedoch nicht nur das PräsidentInnenamt wurde von einem Mitglied der Somoza-Familie eingenommen; ebenso lag das Kommando über die Nationalgarde in den Händen eines Somoza-Spross – dem zweiten Sohn von Anastasio Somoza, Anastasio II.

Von 1963 bis 1966 übernahm formal der Privatsekretär der Somozas Rene Schick Gutierrez das PräsidentInnenamt, jedoch war er mehr oder weniger einer Marionette der Somoza-Familie (vgl. Dietrich 1988: 109f.). Schick wurde im Jahr 1967 von den Somoza-Brüdern ermordet, da er sich einerseits vor einem internationalen Forum gegen die Somozas ausgesprochen hatte und andererseits auch die Herrschaftsfolge des Somoza-Clans »geklärt« werden musste. Luis Somoza war bereits sehr krank; als dieser 1967 starb übernahm sein jüngerer Bruder Anastasio II die Macht.

Die Machtübernahme von Anastasio II verlief jedoch blutig. Als dem Kandidaten der konservativen Partei Frenando Agüeros klar wurde, dass der Somoza-Clan die Wahl wieder manipulieren wollte, um einen der ihren zum Präsidenten wählen zu lassen, versammelte er seine AnhängerInnen zu einer Kundgebung in Managua. Dort versprach er ihnen Waffen, um damit den Sturz des Somoza-Clans zu erzwingen. Die Waffen trafen jedoch nicht ein und während der Kundgebung provozierte eine kleine Gruppe von AnhängerInnen Agüeros eine Auseinandersetzung mit der Nationalgarde. Diese schoss daraufhin in die Menge und tötet 200 Personen (vlg. Rediske 1984: 42).

Diese Darstellung erklärt, warum sich die Somoza-Diktatur über vierzig Jahre halten konnte: Einerseits waren ihre GegnerInnen in militärischer Hinsicht nicht

---

[78] Einer dieser Pakte ist der 1950 beschlossen »Pakt der Generäle«, welcher zwischen den Vertreter der konservativen Partei General Emiliano Chomorro und Anastasio Somoza García. Dieser Pakt garantierte der konservativen Oligarchie ökonomische Bewegungsfreiheit, eine Minderheitenbeteilung in der Verfassungsgebenden Versammlung sowie bei den obersten Gerichten. Der Vertrag verbot die Wiederwahl eines amtierenden Präsidenten. Dieses »Verbot« wurde von Somoza jedoch nicht ernst genommen, da er eine erneute Kandidatur 1956 anstrebte; seine Ermordung verhinderte jedoch das angestrebte Ziel (vgl. Rediske 1984: 34).

ausgebildet und sie kontrollierten die Nationalgarde und andererseits profitierten die beiden anderen Machtblöcke lange von der Diktatur.

4.4.1 Wachstum des nationalen Agrarsektors in den 1950er Jahren

Die nicaraguanische Wirtschaft der 1950/60er Jahre erlebte einen immensen Aufschwung, jedoch umfasste dieser zu Beginn fast ausschließlich Zuwächse im exportorientierten Agrarsektor. Es fehlten Maßnahmen zum Aufbau eines selbstständigen, nationalen IndustrieunternehmerInnentums, wie es andere lateinamerikanische Staaten mit Hilfe von importsubstituierender Wirtschaftspolitik betrieben. Unter Importsubstitution wurde der Versuch verstanden, eine nationale Industrialisierung voranzutreiben, um Importe durch eigene Produkte und Diversifizierung der inländischen Produktionsstruktur zu ersetzten (vgl. Nuscheler 2004: 627). Nicaragua setzte nicht auf diese Politik, vielmehr konzentrierten sich die politisch Verantwortlichen auf den rasch wachsenden und kurzfristig große Renditen bringenden Agrarsektor.

Durch die Integration des *Gemeinsamen Mittelamerikanischen Marktes (MCCA)* konnte die Ausrichtung auf den Export von *Cash Crops* aufgebrochen werden. Es kam einerseits zum Zufluss von ausländischem Kapital (besonders US-amerikanischem) und andererseits auch zur Ansiedlung von ausländischen Firmen. Da jedoch die verarbeitende Industrie großteils in Händen ausländischer Finanziers lag, flossen die Gewinne außer Landes und brachten keine strukturellen Verbesserungen für die Bevölkerung. Neben der Erzeugung von Exportproduktion im Agrarsektor siedelte sich ab den 1960er Jahren auch Industrie an der Pazifikküste an.

Die nationale Wirtschaftsstruktur erlebte während der 1960er Jahren eine deutliche Veränderung, welche an folgenden Kriterien festgemacht werden kann: Der Anteil des primären Sektors (Forst- und Landwirtschaft) am Bruttosozialprodukt verringerte sich von 1956 bis 1971 von 38 % auf 24 %, obwohl es zu einer immensen Produktionsausweitung im Bereich der exportorientierten Viehwirtschaft kam. Der Anteil des sekundären Sektors (Industrieproduktion) verdoppelte sich in dieser Zeitspanne, jedoch muss beachtet werden, dass die in dieser Sparte tätige Bevölkerung (je nach Angabe) nur zirka 8 % bis 14 % der gesamtarbeitsfähigen Bevölkerung ausmachte. Das durch das Bevölkerungswachstum neu zur Verfügung stehende Arbeitskraftpotenzial wurde fast vollständig vom Agrarsektor bzw. vom Dienstleistungssektor absorbiert (vgl. Dietrich 1988: 125f.).

Die folgende Tabelle gibt einen Überblick über die sektorenbedingte Aufteilung der Erwerbstätigen

Tabelle 2: Erwerbstätige Bevölkerung nach Wirtschaftssektoren (in %)

Jahr	1960	1970	1980
Landwirtschaft a)	62	52	47
Industrie b)	16	16	16
Dienstleistungen c)	22	33	38

a) incl. Forstwirtschaft und Fischerei;
b) incl. Elektrizitäts-, Wasser- und Gasversorgung;
c) excl. Elektrizität, Wasser, Gas

Quelle: CEPAL zitiert nach Krennerich 1992: 210

Wie aus der Tabelle 2 ersichtlich, nahm die Erwerbstätigkeit im Dienstleistungssektor in der dargestellten Periode zu, während die Zahlen im sekundären Sektor konstant blieben. Der Prozentsatz der erwerbstätigen Bevölkerung im primären Sektor nahm in dieser Zeitspanne ab; der Anteil am BIP blieb jedoch konstant. Trotz der hohen Erwerbsquote im landwirtschaftlichen Sektor muss festgehalten werden, dass die Anteil am BIP im Vergleich dazu relativ gering ausfällt. Die nachfolgende Tabelle zeigt die prozentuellen Anteile der drei Sektoren am nicaraguanischen BIP.

Tabelle 3: Anteil der Wirtschaftssektoren am BIP (in %)

Jahr	1970	1975	1980
Landwirtschaft a)	24	24	23
Industrie	28	29	29
Dienstleistungen b)	48	47	48

a) incl. Forstwirtschaft und Fischerei;
b) incl. Elektrizitäts-, Wasser- und Gasversorgung;

Quelle: IICA/FLASCO – zitiert nach Krennerich 1992: 210

Zusammengefasst kann aus den beiden Tabellen abgelesen werden, dass der primäre Sektor in Nicaragua lange die wichtigste wirtschaftliche Rolle spielte und erst zu Beginn der 1980er Jahren vom Industriesektor überholt wurde.

Der Landwirtschaftssektor nahm in Nicaragua immer einen bedeutenden Platz ein und durch die Landkonzentration erfolgte eine vehemente Verschiebung innerhalb der Sozialstruktur in den ländlichen Gebieten. Dies hatte, wie bereits oben dargestellt, einerseits Auswirkungen auf die Costa Caribe – Fortschreiten der »Agrargrenze« – und führte weiters zur Verelendung breiter ländlicher Bevölkerungsschichten.

4.4.2 Landkonzentration und Veränderung der Sozialstruktur

Im Agrarbereich wurde die Ausdehnung von der Plantagenwirtschaft vorangetrieben, die fast ausschließlich für den Export produzierte, wohingegen ein Großteil der Grundnahrungsmittel von »(...) Klein- und Kleinstbauern auf Ländereien unter 0,5 ha (!)« (Dietrich 1988: 126) erwirtschaft wurden. Durch diese Umbrüche kam es zu Veränderungen der Sozialstruktur innerhalb der Landbevölkerung; wobei dies auch in letzter Konsequenz Auswirkungen auf den urbanen Bereich hatte (Zuzug von Menschen und Erweiterung des informellen Sektors[79]).

Für Krennerich (1992: 216) stellt sich die Sozialstruktur der Landbevölkerung wie folgt dar:

Vor der Revolution machten Saisonarbeiter 32,1 % der erwerbstätigen Landbevölkerung aus, ständige Landarbeiter 7,5 %, Kleinst- und Kleinbauern (mit weniger als 35 ha) 51 % – davon 38 % Pächter, 13 % Selbständige –, mittelgroße Bauern (35-350 ha) 9 % und Großproduzenten (350 bis mehrere 1.000 ha) 0,4 %.

Die Landkonzentration in den Händen einer kleinen Personengruppe war enorm. Nur knapp zwei Prozent der landwirtschaftlichen Betriebe – Latifundien, mit der Durchschnittsgröße von über 5.000 ha – verfügten über 47 % des genutzten landwirtschaftlichen Bodens. Im Gegensatz dazu bewirtschaften 75 % der landwirtschaftlichen Betriebe – in diesem Kontext spricht man von Kleinbetrieben bis 35 ha – nur 13 % der gesamten Nutzfläche (vgl. ebd.: 216).

Alleine diese Zahlen lassen erahnen, welche weitreichenden Konsequenzen die Landkonzentration auch auf die Entwicklung im Bereich der Grundnahrungsmittelproduktion hatte. Es fehlte an Land für dessen Produktion und so musste Nicaragua ab Mitte der 1950er Jahre Grundnahrungsmittel importieren, wie bspw. Mais, Reis, Bohnen und Hirse. Eine Agrarreform im Jahr 1963, die aufgrund von sozialem Druck notwendig wurde, brachte keine strukturellen Veränderungen mit sich. Vielmehr schrieb sie die bereits informell bestehende Umstrukturierung fest, welche die *campesinos* schlechter stellte – ihnen wurde wenig fruchtbares und infrastrukturell unerschlossenes Urwaldgebiet zugewiesen. (vgl. Dietrich 1988: 126).

Das oben dargestellte Dilemmata zwischen der Steigerung der Agrarexporte einerseits und der Notwendigkeit der Grundnahrungsmittelimporte andererseits schildert Dietrich (1988: 127) abschließend nochmals sehr drastisch:

---

[79] Informeller Sektor umfasst nach Nuscheler (2004: 627) folgende Bereiche: »Der ›Schattenwirtschaft‹ oder ›Überlebensökonomie‹ des I. S. werden zugeordnet: arbeitsintensive Produktion, einfache Technologie, geringe Qualifikation, schlechte Bezahlung, keine soziale Sicherheit, geringer gewerkschaftlicher Organisationsgrad, aber unternehmerische Initiative und Kreativität.«

Dies bewirkte die für Dritte Welt Länder mit starken Kapitalimporten typische und beklagenswerte Situation, dass die landwirtschaftliche Exportproduktion rapide wächst, während die Unterernährung der Bevölkerung steigt. Die Zahlen für Nicaragua: Während sich die Produktion von Grundnahrungsgetreide von 1968/69 auf 1975/76 bei einem gleichzeitigen Bevölkerungswachstum von 16 % um 3,1 % verringerte, verdoppelte sich die Baumwollproduktion allein 1971 bis 1974.

4.4.3 MCCA – Integrationsbemühungen mittels »Gemeinsamen Mittelamerikanischen Markt«

Durch den Beitritt von Nicaragua in das MCCA 1960 konnte jedoch auch teilweise eine verarbeitende Industrie im Land etabliert werden. Grob kann die wirtschaftliche Entwicklung jener Zeit vor der Revolution (1979) in drei Phasen unterteilt werden – wobei es innerhalb dieser drei Phasen immer wieder zu Auf- und Abschwüngen kommt. Nach Kennerich (1992: 210f.) kann die Zeitspanne wie folgt gegliedert werden:

Die Periode von 1950-60 war geprägt durch die rasante Ausdehnung der Baumwollproduktion und eine auf Agrarproduktion beschränkte Industrialisierung (Nahrungsmittel, Getränke, Textilien); sie untergliederte sich ihrerseits in eine Phase des Aufschwungs (1950-56) und eine Rezessionsphase (1956-1960). (…) Die [zweite] Periode von 1961-72 stand im Zeichen der Diversifizierung des Agrarsektors und der erweiterten Industrialisierung im Rahmen des MCCA (Verarbeitung importierter Rohstoffe und Halbfertigwaren). (…) Die [dritte] Periode nach dem Erdbeben von 1972 war zunächst durch eine steigende Konjunktur (1973-74) geprägt, später setzte jedoch ein wirtschaftlicher Niedergang ein.

Der MCCA war von Beginn an ein sehr erfolgreiches Konzept und verfolgte umfassende Ziele, wie bspw. den Ausbau der regionalen Märkte, die gemeinsame Nutzung der Ressourcen, importsubstituierende Industrialisierung zur Diversifizierung der Exporte, Koordinierung der Entwicklungspläne. 95 % aller Güter sollten sofort nach Inkrafttreten des Freihandelsabkommens zwischen den Mitgliedsstaaten zollfrei gehandelt werden, die restlichen fünf Prozent innerhalb von weiteren fünf Jahren. Es wurde ein gemeinsamer Außenzoll ab dem Jahre 1962 etabliert und eine regionale komplementäre industrielle Entwicklung vorangetrieben.

Bis in den 1970er Jahren war der MCCA ein Vorzeigemodell für regionale Entwicklung. Besonders im Bereich der Industriegüter konnte eine erfolgreiche Handelsbilanz zwischen den Mitgliedsstaaten des MCCA konstatiert werden. Bendel/Nohlen (1992: 32) untermauerten dies wie folgt:

Der Schwerpunkt des enorm gestiegenen innerregionalen Handels (von 31 Mio. US-\$ 1960 auf 207 Mio. US-\$ 1970; Anteil am Gesamthandel von 6,9 % auf 24,2 %

im gleichen Zeitraum) lag mit ca. 85 % bei den Industrieprodukten, die, anders als die traditionellen Exportgüter, den Preisschwankungen auf dem Weltmarkt ausgeliefert waren (...).

Die sehr guten Gesamtresultate des MCCA konnten jedoch nicht über die unterschiedlichen Partizipationsmöglichkeiten der einzelnen Länder hinwegtäuschen; diese Tatsache führte letztendlich zum Erlahmen der Freihandelszone Ende der 1970er Jahre.

1971 trat Honduras aus dem MCCA aus, nachdem der Versuch der Etablierung eines zentralamerikanischen Ausgleichfonds für die benachteiligten Staaten am Veto von Guatemala und El Salvador gescheitert war. Die politische Situation zwischen den beiden Nachbarländern El Salvador und Honduras war bereits durch den Fußballkrieg[80] von 1969 sehr angespannt.

Zu einer weiteren Erosion des MCCA trug die Exportbeschränkungen von Costa Rica und Nicaragua in wichtigen Industriezweigen ein (z. B.: Textilien, Bekleidung usw.). Die Staaten begründeten dieses Vorgehen damit, dass sie durch die forcierte Binnenmarktintegration mit Steuereinbußen zu leben hatten und deshalb zu diesen Maßnahmen greifen mussten (vgl. ebd.: 33). Als weiteres Argument für die Exportbeschränkungen wurde die (teilweise) immensen Schwankungen der Weltmarktpreise für die traditionellen Exportgüter (meist Agrarprodukte) herangezogen. Damit waren die bereits eher industrialisierten Länder wie El Salvador oder Guatemala ebenso von den Schwankungen der Weltmarktpreise im Agrarsektor (indirekt) betroffen.

Weiters wurden die neu entstandenen Industrien in den MCCA-Staaten größteils durch ausländisches Kapital finanziert. Dies führte dazu, dass die erwirtschafteten Gewinne nicht in den Ländern blieben, sondern ins Ausland abflossen und damit nicht zu einem kontinuierlichen Aufbau der nationalen Industrien beitrugen.

Neben der Heterogenität der einzelnen Mitgliedsstaaten des Zentralamerika-

---

[80] Der Fußballkrieg zwischen El Salvador und Honduras beruhte zum Teil auf den angespannten wirtschaftlichen Verhältnissen dieser Zeit. Um eine Wirtschaftsrezession im Lande abzufedern, ermutigte El Salvador seine BürgerInnen einerseits nach Honduras (illegal) auszuwandern und verstärkte andererseits seine wirtschaftlichen Aktivitäten im Nachbarland. Das honduranische Militärregime versuchte ab 1967 eine Agrarreform umzusetzen, wobei auch das von den MigrantInnen aus El Salvador besetzte Land ins Blickfeld geriet. Die Spannung zwischen den beiden Staaten wurde zusätzlich durch nationalistische Töne verschärft. Zur Eskalation der Situation kam es dann 1969 anlässlich eines Fußballspieles zwischen den beiden Nachbarstaaten; in Rahmen dieses Spieles führten Ausschreitungen zu Todesopfern. Daraus leitet sich auch der Terminus des Fußballkrieges ab.
Vgl. http://www.sozialwiss.uni-hamburg.de/publish/Ipw/Akuf/kriege/100_elsalvador-honduras.htm, Download: 18. Februar 08.

nischen Gemeinsamen Marktes (MCCA) in wirtschaftlicher Hinsicht wurde die Region vor allem auch von militärischen Konflikten erschüttert. All diese Aspekte führten letztendlich zum Scheitern des zu Beginn so erfolgreichen Projekts. Nuscheler (2004: 126) sieht das Scheitern des MCCA folgendermaßen begründet: »Der Regionalkonflikt in Zentralamerika demolierte den Zentralamerikanischen Gemeinsamen Markt (MCCA), der ein erfolgreiches Integrationsprojekt war.«

4.5 Krise und der Fall der Somoza-Diktatur

Bis in die 1970er Jahre übte die Somoza-Familie uneingeschränkt die politische Herrschaft in Nicaragua aus. Das Land war aufgeteilt zwischen den in der konservativen und demokratisch-liberalen Partei vertretenden Oligarchie und dem Somoza-Clan. Rediske (1984: 35) schreibt dazu: »Bis weit in die siebziger Jahre hinein gibt es ökonomisch wie politisch keinen akuten Druck – sei es von Seiten einer Industriebourgeoisie, des Proletariats oder von Volksbewegungen – einen ›modernen bürgerlichen Staat‹ zu schaffen.«

In den 1960er wurden jene politischen und wirtschaftlichen Weichen gestellt, die den Sturz der Somoza-Diktatur herbeiführten. Einer der Gründe lag darin, dass die durch den wirtschaftlichen Aufschwung in den 1960er geweckten Erwartungen an Liberalisierung, Agrarreform und Wohlsstand nicht gestillt wurden. Die Somoza-Familie, ab 1967 unter der Führung von Anastasio II, baute ihre ökonomische-Dominanz[81] immer mehr aus und zog damit den anderen zwei Kapitalblöcken entscheidend davon. Damit wurde auch der oben dargestellt Zustand durchbrochen, der den beiden anderen Kapitalgruppen zwar keine reale politischen Partizipation zusicherte, jedoch eine ökonomische.

Ein weiterer Aspekt, der zur Erosion der Macht des Somoza-Clans beitrug, war die neuerliche Wahl eines weiteren Familiemitglieds – Anastasio II – 1967 zum Präsidenten. Die konservative Partei musste einmal mehr miterleben, dass sich der

---

[81] Dietrich (1988: 113) beschreibt den Vermögensstand des Somoza-Clanes im Jahre 1967 wie folgt: »Zu ihr gehörten unter anderem über 100 Viehranches und Kaffeekulturen, sowie zahllose Tabakplantagen. Über 150 Industriebetriebe waren Eigentum der Somoza-Familie oder wurden von ihr durch Mehrheitsbeteiligungen kontrolliert. Somozas Grundbesitz von ca. 20.000 km² entsprach fast der Hälfte der in Nicaragua (…) überhaupt zu nutzenden Fläche.« Weiters kontrollierte die Familie auch einen großen Teil des Dienstleistungssektors, wie die Versicherung *Compania Nacional de Seguros*, die Bank *Banco de Centroamerica*, Fluglinien, Hotelketten, Zeitungen und Radio- sowie Fernsehstationen usw. Der Einfluss des Somoza-Clans ging auch über die Staatsgrenzen hinaus; so waren die Somozas bis zu ihrem Sturz die zweitgrößten Grundbesitzer in Costa Rica (vgl. ebd.: 114).

Somoza-Clan mittels Wahlbetrugs seine politische Vormachtstellung in Nicaragua sicherte. Der Versuch, die Paktpolitik mit der konservativen Partei fortzusetzen scheiterte 1971; die Partei spaltete sich in vier Splittergruppen und dies führte damit zur Zerschlagung des Zweiparteiensystems.

Die durch die Umbrüche in Agrarsektor ausgelöste vermehrte Zuwanderung in die Städte und die Ausweitung des sekundären sowie tertiären Sektors in Nicaragua, schaffte zwar kein unmittelbar politisiertes und revolutionäres Proletariat, jedoch soviel sozialen Konfliktstoff, dass die Revolution hier auf fruchtbaren Boden fiel. (vgl. Rediske 1984: 35f.) Die Lebensumstände eines großen Teils der Bevölkerung waren in sozialer Hinsicht gravierend: bittere Armut, hohe AnalphabetInnenrate (je nach Angabe bis zu 65 %) und ein total unterentwickeltes Gesundheitssystem. Die Lebenserwartung lag unter 50 Jahren und jedes zweite Kinder starb vor Erreichen des fünften Lebensjahres. Die Grundnahrungsmittel waren teuer, da der Agrarsektor sich auf *cash crops* Produktion konzentrierte und wenig Platz blieb, die nationale Versorgung mit Grundnahrungsmittel sicherzustellen. Die Importe von Mais, Reis und Bohnen ließen diese notwendigen *alimiento cotidiana* für die Menschen sehr teuer werden. »Der Hunger war so steter Begleiter der Bevölkerung Nicaraguas.« (Dietrich 1988: 116).

Am 23. Dezember 1972 ereignet sich eine Naturkatastrophe immensen Ausmaßes – ein Erdbeben zerstörte die Hauptstadt Managua fast vollständig. Mehr als 10.000 Menschen wurden dabei getötet und 250.000 verloren ihr Zuhause. Für die Bevölkerung bedeutete das Erdbeben eine weitere Verschlechterung ihrer bereits sehr prekären Lebensbedingungen (vgl. ebd.: 115). Der Somoza-Clan bereicherte sich skrupellos an den internationalen Hilfsgeldern zum Wiederaufbau und unterschlug mehr als 250 Millionen Dollar (vgl. ebd.: 115). Jedoch nicht nur Somoza »verdiente« am Erdbeben, auch die beiden Kapitalblöcke profitierten durch den ausgelösten Wirtschaftsboom. Der auf Export ausgerichtete Agrarsektor war vom Erdbeben nur marginal betroffen und zusätzlich rechtfertigte das Erdbeben die Aufnahme von hohen Krediten im Ausland. Der Geldstrom aus den Krediten floss in ein Banksystem, das ausschließlich unter der Kontrolle der drei Kapitalgruppen stand. Diese setzten die Kredite jedoch nicht zum Wiederaufbau ein, sondern finanzierten damit die Ausweitung der Exportagrarproduktion. Als Beispiel sei hier der Baumwollsektor angeführt: der Weltmarktpreis für Baumwolle stieg zwischen 1974 und 1975 um fast 70% und die ProduzentInnen in Nicaragua zogen nach und erhöhten die Exportquote von 2,2 auf 2,9 Mio. Quintales[82].

In diese Sektoren floss das Geld, das eigentlich für den Wiederaufbau der zer-

---

82 Ein Quintal ist 15,3 kg.

störten Hauptstadt hätte verwendet werden sollen. Da jedoch alle drei Kapitalgruppen davon profitierten, wurde das Agieren Somozas nicht wirklich in Frage gestellt. Durch den vermehrte Zufluss von Krediten aus dem Ausland sah sich Somoza bestärkt, selbst ins Bankgeschäft einzusteigen und gründet nach den Erdbeben 1972 die *Banco de Centroamerica*. Damit wurde eine Konkurrenz zu den anderen beiden Kapitalblöcken geschaffen, die bis dato die nationalen Bankgeschäfte in ihren Händen wussten.

Der Widerstand unter der Bevölkerung wuchs. Jedoch wurden die vereinzelten Aufstände von der Nationalgarde niedergeschlagen und die linke Guerilla rund um die FSLN (*Frente Sandinista de Liberación Nacional*)[83] war noch zu unorganisiert und politisch zu schwach, um das Somoza-Regime unter Druck zu setzten.

Das mittlere und kleinstrukturierte UnternehmerInnentum wurde durch den korrupter werdenden Staatsapparat, die fehlenden (Wiederaufbau)-Investitionen nach dem Erdbeben und dem Abflauen des MCCAs immer mehr unter Druck gesetzt. Nach dem Rückgang des kurzfristig durch das Erdbeben ausgelösten Wirtschaftsbooms 1975 verschärfte sich die Situation zusehends.

Aufgrund der verheerenden wirtschaftlichen Lage und der Repressionen des Staatsapparats durch die Nationalgarde an KritikerInnen des Regimes, wuchs der politische Unmut. Am 15. Dezember 1974 entstand erstmals ein breites gesellschaftliches Bündnis aus somoza-kritischen Gruppierungen – die *Unión Democrática de Liberación* (UDEL). Dieses Bündnis aus Parteien und Gewerkschaften umfasste viele unterschiedliche Gruppen; als die fünf Wichtigsten galten: die *Partido Socialcristiano* (PSC) und die christliche Gewerkschaft *Central de Trabajadores de Nicaragua* (CTN), der *Partido Socialista Nicaragüense* (PSN) und die seine Gewerkschaftszentrale CGT-i (*Confederación General de Trabajo – Independiente*) sowie die ANC (*Acción Nacional Conservadora*) (vgl. Rediske 1984: 78). Pedro Joaquin Chamorro, der Anführer der ANC, galt als einer der charismatischen Persönlichkeiten der UDEL. Chamorro war der Verleger und Chefredakteur der konservativen Tageszeitung »La Prensa« und verfügte über gute internationale Kontakte, vor allem in die USA.

Auch innerhalb der katholischen Kirche kam es zu Umbrüchen und politischen Umdenkprozessen. Hatte die Kirche bis in die 1960er Jahre das Somoza-Regime uneingeschränkt unterstützt und damit auch ihren Einfluss auf die breite (sehr katholische) Masse geltend gemacht, erfolgte ein Aufbrechen der Homogenität des Klerus in diesem Punkt. Ausgelöst wurden diese Veränderungen durch das Zweite Vatikanische Konzil und die sich daraus ableitbare »Befreiungstheologie«. Prie-

---

[83] Eine genauere Darstellung zur *Frente* siehe *Exkurs zu der FSLN* auf S. 78.

ster wie Uriel Molina oder Ernesto Cardenal begannen engeren Kontakt mit der SandinistInnen zu knüpfen und im Land entstanden dynamische christliche Basisgruppen, welche sich gegen die Diktatur Somozas aussprachen. Dietrich (1988: 140) beschrieb die Situation, in der sich die Kirche zu diesem Zeitpunkt befand treffend: »Die Kirche nahm ab etwa 1975 also schon fast geschlossen eine antisomozistische Haltung ein, wenngleich sie nach wie vor in einen reformistischen und einen revolutionären Zweig gespalten war.«

Diese Zerrissenheit der Kirche wurde durch die Berufung eines neuen Erzbischofs von Managua – Obando y Bravo – im Jahre 1970 nochmals deutlicher. Der Erzbischof setzte auf einen reformistischen Weg und versuchte gemeinsam mit den konservativen Kräften rund um Pedro Joaquin Chamorro eine Lösung der Somoza-Diktatur. Ein anderer Teil der katholischen Kirche arbeitet eng mit der *Frente Sandinista* zusammen und Priester wie Ernesto Cardenal wurden Teil der sandinistischen Bewegung. Wie uneins die Kirche Mitte der 1970er Jahre auch gewesen sein mag, von keiner ihrer Strömungen konnte Somoza noch Unterstützung erwarten.

Die gesellschaftlichen und politischen Kräfte Nicaraguas vereinten sich zusehends, trotz aller ideologischen Brüche, in ihrer Ablehnung gegen Somoza. Ab den 1975 Jahren erschütterte eine Wirtschaftskrise das Land; von 25. August bis zum 25. September 1978 kam es zu einem Volksaufstand, der das Wirtschaftsleben in den Städten fast vollständig lahm legte. Der Aufstand wurde von der Nationalgarde niedergeschlagen. Die ab den 1977 Jahren fast bürgerkriegsähnliche Situation in Nicaragua führte, bedingt durch Waffenkäufe des Somoza-Regimes, zu einer steigenden Auslandsverschuldung. Weiters kam es zu einer verstärkten Kapitalflucht; im Jahr 1978 belief sie sich auf ca. 49 % des gesamten Exportwertes, das entsprach in realen Zahlen 220 Millionen Dollar (vgl.: Fürst/Hess/Jäger/Strubelt 1985: 17).

Die wirtschaftliche Situation Ende 1978 wird von Fürst/Hess/Jäger/Strubelt (1985: 18) wie folgt dargestellt:

Durch die Niederschlagung des Volksaufstandes im September 1978 ist ein Sachschaden von ca. 66. Millionen Dollar entstanden, 616 Geschäfte und 30 Fabriken wurden zerstört (…)
ein Großteil der Kaffee- und Baumwollernte kann nicht eingebracht werden, da aus dem Anbaugebiet 60.000 Menschen geflüchtet sind, die jetzt als Saisonarbeiter fehlen. (…)
Die nicaraguanische Zentralbank kann die Zinsen der öffentlichen Schulden – 1 Milliarde Dollar – nicht mehr zahlen und stellt im November 1978 die Zahlungen ein. (ebd.: S. 18)

Die nachfolgende Tabelle bietet eine Aufstellung über die wirtschaftliche Entwicklung Nicaraguas in den letzten drei Jahren vor dem Sieg der SandinistInnen.

Tabelle 4: Wirtschaftliche Entwicklung vor dem triunfo (unterteilt nach Sektoren)

Wachstumsraten in %	1977	1978	1979
Bruttosozialprodukt gesamt	5,5	-6,9	-25,2
Landwirtschaft	0,8	7,1	-12,1
verarbeitende Industrie	7,7	0,4	-26,2
Bausektor	2,0	-41,3	-52,5
Andere	7,0	-12,1	-29,3
Exporte	17,0	2,3	-13,3
Importe	36,0	-18,3	3,7
KosumentInnenpreise	10,2	4,3	28,6

Quelle: Fürst/Hess/Jäger/Strubelt 1985: 25.

Die Tabelle lässt erkennen, dass sich die wirtschaftliche Situation in Nicaragua sukzessive verschlechterte und alle Sektoren davon betroffen waren. Besonders im Jahr 1979, in der Endphase der Revolution, kam es zu einem Einbruch in der Wirtschaft. Für die Bevölkerung bedeutete der Anstieg der Preise eine immense Belastung.

Von 1977 bis 1979 befand sich Nicaragua in einem bürgerkriegsähnlichen Zustand; die Basis für den Widerstand bildeten einerseits die bürgerliche Opposition und andererseits der Volksaufstand unter der militärischen Leitung der FSLN. Die Ermordung von Pedro Joaquin Chamorro am 10. Jänner 1978 durch die Nationalgarde erschütterte die bürgerliche Opposition. Chamorro – Teil der UDEL und Chef der Tageszeitung »La Prensa« – stellte für Somoza eine ernsthafte politische Gefahr dar, weil er den bürgerlichen Block hinter sich wusste und als Integrationsfigur im Widerstand gegen den Diktator galt. Zuerst war die bürgerliche Opposition durch die Ermordung geschockt, jedoch trug sie danach zur Radikalisierung dieser Schicht bei.

Die FSLN rief im Jahre 1978 zum bewaffneten Volksaufstand auf und in der Zeit bis zum Tag des Triumphs der Revolution am 19. Juli 1979[84] kam es zu militärischen Manövern[85] der FSLN aber auch zu Übergriffen der Nationalgarde an

---

[84] Der 19. Juli ist seit diesem Jahr der Nationalfeiertag Nicaraguas.

[85] So kam es z. B.: am 24. August 1978 zur Besetzung des Nationalpalastes durch 26 FSLN Guerillas unter der Führung des *Comandante Pastora*. Die Guerillas nahmen 2.000 Geiseln fest, unter anderem den Stellvertreter von Somoza, Jose Antonio Mora sowie fast alle Parlamentsabgeordnete des Landes. Somoza sah sich gezwungen alle Forderungen der FSLN zu

der Bevölkerung. Der von der FSLN im September 1978 ausgerufene »Septembe-raufstand« führte zur Verhängung des Kriegsrechts und Somoza ließ daraufhin die aufständischen Städte wie Leon, Esteli, Masaya usw. systematisch bombardieren. Während dieser Bombardements starben viele ZivilistInnen. Mit diesen Aktionen manövrierte sich Somoza auch auf internationaler Ebene ins politische Abseits. Auch für die USA wurde es durch derartige Übergriffe zusehends schwieriger an Somoza festzuhalten.

Eine genauere Nachzeichnung der Monate vor dem *triunfo* ist in dieser Arbeit nicht vorgesehen; nur die folgenden Fakten sollen noch Erwähnung finden. Somo-za floh samt 70 Offizieren der Nationalgarde nach Miami, davor jedoch wurde das liquide Finanzvermögen des Somoza-Clans außer Landes transferiert. Insgesamt starben 50.000 Menschen in den letzten Entscheidungskämpfen um den Sturz des Diktators und mehr als 100.000 wurden verletzt. Die wichtigsten Städte des Landes waren durch die Bombardements infrastrukturell zerstört und die Wirtschaft des Landes lag vollständig danieder. International wurde der Sieg der SandinistInnen über die Somoza-Diktatur begrüßt und ist »jedenfalls als ein Meilenstein in der geschichtlichen Entwicklung Lateinamerikas anzusehen.« (Dietrich 1988: 188).

Die Analyse von Rediske (1984: 175f.) zeigt auf, dass der Sieg der sandini-stischen Revolution während der fast 45 Jahre dauernden Familiendiktatur des So-moza-Clans nicht zufällig zu jenem Zeitpunkt stattgefunden hatte.

> Die Volksaufstände finden nicht an einem beliebigen Punkt der über vierzigjäh-rigen Diktatur statt, sie brechen auch durchaus nicht zu dem Zeitpunkt aus, als die Repression am stärksten ist (1975/76). Entscheidend ist vielmehr die allmäh-liche Delegitimierung des Regimes gegenüber denjenigen sozialen Klassen und in denjenigen ideologischen Apparaten im Laufe der siebziger Jahre, die zuvor die Diktatur ein wenn auch prekäres, so doch wirksames politisch-ideologisches Gleichgewicht gesichert hatten. Die letzten beiden Jahre sind dann gekennzeichnet durch einen rapiden Legitimationsverlust der Diktatur und die anhaltende Schwä-che sämtlicher bürgerlichen Alternativen zu Somoza. (…) So wäre der Sieg der FSLN nicht möglich gewesen ohne die geschickte Handhabung und Veränderung der für die Guerilla immer noch ungünstigen Kräfteverhältnisse: Erst indem sie die Schwäche der bürgerlichen Alternativen der Öffentlichkeit bewusst macht und durch taktische Bündnisse wie durch eigene Aktionen die Polarisierung gegenüber Somoza verstärkt, macht die FSLN andere Alternativen unwahrscheinlicher und schließlich unmöglich.

---

erfüllen: Verlesung einer Botschaft der FSLN in allen Radiosendern durch Somoza, Überga-be von 500.000 US-Dollar und die Freilassung von 65 politischen Häftlingen – unter denen sich auch einer der Mitbegründer der FSLN befand, Thomas Borge. (vlg.: Dietrich (1988): S. 181).

Exkurs zu der FSLN

Die FSLN wurde 1961 gegründet; ihre Gründer sahen sich einer marxistisch-leninistischen Richtung verpflichtet und beriefen sich – wie im Namen der FSLN sichtbar – auf den Revolutionär und Volkshelden Sandino. Zu den bekanntesten Mitbegründern der Frente Sandinista zählten Carlos Fonseca Amador, Silvio Mayorga, Tomas Borge Martinez, Victor Tirado und German Pomares (vgl. Dietrich 1988: 168.). Inspiriert durch die kubanische Revolution in den 1950er Jahren fand sich ein Zirkel aus überwiegend Intellektuellen und Studierenden zusammen, die sich dem bewaffneten Widerstand gegen die Somoza-Dikatur verschrieben. Jedoch versuchte die FSLN ihre Bewegung auf eine breitere Basis zu stellen und auch die Landbevölkerung in den Widerstand einzubinden. Kohn (1981) zitiert den FSLN-Comandante Henry Ruiz in diesem Zusammenhang: »Das war es, was wir gemacht haben. Wir haben mit ihm gelebt, mit seinen Schwierigkeiten, wurden ein Mitglied seiner Familie und haben ihn sehen gelehrt, dass die Ursache seiner Unterdrückung auch die Ursachen unserer Unterdrückung waren.« (ebd.: S. 28)

Waren die Aktivitäten der FSLN zu Beginn der 1960er Jahren teilweise noch nicht zielorientiert, versuchte sie sich zusehends Ende der 1960er Jahre als eine militärisch-politische Organisation zu etablieren. Auszugsweise sollen hier mit Rückgriff auf Rediske (1984: 43f.) die Orte der »Kräfteakkumulation« der FSLN nachgezeichnet werden.

- In den Universitäten von León und Managua kann der sandinistische FER[86] 1969 zum ersten Mal die Studentenvertretung CUUN (Centro Universitario de la Universidad Nacional) stellen, und die Nationaluniversität wird zum Hauptrekrutierungsfeld der Organisation.
- Die studentischen Kader ihrerseits beginnen eine politische Arbeit in den Armenvierteln. Anknüpfungspunkte sind die Hilfe beim Aufbau medizinischer Zentren, Alphabetisierung (…).
- Anfang der siebziger Jahre beginnt auch die FSLN-Arbeit innerhalb der katholischen Kirche. Allerdings verlieren die »progressiven Christen« erst nach dem Erdbeben von 1972 ihre »Vorbehalte« gegenüber dem FER, der FSNL und diesen Dingen (…).
- Schon 1967 beginnt die FSLN (anlässlich des Regierungsantritts von Anastasio Somoza am 1. Mai) mit militärischen Aktionen in den Städten, vor allem mit Bombenanschlägen und Banküberfällen.
- Das eigentliche Schwergewicht legt die Organisation damit auf die »Kräfteakkumulation« der Bergguerilla: Dorthin entsendet sie, mit wenigen Ausnahmen,

---

[86] FER steht für *Frente Estudiantil Revolucionario* und ist die Bezeichnung für die sandinistische Studierendenorganisation.

stets die besten Kader, sobald diese aus dem Ausland »einreisen«. (…) Die Auffassung, dass – weil Nicaragua ein Agrarland ist – die Bauernschaft das hauptsächliche Subjekt einer jeden Revolution sein müsse und dass »auf dem Land und in den Bergen die Tradition lebendiger ist als in der Stadt«, bestimmt bis zum Schluss die Konzeption vom langen Volkskrieg (*Guerra Popular Prolongada*, GPP).

All die Versuche der FSLN an verschiedenen gesellschaftlichen Bereichen anzudocken, stellt sich als sehr mühsam dar. Die Erfolge waren bescheiden und das Vorgehen der Nationalgarde gegen die revolutionären Kräfte rigide. Weiters schwächten innere Zerwürfnisse die Bewegung und es kam zwischen 1976 und 1977 zu einer Spaltung der FSLN in drei Teile. Diese drei Strömungen innerhalb der FSLN waren:

- »Verlängerte Volkskrieg«: die ursprüngliche FSLN. Sie arbeitete in den ländlichen Bergregionen. Von dort wollte sie durch Ausdehnen der Guerilla-Aktionen den Kampf in die Städte tragen. Sie wurde von Tomás Borge und Henry Ruiz angeführt.
- *Tendencia Proletaria*: Diese Richtung wirkte unter den Arbeitern und Studenten in den Städten. Sie arbeitete auf einen bewaffneten Aufstand hin, mit dem die Arbeiter und andere Werktätige die Diktatur zerschlagen sollten. Ihr Führer war Jaime Wheelock.
- Die *Terceristas* (Die »Dritten«): Ihr Schwerpunkt war die Durchführung bewaffneter Aktionen, zum Beispiel die Besetzung des Nationalpalastes. An ihrer Spitze standen Humberto und Daniel Ortega und Edén Pastora.
(Kohn 1981: 36)

Eine exakte Nachzeichnung der historischen Ausgestaltung der Geschichte der FSLN bis hin zur Revolution ist in dieser Arbeit nicht vorgesehen; es muss jedoch festgehalten werden, dass die Bewegung in sich oftmals uneins war und deshalb auch über lange Zeit als instabil galt. Durch den gemeinsamen Aufruf zum Volksaufstand im September 1978 konnte jedoch eine Vereinigung der drei beschriebenen Strömungen innerhalb der FSLN erreicht werden. Die Bruchlinien innerhalb der Frente konnten bis zum *triunfo* gekittet werde, jedoch wurden sie bald nach ihrer Machtübernahme wieder spürbar (vgl. Rediske 1984: 44ff.).

4.6 Zeit des Sandinismus in Nicaragua

Nach der Flucht von Somoza aus Nicaragua übernahm ein Bündnis zwischen der FSLN und den bürgerlichen Parteien die Herrschaft; dies manifestierte sich in der Bildung einer Regierungsjunta am 20. Juli 1979. Die Junta galt als oberstes politisches Organ, die sowohl Aspekte der Exekutive als auch der Legislative in sich vereinte und sie behielt diese sehr umfassende Macht auch bis zu den ersten Wahlen nach dem Sturz Somozas im Jahr 1984.

Die Besetzung der Junta spiegelte das Bemühen wider die politischen Kräfte im Land zu einigen: Daniel Ortega, Sergio Ramirez, Moises Hassan, Violeta Chamorro[87] und Alfonso Robelo stellten die Gründungsmitglieder der Junta. Jedoch zerbrach die Koalition zwischen den beiden Blöcken sehr bald; im April 1980 stiegen sowohl die konservative Chamorro als auch Robelo aus politischen Gründen aus der Junta aus. Bis zu den Wahlen 1984 blieb die Junta zwar formell bestehen, jedoch wurden die politischen Entscheidungen von Ortega und Ramirez gefällt. Eine der dringlichsten Aufgaben der neuen politischen Führung betraf die Neuregelung der Bodenbesitzverhältnisse. Vor allem die PächterInnen, *campesinos* und die landlosen TagelöhnerInnen versprachen sich dadurch eine Verbesserung ihrer Lebensverhältnisse.

4.6.1 Bodenreform der SandinistInnen

Einer der ersten Schritte in punkto Bodenreform umfasste die Verstaatlichung von »verlassenem und unbebautem Land« im Dekret 3, Nummer 38 der regierenden politischen Junta (vgl. Everingham 2001: 84). Dieses Dekret zielte vor allem auf die Somoza-Güter ab. Mehr als 810.000 Hektar Land umfasste der Grundbesitz des ehemaligen Diktators. Es kam jedoch nicht zu einer Umverteilung des Landes bzw. zu einer Parzellierung, vielmehr wurde der Boden unter staatliche Verwaltung gestellt. Begründet wurde dies dadurch, dass die Flächen dazu notwendig waren Agrarprodukte – vor allem für den Export – zu erzeugen. Eine Parzellierung und Verteilung schien aus ökonomischen Gründen für die FSLN nicht tragbar. Dietrich erklärt dazu:»In der damaligen Phase der Revolution[88] wäre es volkswirtschaftlich ein Wahnsinn gewesen, diese Ländereien zu parzellieren und wieder auszugeben, da man gerade jetzt dringend die Devisen benötigte, die sich aus diesen Anlagen, trotz der kriegsbedingten Verwüstungen, relativ leicht erwirtschaften ließen.« (Dietrich 1988: 264).

Weiters wurde die Idee der Kooperativen in der landwirtschaftlichen Produktion eingeführt und gefördert, wobei diese in unterschiedlichen Formen anzutreffen waren. Die *Union de Produccion Estatal (UPE)* stand für die oben dargestellten verstaatlichen Somoza-Besitztümer und fungierten als Staatsfarmen. Eine weitere Form stellte die *Cooperativa Agricola Sandinista* (CAS) dar, welche BäuerInnen

---

[87] Violeta Chamorro ist die Witwe des ermordeten Journalisten und *Prensa*-Herausgeber Pedro Joaquin Chamorro.

[88] Zeitlich lässt sich dies Ende des Jahres 1979 verorten.

dazu ermutigte Produktionskooperativen auf privatem und gepachtetem Land einzurichten. Als weitere Form galt die *Cooperativa Credito y Servicio* (CCS), wobei sich hier die Zusammenarbeit nur auf den Kauf von Maschinen und den Zugang zu Krediten beschränkt. Die Formen der Kooperativen waren vielfältig, wobei sie oftmals als Angriffspunkte der Aktivitäten der Contrarevolution dienten, um die Versorgungssituation im Land zu verschärfen.

Zur Erleichterung der Arbeit der Kooperativen und zur Verbesserung der Situation der unabhängigen KleinbäuerInnen wurde die Verpachtung von Land gesetzlich geregelt; ebenso wurde die Obergrenze des Pachtzinses festgelegt. Die GroßgrundbesitzerInnen und die privaten Unternehmen hielten sich jedoch nicht an diese Vorgaben; vielmehr kam es zur Verödung ganzer Landstriche, da sie große Teile ihrer Ländereien brach liegen ließen und ihr Kapital ins Ausland verschoben. Diese Form von Dekapitalisierung brachte die Regierung in Bedrängnis, da sie einerseits durch die Zusammenarbeit mit dem bürgerlichen Bündnis diese Ländereien nicht enteignen konnte und andererseits der Druck der *Asosicaión de Trabajadores del Campo* (ATC) durch Landbesetzung zunahm.

Der ATC drängte auf die Aufteilung des unbebauten Landes unter den landlosen *campesinos*, allerdings hatte die Junta keinen politischen Spielraum, um dieser Forderung nachzukommen und so sprachen sie sich vehement gegen die Besetzungen der Ländereien und Betriebe aus. Sergio Ramirez betonte im Frühjahr 1981, dass er keine Landbesetzungen dulden würde. Angesichts des während des Volksaufstandes der SandinistInnen propagierten Mottos »das Land denen, die es bebauen«, stellte die ATC einen Bruch mit der einstigen politischen Linie der FSLN fest. Um dem steigenden politischen Druck entgegenzuwirken, wurde im Juli 1981 eine Agrarreform durchgeführt. Im Rahmen der Reform kam es zur Verstaatlichung von unbebautem Land und Umverteilung auf Genossenschaften und Privatpersonen. Die Regelung betraf nur verlassene Ländereien; GroßgrundbesitzerInnen, welche ihr Land weiterhin bestellten, wurden nicht enteignet.

Bis 1986 wurde durch die Agrarreform 1,83 Millionen Hektar Land an 97.000 BäuerInnenfamilien vergeben und dadurch eine neue Landverteilungsstruktur erzeugt. 17,2% der landwirtschaftlich nutzbaren Fläche wurden in Form von Staatsfarmen[89] betrieben, 10% in Form von CAS und weitere 10% durch CCS. Die restlichen 60% verteilten sich auf GroßgrundbesitzerInnen (11 %), mittlere BodenbesitzerInnen (42%) und KleinbäuerInnen mit ca. 7 %[90] (vgl. Dietrich 1988: 270).

---

[89] Diese gegründeten Staatsfarmen bestanden großteils aus den konfiszierten Ländereien des Somoza-Clans.

[90] Dietrich (1988: 270) definiert die Besitzkategorien wie folgt: Großgrundbesitz über 380 ha; mittlerer Bodenbesitz zwischen 38 und 380 ha und Kleingrundbesitz unter 38 ha Land.

Wurde zu Beginn der Agrarreform noch versucht, den volkswirtschaftlichen Nutzen der Umverteilung im Auge zu behalten, verlangte die Zunahme der Aktivitäten der Contras ein rasches Handeln seitens der Regierung. Um ein Sympathisieren mit den Contras zu verhindern, vergaben die SandinstInnen ab den Jahr 1984 vermehrt Landtitel an Private. Dieses Agieren wirkte sich mittelfristig negativ auf die Gesamtwirtschaft in Nicaragua aus (vgl. ebd. 271f.).

Auf dem umverteilten Boden wurden vermehrt Grundnahrungsmittel produziert; dies trug zwar zu einer Verbesserung der Nahrungsmittelsituation in Nicaragua bei, jedoch fehlten dadurch auch Anbauflächen für die traditionellen Exportgüter, wie Baumwolle usw. Daraus resultierte ein Dilemma: Einerseits schaffte Nicaragua eine Selbstversorgung mit Lebensmitteln innerhalb kurzer Zeit, andererseits fehlten Deviseneinnahmen aus den Agrarmittelexporten. Ein Ansteigen der Auslandsverschuldung war die Folge (vgl. Marxistische Streit und Zeitschrift 1990).

Jedoch nicht nur die Bodenreform hatte Auswirkung auf die volkswirtschaftliche Entwicklung Nicaraguas unter den SandinistInnen. Vielmehr beeinflusste der bereits 1981 beginnende Contra-Krieg die wirtschaftliche, gesellschaftliche und politische Entwicklung nachhaltig.

Der Bürgerkrieg überschattete die gesamte Regierungszeit der SandinistInnen. Im Jahr 1984 gewannen die SandinistInnen die Präsidentschaftswahlen mit ihrem Kandidaten Daniel Ortega. Das Bündnis mit den bürgerlichen Parteien bestand nur mehr auf den Papier; jedoch wurde der Wahlsieg der SandinistInnen nicht in Frage gestellt, da es dabei zu keinen Unregelmäßigkeiten kam. Durch den Krieg verschlimmerte sich die Situation in Nicaragua drastisch. In dieser Arbeit ist eine exakte Nachzeichnung des Contra-Krieges nicht vorgesehen, jedoch wird die spezielle Situation der *Costa Caribe* während dieses Krieges dargestellt. Die gesetzten Aktionen während des Bürgerkriegs trafen besonders die *comunidades* in der Costa und veränderten das Leben in der Atlantikregion nachhaltig.

4.6.2 Costa Caribe und der Sandinismus

Die sandinistische Revolution fokussierte sich ausschließlich auf den Pazifikraum und ließ – einmal mehr in der Geschichte von Nicaragua – die Costa Caribe außen vor. Im Gegensatz zu Sandino inkludierte die FSLN die Menschen der Costa nicht in den Widerstand gegen die Somoza-Diktatur. Nach dem Sieg der SandinistInnen auf nationaler Ebene versuchten sie die Altantikküste ebenfalls in das »revolutionäre Projekt« zu integrieren.

Folgendes Propagandaplakat des sandinistischen Kulturministeriums zeigt diesen Integrationsversuch, der darauf abzielte, die Existenz bzw. Bedeutung der *Costa Atlántica* im nationalen Bewusstsein zu verankern an.

Abbildung 5: Sandinistisches Propagandaplakat für die Costa Caribe

Quelle: Bujard/Wirper 2007: 210

Jedoch wurden aufgrund von mangelndem kulturellen und geschichtlichen Verständnisses über die Entwicklung des *Departamento Zelayas* viele Fehler von Seiten der FSLN-FunktionärInnen begangen. Die historisch gewachsenen Ressentiments der *costeños* gegenüber den »Spaniards«[91] waren tief in die Gesellschaft der Atlantikküste verwurzelt und prägten die Vorurteile gegenüber den »KolonialistInnen« aus dem Pazifikraum. Die Frente schaffte es nicht diese Vorurteile zu entkräften, vielmehr begingen sie durch das fehlende Verständnis der speziellen historischen und gesellschaftlich-ethnischen Besonderheit der *Costa Caribe* dieselben Fehler.

Laut Dietrich (1988: 308) sah sich die FSLN mit folgender Situation konfrontiert:

> Sie trafen hier auf eine Bevölkerung, die in eigentümlich konservativer Art um die Erhaltung und Wiedergewinnung ihrer traditionellen Lebensweisen bemüht war. Die Lebensbedingungen der Indios und Sambos – nicht der Creoles um Bluefields – waren jämmerlich, aber dennoch wollten sie nur ihre Ruhe vor den »Spaniards« aus dem Westen. Sie waren in dieser Phase wohl auch um Wohlstand und Fortschritt, aber viel mehr noch um ihre ohnehin stark zerrüttete ethnische Identität besorgt, die sich nach ihren Vorstellungen besonders in einer gemeinsamen Sprache und in kollektivem Bodenbesitz manifestieren sollte (...).«

Im nachfolgenden Exkurs werden die einzelnen Ethnien bzw. gesellschaftlichen Gruppen der Costa Caribe dargestellt. Um die wirtschaftliche, politische aber auch

---

91 *Spaniards* benutzen die Menschen der Costa für die EinwohnerInnen aus dem Pazifikraum. Er leitet sich von »den Spaniern« ab, welche als Kolonialherren bis zur Unabhängigkeit Nicaraguas den Pazifikraum beherrschten. Bis dato findet dieser Begriff an der Costa Verwendung.

soziale Situation der Altantikküste zu begreifen, muss die kulturelle und ethnische Vielfalt ins Blickfeld gerückt werden. Die Costa Caribe ist bestimmt durch eine Heterogenität, welche eine gesellschaftliche Hierarchisierung nach sich zieht und dabei den einzelnen Gruppen eine bestimmte gesellschaftliche und wirtschaftliche Position zuschreibt.

Exkurs: Sozio-ethnische Heterogenität an der Costa Caribe

Die autonomen Gebiete der Costa Caribe umfassen zirka die Hälfte der 120.000 km² große Fläche von Nicaragua. [92] Die Bevölkerungszahlen dagegen stehen in einem Kontrast zur beanspruchten Fläche, wobei die Zahlen Schwankungen unterliegen. Folgende Tabelle veranschaulicht diese Schwankungen.

Tabelle 5: Bevölkerungszahlen von RAAN und RAAS
nach verschiedenen Quellen

Norden/Süden	Schätzung des INEC[1] (Oktober 2004)	Bevölkerungszahlen laut Studien der URACCAN[2]	Zensus 2004
RAAN (Norden)	244.970	308.438	254.873
RAAS (Süden)	371.829	429.552	371.975
Gesamt	616.799	737.990	626.848

Überarbeitung der Tabelle durch d. Autorin
Quelle: PNUD 2005: 69

Die Bevölkerungszahlen der RAAN und der RAAS liegen, wie aus der obigen Tabelle ersichtlich, zwischen ca. 617.00 und 738.000 Menschen. Die massiven Schwankungen erklären sich aus dem Faktum, dass viele Menschen in Nicaragua nicht registriert sind.[93] Die nationalen Bevölkerungszahlen Nicaragua müssen deshalb auch im Bewusstsein dieser Unschärfe wahrgenommen werden. Laut Zensus-Daten aus dem Jahre 2004 liegt die EinwohnerInnenzahl von Nicaragua bei 5.374.825 Millionen (vlg. INIDE 2003/2004: 58).

---

[92] Laut INIDE (*Instituto Nacional de Información de Desarrollo*) (2003/2004: 39) umfasst das Territorium der RAAN und RAAS gemeinsam mehr als 60.000 km²; dies entspricht damit ca. der Hälfe des gesamten nationalen Territoriums von Nicaragua.

[93] In diesem Fall kann jedoch davon ausgegangen werden, dass die Bevölkerungszahlen, die von den WissenschaftlerInnen der URACCAN erhoben wurden, eher zutreffend sind. Die Universität verfügt durch ihre starke regionale Verankerung über ein zuverlässigeres Wissen bzw. Daten über die autonomen Gebiete, als der nicaraguanische Staat.

Auch unter der Berücksichtigung, dass keine exakten Zahlen vorliegen, ist ersichtlich, dass obwohl die autonomen Gebiete mehr als die Hälfte des Territoriums von Nicaragua umfassen, nur ca. 12% der Gesamtbevölkerung in der Region lebt. Die dünne Besiedelung der Region ist einerseits auf ihre geographische Begrenztheit zurückzuführen (Regenwald aber auch Berge) und andererseits ergibt sie sich aufgrund der historischen Entwicklung.

Bis in die 1950er/1960er Jahre blieben die Bevölkerungszahlen der ethnisch sehr heterogenen Gesellschaft konstant. Erst durch das vermehrte »Eindringen« der Mestizos (»Spaniards«) in die indigenen Gebiete der *Costa Atlántica* stiegen auch die Bevölkerungszahlen. Die Mestizos waren auf der Suche nach zu bewirtschaftenden Land, da sie im Pazifikraum keine Existenzmöglichkeit mehr vorfanden und besetzten daher traditionell indigenen Boden.

Trotz des Vordringens der Mestizos, die mittlerweile bereits die größte gesellschaftliche Gruppe in der Region stellen, bleibt die Besiedelung der Region sehr gering. Die Erklärungen für dieses Phänomen sind vielschichtig und können auf die traditionelle Lebensweisen der indigenen Gemeinden, auf Migration, auf die extrem schwierigen Lebensbedingungen in der Region aber auch auf die Autonomiebestimmungen zurückgeführt werden.

Die Tabelle 6 zeigt die Verteilung der ethnischen Gruppen innerhalb der RAAN und der RAAS. Die Zahlen stammen aus einer Untersuchung der URACCAN in Zusammenhang mit der Datenerhebung zum *Informe de Desarrollo Humano Costa Caribe de Nicaragua* (2004) des PNUD[94] entstand.

Tabelle 6: Bevölkerungsverteilung an der *Costa Caribe* nach ethnischer Zugehörigkeit

RAAN und RAAS (Bevölkerung gesamt)	Mestizen	Miskito	Creoles	Maya-ngna	Rama	Garífuna
737.990	560.747	125.869	27.197	19.370	1.290	3.440
	(75,98 %)	(17,06 %)	(3,69 %)	(2.62%)	(0,17 %)	(0,47 %)

Überarbeitung der Tabelle durch d. Autorin
Quelle: URACCAN 2004

---

94   PNUD (Programa de las Naciones Unidas para el Desarrollo) ist die spanische Bezeichnung für das UNDP (United Nations Development Programme).

Aus der Tabelle wird ersichtlich, dass die Mestizos bereits mehr als 75 % der Bevölkerung in der RAAN und der RAAS stellen. Dies erklärt auch zum Teil die negative Haltung der indigenen Bevölkerung zum Vordringen der Agrargrenzen; neben der Besetzung von traditionellem indigenen Land durch die Mestizos, befürchten sie auch eine politischen und kulturelle Marginalisierung.

Die multiethnische Gesellschaft der Atlantikregion umfasst, wie aus der Tabelle ersichtlich, sechs Gruppen/Ethnien: die Miskitos, die Mayangnas (Sumo), die Rama, die Creoles, die Garífunas und die Mestizos. Im Folgenden werden die einzelnen Ethnien/Gruppen vorgestellt.

Miskitos

Die Miskitos stellen nach den Mestizos die zweitgrößte ethnische Gruppe in den autonomen Gebieten dar, wobei sie mehrheitlich in der RAAN (ca. 36 % der gesamten Bevölkerung) leben; in der RAAS beträgt der Bevölkerungsanteil der Miskitos nur 4.53 %[95].

Die Siedlungsgebiete der Miskitos konzentrieren sich vorwiegend auf die *municipios* Puerto Cabezas, Waspám und Prinzapolka. Sie stellen ebenso die Mehrheit der EinwohnerInnen in den beiden größeren Städten der RAAN – Bilwi und Waspám. Bedingt durch den Contra-Krieg mussten viele Miskito vom Rio Coco ihre *comunidades* verlassen und wanderten in größere Siedlungsgebiete ab, wie bspw. nach Bilwi. Nach dem Krieg kehrten jedoch nicht alle in ihre fast gänzlich zerstörten Gemeinden zurück, sondern blieben in der Stadt.

Insgesamt leben ca. 125.000 Miskito in den autonomen Gebieten; ungefähr die gleiche Anzahl lebt in Honduras, nördlich des Río Coco.

Mayangnas

In der deutschen Übersetzung bedeutet Mayangnas: *Kinder des Sonnengottes*. In der älteren Literatur werden sie oftmals als *Sumo* bezeichnet; dieser Ausdruck wird heute von den VertreterInnen der Ethnie abgelehnt, da er durch die spanische Kolonialherrschaft geprägt wurde und deshalb für viele Mayangnas rassistisch konnotiert ist.

Die Mayangnas unterteilen sich wiederum in drei unterschiedliche sozio-linguale Gruppen: *twhaskas*, *panamakas* und *ulwas*. Die *ulwas* konzentrieren sich ausschließlich in der *comunidad Karawala* und *Kara* und in den benachbarten Zonen (im *municipio* Rio Grande). Die Siedlungsgebiete der Mayangnas allgemein be-

---

[95] Das Zahlenmaterial stammt vom *Informe de Desarollo Humano de la Costa Caribe*, herausgegeben von PNUD 2005. Wobei hier ebenso bedacht werden muss, dass das Zahlenmaterial nicht exakt ist, da sie auf offizielle Statistiken beruhen, die fehlerhaft sind.

finden sich im Minendreieck zwischen Bonanza und Rosita und der größte Anteil lebt im Bioreservat BOSAWAS. Die Mayangnas sind zahlenmäßig eine sehr kleine Ethnie; in der RAAS beträgt ihr Anteil nur 0,41 %, im RAAN 5.23 %. Ebenso wie bei den Miskitos ist die *Iglesia Morava* die dominante Kirche innerhalb der indigenen Ethnie (vlg. Rivera/Williamson/Rizo 1997: 42).

Los Ramas

Die Ramas stellt die zahlenmäßig kleinste Ethnie der *Costa Atlántica* dar. Sie sind nur im RAAS angesiedelt und machen dort ca. 0.55 % der Bevölkerung aus. In Zahlen beziffert umfasst sie damit ca. 1.300. (vlg. Zapata: 15 und PNUD 2005: 61) Sie leben fast ausschließlich auf einer Insel: *Rama Cay*.

Die Ramas leben von Subsistenzlandwirtschaft.»La base de subsistencia de los Rama está principalmente en la agricultura tradicional y la pesca. Las actividades de caza y recolección son una alternativa para obtener víveres durante los tiempos críticos del año en que hay escasez de alimento.« (Zapata: 15f.).

In den letzten Jahren kam es im traditionellen Territorium der Rama verstärkt zu Landbesetzung durch campesinos aus dem Pazifikraum, wodurch immer wieder auch gewaltsame Konflikte auftraten. Daneben sehen sich die *Ramas* auch von der Idee des Baues des *Canal Seco*[96] bedroht. Durch diese bereits seit langem immer wieder diskutierte Zugverbindung zwischen dem Pazifik und dem Atlantik soll eine Ausweichroute zum Panamakanal geschaffen werden. Diese Verbindung soll jedoch durch das Land der Ramas verlaufen und es besteht die Angst, dass dadurch ihr traditionelles Siedlungsland zerteilen werden würde.

Garífunas

Die Garífunas sind die »jüngste existierende« ethnische Gruppe in Nicaragua. Sie wanderten im 18. Jahrhundert aus Honduras ein und siedelten sich vor allem in der Laguna del Perlas an. Heute lebt die ca. 3.500 Menschen umfassende Bevölkerungsgruppe auf Corn Island, Bluefields und der Laguna de Perlas und damit ausschließlich in der RAAS. Insgesamt umfasst die Gruppe der Garífunas ca. 60.000 bis 70.000 Menschen, wobei ein Großteil von ihnen in Honduras lebt.

---

[96] Azzellini 2004 beschreibt die immer wiederkehrenden Pläne zur Erbauung des Kanals wie folgt:»Die Pläne, eine solchen Kanal in Nicaragua zu bauen, sind nicht neu. Doch keines der Vorhaben – von einem unter Karl V. im 16. Jahrhundert bis zu dem eines japanischen Unternehmens in den 80er Jahren – wurden letztlich realisiert. Anfang des vergangenen Jahrhunderts begannen die Deutschen, eine Eisenbahn von der Karibikküste bis an die Pazifikküste zu bauen. Weit kamen sie nicht. Die Reste dieses abenteuerlichen Unternehmens sind noch heute zu sehen. Mitten in Monkey Point steht eine von üppigem Grün überwucherte kleine Lokomotive.«

Mestizos

Die Mestizos stellen mit ca. 75 % Bevölkerungsanteil die größte Gruppe in den autonomen Gebieten. Nach der Aufgabe des britannischen Protektorates im Jahr 1860 und der »Einverleibung« des Königreiches »Mosquitia« 1894 begann die verstärkte Besiedelung der indigenen Gebiete durch die Mestizos aus dem Pazifikraum. Die Enklavenökonomie zog ebenfalls arbeitsuchende Mestizos an, die sich in den Bananenplantagen oder in den Minen verdingen wollten. Die Veränderungen im nationalen Agrarsektor zu Beginn der 1950er Jahre löste eine Migrationwelle aus dem Pazifikraum aus. Das unter dem Schlagwort *avanca de frontera agrícola* zusammenfassbare Phänomen trug bzw. trägt dazu bei, dass die Mestizos mittlerweile die zahlenmäßig stärkste gesellschaftliche Gruppe an der *Costa Atlántica* stellen.

Die Mestizos leben hauptsächlich von Landwirtschaft und Viehzucht; jedoch sind sie auch in diversen Unternehmen beschäftigt. »Los mestizos se dedican a la agricultura y a la ganadería como parte de las actividades económicas más importantes. Los mestizos, además, son trabajadores de base y administrativas de las empresas e instituciones gubernamentales, y muchos se dedican también al pequeño comercio.« (Rivera/Williamson/Rizo 1997: 44).

Creoles

Die Creoles bilden die Nachkommenschaft der einstigen »SklavInnen« aus Afrika, die während der Kolonialzeit von ihrer Heimat verschleppt wurden, um auf den britannischen Besitztümern in der Karibik zu arbeiten. Heute umfasst die Gruppe ca. 27.000 Menschen und sie leben vor allem im Gebiet der RAAS in Bluefields, Laguna del Perlas und Corn Island. Die Creoles leben großteils im urbanen Raum und sie nehmen eine zentrale Stellung innerhalb der Gesellschaft der *Costa Caribe* ein.

Während der Enklavenökonomie waren die Creoles als lokalen PartnerInnen bzw. Kontaktpersonen der ausländischen Unternehmen tätig. Die gemeinsame Sprache (Englisch) verhalf den Creoles zu guten Jobs in den Unternehmen und ermöglichte ihnen deshalb auch ihre Kinder eine bessere Ausbildung zukommen zu lassen. Ein weiterer Aspekt betraf die Möglichkeit der Emigration. Aufgrund der sprachlichen Möglichkeiten gingen viele Creoles in die USA und unterstützten ihre Familie durch Rücküberweisungen finanziell. Trotz der Tatsache, dass die Creoles einen zahlenmäßig wesentlich geringeren Teil der Bevölkerung der *Costa Caribe* ausmachen, als jener der Miskitos, ist ihr gesellschaftlicher Einfluss bedeutender. Die *Iglesia Morava* konzentrierte ihre ersten Missionierungen auf Bluefields und dort besonders auf die Gruppe der Creoles. Dieses historische Faktum erklärt auch die wichtige Rolle, die die Creoles innerhalb der moravischen Kirche spielen.

Nach dieser Darstellung der ethnischen Gruppen der *Costa Caribe* erfolgt die weitere Auseinandersetzung mit der Entwicklung der autonomen Gebiete in den letzten Jahren der Somoza-Diktatur und den darauf folgend der Phase des Contrakrieges. Dieses Verstehen der kulturellen Heterogenität der Altantikregion stellt jedoch den Hintergrund dar, der es ermöglicht nicht nur die geschichtliche Dimension besser fassen zu können, sondern auch aktuelle politische Gegebenheiten zu begreifen.

4.6.3 Entwicklung der Costa Caribe in den 1980er Jahren

Die Lebenssituation der Menschen an der *Costa* gestaltete sich im Vergleich zum Pazifikraum wesentlich schwieriger[97]. Die Zeit der Enklaven-Ökonomie hatte ein Land zurückgelassen, dass seiner natürlichen Ressourcen fast vollständig beraubt wurde und nachhaltige ökologische Schäden zu verzeichnen hatte. Die Jahre vor der Revolution waren von einer wirtschaftlichen Rezession begleitet, die zu einer hohen Arbeitslosigkeit führte. Trotz wirtschaftlichen Abschwungs kam es zur weiteren Ausbeutungen der Bodenschätze und natürlichen Ressourcen, trotz des Rückzuges vieler US-amerikanischer Unternehmen aus der Region aufgrund unzulänglicher Renditen. Diese Lücke wurde teilweise vom Somoza-Clan gefüllt bzw. arbeiteten sie mit den verbleiben transnationalen Konzerne zusammen. So lagen zwar die Konzessionen zum Abbau von Edelmetallen oftmals noch in US-amerikanischen Händen, jedoch floss ebenfalls ein großer Anteil der Gewinne in die Hände der korrupten Familienclique der Somoza.

Nach dem Sturz von Somoza zogen sich die US-amerikanischen Unternehmen aus der Region vollständig zurück und die einzelnen Betriebe, wie die Minengesellschaften in Rosita, Siuna und Bonanza, wurden verstaatlicht. Es fehlte jedoch an Fachkräften, da während der Präsenz der US-amerikanischen Firmen ausschließlich AusländerInnen diese Funktionen inne hatten und die Miskitos nur als ArbeiterInnen in den Minen fungierten.

Ein weiteres Problem stellte das fehlende Geld für nötige Reparaturen in den Minenanlagen dar und durch die Preisschwankungen der Edelmetalle am Weltmarkt kam es zu zwischenzeitlichen Schließungen der Betriebe und zu Entlassungen. Dadurch verschärfte sich die ohnehin von hoher Arbeitslosigkeit geplagte wirtschaftliche Situation der Region zusehends. Weiters zogen sich die chinesischen HändlerInnen nach der Machtübernahme der SandinistInnen aus der Region zurück. Sie

---

[97] Wobei sich in diesem Punkt auch eine Heterogenität zwischen den Ethnien in der *Costa Caribe* zeigte. Die hauptsächlich in Bluefields und Umgebung lebende Creoles-Ethnie durfte zum wohlhabenden KleinbürgerInnentum gezählt werden, deren Lebenssituation durchwegs annehmbar war.

befürchteten, dass ihnen ihre über Jahrzehnte betriebene Kartellpolitik bezüglich der Preisabsprachen für landwirtschaftliche Produkte von der neuen Führung übel genommen werden würde und sie verließen großteils das Land. Diese Entwicklung hatte negative Auswirkungen auf die Versorgung der rualen Gebiete rund um die Minengebiete und den *comunidades* in Waspam mit Konsumgütern.

Chinese merchants fled Nicaragua in fear of what retribution would befall them after decades operating price-fixing cartels. In 1979, before the revolution, there were nine Chinese-run shops in Waspam for example, seven of which were run by men who had bought wives over form China und who had shunned integration into the community. At a weekly meeting held in Chinese, the prices of agricultural products were fixed and rigidly kept to in the subsequent trading. (Sollis 1989: 502)

All diese Verschärfungen in wirtschaftlicher Hinsicht trugen nicht zum Prestigegewinn der SandinistInnen in der Atlantikküste bei, obwohl sie sichtlich gewillt waren, eine Verbesserung der wirtschaftlichen und sozialen Situation an der Atlantikküste herbeizuführen. Die Frage, warum sie dermaßen auf Widerstand stießen, der schlussendlich zum Autonomiestatus der indigenen Gebiete führte, wird im folgenden Abschnitt dargestellt.

4.6.4 Die Frente und ihr Agieren in der Costa Caribe

Einer der ersten Schritte, die die Frente in der *Costa Caribe* setzte, betraf des revolutionären Agrarreforminstitutes (INRA[98]) Dieses verlangte von den *comunidades*, dass sie mehr an Nahrungsmittel produzieren sollten, als sie selbst zum Leben benötigten. Diese Bestrebungen stießen jedoch auf Ablehnung, da sie nicht dem kulturellen Verständnis der indigenen Bevölkerung passten und nicht der Subsistenzlandwirtschaft entsprachen.

Ein anderer Punkt umfasste den Tauschhandel zwischen den Gemeinden, der dem INRA ebenfalls ein Dorn im Auge war. Das Agrarreforminstitut wollte, dass die *comunidades* ihre Produkte an den Staat verkaufen und nicht, wie traditionell vorgesehen, mit anderen *comunidades* tauschten. Neben diesen kulturellen Widersprüchen im Verständnis von Landwirtschaft, ergaben sich ganz praktische Probleme, welche eine Mehrproduktion nicht sinnvoll machte. Durch fehlende Infrastruktur und den fehlenden Zugängen zu (lokalen) Märkten konnten die *indígenas* ihre Produkte nicht absetzen (vgl. Dietrich 1988: 310f.).

The supply of credit stimulated record production of basic grains, but not enough thought was given to how surplus beans, maize and rice would be transported to

---

[98]   INRA = Instituto Nicaraguense de Reforma Agraria.

market. Lack of satisfactory roads and inadequate transport capacity meant many farmers saw their surpluses rot before their eyes while considering what might befall them as a result of there newly acquired debts. (Sollis 1989: 503).

Die Pläne des Agrarministeriums dieses infrastrukturellen Probleme mit Hilfe von Transportbooten zumindest teilweise zu lösen, um einerseits das produzierte Getreide abzutransportieren und andererseits Konsumgüter in die *comunidades* zu liefern, scheiterte am Boykott der USA, alte Boote aus dem zweiten Weltkrieg an Nicaragua zu verkaufen. Es fehlte somit die Infrastruktur, um die *comunidades* in einem lokalen bzw. nationalen Handel zu inkludieren.

Die Bekämpfung des Verkaufs von Hummer und anderen Meeresfrüchten am Schwarzmarkt und der Zwang, diese an die staatlichen Fischereibetriebe zu verkaufen, stieß im Süden des *Departamento Zelaya* auf Unverständnis. Die Menschen von *Corn Island* fürchteten um Einnahmequellen, da es für sie lukrativer war, Hummer und Meeresfrüchte an ausländische HändlerInnen zu verkaufen, als zu einem niedrigeren Preis an den eigenen Staat zu liefern (vgl. Sollis 1989: 501).

Neben den wirtschaftlichen Aspekten fanden die sozialpolitischen Maßnahmen der SandinistInnen in der Atlantikküste ebenfalls wenig Zustimmung. Der Versuch die nationale Alphapatisierungskampagne der SandinistInnen ebenso an der *Costa Caribe* durchzuführen scheiterte anfänglich daran, dass diese Kampagne auf einem spanischsprachigen Programm fußte und die Menschen der *Costa* fast kein Spanisch sprachen. Der Fehler wurde schnell korrigiert und eine eigene Kampagne auf Englisch und Miskito ins Leben gerufen, jedoch zeigte dieses Vorgehen wie wenig die SandinistInnen von der Altantikregion wussten.

Die Investitionen in den Bau von Gesundheitszentren und Schulen brachten die etablierten Kirchen in *Departamento Zelaya* auf den Plan, da sie sich für diese sozialen Bereiche traditionell verantwortlich fühlten und keine Konkurrenz wollten. Die moravische Kirche, die besonders in den *Miskito comunidades* einen enormen Einfluss hatte, predigte deshalb gegen die kommunistische Gefahr durch die FSLN.

Die SandinistInnen versuchten die Zusammenarbeit mit VertreterInnen der indigenen Ethnien zu forcieren und ein gemeinsames politisches Gremium zu gründen. Im November 1979 wurde während der fünften Generalversammlung der ALPROMISU eine neue politische Organisation gegründet. ALPROMISU stand für *Alianza Para el Progreso de los Pueblos Indígenas Miskitos y Sumos* und verstand sich als Plattform, um die wirtschaftliche Situation an der Costa zu verbessern. Nach Korruptionsvorwürfen gegen die Führung von ALPROMISU wurde die Organisation während der fünften Generalversammlung aufgelöst und durch

MISURASATA ersetzt. Der Name MISURASATA bedeutete: Miskitos, Sumus, Ramas, Sandinistas Asla Takanka, wobei die letzten beiden Wörter *Asla Takanka* ein Miskito-Ausdruck ist und soviel heißt wie »wir arbeiten zusammen«.

Wie bereits aus den Namen ableitbar, waren keine VertreterInnen der eher im südlichen Teil des *Departamento Zelaya* lebenden Ethnien der Creoles und der Garífunas in der Organisation vertreten. In Bluefields und Laguna de Perlas wurde im Jahr 1976 eine Gruppe gegründet, die sich als Vereinigung der *southern indigenous and creole communities*[99] (SICC) verstanden. Die Organisation wurde unter dem Einfluss der US-amerikanischen »Black Power Bewegung« gegründet. Im Oktober 1980 kam es in Bluefields zu Aufständen der Creoles unter der Führung der SICC. Auslöser für die Unruhen waren die Enteignungen von Häusern und Fischerbooten chinesischstämmiger GroßunternehmerInnen durch die SandinistInnen und das vermehrte Auftreten von kubanischen ÄrztInnen und LehrerInnen, die in Rahmen der Alphabetisierungs- und Gesundheitskampagne an die Costa kamen.

> Der Einsatz von KubanerInnen an der Atlantikregion wurde von den SandinistInnen dadurch erklärt, dass sich »[…] viele der nicaraguanischen Lehrer und Ärzte […] – durch scheinbar unausrottbare Vorurteile motiviert – weigerten, an die Atlantikküste zu gehen und außerdem wegen ihrer mangelhaften Englischkenntnisse für eine derartige Aufgabe auch gar nicht geeignet waren. (Dietrich 1988: 309f.)

Die moravische Kirche streute jedoch seit Jahren Ressentiments gegenüber den KubanerInnen, da sie die »kommunistische Gefahr« aus Kuba als die »Inkarnation des Bösen« (ebd.: 310) bezeichneten. Die Kirche erhielt aufgrund ihres Einflusses viel Unterstützung von Seiten der Bevölkerung. Die Reaktion der SandinistInnen auf die Aufstände in Bluefields trug jedoch zu einer weiteren Verschlechterung der Beziehungen bei. Sie schicken Militär und ließen Massenverhaftungen vornehmen, wobei auch viele VertreterInnen von SICC verhaftet wurden. Die *souther indigenous and creole communities* erreichte jedoch nicht den Einfluss und die gesellschaftliche Verwurzelung in der Costa, wie die MISURASATA (vgl. Rivera/ Willson/Rizo 1997: 120).

MISURASATA schaffte es innerhalb von wenigen Jahren eine feste Verankerung in den *comunidades* zu erlagen, die mit jener der *iglesia morava* vergleichbar war. Die FSLN war auf die VertreterInnen der MISURASATA angewiesen, um Fuß in der Atlantikregion fassen zu können. Die *líderes* von MISURASATA erkannten ihre Machtposition in dieser Konstellation sehr schnell und versuchten für die Co-

---

99 Auf Spanisch bedeutete die Abkürzung SICC: *comunidades indígenas y criollas del sur*. (vgl. Rivera/Willson/Rizo 1997: 119).

sta von nationalstaatlicher Seite vermehrt Zugeständnisse zu erhalten. Dies betraf besonders in Fragen nach der Selbstverwaltung bis hin zur Autonomieforderung des *Departamento Zelaya*. Die Forderung nach einer Autonomie der indigenen Gebiete wurde jedoch von den SandinistInnen vehement abgelehnt.

Einer der zentralen Streitpunkte zwischen den indigenen Gemeinden und der FSLN betraf die Frage des Landesbesitzes und die damit verbundenen Nutzungsrechte. »Durch das erste Landreformgesetz hatten die Sandinisten alles Land verstaatlicht, für das es keine privaten Eigentumstitel gab. Davon war naturgemäß fast das ganze Indianerland betroffen. Das präjudizierte nun wohl noch nicht eine Entscheidung, den Indios kollektive Landtitel zu verweigern, doch die Regierung begann bald mit der Ausbeutung von Edelhölzern in den betroffenen Gebieten und provozierte damit angesichts der umstrittenen Eigentumsverhältnisse geradezu den Konflikt.« (Dietrich 1988: 311)

Um diesen Konflikt zu lösen kam es zwischen der MISURASATA und der IRENA (*Instituto Nicaragüense de Reforma Agraria*) zu Verhandlungen über etwaige Kompensationszahlungen seitens des Staates. Es erfolgte eine Einigung zwischen den beiden Organisationen. Just aber zum Zeitpunkt der Ausbezahlung der Entschädigung kam der nicaraguanische Staat durch das Einsetzen des US-amerikanischen Wirtschaftsboykotts zunehmend unter finanziellen Druck. Im November 1980 gewann der Kandidat der konservativen Partei – Ronald Reagan – die Präsidentschaftswahlen in der USA; bereits 1981 setzte er einen Kreditboykott gegen Nicaragua durch, da er die SandinistInnen beschuldigte Waffen an die Guerilla in El Salvador zu liefern (vlg. http://www.staepa-berlin.de, 2008).

Trotz der finanziellen und politischen Schwierigkeiten waren die SandinstInnen vorerst bemüht eine Lösung für das Problem herbeizuführen und baten deshalb die MISURASATA ein Programm zur kollektiven Landtitelvergabe an die *comunidades* zu erstellen. Das unter dem Namen »Aktionsprogramm 1981« veröffentliche Dokument ging für die Frente jedoch zu weit und sie beschuldigten die *líderes* der MISURASATA separatistische Ideen zu verfolgen.

Die FSLN ließ daraufhin die gesamte Führung der MISURASATA verhaften, wobei während dieser Auseinandersetzung vier *indígenas* und vier VertreterInnen der Frente starben. Durch diese Aktion war die Basis der Zusammenarbeit zwischen der indigenen Organisation und der Frente nachhaltig erschüttert. Steadman Fagoth Muller, einer der *líderes* der MISURASATA, blieb lange in Gewahrsam, da ihm die SandinistInnen nachweisen konnten, dass er für den somosischen Geheimdienst gearbeitet hatte. Dies trug jedoch nicht zur Abnahme seiner Popularität unter den Miskitos bei und es kam zu Demonstrationen gegen die SandinistInnen, vor allem in Puerto Cabezas.

Nach den gewaltsamen Auflösungen der Demonstrationen flohen mehr als 3.000 Miskito über den Grenzfluss Río Coco nach Honduras. Um eine Deeskalation der Situation herbei zu führen, ließen die SandinistInnen Fagoth Muller frei. Dieser setzte sich jedoch unmittelbar danach nach Honduras ab. Dort nahm er Kontakt mit den ExilsomozistInnen auf und gründete die indigene antisandinistische Organisation MISURA[100]. Brooklyn Rivera, eine weitere zentrale Figur von MISURASATA, verließ aufgrund von Morddrohungen von Seiten der *Contras* Nicaragua. Die indigene Organisation erlitt durch den Verlust ihrer *líderes* und durch die Spaltung in der Frage nach der Unterstützung der SandinistInnen einen empfindlichen Bedeutungsverlust (vlg. Dietrich 1988: 312ff.).

Dietrich (1988: 313f.) fasst diese Ereignisse folgendermaßen zusammen:

> Statt den 250 Dorfgemeinschaften ihre Besitztitel zu übertragen, hatte man einen heimlichen Somozisten (*Anmerkung Autorin: Fagoth Muller*) zum Volkshelden hochstilisiert, die Bevölkerung radikalisiert und die Atlantikregion an den Rand eines Bürgerkrieges gebracht.

4.7 Die Contras und die Costa

Die Umsetzung der Vergabe von Landtitel für die *comunidades* entpuppte sich zunehmend schwierig realisierbar, da einige Gemeinden offen Fagoth und damit die Contras unterstützen. Da die *líderes* der Miskitos eine Klärung dieser Frage für alle *comunidades* gemeinsam forderten, gab es keine Einigung mit den SandinistInnen. Nebst dieser Frage wurde die Forderung nach Autonomie der indigenen Gebiete immer stärker, die Frente verweigerte eine Diskussion über einen solchen Status jedoch vehement.

Die zunehmenden Konflikte zwischen den indigenen *comunidades* und der Frente nützten die von Seiten des CIA unterstützen Contras und verlagerten ihr Operationsgebiet an die Altantikküste. Von Honduras aus versuchten sie die indigenen Bevölkerung zu polarisieren und mit der Unterstützung von Fagoth gelangt ihnen eine völlige Spaltung der Miskitos. Die Contras unternahmen von Honduras aus gezielte Übergriffe auf die indigene Bevölkerung, vor allem auf jene Personen, die mit den SandinstInnen zusammenarbeiteten.

Zur ersten großen gewalttätigen Aktion in diesem Konflikt kam es im Dezember 1981; diese militärische Aktion der Contras wurde unter *Navidad Roja* (Rote Weihnachten[101]) bekannt; es wurden dabei 200 Menschen ermordet. Die Situation

---

[100] MISURA leitete sich aus MISURASATA ab, jedoch wurde aus der Wortkonstruktion die SandinistInnen herausgenommen.

[101] Mit dieser militärischen Aktion begann offiziell der Contra-Krieg. (vgl. Krennerich 1992: 234).

eskalierte und die SandinstInnen nahmen erneut Massenverhaftungen in der Region vor. Die Contras ihrerseits folterten und ermordeten sandinistische MilizionärInnen in San Carlos[102]. Als Reaktion darauf kam es zu Gefangenenerschießungen durch die Frente.

1982 reagierte die Frente auf die anhaltenden Konflikte mit den Contras durch eine Zwangsabsiedelung von *comunidades* am Río Coco ins Landesinnere. Einerseits sollte dadurch die Zivilbevölkerung aus der Konfliktlinie zwischen der FSLN und den Contras genommen werden und andererseits konnte dadurch auch die Nachschubbasis der Contrarevolutionäre zerstört werden. Durch teilweise enge familiäre Verbindungen unterstützten einzelne *comunidades* am Río Coco die Contras auf honduranischer Seite. Insgesamt waren 42 *comunidades* von der Absiedlung betroffen und mehr als 10.000 Miskitos wurden nach *Tasba Pri*[103] transferiert. Weitere 10.000 Menschen flohen aus der Region am Río Coco und gingen nach Honduras.

Obwohl die Absiedelung gewaltfrei von statten ging, waren viele Miskitos mit diesem Vorgehen nicht einverstanden. Dazu kam, dass die SandinistInnen die leeren Dörfer nieder brannten, die Anbauflächen zerstörten und das Vieh vertrieben, um den Contras keine Versorgung bzw. Unterkünfte zu überlassen. Durch die Zerstörung ihrer angestammten Siedlungen verstärkten sich die Ressentiments der indigenen Bevölkerung gegenüber den SandinistInnen (vgl. ebd.: 316).

In der Studie von Davis/Marley/Trübswasser (2005: 8) wird diese »Evakuation« als nachhaltig traumatisierend für die Bevölkerung beschrieben. Sie hatte keine Möglichkeit gegen das Vorgehen der SandinstInnen Einspruch zu erheben; genauso wenig wurde ihnen erlaubt ihre Habseligkeiten mitzunehmen, da der *traslado* sehr schnell durchgeführt wurde. »Sin explicarles y sin dejarles la oportunidad de llevar sus pocas pertenencias como sus animales, semilla, dejar sus muertos enterrados, sacaron a la gente con nada más que la ropa puesta y sus hijos e hijas.«

Das Projekt *Tasba Pri* war zwar ein sehr ambitioniertes, jedoch entsprachen die geschaffenen Dörfer nicht den gewohnten Lebensweisen der Miskitos. »A multimillion dollar integrated development programme envisaged new housing, better sanitation, clean water supplies, health centres, schools and new economic activities centred on cash crop production, sawmilling and woodworking.« (Sollis 1989: 508)

Die infrastrukturelle Ausstattung in *Tasba Pri* war bedeutend besser, als in den teils sehr abgelegenen *comunidades* am Río Coco. Diese Tatsache alleine reichte jedoch nicht aus, um für die Miskitos eine adäquate Lebenssituation zu schaffen. Es fehlte bspw. an Möglichkeiten dem traditionellen Fischfang nachzugehen. Wei-

---

[102] San Carlos ist eine *comunidades* am Rio Coco und gehört zum *municipio* von Waspam.

[103] *Tasba Pri* ist ein Ausdruck in Miskito und bedeutet soviel wie »Freies Land«.

ters gab es Einschränkung der Bewegungsfreiheit für die Miskitos. »A blanket of benign restriction governs Tasba Pri; the residents are free to travel, for example, only after they apply for permission«. (Russell 1984).

Einer der Gründe für die Absiedlung bestand darin, die indigene Bevölkerung vor den Übergriffen der Contras zu schützen, jedoch konnte dieser militärischer Schutz durch die SandinistInnen nicht gewährleistet werden und ab April 1984 kam es vermehrt zu Gewaltakten gegenüber der Zivilbevölkerung in *Tasba Pri*. All diese Aspekte trugen dazu bei, dass die indígenas auf eine schnelle Rückkehr in ihre alten Siedlungsgebiete drängten (vgl. Dietrich 1988: 316).

Aber nicht nur im Gebiet von *Tasba Pri* fanden Übergriffe auf die Zivilbevölkerung statt; vielmehr war das gesamte Miskito-Territorium Kriegsgebiet[104]. »From 1982 to 1985 the heartland of Miskitu territory was a war zone. The goal of the contra was to declare a provisional government in the northeast, where they could subsequently »invite« a U. S. »peace-keeping force«. (Bourgeois 1985).

Für die Frente gestaltete sich die Situation an der Costa zunehmend schwieriger. Sie verloren an Akzeptanz in der Bevölkerung und der Einfluss der Contras in der Region wuchs. Im Jahr 1983 vollzog die FSLN einen Umdenkprozess in Bezug auf die Atlantikküste. Thomas Borge, damaliger Innenminister in Nicaragua und einer der zentralen Figuren der FSLN, analysierte die begangenen Fehler der SandinistInnen an der Costa wie folgt: »Wir haben fast die Misquitos aus unserem revolutionären Projekt verloren, denn die Fehler, die in unserer Beziehung zur Atlantikküste im allgemeinen und besonders zu den Misquitos begangen wurden, waren so zahlreich, dass es nur logisch war, dass eine sehr schwierige Krise ausbrechen musste, auf die sich der Imperialismus stützte. Um ehrlich zu sein: Ich glaube, dass grundsätzlich uns die Schuld traf«. (Dietrich 1988: 318).

Es folgten Freilassungen von inhaftierten Miskitos und die verstärkte Einbindung der indigenen Bevölkerung in politische Funktionen. 1984 wurde eine Miskita – Mirna Cummingham – zur obersten politischen Vertreterin der Region Zelaya Norte[105] ernannt. In der Region Zelaya Sur übernahm ein Vertreter der Creoles das höchste Verwaltungsamt. Auch in der Frage der Autonomie gab es in der FSLN eine Richtungsänderung und es wurden Verhandlungen über den Auto-

---

[104] Die Contras operierten verstärkt im nördlichen Bereich der Atlantikküste, wobei hier Miskitos und Mayangna die beiden größten indigene Ethnien darstellten. Im Süden wurde der Krieg mit einer geringeren Intensität geführt und die Gruppen der Creoles und Garífnunas waren vom Contrakrieg nicht in diesem Ausmaß betroffen (vlg. Bourgois 1985).

[105] Ab 1982 wurde das *Departamente Zelaya* in zwei Zonen aufgeteilt: in *Zelaya Norte* mit der Regionalhauptstadt Puerto Cabezas und *Zelaya Sur* mit Bluefields als Hauptstadt (vgl. Sollis 1989: 509).

nomiestatus der *Costa Caribe* mit verschiedenen indigenen Gruppen aufgenommen. Die Mayangna beteiligten sich durch ihre wieder an Macht gewinnende Organisation SUKAWALA[106] am Diskussionsprozess zur Autonomie. Die Miskitos gründeten 1984 ebenfalls eine neue Organisation, MISATAN – dadurch sollte die Verbindung zwischen den SandinistInnen und den Miskito wieder verbessert werden (vlg. Rivera/Williamson/Rizo 1997: 120). Im Dezember 1984 wurde der Startschuss zu den Verhandlungen über den Autonomiestatus gegeben und breite Teile der indigenen Bevölkerung aber auch der SandinistInnen partizipierten an diesem Prozess.

Im Mai 1985 erlaubten die SandinistInnen den Miskitos *Tasba Pri* zu verlassen und in ihre alten Siedlungen zurückzukehren. Weiters wurden Friedensgespräche mit diversen bewaffneten Miskito *líderes* geführt und es wurde versucht einen Waffenstillstand zu erreichen. »Sandinista policy was now to negotiate with any Miskito combatant(s) willing to talk. The new position was reflected in a change in discourse and language and a distinction was made between the »contras« and the Atlantic Coast *alzados* (those in arms), while those entering into the peace process were termed *desalzados*.« (Sollis 1989: 512)

Die Stimmung innerhalb der indigenen Bevölkerung kippte und die Unterstützung der Contras bzw. jene Teil der bewaffneten Miskitos, die für die Contras kämpften, wurden immer weniger. Im Jahr 1985 wurde KISAN (*Nicaraguan Coast Indian Unity*) gegründet, welche sich als Nachfolgeorganisation von MISURA[107] verstand. Diese bewaffnete Gruppierung stand unter massivem finanziellen und militärischen Einfluss der USA und wurde Teil der offiziellen Vereinigung der konträrevolutionären Gruppierungen.

Als einer ihrer ersten militärischen Aktionen sprengten Mitglieder von KISAN die Brücke über den Río Sisin. Diese Aktion stieß auf Ablehnung unter der indigenen Bevölkerung, da die Brücke die einzige Verbindung zwischen Puerto Cabezas und dem Río Coco darstellte und somit die Versorgung der Miskitos, die in ihre *comunidades* zurückkehrten, nicht sichergestellt werden konnte. Die Sympathie für die Miskitos, welche für die Contras kämpften, schwand zunehmend. Nach den Berichten eines ehemaliger *líder* von KISAN, Jimmy Wilson, wird das Vorgehen der antisandinistischen Miskito-Organisation wie folgt beschrieben: »He said that the populations on the Río Coco were rejecting the contra forces because they look

---

106 SUKAWALA (Sumu Kalpapakna Wahaine Lami) bedeutet auf Spanisch *Organización Nacional de las Comunidades Indígenas Mayangna de Nicaragua.*

107 MISURA verlor an 1985 immer mehr an Bedeutung, da der militärische Kopf der Organisation – Fargoth Muller – einem internen Machtkampf unterlag und aus Honduras ausgewiesen wurde (vgl. Dietrich 1988: 318).

the government-provided food and medicines, and that in Honduras the Miskitu refugees were constantly pressured not to return. Those captured while attempting to return, he said, faced in jail or death.« (Revista Envio 1986: Nr. 59)

Trotz der gespannten politischen Lage in der Region und den immer wieder stattfindenden Übergriffen der Contras und ihrer verbündeten antisandinistischen Miskito-Organisation konnten die Gespräche über den Autonomiestatus erfolgreich fortgesetzt werden.»On 22 April 1987, 220 elected delegates, together with 2.000 representatives from most of the communities on Nicaragua's Atlantic Coast, arrived in Puerto Cabezas to attend the Multi-Ethnic Assembly.« (Sollis 1989: 514).

Während der Versammlung am 22. April 1987 diskutierten VertreterInnen alle Ethnien der *Costa Caribe* über einen Gesetzesentwurf zum Autonomiestatus; dieser ergab sich aus einer zweijährigen Vorbereitungsphase, die unter Einbindung vieler *líderes* der Region diskutiert wurde. Im Jahre 1987 kam es in Nicaragua zu einer Verfassungsänderung, der bereits die Möglichkeit eines Autonomiestatus für die indigenen Gebiete in der Verfassung berücksichtigte. Mit der Anerkennung nahm Nicaragua eine vorrangige Stellung in der Diskussion über die Rechte der indigenen Bevölkerung ein.

La Constitución nicaragüense de 1987 fue pionera latinoamericana en el reconocimiento de los derechos de libre determinación y autonomía de los pueblos indígenas. Por primera vez en la historia del continente, una constitución marcaba el mandato de establecer un régimen de autonomía regional, con amplios derechos políticos, sociales, económicos y culturales para pueblos indígenas (miskitos, sumo-mayangnas y ramas) y comunidades étnicas (creoles, garífonas y mestizos) de una amplia zona del país. (Díaz 1997)

Am 2. September 1987 wurde der *Estatuto de Autonomía de las Regiones de la Costa Atlántica de Nicaragua* im nationalen Parlament beschlossen. Mittels dieses Gesetzes wurde das bis dahin existierende *Departamento Zelaya* durch die beiden autonomen Regionen *Región Autónoma Atlántico Norte* (RAAN) mit der Hauptstadt Bilwi[108] und der *Región Autónoma Atlántico Sur* (RAAS) mit der Hauptstadt Bluefields, ersetzt.

4.8 Die Autonomie und ihre Bedeutung für die Costa Atlántica

Der Weg zur Erreichung der Autonomie bedeutete für die Costa eine zunehmende Befriedung der Region. Sollis (1989: 515) schreibt dazu: »While other parts of Nicaragua were experiencing some of the worst fighting since the contra war be-

---

[108] Auf Spanischen wird die Regionalhauptstadt Puerto Cabezas benannt; in Miskito Bilwi.

gan in 1981, community life on the Atlantic Coast began to return to normal. Most of those who fought against the Sandinistas have been incorporated into militias which undertake local and regional security duties.«

Fast alle bewaffneten Miskito-KämpferInnen nahmen den angeboten Waffenstillstand an und die Menschen in den autonomen Gebieten begannen, sich mit ihrem neu gewonnen Status der Autonomie auseinander zu setzen.

Abbildung 6: Waffenstillstandsübereinkommen

Das Bild zeigt einen *Miskito-comandante* der Contras bei der Unterzeichnung eines Friedensvertrages mit der FSLN im Jahre 1988.
Quelle: Gonzáles 2007: 38

Durch das Autonomiegesetz[109] wurde das Recht auf kommunalen Landbesitz in der Verfassung von Nicaragua verankert. Weiters wurden die Rechte der multi-ethnischen Bevölkerung auf die Ausübung ihrer Kulturen, ihrer Religionen und ihrer Sprachen anerkannt. Die Schulbildung in ihrer eigenen Sprache wurde gesetzlich verankert und die Sprachen der Miskito, Mayangnas, Ramas und Creoles wurde offiziell anerkannt. Ein weiterer zentraler Aspekt des Autonomiestatus betraf die Einbindung aller ethnischen Gruppen in die Entscheidungsstrukturen auf regionaler Ebene.

Artikel 15 des *ley 28* sieht folgende politische und administrative Organe für die autonomen Regionen vor:

---

[109] Das *ley 28* regelt den Autonomiestatus. (vgl. Gobierno de la República de Nicaragua 1987).

- Consejo Regional[110]
- Coordinación Regional
- Autoridades municipales y comunales
- Otros correspondientes a la subdivisión administrativa de los municipios
(Gobierno de la Republíca de Nicaragua 1987: 16)

Das zentrale Organ der Selbstverwaltung von RAAN und RAAS ist der jeweilige *Consejo Regional.*

El CONSEJO REGIONAL es el órgano básico de la autonomía. Está formado por cuarenta y cino miembros. Su poder se deriva del voto popular de los costeños. El Consejo Regional tiene a su vez un órgano interno llamado Junta Directiva, que debe estar integrada por representantes de todas las etnias de la región. Este requisito corresponde al principio de igualdad étnica que prevalece en el Estatuto, es decir, que todas las comunidades o pueblos indígenas de una región tienen derecho a estar representados en el máximo órgano, que es el Consejo Regional. (River/Williamson/Rizo 1997: 95f)

Die *Junta Directiva[111]* stellt durch ihre Zusammensetzung sicher, dass alle ethnischen Gruppen in die politischen Entscheidungsprozesse der RAAN und RAAS eingebunden sind. Grundsätzlich repräsentiert die *Junta Directiva* den *Consejo Regional* nach außen; sie setzt sich aus sieben Mitgliedern zusammen: den/die Präsidenten/in; zwei Vizepräsidenten/innen, zwei Sekretäre/innen und zwei Ausschussmitglieder.

Der *Coordinador o Gobernador Regional* wird ebenfalls vom *Consejo Regional* gewählt und vertritt die Anliegen der autonomen Gebiete nach außen, d. h. auch gegenüber der nationalen Regierung (vgl. Gobierno de la República de Nicaragua 1987: Arto. 23/8 und Arto. 29). Der *Coordinador* stellt damit die exekutive Ebene innerhalb der Regionalverwaltung dar.

Neben der obersten Vertretung der autonomen Regionen – *Consejo Regional* und *Coordinador o Gobernador Regional,* folgte die Ebene der *municipios.* Die Aufgaben der *municipios* sind im *ley 40* geregelt; die beiden wichtigsten Organe der *municipios* sind der *Consejo Municipal* und der/die *Alcalde/Alcaldesa* (Bürgermeister/in der Munizipalstadt).

Die traditionellen Autoritäten auf der Ebene der *comunidades indígenas* wurden ebenfalls gesetzlich verankert. Die nicaraguanische Verfassung, das Autono-

---

[110] Die ersten Wahlen für den *Consejo Regional* wurden 1990 durchgeführt. In der Zeitspanne zwischen der Etablierung der Autonomie im Jahre 1987 und den ersten Wahlen 1990 wurde von der sandinistischen Regierung in Abstimmung mit den VertreterInnen der einzelnen Ethnien eine Übergangsregierung eingesetzt.

[111] Die *Junta Directiva* wird jedes zweite Jahr neu gewählt.

miegesetz (ley 28) und das Ley de Municipios (ley 40) erkennten die Existenz der traditionellen EntscheidungsträgerInnen in den *comunidades* an. Im Folgenden wird ein Überblick über die traditionellen Autoritäten in den *comunidades* gegeben werden.

4.8.1 Traditionelle Autoritäten der comunidades indígenas

Das zentrale politische Organ in den *comunidades* ist die *Asamblea Comunal* (Gemeindeversammlung). In der *Asamblea* haben alle BewohnerInnen der *comunidad* eine Stimme und können dort ihre Anliegen vorbringen bzw. werden dort grundlegende Entscheidungen der Gemeinde diskutiert und beschlossen. Die *Asamblea Comunal* wählt auch die traditionellen Autoritäten: *el juez o wihta tara, el síndico* und *el consejo de ancianos*.

Juez[112] ist die Vertretungsperson der *comunidad* nach außen und der wichtigste *líder* in der *comunidad*. Ein *juez* ist vergleichbar mit einem/er Richter/in und gilt als Anlaufstelle für jegliche Streitfragen innerhalb der *comunidad*. Das Amt des *juez* innerhalb der Gemeinden ist ein sehr angesehenes.

Síndico ist die Ansprechperson für alle Belange, welche die natürlichen Ressourcen der *comunidad* betrifft. Er/sie ist auch zuständig für die Landtitelfragen sowie für die Aufteilung des zu bewirtschaftenden Landes innerhalb der Gemeinde. *Síndicos* sind Personen, die über viel Erfahrung verfügen und die Geschichte der *comunidad* genau kennen. »En muchos casos se trata de documentos muy antiguos y muy importantes para la comunidad, porque representan sus derechos históricos sobre la tierra comunal y el bosque.« (River/Williamson/Rizo 1997: 103)

Consejo de ancianos setzt sich aus den früheren *líderes* der *comunidad* zusammen und gilt als Beratungsgremium. Er kann vom *juez* oder vom *síndico* einberufen werden, um sich Ratschläge für die Lösung eines bestimmten Problems unterbreiten zu lassen. Der *consejo de ancianos* hört sich dabei die Position der *líderes* an, aber bespricht die Probleme auch mit den Menschen in *comunidad*. Nach diesem Entscheidungsfindungsprozess teilt er dem *juez* oder *síndico* seine Ratschläge mit.

Neben diesen traditionellen Autoritäten gibt es VertreterInnen »neuerer Institutionen«, die in den *comunidades* eine wichtige Rolle spielen und hohes Ansehen genießen, bspw. die Priester, die LehrerInnen, medizinisches Personal[113] usw.

Wie bereits oben angeführt wurden im Jahre 1990 erstmals die beiden *Consejos*

---

112 Die Bezeichnung für *Juez* (span.) auf Miskito lautet: wihta tara.

113 Viele *comunidades* verfügt nicht über eine Krankenstation, oftmals gibt es jedoch innerhalb der *comunidades* traditionelle Heiler/in.

Regionales der RAAN und der RAAS gewählt. Als Wahlsiegerin ging dabei die YATAMA[114] hervor. Die YATAMA wurde 1986 gegründet. Teile der MISURA-SATA fanden in den neuen indigenen Organisation Platz. YATAMA war intensiv in die Friedengespräche involviert und trug damit ebenfalls wesentlich zu einer Beendigung des Contra-Kriegs in der Region bei. Mit der YATAMA nahm erstmals eine indigene Organisation bei Wahlen in Nicaragua teil. »YATAMA es la primera organización indígena que participa en un proceso electoral en toda la historia de Nicaragua.« (River/Williamson/Rizo 1997: 121)

Der Autonomiestatus bedeutete für die *Costa Caribe* einen wichtigen politischen Sieg. Die ökonomischen Probleme der Costa verschärft sich durch den Krieg, womit der Beginn für die neue politische Führung der Atlantikregion ein sehr Schwieriger war.

The Atlantic Coast is the poorest region in a poor country facing the problems bequeathed by underdevelopment, by the enclave economy and latterly exacerbated by war. The banana and timber companies have left no local economic infrastructure, while that of the mining industry is in serious disrepair. (Sollis 1989: 516)

Durch den Krieg wurde die ohnehin spärlich vorhandene Infrastruktur der Costa weitgehend zerstört. »Seven years of war have severely affected the Atlantic Coast, with existing sparse infrastructure badly hit. It is estimated that 35 % of the economic damage caused by the contras since 1981 has taken place on the Atlantic Coast.« (ebd. 517)

Viele Menschen aus den *comunidades* verließen wegen der Kriegsgefahr ihre Gemeinden und zogen in die Städte; während des Krieges verdoppelte sich die EinwohnerInnenzahl von Bilwi und Bluefields. Die Städte waren diesem Zustrom infrastrukturell nicht gewachsen; die ökonomische und soziale Situation verschlimmerte sich daher zusehends. Der Zustrom riss jedoch nach dem Krieg nicht ab. Belief sich die EinwohnerInnenzahlen von Bilwi zu Beginn der 1980er Jahre noch auf 10.000, wird sie aktuell auf 35.000 bis 45.000[115] geschätzt.

Am 22. Oktober 1988 traf eine Naturkatastrophe die Atlantikküste von Nicaragua; der Hurrikan »Joan« zerstört Bluefields und Corn Island fast vollständig und verwüstet ebenso die ohnehin bereits durch den Krieg beschädigte Infrastruktur. Alle fünf Fischverarbeitungsbetriebe in Bluefields fielen den Hurrikan zum Opfer; ebenso sank die gesamte Fischereiflotte. Der ökologische Schaden durch den Hur-

---

[114] YATAMA (Yapti Tasbara Marawaska) bedeutet im Spanischem »los hijos de la madre tierra« – die Kinder der Mutter Erde. Sie vertritt vor allem die Interessen der indigenen Ethnie der Miskito.

[115] Die Zahlen sind nicht exakt, vielmehr unterliegen sie, je nach Quelle, starken Schwankungen.

rikan war ebenso immens.»The Nicaraguan Environmental Resources Institute (DIRENA), reports that a total of 2.5 million acres of forested land was affected«. (Nitlápan-Envío team, 1989).

Weiters war die *Costa Caribe* mit dem Situation konfrontiert, dass sie durch den Autonomiestatus zunehmend Menschen benötigte, die politischen Funktionen adäquat ausüben konnten. Das Bildungsniveau war sehr gering und jene, welche einen Schulabschluss hatten verließen oftmals die Region. »(…) the fact that since 1952 more than 80 % of secondary school graduates have left Bluefields for Managua and the United States raises an important question about the type of participation that can be expected in the short term.« (ebd. 517).

Mit all diesen Problemen sahen sich die neuen politischen EntscheidungsträgerInnen in der RAAN und der RAAS konfrontiert. In Kapitel 7 wird die aktuelle wirtschaftliche und politische Situation in den autonomen Gebieten näher dargestellt. Zum Abschluss dieses Kapitels erfolgt eine Analyse der nationalstaatlichen ökonomischen Entwicklungen ab den 1990er Jahren. Trotz des Autonomiestatus der Costa hatten die nationalen Veränderungen auch massiven Einfluss auf die Atlantikregion.

4.9 Niedergang der sandinistischen Herrschaft

In der Arbeit wird kein spezieller Fokus auf die Auswirkungen mit dem Contra-Krieg im nationalen Kontext gelegt, nichtsdestotrotz sollen die politischen Gründe für den Ausbruch des Kriegs kurz beleuchtet werden. Neben der konservativen nicaraguanischen Elite, die nach dem Zerbrechen des Bündnisses mit der Frente zu Beginn der 1980er Jahre verstärkt auf Opposition setzte, waren es vor allem die US-amerikanischen Interessen, die dazu beitrugen, die Region zu destabilisieren.

»Die Reagan-Administration« (1981-89) interpretierte die revolutionären Prozesse am Isthmus aus der Perspektive des Ost-West-Konfliktes als von der Sowjetunion und Kuba gesteuerte Aktionen. Nicaragua galt als marxistisch-totalitärer Brückenkopf, von dem die Gefahr einer »Kubanisierung« ganz Mittelamerikas ausging. Die Sicherheit der USA schien nach dieser Lesart über kurz oder lang bedroht. Ab 1981 verfolgte daher die US-Regierung eine Politik der Wiederbehauptung (*reassertionism*); ihre Leitkonzepte lauteten: Eindämmung (*containment*) bzw. Zurückdrängung (*roll back*) einer vermeintlichen kommunistischen Expansion.« (Krennerich 1992: S. 233). Durch finanzielle aber auch militärische Unterstützung der Contras versuchten die USA die sandinistische Revolution zu untergraben.

Die Regierungszeit der SandinistInnen war am Beginn gekennzeichnet durch ambitionierte soziale Reformen und Kampagnen, die zur Verbesserung der sozialen Lage in Nicaragua betragen sollten. Die Reformen zogen erhöhte Staatsausgaben nach sich. Durch den Contra-Krieg wurde jedoch der Staatshaushalt der sandinistischen Regierung über die Maßen strapaziert und ein Wirtschaftsembargo von Seiten der USA tat den Rest.

El gasto público se incrementó aún más por el mantenimiento del ejército, que tenía que hacer frente a la guerra contrarevolucionaria. La situación económica se agravó por el embargo económico impuesto por los Estados Unidos en 1985. (Rodriguez 2002: 36)

Der Contra-Krieg verschlang eine Unmenge an Geld und die Schäden an der Infrastruktur des Landes waren enorm. Mehr als 70.000 Menschen bezahlten den Krieg mit ihrem Leben. (vgl. http://www.staepa-berlin.de, Download: 11. März 2008). Der Krieg und die schlechte finanzielle Situation in Nicaragua führten schlussendlich dazu, dass die SandinistInnen, unter ihrem Präsidenten Daniel Ortega, die Wahl im Jahre 1990 verloren. »El cansancio de la guerra y el decontento con la gestión económica provocó que el Frente Sandinista perdiera las elecciones presidenciales en febrero de 1990.« (Rodriguez 2002: 38)

Die international streng überwachte Wahl brachte eine Niederlage der SandinistInnen und den Sieg für ein breites oppositionelles politisches Bündnis der konservativen Kräfte in Nicaragua. Die UNO (*Unión Nacional Opositora*) konnte die angespannte Lage in Nicaragua für sich nutzen und mit Violeta Barrios de Chamorro erlangte erstmals eine Frau das PräsidentInnenamt in diesem zentralamerikanischen Land. Noch im selben Jahr nach dem Regierungswechsel wurde der Contra-Krieg beendet. Die SandinistInnen erkannten ihre Wahlniederlage an und gingen in die Opposition. Bevor sie jedoch die Regierungsgeschäfte der UNO übergaben, wurden zwei Gesetze im nationalen Parlament beschlossen. Das *ley 85* und *ley 86* wurden bekannt unter dem Namen »Piñata-Gesetze«. Die beiden Gesetze regelten die Überschreibung von Staatseigentum an führende SandinistInnen. Sie sahen auch eine Garantie der vergebenen Rechtstitel im Rahmen der Agrarreform der Frente für 10.000 *campesions* vor. Der Vermögenstransfer in der Piñata wird zwischen 300 Millionen US-Doller und 2 Milliarden US-Doller geschätzt.

The property reportedly included thousands of »good to luxury homes,« including beach houses that were titled to Sandinistas at a small fraction of their value. Also given away were large state owned properties such as cattle ranches, warehouses, and office buildings; state-owned businesses; and smaller items such as cars, taxis, trucks, machinery, office furniture, and equipment, including radio and television transmission towers. (Nicaragua: Dispute over Property Rights 1993)

Nebenbei soll die nicaraguanische Zentralbank in den letzten drei Wochen der sandinistischen Regierung 24 Millionen US-Dollar an Daniel Ortega und seine engsten Verbündeten überwiesen haben. Zwar wurde in der Regierungszeit von Violeta Barrios de Chamorro versucht, Teile des »erbeuteten« Vermögens wieder zurückzuführen, jedoch besonders die Frage nach Landbesitzrechten gestaltete sich schwierig.

Jedoch nicht nur im Agieren des Staatsapparates zeigten sich die Risse in der nicaraguanischen Gesellschaft; auch im familiären Leben waren Brüche nach zehn Jahren Bürgerkrieg vorhanden. Die Familie von Doña Violeta zeigt selbst gut diese Zerrissenheit mit der Nicaragua zu kämpfen hatte und hat.

One of her sons, Pedro Joaquin Jr., 37, was until recently a leader of the Nicaraguan resistance, which directs the military insurgency of the contra rebels. Her other son, Carlos Fernando, 33, is editor in chief of the Sandinista daily Barricade, and has run editorials calling his brother a traitor. Daughter Cristiana, 35, is a director of La Prensa. Her sister Claudia, 36, was the Sandinista Ambassador to Costa Rica until last year. (Moody 1989).

Die Menschen der *comunidades* am Río Coco erfuhren diese Brüche innerhalb der nicaraguanischen Gesellschaft ebenso unmittelbar im familiären Kontext: Mitglieder derselben Familie kämpften für die Contras, andere für die SandinistInnen.

4.10 Dekade des wirtschaftsliberalen Wandels in Nicaragua

In (wirtschafts-)politischer Hinsicht vollzog die Regierung von Doña Violeta einen radikalen Wandel. Der Regierungswechsel brachte eine Stabilisierung des Verhältnisses mit den USA und es erfolgte die Aufhebung des Wirtschaftsembargos. In wirtschaftlicher Hinsicht schlug das konservative Regierungsbündnis eine liberale Ausrichtung ein.

1991 wurde die Währung abgewertet, die Preise für Grundnahrungsmittel angehoben, die Anzahl der Beschäftigten im öffentlichen Dienst reduziert und die Armee drastisch verkleinert[116]. Die Privatisierung der großteils verstaatlichten

---

[116] Innerhalb der ersten drei Jahre der Regierungszeit Chamorros wurden die Privatisierung bzw. Auflösung von Staatsunternehmen sowie durch die Verringerung der Streitkräfte die Anzahl der öffentlichen Bediensteten von 290.000 auf 107.000 reduziert (vgl. Krakowski 2004: 29).

Wirtschaft war ebenfalls ein anvisiertes Ziel der UNO (vgl. Slezak 2006: 3). Als Auswirkung des Krieges kämpfte Nicaragua mit einer Hyperinflation, weshalb für die neue Regierung unter Doña Violeta die makroökonomische Stabilisierung im Vordergrund stand. Zur Erreichung dieses Zieles wurde ein *»Stand-By Arrangement Program«* mit den IWF (International Monetary Fund) unterzeichnet. Neben der Reduktion der Staatsausgaben (durch Abbau von Beschäftigten im öffentlichen Dienst), kam es zu einer Erhöhung der Steuerlast für KonsumentInnen und einer Steuerentlastung für das Kapital. »Por el lado de los ingresos se pedía[117] elevar el impuesto de ventas a un 15 por ciento; incrementar los impuestos selectivos al consumo; simplificar y reducir el impuesto a la renta y mejorar la capacidad administrativa.« (Rodriguez 2002: 39f.).

Weiters wurden private Banken zugelassen und eine Bankenaufsicht eingeführt – damit fiel das staatliche Monopol im Bankensektor; dies hatte auch Auswirkungen auf die Kreditvergabepolitik. Besonders für *campesinos* wurde es zusehends schwieriger Kredite von privaten Banken zu erhalten, bedingt auch durch die oftmals ungeklärten Bodenbesitzverhältnisse. Im Jahre 1997 erfolgte die Auflösung der größten staatlichen Bank – BANADES (*Banco Nacional de Desarrollo*); ebenfalls privatisiert wurde die vormals staatliche BANIC (*Banco Nicaragüense de Industria y Comercio*). Wie bereits angedeutet, war vor allem die nicaraguanische Landwirtschaft durch diese Privatisierungsmaßnahmen sehr stark betroffen. Fiallos (2001), Präsident von UNAG (*Unión Nacional de Agricultores y Ganaderos*) analysiert das Problem folgendermaßen: »Hoy, créditos no hay. Y cuando los hay y los da el banco, es peor. Porque con créditos al 18 % de interés en dólares, el maíz, el sorgo y el ajonjoli no son rentables. Son pocos los cultivos que pueden pagar esos intereses y mantener rentabilidad.«

Die nachfolgende Tabelle zeigt die Entwicklung der Inflationsrate; die ersten Jahre nach dem Krieg wurde versucht durch Eindämmung der Hyperinflation die Wirtschaft in Nicaragua zu stabilisieren.

---

[117] Anmerkung Autorin: In diesen Zusammenhang wird auf des *Stand-By Arrangement Progam* mit den IWF referenziert. Im Rahmen dieser Übereinkunft fordert der IWF diese politischen Maßnahmen von der nicaraguanischen Regierung; dafür erhielt Nicaragua die notwendigen Kredite vom IWF.

Tabelle 7: Entwicklung der Inflationsrate (1988-1996)

Jahr	Inflationsrate (Angaben in %)*
1988	*33,547.93*
1989	*1,989.13*
*1990***	*13,490.25*
1991	865.64
1992	3.51
1993	19.46
1994	12.41
1995	11.12
1996	12.10

*Die Berechnung erfolgt auf Basis der Vorjahrszahlen
** Bis 1990 dauerte der Contra-Krieg an.
Quelle: Banco Central de Nicaragua 2008

Wie die Tabelle zeigt, griffen die Maßnahmen, welche die Regierung von Doña Violeta setzte, um die Hyperinflation eindämmen zu können. Jedoch bereits im erstem Jahr zeigten sich auch die negativen Aspekte dieser Politik: Das Handelsbilanzdefizit erhöhte um 70% und die Arbeitslosigkeit und Unterbeschäftigung der wirtschaftlich aktiven Bevölkerung stieg auf 53 %. Der Abbau der Bildungs- und der Gesundheitsversorgung sowie die niedrigen Löhne trugen weiters zur Verschärfung der extremen Armut im Lande bei. (vgl. Catalán zitiert nach Ökumenischen Büro 2004).

4.10.1 Maßnahmen zur makroökonomischen Stabilisierung

Nach dem *Stand-By Arrangement Program* wurde im Jahr 1993 das *Enhanced Structral Ajustment Faciles* (ESAF) mit dem IWF unterzeichnet. Dabei wurde eine weitere Privatisierung von Staatsbetrieben gefordert. Die in der staatlichen Holding CORNAP[118] zusammengefassten 351 Betriebe wurde bis ins Jahr 1995 fast vollständig privatisiert bzw. aufgelöst. Nur fünf Betriebe blieben zu diesem Zeitpunkt noch in staatlicher Hand (vgl. Ökumenischen Büros 2004).

Neben diesem Aspekt wurde auch die Forderung nach der Privatisierung des Bankensektors vorangetrieben. Ein weiterer Diskussionspunkt zwischen dem IWF und der nicaraguanischen Regierung umfasste die Bodenbesitzfragen. Der IWF drängte die nicaraguanische Regierung die Besitzansprüche der Exil-NicaraguanerInnen auf ihre Ländereien zu bestätigte. Während der Revolution und der

---

118 CORNAP = Corporación Nacional del Sector Público.

nachfolgenden 10 Jahren sandinistischen Regierung verließen viele Nicaraguane-rInnen das Land und gingen in die USA. Ihre Ländereien wurden von der Frente konfisziert und umverteilt. Diese Forderung des IWF brachte die Regierung Doña Violetas insofern unter Druck, da die FSLN in der *Asamblea Nacional* trotz der Wahlniederlage[119] von Ortega stimmenmäßig stark vertreten war. Eine komplette Rücknahme der sandinistischen Agrarreform konnte deshalb nicht durchgeführt werden, jedoch wurde in wichtigen Belangen dem IWF nachgegeben.

El gobierno de los Estados Unidos presionaba a la administración Barrios de Cha-morro para que devolviera las propiedades de los nuevos ciudadanos norteame-ricanos. Pero en el otro extremo el gobierno de Nicaragua tenía las presiones de los disputados sandinistas para que no se reintegraran las propiedades en disputa. (Rodriguez 2002: 90)

Ab 1994 begannen auch die Verhandlungen mit der Weltbank über einen Kredit zur *Recuperación Económica*. Die Forderungen der Weltbank deckten sich mit denen des IWF: Abbau von Staatsbediensteten und Privatisierungen. 1995 setzten sowohl der IWF als auch die Weltbank kurzfristig die Zahlungen an Nicaragua aus, da die Regierung das geforderte Paket als Ganzes nicht erfüllen konnte.[120]

Aus makroökonomischer Sicht kann diese Phase der Stabilisierungspolitik als erfolgreich betrachtet werden. Grafik 1 zeigt, wie sich innerhalb der 1990er Jahre die makroökonomischen Indikationen. Die Inflation stabilisierte sich und es konnte ein Wachstum des BIP verzeichnet werden.

---

[119] Bei den Wahlen 1990 erhielten die SandinistInnen 41 % der Stimmen, während die UNO auf 55 % der Stimmen kam. (vgl. Lacayo 2005: 27).

[120] Die Weltbank forderte bspw. die Privatisierung des Telekommunikationsunternehmen TEL-COR. Die Umsetzung erfolgte im Jahr 1996: TELCOR-Aktien wurden zum Verkauf am Markt angeboten und es entstand aus dem vormals staatlichen Unternehmen ein neues – ENITEL (Empresa Nicaragüense de Telecomunicaciones).

Grafik 1: Indikatoren für die makroökonmische Entwicklung in Nicaragua

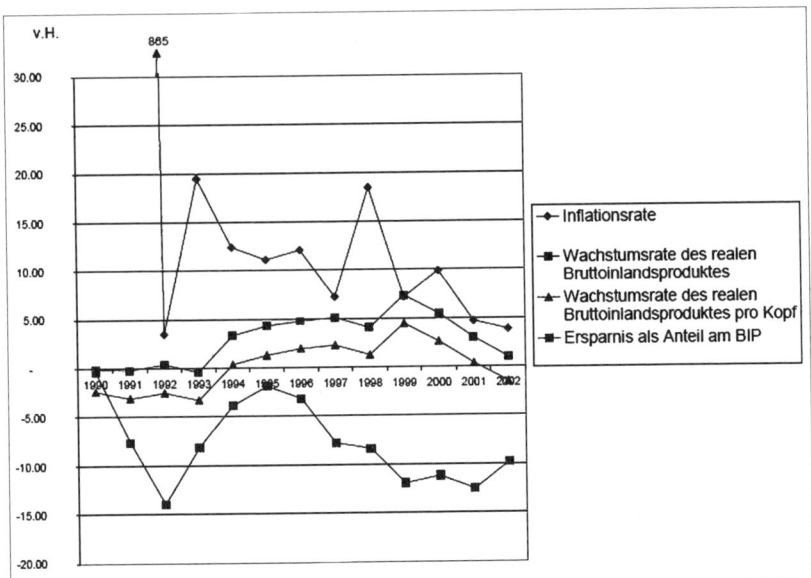

Quelle: Krakowski 2004: 29 und Banco Central de Nicaragua 2008

Im Jahr 1998 kam es zu einer Verschlechterung der makroökonomischen Indikationen. Dieser Einbruch ist auf den Hurrikan *Mitch* zurückzuführen, der in den zentralamerikanischen Ländern immense Zerstörungen anrichtete.

Auf politischer Ebene wurden die Verbindungen mit dem IWF und der Weltbank weiter intensiviert. Zu Ende des Jahres 1996 gewann Arnoldo Alemán Lacayo die Präsidentschaftswahlen in Nicaragua und verhalf seiner Partei der PLC (*Partido Liberal Constitucionalista*) damit zum Wahlsieg. Alemán war von 1990 bis 1995 Bürgermeister von Managua; während der ersten Phase nach der Machtübernahme der SandinistInnen wurde er inhaftiert, da er ein Naheverhältnis zu Somoza gehabt haben soll. Unter der Regierung von Alemán wurde im Frühjahr 1998 ein weiteres ESAF-Programm mit dem IWF unterzeichnet. Die PLC verfügte nach der Wahl 1996 über die notwendigen Mehrheiten im Parlament und konnten deshalb die Forderungen[121] des IWF und der Weltbank fast vollständig umsetzen.

---

121 Es kam zu einer weiteren Umstrukturierung der Armee und zu einer erneuten Entlassungswelle aus dem öffentlichen Dienst. Weiters kam es zu weiteren Privatisierungen bzw. Ausgliederungen staatlicher Unternehmen, wie ENEL (Empresa Nicaragüense de Energía Eléctrica) (vgl. Rodriguez 2002: 42).

Neben der oben beschriebenen Privatisierung der staatlichen Banken wurden auch die Importzölle gesenkt, sowie Anreize gesetzt, um die Exporte zu erhöhen. Tabelle 8 stellt die Entwicklung der Handelbilanz in Nicaragua im Zeitraum während der ersten acht Jahre nach der Abwahl der SandinistInnen dar.

Tabelle 8: Entwicklung der Handelsbilanz in Nicaragua (1990-1998)

Jahr	Exporte	Importe	Handelsbilanz*
1990	330.5	572.3	241.8
1991	272.4	668.6	396.2
1992	223.1	797.5	574.4
1993	269.7	678.9	409.2
1994	334.6	780.5	445.9
1995	466.0	881.4	415.4
1996	466.4	1,043.4	577.0
1997	576.7	1,370.6	793.9
1998	573.2	1,397.0	823.8

Angaben sind in Mill. US-$
* In diesem Fall kann von einem Handelsbilanzdefizit gesprochen werden
Quelle: Banco Central de Nicaragua 2008

In der dargestellten Periode konnte zwar ein Wachstum der Exportzahlen verzeichnet werden, jedoch stiegen die Importzahlen wesentlich stärker. Es kann daher zu einer mehr als Verdreifachung des Handelsbilanzdefizits innerhalb dieses Zeitraumes.

Ein zusätzliches Problem mit dem sich Nicaragua in wirtschaftlicher Hinsicht konfrontiert sah, betraf die hohe Auslandsverschuldung. Massenbach (2004) analysiert die Entwicklung bzw. Entstehung wie folgt:

Nach der sandinistischen Revolution hatte die neue Regierung die Schulden des Ex-Diktators Somoza in Höhe von 1,5 Milliarden US-Dollar trotz ihrer durchaus fragwürdigen Legitimität anerkannt, um nicht von den internationalen Kreditmärkten abgeschnitten zu werden. Durch steigende Zinsen und Zahlungsrückstände verdoppelten sich diese Schulden in den 80er Jahren, neue Kredite für den Wiederaufbau kamen dazu. Unter der Reagan-Administration strichen die USA die Wirtschaftshilfe, verhängten ein Handelsembargo und zwangen dem Land durch die Finanzierung der Contra einen Bürgerkrieg auf, der die Wirtschaft des Landes lahm legte und weite Teile der Infrastruktur zerstörte. Nicaragua erhielt nun vor allem von den Ostblock-Staaten finanzielle und militärische Hilfe, die den Schuldenberg weiter wachsen ließen. 1986 verurteilte der Internationale Gerichtshof die USA zu

Entschädigungszahlungen für die durch Unterstützung der Contra und Verminung der nicaraguanischen Häfen entstandenen Verluste in Höhe von 17 Milliarden US-Dollar. Die US-Regierung erkannte das Urteil jedoch nicht an, so dass kein Cent Entschädigung gezahlt wurde, bis Nicaragua schließlich unter der konservativen Regierung Chamorro 1991 auf Druck der USA auf alle Ansprüche verzichtet.

Grafik 2 zeigt die Entwicklung der Auslandsverschuldung von den 1970er Jahren bis zum Ende der 1990er.

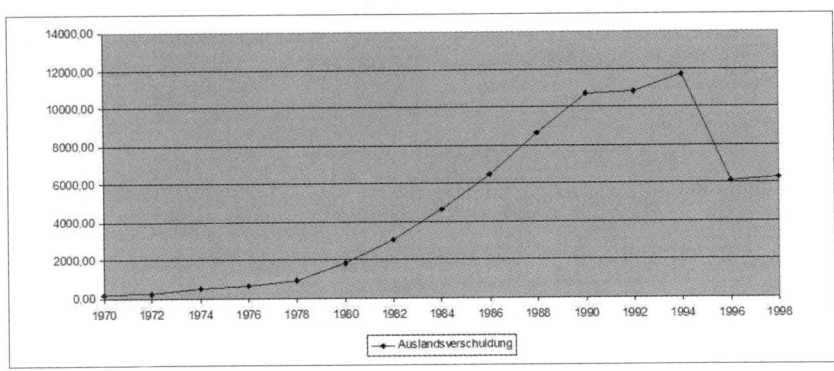

Grafik 2: Entwicklung der Auslandsverschuldung (1970-1998)
Angaben in Millionen US-Dollar
Quelle: Banco Central de Nicaragua 2008

Zu Beginn der 1970er Jahre betrug die nicaraguanische Auslandsverschuldung ca. 188 Millionen US-$, wobei sich es sich dabei großteils um bilaterale Schulden[122] handelte (vgl. BCN 2008). Während des Contra-Krieges kam es zu einem kontinuierlichen Anstieg der Auslandsverschuldung. Ihren Höhepunkt erreichte sie während der Regierungszeit von Doña Violeta im Jahr 1994 mit dem Stand von 11,7 Milliarden US-Dollar. 1996 zeichnete sich ein Rückgang der externen Schulden ab, da einige Gläubigerländer auf die Rückzahlungen verzichteten.

En 1996 el saldo de la deuda sufrió una reducción sustancial, quedando en US$ 6.094,3 millones, gracias a una serie de condonaciones entre las que destacan por su generosidad la condonación de la República Federativa de Russia de US$ 3.099,9 millones y la condonación de México por un monto de US$ 1.065,7 millones. (Rodriguez 2002: 44).

---

[122] »Bilaterale Schulden sind Schulden, die sich aus Krediten von Regierungen und deren Institutionen (Nationalbanken eingeschlossen), Krediten von autonomen Institutionen und Körperschaften sowie direkten Krediten von offiziellen Exportkredit-Banken zusammensetzen.« (http://www.erlassjahr.de/content/glossar/index.php, Download: 28. März 2008).

Durch den Verzicht von Russland und Mexiko konnte die Auslandsverschuldung um mehr als vier Milliarden US-$ verringert werden.

4.10.2 HIPC-Initiative

Im Jahr 1996/97 wurde die internationale Debatte über einen multilateralen Schuldenerlass immer vehementer geführt. Die beiden multilateralen Organisationen Weltbank und der Internationale Währungsfond standen zu Beginn dieser Forderung noch skeptisch gegenüber, jedoch 1996 erfolgte dann der erste Vorschlag für einen umfassenden Schuldenerlass. Dieser Vorschlag wurde unter dem Name HIPC-Initiative bekannt und sah vor, dass eine Gruppe von hochverschuldeten Ländern (*Heavily Indebted Poor Countries – HIPC*) einen umfassenden Schuldenerlass erhalten sollten. Der Schuldenerlass sollte dabei nicht nur multilaterale Schulden umfassen, sondern auch bilaterale. Die Weltbank benannte im Jahr 1996 86 Länder, die laut der Bretton-Woods Institutionen[123] mit Schuldenproblem konfrontiert waren; jedoch wurden nur 41 Ländern davon in die HIPC-Initiative aufgenommen. »Der Anteil der Schulden der 41 HIPC-Länder lag 1998 bei nur 8,6 % der gesamten Schulden aller Entwicklungsländer.« (Eberlei in Küblböck 2003: 133)

Nicaragua wurde in die Gruppe der 41 Länder aufgenommen. Die Kriterien für die erfolgreiche Teilnahme an diesem Entschuldungsprogramm umfassten in der ersten Phase eine dreijährige »erfolgreiche« Absolvierung von IWF- und/oder Weltbankprogrammen. Diese Bedingung erfüllte Nicaragua, da das Land ohnehin bereits seit dem Beginn der Amtszeit von Doña Violeta mit dem IWF zusammenarbeitete und durch die 1996 gewonnen Mehrheit von Alemán im Parlament auch die vom IWF geforderten Maßnahmen (bspw. umfassende Privatisierung) umsetzen konnte. Weiters musste den multilateralen Organisationen ein Armutsbekämpfungsprogramm (*PRSP-Poverty Reduction Strategy Paper*) vorgelegt werden.

In der zweiten Phase versuchten die Länder den sogenannten »*Decision Point*«[124] zu erreichen; dafür mussten folgende Hauptkriterien erfüllt werden:

– Der Gesamtschuldenstand liegt bei mehr als 150% der jährlichen Exporteinnahmen bzw. bei höchstens 250% der jährlichen Steuererlöse.

---

[123] Die Bezeichnung Bretton-Woods Institutionen für IWF und Weltbank leitet sich von jenem Ort in New Hampshire – USA ab, an dem es zur Etablierung dieser beiden multilateralen Institutionen kam.

[124] Der *Decision Point* beschreibt den Punkt, an dem sich die HIPC-Länder endgültig für den Schuldenerlass qualifizieren und eine verbindliche Entschuldungszusage von den multilateralen GeberInnen erhalten.

– Der jährliche Schuldendienst liegt bei über 15 % der jährlichen Exporterlöse.
  (Küblböck 2003: 133)[125]

Ein weiterer Punkt zur Erlangung des *Decision Point* betraf die Umschuldung des
Gesamtbestandes der nicaraguanischen Schulden seitens des Pariser Clubs[126] zu
den Bedingungen der *Naples Terms*[127]. Nicaragua erfüllte auch dieses Kriterium
und schaffte im Jahr 1999 die endgültige Aufnahme in die HIPC-Initiative. Zu
diesem Zeitpunkt umfasste die Auslandsverschuldung von Nicaragua 6.413 Millionen US-Dollar (vgl. IDA 2004: 5). Im Dezember 2000 wurde dem zentralamerikanischen Land von IWF und Weltbank konstatiert, dass es den *Decision Point*
erreicht habe und ein Schuldenerlass von 4.500 Million US-Doller mit den multilateralen Organisationen IWF und Weltbank vereinbart.

Die Strategie von IWF und Weltbank sah jedoch vor, dass alle HIPC-Länder,
die den *Decision Point* erreicht hatten, ein PRSP vorlegen mussten und dieses Programm mindestens für ein Jahr erfolgreich durchzuführen sei. Die Idee bzw. den
Ausgangspunkt der PRSP-*Poverty Reduction Strategy Paper* beschreibt Küblböck
(2003: 132) wie folgt:»Grundlage für das jeweilige PRSPs soll eine Analyse der
Armutssituation sein, sowie die Mittel- und langfristigen Ziele für Armutsreduktion. Darauf aufbauend sollen Strategien entworfen, sowie Indikatoren zur Erfolgs-
messung entwickelt werden.«

Ein zusätzlicher Aspekt der Erarbeitung der PRSP betraf die Einbeziehung
der Zivilgesellschaft. AkteurInnen und Gruppen aus der Zivilgesellschaft sollten

---

125 Kübelböck (2003: 133f) bringt hier den Vergleich mit der Entschuldungsinitiative für Deutschland im Jahre 1953. Deutschland wurde ein so hoher Teil an den Schuden erlassen, dass die
jährlichen Rückzahlungsraten deutlich unter 5 % seiner Exporteinnahmen sanken. Die Rück-
zahlung der restlichen Schulden durfte nur aus Handelsbilanzüberschüssen finanziert werden,
um zu verhindern, dass die Rückzahlungen aus der Substanz geleistet werden müssen. All
diese Aspekte fanden bei der HIPC-Initiative keine Anwendung.

126 »Der Pariser Club ist die zentrale Institution im bilateralen Schuldenmanagement der Entwicklungsländer. Gegründet wurde er 1956, bei der ersten Umschuldung Argentiniens, seit
1974 hat er ein ständiges Sekretariat in Paris. Beim Pariser Club handelt es sich de facto um
ein Gläubigerkartell, dem im Wesentlichen die OECD-Länder sowie seit 1997 auch Russland
angehören.« (Küblböck 2003: 130).

127 Darunter wird folgendes verstanden:»Die Terms umfassen Schuldenerleichterungen bei Umschuldung öffentlicher und öffentlich garantierter Kredite staatlicher Gläubiger gegenüber den
ärmsten Entwicklungsländern. Sie wurden im Dezember 1994 vom Pariser Club beschlossen.
Danach kann insbesondere der in den sogenannten Toronto Terms fixierte Höchstsatz für einen Schuldenerlass in Umschuldungsverfahren von 50% in besonderen Fällen bis auf 67 %
angehoben werden, wenn die betroffenen Länder ein Pro-Kopf-Einkommen von maximal 500
USD (seit 1991 765 USD) haben oder wenn der Barwert der Gesamtverschuldung bezogen
auf den jährlichen Export mindestens 350% beträgt.« (http://www.wirtschaftslexikon24.net/
d/naples-terms/naples-terms.htm, Download: 28. März 2008).

gemeinsam mit den staatlichen Institutionen das Programm zur Armutsreduktion ausformulieren.[128] Der IWF und die Weltbank sollten nur die Rolle von beratenden Institutionen einnehmen. Das Papier musste jedoch den beiden Bretton-Woods Institutionen zur Genehmigung vorgelegt werden; im März 2001 unternahm Nicaragua diesen Schritt und im Dezember 2001 akzeptierten die beiden Organisationen das Armutsreduktionspapier (vgl. IDA 2004: 1).

Die Streichung des gesamten vereinbarten Schuldenbetrags erfolgt im HIPC-Modell zum Zeitpunkt des *Completion Point*. Der Punkt ist erreicht, wenn wiederum die beiden Bretton-Woods Organisationen – IWF und Weltbank – entscheiden, ob das Land eine einjährige erfolgreiche Durchführung der PRSP durchlebt hat. Es muss jedoch in dieser Zeitspanne die makroökonomische Stabilität des Landes garantiert bleiben (als Indikator dafür dient bspw. eine niedrige Inflationsquote) und die in den einzelnen Strukturanpassungsprogrammen des IWF geforderten Maßnahmen weiterhin verfolgt werden. So verlangten die multilateralen GeberInnen bspw. die Veräußerung des sich bis zu diesem Zeitpunkt noch in staatlicher Hand befindlichen ENITEL (*Empresa Nicaragüense de Telecomunicaciones*) (vgl. ebd. 4).

Im Jänner 2004 erreichte Nicaragua den *Completion Point* und zählte damit zu den nur 18 Ländern, die bis ins Jahr 2005 den Durchlauf der HIPC-Initiative erfolgreich absolviert hatten. Küblböck/Staritz (2007: 170) hielten dieser Tatsache jedoch entgegen, dass nur fünf dieser 18 Länder die weltbankinternen Kriterien für ein *tragfähiges Schuldenniveau[129]* erreicht haben. Nicaragua gehört nicht zu den Ländern, die nach der Entschuldung durch HIPC diese Kriterien erfüllen konnte. Die Weltbank spricht von einem tragfähigen Schuldenniveau für Länder, wenn der Barwert der Schulden geteilt durch die Exporteinnahmen unter 150% liegt (vgl. Küblböck 2005: 10).

Ein letzter Aspekt zur Entschuldungsdebatte in Nicaragua muss abschließend noch Erwähnung finden. Nicht alle GläuberInnen nahmen an der HIPC-Initative teil, und da es sich um kein internationales Recht handelte, konnten sie dazu auch nicht verpflichtet werden. Diese Ländergruppe wird unter den Terminus »Non-Paris Club Countries« zusammengefasst. Laut Küblböck (2005: 9) weigern sich 32 dieser Non-Paris Club Länder an der HIPC teilzunehmen. In der GläubigerInnenübersicht von Nicaragua stellt diese Gruppe ca. 38 % dar (vgl. IDA 2004: 5)

---

[128] Während diesem Prozess wurde von NGO-Seite immer wieder die Anschuldigung gegenüber den nicaraguanischen Staat und den Bretton-Woods-Institutionen laut, die darauf hinweisen, dass die Einbindung der Zivilgesellschaft nicht ernsthaft betrieben wurde. Vielmehr fand eine nach außen hin dargestellte Einbindung statt, in der Realität wurden jedoch ihre Vorschläge nicht ins Papier aufgenommen bzw. nur teilweise aufgenommen. (vlg. PRSP-Watch: 2).

[129] Folgende fünf Länder weisen laut Küblböck (2005: 10) dieses tragfähige Schuldenniveau nach der HIPC-Initiative auf: Honduras, Mosambik, Mali, Tansania und Sambia.

und Nicaragua wurde im Jahr 2004 von drei GläubigerInnen zur Zahlung von 275 Millionen US-Dollar verurteilt, da diese ihre Schulden durch die HIPC-Initiative nicht als gestrichen ansahen.

Trotz der Aufnahme in die HIPC und der im Jahre 2004 erreichten Entschuldung ist Nicaragua weiterhin mit einer schwierigen ökonomischen Situation konfrontiert. Wie bereits erwähnt, wurde 1996 Alemán zum Präsidenten gewählt, der die von IWF und Weltbank geforderten Liberalisierungsmaßnahmen uneingeschränkt umsetzte bzw. fortsetzte. In der Amtsperiode von Alemán wurde auch der Ausbau von Sonderwirtschaftszonen in Nicaragua forciert. Die Sonderwirtschaftszonen –Zonas Francas[130] – erhielten von nicaraguanischen Staat besonders günstige Produktionsbedingungen: Steuerbefreiungen, günstige Ankaufspreise für die benötigten Betriebsflächen, Zollbefreiungen usw. Die großteils in den Händen von multinationalen Konzernen befindlichen Betrieben, verarbeiten importierte Halbfertigprodukte ohne Berücksichtigung der Arbeitsschutzbestimmungen und zu sehr niedrigen Arbeitslöhnen für den internationalen Markt (vgl. Ausstellung: Tipitapa en las Zonas Francas). Diese Politik wurde auch vom Nachfolger Alemáns, Enrique Bolaños Geyer, weitergeführt.[131]

Weiters war die Amtszeit von Alemán durch massiven Korruptionsvorwürfen und Begünstigung seiner politischen Klientel begleitet. Er und seine Familie sollen während seiner Amtszeit mehr als 97 Millionen US-Dollar an öffentlichen Geldern veruntreut haben. Weiters wurde dem damaligen Staatspräsidenten unterstellt, dass er sich an den Hilfsgeldern, die zum Wiederaufbau nach den Hurrikan Mitch[132] ins Land flossen, bereichert haben soll (vgl. Leonhard 2008).

Alemán, der sich durchaus der strafrechtlichen Relevanz seines Vorgehens bewusst war, versuchte sich durch einen Pakt mit der FSLN abzusichern. Mit der

---

130 »Zona Franca wird auch mit Zollfreizone, Exportproduktionszone oder im Englisch mit Export Processing Zone (EPZ) übersetzt. Die häufig zu findende Bezeichnung Freihandelszone ist irreführend, da auch Freihandelsabkommen wie der NAFTA (North American Free Trade Agreement) Freihandelszonen genannt werden. Im Mexiko wurde für Sonderwirtschaftszonen der populäre Begriff Maquila oder Maquiladora geprägt.« (vgl. Ausstellung: Tipitapa en las Zonas Francas).

131 Während der Amtsperiode von Chamorro gab es 17 Zona Francas, unter Alemán bereits 33 und unter der Regierungszeit von Bolaños wuchs die Zahl auf 82 (vlg. Ausstellung: Tipitapa en las Zonas Francas).

132 Der Hurrikan *Mitch* verwüstete im Herbst 1998 Zentralamerika; besonders betroffen waren die Länder Honduras und Nicaragua. In Nicaragua und Honduras starben mehr als 10.000 durch den Hurrikan und es waren immense Schäden in der Infrastruktur sowie in der bevorstehenden Ernte zu verzeichnen. Die Gesamtschäden in Nicaragua beliefen sich über eine Milliarde US-Dollar; ein weiterer Rückschlag für die ohnehin angespannte ökonomische Lage des Landes (vlg. Minker-Bünjer 1999: 27).

Zustimmung von Daniel Ortega wurde im Jahr 2000 ein Parlamentsmandat auf Lebenszeit für Alemán beschlossen. Sein damaliger Vizepräsident Enrique Bolaños Geyer leitete zu diesem Zeitpunkt die Antikorruptionskommission; jedoch ohne Ambitionen ernsthaft gegen die Korruption vorzugehen. 2001 konnte Bolaños und die liberale Partei erneut einen Wahlsieg gegen die FSLN verzeichnen und damit folgte er Alemán als nicaraguanischer Staatspräsident nach. Kurz nach dem Wahlsieg schrieb sich Bolaños den Kampf gegen die Korruption auf die Fahnen und schützte auch seine Vorgänger nicht, als sich die Anklagepunkte gegen ihn immer mehr verdichteten. Im Jahr 2003 wurde Alemán schlussendlich zu 20 Jahren Haft wegen Veruntreuung verurteilt. Ihm wurde jedoch Haftunfähigkeit bescheinigt und er wurde unter »Hausarrest« gestellt, den er auf seinem Landgut verbringt. Trotz all dem gehört Alemán, bedingt auch durch seine Pakte[133] mit Ortega zu den wohl einflussreichsten Personen in Nicaragua (vgl. Leonhard 2008).

Daniel Ortega trat für die FSLN bei jeder Wahl an – sowohl gegen Alemán wie auch gegen Bolaños – musste sich jedoch immer geschlagen geben. Erst mit den Präsidentschaftswahlen von 2006 gelang Ortega eine Wiederwahl, dazu wurde mit Hilfe von Alemán auch das Wahlgesetz verändert.

Der 1990 begonnene wirtschaftliche Liberalisierungskurs durch Chamorro wurde sowohl von Alemán wie auch Bolaños weitergeführt. Nicaragua ist heute, nach Haiti, das zweitärmste Land von Zentral- und Südamerika und ist mit schwerwiegenden wirtschaftlichen Problemen konfrontiert:

Nicaragua has widespread underemployment, one of the highest degrees of income inequality in the world, and the third lowest per capita income in the Western Hemisphere. While the country has progressed toward macroeconomic stability in the past few years, annual GDP growth has been far too low to meet the country's needs, forcing the country to rely on international economic assistance to meet fiscal and debt financing obligations. (CIA-World-Factbook 2008)

Um diese Analyse auch mit Zahlen fassbar zu machen, erfolgt im Kapitel 6.1 eine Darstellung der aktuellen wirtschaftlichen Situation in Nicaragua. Weiters wird daran der Frage nachgegangen, welche Rolle der Agrarsektor für die Entwicklung von Nicaragua spielt und welche Position er sowohl im nationalen Kontext wie

---

[133] Feinberg/Krutz-Pehlan (2006: 79) beschreiben den Pakt zwischen Alemán und Ortega wie folgt: »(…) with Ortega's support, Alemán has managed not only to stay out of jail, but also to retain his status as the top figure in the Liberal Constitutional Party – the *caudillo* of the right. In return, Alemán acpuiesced when Ortega pushed through a self-serving change in electoral law: to win outright in the first round of the presidential election, a candidate now needs only 35 percent of the vote (…).« Diese Analyse zeigt sehr gut, wie eng die Verbindung bzw. Verstrickung zwischen den einzigen Gegnern Ortega und Alemán aktuell gediehen ist.

auch im Bereich der Exportwirtschaft einnimmt. In diesem Zusammenhang wird auch die jüngste wirtschaftliche Entwicklung in Nicaragua diskutiert: Der Beitritt zum Zentralamerikanischen Freihandelsabkommen und deren Auswirkungen speziell auf den Agrarsektor.

Die Etablierung des Zentralamerikanischen Freihandelsabkommens kann jedoch nicht losgelöst von den globalen Entwicklungen gesehen werden. In Agrarfragen spielen vor allem die Diskussionen auf WTO-Ebene eine zentrale Rolle und deren Position zu Fragen der Liberalisierung in diesem Sektor. Das nachfolgende Kapitel setzt sich sowohl mit der Frage nach der globalen Liberalisierungspolitik im Agrarsektor auseinander, als auch mit dem Bedeutungszuwachs von regionalen Freihandelsabkommen.

5. Regionalismus versus Multilateralismus

Innerhalb der letzten zwei Jahrzehnte erfolgte eine massive Zunahme von regionalen Freihandelsabkommen und der Trend setzt sich ungebrochen fort. Zurzeit existieren laut WTO ungefähr 350 dieser Abkommen (vgl. Baldwin/Low 2009: 1), das CAFTA zählt ebenfalls dazu. Die WTO warnt vor einem ausufernden Wildwuchs der regionalen Abkommen, da dadurch ein unübersichtliches rechtliches Regelwerk geschaffen wird, welche es schwer macht eine globale wirtschaftliche Integrationspolitik voranzutreiben.

In diesem Kapitel erfolgt eine Auseinandersetzung mit den Gründen, warum die Anzahl von regionalen Freihandelsabkommen stark zugenommen hat und was diese Entwicklung auch für die WTO bedeutet. Im Fokus der Diskussion steht dabei die Frage nach der Landwirtschaft und deren Gewicht im Rahmen der globalen Liberalisierungsverhandlungen der World Trade Organisation. Die heterogenen Interessen der Mitgliedsstaaten der WTO, speziell im Agrarsektor, erschweren die Politik der multilateralen Organisation.

Weshalb es zur Forcierung von regionalen Freihandelsabkommen kommt wird anhand von ausgewählten Beispielen aufgearbeitet. Dabei erfolgt eine Konzentration auf die regionalen Integrationsideen in Lateinamerika und Nordamerika. Es folgt eine Darstellung der geschichtlichen Entwicklung der globalen wirtschaftlichen Integrationsidee und eine Darstellung des aktuellen Standes der WTO-Verhandlungen.

5.1 Etablierung der WTO und Forcierung des Freihandels

Die Idee des Freihandels ist kein Phänomen des 21. Jahrhunderts, vielmehr diskutierten bereits TheoretikerInnen der politischen Ökonomie des 18. und 19. Jahrhunderts die Vorteile des grenzüberschreitenden Warenverkehrs. Sowohl Adam Smith mit dem Argument der absoluten, als auch David Ricardo mit der Theorie der komparativen Kostenvorteile, traten für den internationalen Handel ein. Sie argumentierten damit, dass es durch sektorale Spezialisierung und die daraus entstehende bestmögliche Kombination der Produktionsfaktoren eines Landes zu absoluten bzw. relativen Kostenvorteilen für einen Staat kommen kann. Die beiden Theoretiker waren zu jener Zeit mit einem merkantilistischen Ökonomieverständnis konfrontiert, welches auf Protektion und Abschottung des eigenen Marktes setzte. Die Idee des Freihandels ist eine Alte; die Ausgestaltung entsprach jedoch immer dem jeweils vorherrschenden ideologischen und gesellschaftlichen Weltbild.

Nach der Beendigung des Zweiten Weltkriegs wurde auf die Forcierung der wirtschaftlichen Zusammenarbeit gesetzt, die einerseits das Ziel verfolgte, den Wiederaufbau in Europa voranzutreiben aber andererseits auch Bedingungen zu schaffen, welche gewaltsame innereuropäische Konflikte minimieren sollten. Als erster Schritt zur Verwirklichung dieses Konzeptes wurde im Jahre 1947 das GATT (*General Agreement on Tariffs and Trade*) beschlossen, welches zum Ziel hatte, die Liberalisierung des internationalen Handels voranzutreiben.[134] Das GATT wurde zu Beginn primär zwischen den Ländern des Nordens geschlossen und nur wenige Länder des Südens erhielten Zugang zu diesem multilateralen Abkommen. Diese Diskrepanz erklärt sich durch den zeithistorischen Kontext, da viele Länder des Südens zu diesem Zeitpunkt noch Kolonien waren. Das GATT-Regelwerk fußt somit auf Handelsbeziehung zwischen weitgehend wirtschaftlich gleich starken PartnerInnen.

Zu den beiden zentralen Prinzipien des GATT zählten die »Meistbegünstigung« und die »InländerInnenbehandlung«, wobei das erste Prinzip – die Meistbegünstigung – bedeutete, dass ein GATT-Vertragsstaat keinem anderen GATT-Land günstigere Konditionen einräumen darf, sondern für alle die gleichen Handelsverhältnisse herstellen muss. Die InländerInnenbehandlung besagt, dass importierte Güter bezüglich interner Steuern und anderen Bestimmungen genauso behandelt werden müssen, als ein im Inland produziertes. Alleine diese beiden Prinzipien beweisen, dass das GATT unter der Prämisse von gleich starken HandelspartnerInnen gegründet wurde (vgl. Frein/Reichert 2005: 13).

Die Zollpolitik innerhalb der GATT-Staaten stellte die zentrale Methode zur Ausweitung des internationalen Handels dar. Die Staaten legten individuell Zölle für den Import von Produkten fest und es wurden keine allgemeingültigen Höchstzölle vereinbart. Ziel der zyklisch stattfindenden GATT-Verhandlungsrunden war es, die Zölle soweit wie möglich zu senken. In den 1970er Jahren traten immer mehr »Entwicklungsländer« dem Zollabkommen bei, nahmen jedoch vorerst eine passive Rolle ein und hatten damit auch wenig Einfluss auf die Ausgestaltung des Zollregimes. Streckenweise profitierten sie aufgrund des Prinzips der Meistbegünstigung von den niedrigen Zöllen, die auch auf sie Anwendung fanden.

In den 1980er Jahren veränderte sich jedoch die Situation und die Länder des Südens versuchten verstärkt, ihre Interessen einzubringen. Die Ursachen für diesen Politikwechsel ergaben sich einerseits aus der Schuldenkrise der 1980er Jahre und andererseits aus dem Scheitern des Entwicklungsmodells der Importsubstitu-

---

[134] Europa versuchte die innereuropäische Zusammenarbeit durch die Gründung der *Europäischen Gemeinschaft für Kohle und Stahl* im Jahre 1951 zu verfestigen.

tion[135]. Aufgrund der extremen finanziellen Engpässe von Teilen der Länder des Südens, sahen sich diese gezwungen, neue Kredite aufzunehmen, um liquide zu bleiben. Die Weltbank und der IWF (Internationale Währungsfond), auch bekannt unter Bretton Woods Institutionen[136], verlangten als Bedingung für die Vergabe von Krediten von den Ländern die Öffnung ihrer Märkte und eine stärkere Exportorientierung. Konfrontiert mit dieser neuen Situation, versuchten die Länder des Südens eine Öffnung des stark geschützten Agrarsektors der Industrieländer zu erreichen, da sie als ProduzentInnen von Agrargütern auf eine Ausweitung des Absatzmarktes drängten. Der Agrarsektor aber auch der Textilsektor waren aus den GATT-Verhandlungen bis dato noch weitgehend ausgeklammert worden.

Im Rahmen der Verhandlungsrunde des GATT 1986 in Uruguay kam die Forderung nach der Öffnung des Agrarsektors auf die Tagesordnung. Die Industrienationen verlangten als Gegenleistung für Zugeständnisse im Agrarbereich Verhandlungen über die Liberalisierung des Handels mit Dienstleistungen und eine Debatte über die Nutzung und den Schutz von geistigem Eigentum. 1994, nach knapp mehr als acht Jahren, waren die Verhandlungen über diese Themenblöcke abgeschlossen und eine neue multilaterale Organisation ins Leben gerufen worden, welche die Weiterverhandlung dieser Themen übernehmen sollte – die WTO (*World Trade Organisation*) (vgl. Frein/Reichert 2005: 14).

Die Debatte über die Forcierung des Welthandels ist eine emotional geführte – die Zugeständnisse der Länder des Südens bspw. zur Uruguay-Runde war kein leichtes; weiters findet die Liberalisierung des globalen Handels an der Grenzlinie zwischen wirtschafts-, aber auch gesellschaftspolitischer Weltanschauung statt.

---

135 Importsubstitution (ISI) definiert Nuscheler (2004: 627) wie folgt: »Industrialisierung mit dem Ziel, Importe durch eigene Produkte und Diversifizierung der inländischen Produktionsstruktur zu ersetzen. ISI wurde zunächst von einigen lateinamerikanischen Ländern während der Weltwirtschaftskrise versucht, um den Rückgang der Exporterlöse und die Importengpässe auszugleichen, folgte aber dem Muster der bisher importierten Konsumgüter, so dass sie weder mit dem Aufbau einer Investitionsgüterindustrie noch mit der Güterproduktion für die breite Bevölkerung verbunden wurde.«

136 Die beiden Institutionen wurde im Rahmen der Internationalen Währungs- und Finanzkonferenz der Vereinten Nationen in Bretton Wood, USA, im Juli 1944 gegründet. Ziel der Gründung der Bretton-Woods Institutionen war es einerseits den Wiederaufbau in Europa nach dem Zweiten Weltkrieg voranzutreiben und andererseits die Welt künftig vor schweren Wirtschafskrisen zu schützen. Die Stabilität der Wirtschaft gehörte zu den Aufgaben des IWF – die Politik des IWF jedoch hat sich im Laufe seines Bestehens verändert; verfolgte er ursprünglich die Idee einer expansiven Wirtschaftspolitik, so steht der IWF aktuell zu einer kontraktiven Wirtschaftspolitik; d. h. der Staat muss ausgabenseitig sparen. Nur jene Länder, welche sich dieser Idee verpflichten, erhalten auch Kredite vom Internationalen Währungsfonds (vgl. Stiglitz 2002: 25ff.).

Die WTO, die sich 1995 auf die drei Vertragswerke des GATT (*General Agreement on Tariffs and Trade*), GATS (*General Agreement on Trade in Services*) und TRIPS (*Trade Related Aspects of Intellectual Property Rights*)[137] gründete, zählt neben dem IWF und der Weltbank zu den wichtigsten globalen AkteurInnen in Fragen der Liberalisierung der Weltwirtschaft (vgl. Nuscheler 2004: 330f.).

Die mediale Berichterstattung der letzten Jahre über die regelmäßig stattfindenden WTO-Verhandlungsrunden konzentrierte sich nicht mehr alleine auf die Ergebnisse (bzw. Nicht-Ergebnisse), sondern vielmehr auch auf die bereits zum »normalen Bild« gehörenden Demonstrationen bzw. Gegengipfel der »Zivilgesellschaft«. Durch das Erstarken der neuen sozialen Bewegungen[138] wurde den AkteurInnen innerhalb der WTO sehr genau auf die Finger geschaut und durch gezielte Kampagnen der Versuch unternommen, nationale Regierungen zu beeinflussen bzw. den öffentlichen Druck auf sie soweit zu erhöhen, damit gewisse Versatzstücke innerhalb des Regelwerkes der WTO nicht zur Umsetzung gelangten.[139] Auch wenn diese Kampagnen alleine keinen unmittelbaren Einfluss auf das Agieren der WTO hatten, kann jedoch festgehalten werden, dass dadurch eine Öffentlichkeit für diese Themen geschaffen wurde und auch eine Sensibilisierung für diese Fragenkomplexe stattfand.

Die WTO zählt aktuell 152 Mitgliedsstaaten und es gibt etliche Nationen, welche sich um die Aufnahme in die multilaterale Organisation bemühen wie bspw. Russland.[140] Das höchste Entscheidungsgremium der WTO ist die MinisterInnenkonferenz, welche mindestens jedes zweite Jahr tagen sollte. Dabei nehmen die jeweils zuständigen FachministerInnen der einzelnen Mitgliedsstaaten, je nach Verhandlungsinhalt, teil. Die erste MinisterInnenkonferenz fand 1996 in

---

[137] Das GATS ist jenes Vertragswerk, dass sich mit der weltweiten Liberalisierung des Dienstleistungssektors beschäftigt und das TRIPS zielt auf eine weltweite Regelung im Bereich von Patenten, UrheberInnenrechten und die Fragen nach geistigen Eigentum (bspw. Nutzung bzw. Patentierung von Heilpflanzen, welche sich bis dato traditionell in der Verwendung von HeilerInnen innerhalb von indigenen Gemeinschaften befinden) ab.

[138] Schubert/Klein 2006 definieren neue soziale Bewegungen (N. S. B) wie folgt: »N. S. B. bezeichnet Gruppen und Aktivitäten, die sich (in der Nachfolge der Studentenbewegung) seit den 1970er Jahren für den Ausbau der Bürgerrechte, für Emanzipation und Gleichberechtigung, alternative Lebensstile, den Umweltschutz und die Friedenspolitik einsetzen. Die in erster Linie an nichtmateriellen (auch: postmaterialistischen) Zielen orientierten N. S. B. (Verbesserung der Lebensqualität) mündeten Ende der 1970er Jahre in die grüne und grünalternative Bewegung.«

[139] Hier kann bspw. die »Stopp GATS« Kampagne von ATTAC angeführt werden; http://www. stoppgats.at/, Download: 11. Juli 2008.

[140] Nicaragua ist seit dem 3. September 1995 Mitglied der WTO. http://www.wto.org/english/ thewto_e/whatis_e/tif_e/org6_e.htm, Download: 7. Juli 2008.

Singapur statt, jedoch erst nach den Protesten während der Konferenz 1999 in Seattle rückte die WTO ins Blickfeld der Öffentlichkeit. Die neue soziale Bewegung verstärkte ihren Widerstand gegen eine neoliberale Globalisierung und fand in der WTO eine Akteurin, welche sich als Zielscheibe ihres Protestes sehr gut eignete. Die ungleiche Machtverteilung innerhalb der Organisation, welche offiziell nach der UN-Regel *one country – one vote* funktioniert[141], zugunsten der »Länder des Nordens« lieferte der globalisierungskritischen Bewegung eine Vielzahl von Angriffspunkten. Sie postulierte, dass durch die Dominanz und den Einfluss der »Industrienationen« der Liberalisierungsdruck auf die »Länder des Südens«[142] verstärkt wurde, ohne jedoch eigene Privilegien, wie die Abschottung des Agrarmarktes, aufzugeben.

5.1.1 Doha – die »Entwicklungsrunde«

Nach Seattle wurde für die dominanten PlayerInnen (wie bspw. EU und USA) innerhalb der WTO klar, dass sie ein Angebot an die Entwicklungsländer formulieren mussten, wenn sie die weltweiten Liberalisierungsmaßnahmen erfolgreich weiterführen möchten. Um diesen Bestrebungen Rechnung zu tragen wurde im Jahr 2001 im Golfstaat Katar eine weitere MinisterInnenkonferenz einberufen. Die nach der Hauptstadt von Katar, Doha, benannte Runde, trug den Beinamen »Entwicklungsrunde« und signalisierte damit das angepeilte Ziel, den Welthandel gerechter gestalten zu wollen; in der MinisterInnenerklärung von Doha wurde dies folgendermaßen formuliert:

> The majority of WTO members are developing countries. We seek to place their needs and interests at the heart of the Work Programme adopted in this Declaration. Recalling the Preamble to the Marrakesh Agreement[143], we shall continue to make positive efforts designed to ensure that developing countries, and especially the least-developed among them, secure a share in the growth of world trade

---

[141] Die Entscheidungen innerhalb der WTO sollten nach dem Konsensprinzip erfolgen; wenn kein Konsens erzielt werden kann, dann soll es zu einer Abstimmung kommen. Bis dato ist es jedoch noch zu keiner dieser Abstimmung in der WTO gekommen. Durch die enorme Anzahl von Sitzungen im Rahmen der WTO-Verhandlungen haben jedoch ärmere Länder nicht die Möglichkeit in dem Ausmaß zu partizipieren wie bspw. reiche Länder. Ihnen fehlt es an der finanziellen Ausstattung, permanent eine Vertretung von mehreren Delegierten in Genf zu haben. Somit kann zwar von Konsens und gleichen Mitgestaltungsmöglichkeiten innerhalb der WTO gesprochen werden, in der Realität sieht es jedoch anders aus (vgl. Frein/Reichert 2005: 15).

[142] Es kann jedoch nicht von einer heterogenen Gruppe der »Länder des Südens« ausgegangen werden. Diese Tatsache wird im Laufe des Kapitels noch bearbeitet.

[143] Das »Marrakesh Agreement« wurde 1994 in Marokko unterschrieben und gilt als Gründungsdokument der WTO, welche mit 1. Jänner 1995 in Kraft trat und das GATT ablöste.

commensurate with the needs of their economic development (WTO – Ministerial declaration 2001, Ab. 2, online[144]).

Mit dem ambitionierten Wunsch die Verhandlungen innerhalb von drei Jahren abzuschließen und auch zentrale Fortschritte im Bereich der Agrarmarktliberalisierung zu erzielen, traten die Mitgliedsstaaten der WTO in Doha an. Die USA sollte ihre internen Agrarsubventionen für ihre LandwirtInnen stark reduzieren und von der Europäischen Union wurde eine substanzielle Streichung ihrer Ausfuhrsubventionen von Agrarprodukten gefordert. Diese Absichten lesen sich in der MinisterInnenerklärung wie folgt:

(…) We reconfirm our commitment to this programme. Building on the work carried out to date and without prejudging the outcome of the negotiations we commit ourselves to comprehensive negotiations aimed at: substantial improvements in market access; reductions of, with a view to phasing out, all forms of export subsidies; and substantial reductions in trade-distorting domestic support. We agree that special and differential treatment for developing countries shall be an integral part of all elements of the negotiations and shall be embodied in the schedules of concessions and commitments and as appropriate in the rules and disciplines to be negotiated, so as to be operationally effective and to enable developing countries to effectively take account of their development needs, including food security and rural development. (WTO – Ministerial declaration 2001, Ab. 12, online[145]).

Innerhalb der angestrebten, sehr kurzen Periode von 2001 bis 2004 sollte das Programm für die Umsetzung dieser Forderungen zwischen den Mitgliedsstaaten erarbeitet werden. Von NGO-Seite wurde jedoch kritisiert, dass von Seiten der Industrienationen wenig Interesse bestand, den Anliegen der »Länder des Süden« gerecht zu werden und die Doha-Runde zu einer wirklichen »Entwicklungsrunde« zu machen.

Bereits bei dem Vorbereitungsprozess der Ministerkonferenz in Katar protestierten viele Entwicklungsländer, dass ihre Interessen ignoriert wurden (…). In Doha selbst boxten die EU und die USA eine Ministererklärung durch, über die zwischen Nord und Süd tiefer Dissens bestand. (…) in Doha waren die Entwicklungsländer einzeln oder gruppenweise in den Verhandlungszimmern, den *Green Rooms*[146], verschiedenen Druckmitteln ausgesetzt. Diese reichten von der Androhung, Entwicklungs-

---

144 http://www.wto.org/english/thewto_e/minist_e/min01_e/mindecl_e.htm, Download: 10. Juli 2008.

145 Ebd.

146 *Green Room* oder *Green Room Discussion* bezeichnet die informellen Treffen zwischen den einflussreichen AkteurInnen innerhalb der WTO, bei denen bereits abseits des offiziellen Verhandlungstisches viele Entscheidungen gefällt werden (vgl. Nuscheler 2004: 332).

hilfe oder Handelspräferenzen zu streichen, bis hin zu Anrufen bei Staatspräsidenten, um einzelne Delegationen in Doha auf Linie zu bringen. (Passadakis 2006: 11).

Bei der Doha-Entwicklungsrunde zählte vor allem die Landwirtschaft zu den zentralen Diskussionspunkten. Der Agrarbereich nimmt im globalen Kontext mit 44 % aller Beschäftigten eine enorm wichtige arbeitsmarktpolitische Position ein. Dabei ist jedoch eine Schieflage zwischen den Ländern des Südens und den USA sowie Europa feststellbar: in den Entwicklungsländern arbeiten mehr als 55 % im Agrarbereich, in Europa sind es nur 4,5 % der Beschäftigten und in den USA sogar nur 2 %. Weiters spielt der Agrarsektor innerhalb der einzelnen Volkswirtschaften eine sehr unterschiedliche Rolle; so macht der Export von agrarischen Gütern nur 6,1 % alle EU-Exporte aus, in den USA liegt er bei 8 %. Für die Länder des Südens zählen jedoch Agrarprodukte zu den wichtigsten Exportgütern. Alleine daraus lässt sich ermessen, wie stark die Bedeutung des Agrarsektors in globaler Hinsicht differiert (vgl. Gresh et al. 2006: 98).

Die Erklärungs- und Lösungsansätze zur Stabilisierung bzw. für einen gerechteren Agrarhandel weltweit sind keine monokausalen, vielmehr spielen eine Menge verschiedener Aspekte eine Rolle. Die heterogene Produktionsstruktur zwischen den Ländern, aber auch innerhalb der einzelnen Volkswirtschaften oder die sehr ausdifferenzierte Förderung des Agrarsektors von staatlicher Seite, stellen einige dieser Aspekte dar. Der letztgenannte Bereich – interne Stützung des Agrarsektors – ist vielleicht der am leichtesten anzugreifende und auch der am leichtesten abzuschaffende, weshalb er auch während der Doha-Development-Runde ins Zentrum der Verhandlungen rückte.

Jedoch nicht nur die immens handelsverzerrenden Stützungen der USA und Europas, welche es ihnen nicht nur erlaubt, ihre Produkte »konkurrenzlos« billig am Weltmarkt feilzubieten, sondern auch die teilweise auf den Anbau von »cash crops[147]« ausgerichteten Agrarsektoren in den Ländern des Südens, bieten wenig Handelungsspielraum für einen gerechten Agrarhandel. Große Teile der AkteurInnen aus dem Landwirtschaftsektor im Süden haben dabei keine Möglichkeit am Weltmarkt zu partizipieren. *Via Campesina*[148], ein Dachverband von KleinbäuerInnen des Norden und des Südens, sieht die (klein)bäuerliche Landwirtschaft in allen Teilen der Welt als die Verliererin des Liberalisierungsprozesses im Bereich der Agrarwirtschaft. Die NGO setzt sich für ein sozial und ökologisch nachhaltiges

---

[147] *Cash crops* bedeute übersetzt »Geld-Früchte« und sind vor allem Agrarprodukte, die auf Plantagen und in Form von Monokulturen für den Export produziert werden. Die *cash crops* Produktion steht in einem Konkurrenzverhältnis zum Anbau von Grundnahrungsmittel für die Bevölkerung, da sie einen großen Anteil des nutzbaren Bodens beansprucht.

[148] Die Web-Adresse der NGO lautet: http://www.viacampesina.org/main_en.

Modell von Landwirtschaft ein, das sich auf Kleinbetriebe und Familienunternehmen stützt und für den Binnenmarkt produziert und spricht sich somit gegen die Industrialisierung der Agrarproduktion aus. Besonders die Transnationalen Konzerne, die im Agrobusiness tätig sind, zählen für *Via Campesina* zu den großen Gewinnerinnen der Liberalisierung.

Die Abhängigkeit der Länder des Südens von ihrer Landwirtschaft ist eine viel essentiellere, als diejenige der reichen Industrienationen. Der Import von billigen Agrarprodukten von ProduzentInnen des Nordens zerstört die Lebensgrundlage vieler LandwirtInnen in den Ländern des Südens und trägt somit zur Verschärfung der Armutssituation bei.

Grafik 3 zeigt, dass die EU der größte Produzent von Agrarprodukten weltweit ist, wobei mehr als zwei Drittel davon, innerhalb der Region verbleiben. Für die USA ist Asien als der wichtigste Handelspartner zu nennen. Die Grafik zeigt auch deutlich, dass besonders Südamerika und Afrika, deren Beitrag zum globalen Handel mit Agrargütern wesentlich geringer ist als der, den die USA und Europa leisten, vor allem auf den Export von Landwirtschaftsprodukten setzten.

Grafik 3: Volumen der globalen Agrarproduktion (2006)

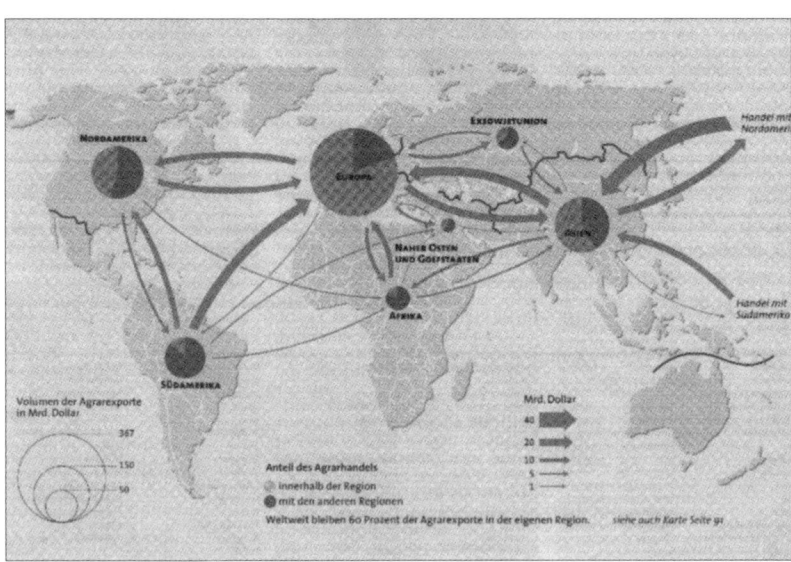

Quelle: Gresh et al. 2006: 98

Die Forderungen, bspw. von *Via Campesina*, nach stärkerer Regulierung bzw. Förderung der lokalen ProduzentInnen im Agrarbereich, lässt sich nicht gerade mit der Idee von einem liberalisierten Welthandel, nach dem Verständnis der WTO, vereinbaren; jedoch hatte auch die WTO begriffen, dass das Agrarthema ob seiner weltweiten Bedeutung auf den Verhandlungstisch gehört und einer Lösung bedarf, wovon vor allem die Länder des Südens profitieren könnten.

Die Doha-Development Agenda bekräftigte am Papier diesen Anspruch, jedoch in der Realität zeigte sich die Umsetzung schwierig, wie bereits bei der nächsten MinisterInnenkonferenz in Cancún, Mexiko, deutlich wurde.

5.1.2 Cancún – neue Allianzen innerhalb der WTO

Das ambitionierte Ziel der WTO-Mitgliedsstaaten die Entwicklungsrunde nach drei Jahren abzuschließen, wurde mit der fünften MinisterInnenkonferenz in der mexikanischen Stadt Cancún ausgebremst. Es konnten maßgebliche Einigungen im Vorfeld des Gipfels, aber auch währenddessen erreicht werden, wobei folgende vier Punkte im Brennpunkt der Diskussion standen:

– das GATS (Dienstleistungsabkommen)
– das TRIPS-Abkommen
– die Verhandlungen zum Agrarabkommen (Agreement on Agriculture, AoA)
– die Weiterverhandlung der sogenannten Singapur-Themen[149]
  (vgl. Bösl/Reuter 2004: 8).

Die Differenz in Fragen der Agrarmarktliberalisierung zwischen den Ländern des Nordens und den Ländern des Südens führte jedoch schlussendlich zum Scheitern der WTO-Runde. In Cancún schafften es die Entwicklungsländer ihre Forderungen zu bündeln. Die *taz* titelte dazu im Jahre 2003: »Zum ersten Mal haben Schwellen[150]- und Entwicklungsländer auf einer WTO-Konferenz erfolgreich ein Bündnis gegen EU und USA geschmiedet.« (taz 2003, online[151]: Ein Bündnis mit Zukunft).

Besonders die knapp vor Cancún gegründete Gruppe der G21[152] Staaten spielte

---

[149] Unter den Singapur-Themen versteht man die bei der ersten MinisterInnenkonferenz der WTO im Jahre 1996 beschlossenen vier zentralen Schwerpunkte: Erleichterung des Handels, Transparenz bei öffentlichen Ausschreibungen, Investitionen (Neuverhandlungen über ein Investitionsabkommen nach dem Scheitern des MAI – *Multilateral Agreement on Investment*) und fairer Wettbewerb. (vgl. Bösl/Reuter 2004: 8).

[150] Zu den Schwellenländern zählen unter anderen Brasilien, Indien, China und Südamerika.

[151] http://www.taz.de/index.php?id=archivseite&dig=2003/09/16/a0109, Download: 7. Juli 2008.

[152] In der Literatur wird für die G21 synonym auch G16, G20, G20 plus, G22 oder G23 verwendet, wobei sich jedoch der Begriff G21 durchgesetzt hat.

dabei eine zentrale Rolle. Zu der Gruppe der G21 zählen Ägypten, Argentinien, Bolivien, Brasilien, Chile, China, Indien, Indonesien, Kuba, Mexiko, Nigeria, Pakistan, Paraguay, Philippinen, Simbabwe, Südafrika, Tansania, Thailand und Venezuela.[153]

Die zentralen Forderungen der G21 bei der fünften WTO-Runde in Cancún lauteten:

– Abbau von Exportsubventionen, direkte Agrarhilfen und Subventionen sowie Einfuhrzölle der Europäischen Union und der USA;
– Keine Diskussion über die »Singapur-Themen« solange keine substantiellen Ergebnisse beim Abbau von Agrarsubventionen erzielt wurden (vgl. Bösl/Reuter 2004: 11).

Die Forderungen der »Gruppe der 21« wurden auch von einer Gruppe von kleineren Entwicklungsländern unterstützt, die sich als G33-Staaten[154] bezeichnen. Diese Gruppe hat es sich zum Anliegen gemacht, den Schutz des eigenen Marktes speziell im Bereich von Agrarimporten zu forcieren. Als Mechanismus dafür strebten die G33 an, dass jedes Entwicklungsland die Möglichkeit erhalten sollte, spezielle Produkte zu definieren, welche von den Zollreduzierungsverpflichtungen ausgenommen werden dürfen. Dabei sollte vor allem ein Schutz der Produkte, welche der Grundnahrungsmittelsicherung dienen, erreicht werden (vgl. ebd.: 2004: 10).

Die Gruppen der Länder des Südens bildeten eine Allianz und untergruben damit die Versuche der reichen Industrienationen ihr Bündnis zu spalten. Ein Sprecher der indischen Handelsdelegation in Cancún berichtete in der *taz*, dass »eine Hand voll besonders »sturer« Schwellenländer (...) von der USA und der EU zu einer der berüchtigten »Green Room«-Sondersitzungen hinter verschlossenen Türen geladen [wurden]. (...) Die Vertreter von EU und USA hätten den Ländern Zugeständnisse im Agrarbereich versprochen, wenn sie im Gegenzug Verhandlungen über alle vier Singapur-Themen[155] absegneten.« (taz 2003, on-

---

153 Zum Zeitpunkt der WTO-Gipfel in Cancún zählen auch noch El Salvador, Costa Rica, Kolumbien, Ecuador, Guatemala und Peru zu den G21 Staaten. Diese verließen jedoch nach dem Scheitern der MinisterInnenkonferenz in Mexiko diese Gruppe; Spekulationen deuten an, dass dies aufgrund von Druck durch die USA erfolgte (vgl. Bösl/Reuter 2004: 11).

154 Nicaragua gehört ebenfalls den G33 Staaten an.

155 Einer der zentralen Punkte bei den »Singapur-Themen« betrifft die Investitionen. Trotz der Bemühungen der OECD und der WTO, das MAI – Multilateral Agreement on Investment – zu etablieren, erreichten sie keine erfolgreiche Umsetzung. Das MAI zielte auf eine globalen Investitionsfreiheit ab, wobei die GegnerInnen befürchteten, dass besonders die Transnationalen Konzerne damit in einem gesetzesfreien Raum operieren könnten und bspw. auf Umweltgesetze keine Rücksicht mehr genommen werden würde. Besonders das globalisierungskritische Netzwerk ATTAC startete eine weltweite Anit-MAI-Kampagne. Das MAI wurde nicht

line:[156] Ein Bündnis mit Zukunft). Genau diese Forderung jedoch verfestigte die Spannungen zwischen den Interessengruppen innerhalb der WTO, da die G21 Staaten explizit erklärten, die Verhandlungen über die Singapur-Themen nur zu führen, wenn zuerst im Agrarbereich sichtbare Verhandlungsergebnisse erreicht werden würden. Die EU und die USA waren jedoch nicht bereit, drastische Einschnitte in ihre Agrarpolitik vorzunehmen und damit war das Scheitern des WTO-Gipfels in Cancún vorhersehbar. Die Überraschung bei der MinisterInnenkonferenz 2003 bot jedoch die Einigkeit der Länder des Südens, welche trotz ihrer sehr heterogenen Sturkuren im Agrarsektor[157] Geschlossenheit demonstrierten.

5.1.3 Hongkong – die Notwendigkeit eines Kompromisses

Nach Cancún stand fest, dass das geplante Zeitfenster von drei Jahren zum Abschluss der »Doha Entwicklungsrunde« nicht mehr haltbar war. Vielmehr wurde versucht im Vorfeld des nächsten WTO-Gipfels 2005 in Hongkong eine Einigung in den strittigen Punkten zu erzielen. Zu diesem Zweck wurde bereits im Jahre 2004 in Genf ein Kompromisspapier erarbeitet, wobei eine Einigung über die Kürzung von handelsverzerrenden internen Stützungen und den Abbau von Agrarsubventionen in den USA und der EU erzielt wurde.

Alleine jedoch durch diese Maßnahmen kann kein gleichwertiger Marktzugang für Agrarprodukte aus den Ländern des Südens in den Märkten der reichen Industrienationen erzielt werden, vielmehr tragen andere *Nicht-tarifären Handelshemmnisse* zur Verzerrung des Wettbewerbs bei. Zu den *Nicht-tarifären Handelshemmnissen* zählen bspw. sanitäre Vorschriften, welche teilweise nur dazu dienen, Produkte aus dem Süden von den Märkten der EU bzw. der USA fernzuhalten. Subventionen, welche ebenso in diese Kategorie fallen, machen dabei nur noch einen geringen Teil aus. Somit relativiert sich auch die Forderung nach dem vollständigen Abbau von Exportsubventionen, wie dies die EU betreibt.

Mit dem vorliegenden Arbeitspapier aus Genf aber aufgrund des Drucks eines »Nicht-Scheitern-Lassens« der Doha-Development-Agenda wurde der Gipfel in Hongkong gestartet. Der Gipfel endete mit einem minimalen Kompromisspapier[158], wobei folgende Punkte in Hongkong vereinbart wurden:

---

unterschrieben, jedoch versuchte die WTO auch in Cancún diesen Schwerpunkt wieder zu etablieren. KritikerInnen sehen bereits im GATS Teile des MAI umgesetzt (vgl. Mies/Werlhof (Hg.) 2003: 28ff.).

[156] http://www.taz.de/index.php?id=archivseite&dig=2003/09/16/a0109, Download: 7. Juli 2008.

[157] Die exportorientierte Landwirtschaft spielt in Brasilien eine wesentlich größere Rolle als bspw. in China.

[158] Das Papier von Genf ist in der Literatur auch unter Juli-Paket 2004 bekannt.

– Streichung der kompletten Ausfuhrsubventionen im Agrarsektor bis 2013 – die G21 Staaten hatten zuerst eine Streichung bereits bis zum Jahre 2010 verlangt. Besonders die EU hat sich aber in diesem Bereich quer gelegt und wollte anfänglich überhaupt keine Streichung.[159]

– Den ärmsten Entwicklungsländern (Least Developed Countries – LDCs[160]) soll ein zoll- und quotenfreier Import ihrer Produkte in die Märkte der Industrie- und Schwellenländern ab 2008 ermöglicht werden.[161] (Vgl. NZZ 2005, online[162]: Nicht ganz erfolglose WTO-Konferenz).

Jedoch gelang es den reichen Nationen in der WTO die zoll- und quotenfreie Einfuhrbestimmung für LDCs aufzuweichen, denn jedem WTO-Mitgliedsstaat sollte die Option eingeräumt werden, für drei Prozent der gehandelten Agrarprodukte die Zoll- und Quotenregelung aufrecht zu halten. Somit kann bspw. Japan seine ReisbauerInnen vor der billigeren Konkurrenz aus dem Ausland schützen (vgl. Lanje 2005: 2).

Ein weiterer Verhandlungspunkt betraf den Baumwollsektor. Einige westafrikanische Länder forderten eine massive Reduktion der Subventionen der US-amerikanischen Regierung für ihre BaumwollproduzentInnen; der Umfang der Subventionen für die eigenen BaumwollproduzentInnen bewegt sich jährlich im Rahmen von ca. 4. Mrd. US-$. Die USA war jedoch nur bereit die Exportsubventionen zu streichen, welche jedoch nur einen sehr geringen Teil – ca. 250 Mio. US-$ – ausmachen und somit nicht substanziell zur Verbesserung der Lage der BaumwollproduzentInnen in Westafrika beiträgt. (vgl. ZDFheute 2005, online[163]: WTO Kompromiss in Hongkong).

Jedoch wurde in Hongkong nicht nur über Agrarmarktliberalisierung und den Abbau von Schutzmechanismen bzw. wettbewerbsverzerrenden Maßnahmen der

---

159 Besonders die Diskussion über die Streichung der Exportsubventionen ist beinahe grotesk, da die EU bereits seit Jahren die Kürzung dieser Subventionen in Aussicht stellte, jedoch niemals umsetzte (vgl. http://www.weed-online.org/themen/97165.html, Download: 08. Juli 2008).

160 Die *Least Developed Countries* umfassen jene Staaten, welche zu den wenigsten entwickelten Ländern gehören. Nach einem Kriterienkatalog der UN werden die Länder als *least developed* klassifiziert, wobei die UN momentan 50 Ländern als LDCs einstuft. Die Kriterien dafür können auf der Homepage der UN nachgelesen werden (vgl. http://www.un.org/special-rep/ ohrlls/ldc/ldc%20criteria.htm, Download: 08. Juli 2008). Jedoch nicht alle von der UN als LDCs eingestuften Ländern sind ebenfalls in der WTO und fallen damit unter die Vereinbarung von Hongkong.

161 Für die EU bedeutet dieses Zugeständnis des quoten- und zollfreien Importes aus den LDCs keine Änderungen, da diese Staaten bis dato bereits die Möglichkeit hatten in den europäischen Markt zu liefern, mit der Ausnahme von den Produkten Zucker, Reis und Bananen.

162 http://www.nzz.ch/2005/12/19/wi/articleDF9VV.html, Download: 08. Juli 2008.

163 http://www.heute.de/ZDFheute/inhalt/2/0,3672,3226434,00.html, Download: 08. Juli 2008.

reichen Industrienationen debattiert, vielmehr wurde auch über die NAMA (*Non-Agricultural Market Access*) verhandelt. Die NAMA-Verhandlungen verfolgten das Ziel der Zollsenkung im Handel mit nicht-agrarischen Gütern, wie bspw. Industrieerzeugnisse, Erzeugnissen aus Fisch- und Forstwirtschaft. Die Einigung auf die »Schweizer-Formel«[164] als Regulativ für die Zollsenkungen kann als Erfolg für die Industrienationen gewertet werden. Diese »Formel« besagt, dass hohe Zölle stärker gesenkt werden müssen, als niedrigere. Dies trifft naturgemäß die Entwicklungs- und Schwellenländern mehr, da sie zum Schutz ihrer (teilweise) noch im Aufbau befindlichen Industrien höhere Zölle beim Import von Industriegütern verlangen. Diese Zölle müssen nach der »Schweizer Formel« drastisch reduziert werden; damit wird der Markt für Industriegüter aus dem Norden um ein Beträchtliches ausgeweitet.

VertreterInnen von NGOs, wie bspw. WEED oder ATTAC, sehen durch die Einigung auf die »Schweizer Formel« bei den NAMA während des WTO-Gipfel in Hongkong eine Gefahr für die Länder des Südens, da die kleinen und mittleren ProduzentInnen in diesen Regionen der Konkurrenz aus dem Norden nicht standhalten werden können.[165] (vgl. Ebernhardt/Passadakis 2006: 1). Durch die Reduzierung der Zölle wird es auch zu Einkommensverlusten für die Entwicklungs- und Schwellenländern kommen, da die Zölle eine Einnahmequelle dieser Länder darstellen (vgl. Chang 2005: 9).

Chang versucht mittels eines Vergleiches aufzuzeigen, wie ungleich die Positionen der Entwicklungsländer im Rahmen der Verhandlungen über die NAMA in der WTO sind.

Wenn wir das Beispiel des Boxens weiter bemühen, so handeln die entwickelten Länder in ihrem Streben nach radikalen Zollsenkungen wie ein Boxer der Schwergewichtsklasse, der eine Reihe leichterer Boxer überredet, mit ihm zu kämpfen, indem er verspricht, dass sie Schutzbekleidung tragen dürfen, sie dann aber wegen »unfairer« Schutzmaßnahmen des »foul play« bezichtigt. Wenn aber der Schwergewichtler auf Schutz für seinen Blinddarm (bzw. seine Landwirtschaft und seine Textilbranche) besteht weil dies seine schwache Stelle sei, dann fragen wir uns, ob er wirklich Fair Play im Sinn hat. Wenn dann noch hinzu kommt, dass der Schwer-

---

[164] Nähere Informationen zur Berechnung der »Schweizer Formel« sind auf der Homepage der WTO abrufbar (vgl. http://www.wto.org/english/tratop_e/agric_e/agnegs_swissformula_e.htm, Download: 10. Juli 2008).

[165] Der Handel mit Industriegütern umfasst mehr als 75 % des globalen Güterhandels, wobei die USA (ca. 20%) und die EU (ca. 19 %) den größten Beitrag liefern. Damit wird ersichtlich, dass besonders diese AkteurInnen von einer Lockerung der Zollbestimmungen beim Export von Industrieprodukten profitieren (vgl. WEED 2006: 1).

gewichtsboxer die Spielregeln weitgehend allein aufstellt, die einzige Bank in der Stadt besitzt (und sich vielleicht weigert, den Boxern Geld zu leihen, die sich über seine Taktiken beschweren), und dass er auch die einzige Zeitung am Ort kontrolliert (die Rufmord an den gegen ihn aufmuckenden Boxern begeht), dann beginnen wir zu verstehen, wie absurd das Gerede vom »level playing field[166]« im gegenwärtigen Welthandelssystem ist. (Chang 2005: 10)

Die Meinungen zu den Ergebnissen von Hongkong sind zwar vielschichtig, jedoch setzt sich der Tenor durch, dass die MinisterInnenerklärung einen Minimalkompromiss darstellt, der unbedingt von Nöten war, da ein Ergebnis notwendig erschien. Mit dem Scheitern von Cancún schlitterte die WTO in eine schwere Legitimitätskrise und die zähen Verhandlungen über die Doha-Entwicklungsrunde trugen nicht gerade zur Verbesserung des Images der WTO bei. Die Ergebnisse von Hongkong brachten jedoch keine substanziellen Verbesserungen für die Länder des Südens, sondern spiegelten einmal mehr das Bemühen der USA und der EU wider, die Vorreiterinnenrolle innerhalb der multilateralen Organisation zu festigen. Das Fehlen eines eindeutigen Verhandlungsergebnisses für die reichen Industrienationen ist sicherlich auch auf das erstarkte Selbstbewusstsein der G21 Staaten zurückzuführen, allen voran Brasilien und Indien. Jedoch führt das selbstbewusste Auftreten dieser Schwellenländer nicht automatisch zur Verbesserung der Situation der gesamten Länder des Südens. Brasilien gehört mittlerweile zu einem der wichtigsten Agrarexporteure der Welt und stellt damit ebenfalls eine Bedrohung für die weniger entwickelten Länder des Südens dar.

Der WTO-Gipfel in Hongkong konnte zwar nicht als gescheitert bewertet werden, jedoch brachte er auch keinen Abschluss der Doha-Entwicklungsrunde. Im Juni 2006 trafen sich die MinisterInnen der WTO-Mitgliedsstaaten erneut zu Gesprächen in Genf, bei denen die konkrete Umsetzung der Verhandlungslinien von Hongkong ausdiskutiert werden sollten. Die Streitpunkte im Agrarsektor stellten sich dabei wie folgt dar:

Im Bereich der Zölle für Agrarprodukte herrscht weiters Uneinigkeit zwischen den USA und Europa. Die USA fordert gemeinsam mit Australien und Neuseeland eine Senkung der Agrarzölle der reichen WTO-Mitgliedsstaaten um 90% und eine durchschnittliche Senkung der Zölle auf Agrarprodukte für Entwicklungsländer um 66 %. Die sehr hoch angesetzte Forderung der USA erklärt sich daraus, dass sie bereits aktuell über sehr niedrige Agrarzölle verfügen (vgl. Passadakis 2006: 13).

---

166 Unter »level playing field« versteht man in diesen Zusammenhang, gleiche Spielregeln im globalen Wettbewerb für alle (vgl. Chang 2005: 9).

Die Spannbreite der Angebote zur Zollsenkung in dieser Frage sind weitreichend: die G10[167] wollen nur 40% an Zollreduktionen zugestehen; die EU-Kommission ist bereit ein Angebot von 51 % zu machen und die G21 wiederum setzten sich für eine Senkung der Agrarzölle um 54 % ein. Die G33 fordern, dass ihnen das Recht eingeräumt wird, 20% von zu importierenden Agrarprodukten zu definieren, welche von den Zollsenkungen ausgenommen werden[168]. Die G20 wiederum wollen den Prozentsatz für diese »geschützten Produkte« wesentlich niedriger ansetzen; die USA forderte diese Ausnahmeregelung für nur fünf zu definierende Produkte (vgl. Passadakis 2006: 13).

Die Forderung der EU und der G20 Länder, die handelsverzerrenden internen Subventionen um 75 % zu kürzen wurde wiederum von den USA abgelehnt.[169] Die USA bot nur 50% um damit eine ausreichende Stützung des eigenen Weizen-, Mais-, Soja- und Baumwollanbaus sicherstellen zu können. Bei den G20 und der EU stieß dieses Angebot jedoch auf Ablehnung, da damit keine ausgeglichenen Verhältnisse zwischen den US-amerikanischen ProduzentInnen und jenen aus den Schwellenländern, wie Brasilien, geschaffen werden würde.

Durch die dargestellten Punkte wird ersichtlich, wie schwierig eine Einigung innerhalb der WTO-Mitgliedsstaaten ist und wie heterogen die Meinungen sind. Von einem einheitlichen Auftreten der Länder des Südens, wie es in Cancún immer wieder kolportiert wurde, ist nichts mehr zu spüren. Zu heterogen sind die Positionen und zu vielschichtig die Interessen der einzelnen Länder. Das Treffen der Delegierten der Mitgliedsstaaten der WTO im Juni/Juli 2006 in Genf galt für viele als letzte Möglichkeit, die Ziele der Doha-Entwicklungsrunde zu erreichen. Jedoch schlug auch dieser Versuch fehl, und es konnte kein Ergebnis bzw. Kompromiss erzielt werden. Der Generalsekretär der WTO, Pascal Lamy, sah sich gezwungen, die Verhandlungen über die Doha-Development-Agenda auf

---

[167] Die G10 ist eine Gruppe von Industrieländern, welche ein besonderes Interesse haben, ihre eigene Landwirtschaft zu schützen und deshalb auch hohe Importzölle für Agrarprodukte fordern.

[168] Diese Forderung erklärt sich daraus, dass die G33-Staaten vorwiegend kleinbäuerliche Agrarstrukturen aufweisen und ein Interesse darin sehen, ihre Landwirtschaft zu schützen.

[169] Die EU gab im Jahr 2004 58,1 Milliarden Euro für die Subventionierung der eigenen Landwirtschaft aus. (vgl. http://www.euractiv.com/de/handel/doha-entwicklungsrunde-wto/article-157101, Download: 10. Juli 2008). Durchschnittlich wird die europäische Landwirtschaft von der EU mit ca. 44 Milliarden Euro pro Jahr gefördert; dies entspricht ungefähr 40% des gesamten EU-Haushaltes (vgl. http://www.spiegel.de/wirtschaft/0,1518,518590,00.html, Download: 10. Juli 2008).

unbestimmte Zeit auszusetzen (vgl. BMWA 2008, online[170]: Suspendierung der WTO-Verhandlungen am 24. Juli 2008).

Nach fünf Monaten Pause wurden die Gespräche in Folge des Weltwirtschaftsforums in Davos im Frühjahr 2007 wieder aufgenommen. In kleinem Kreise wurden Verhandlungen geführt, um in den strittigen Fragen, allen voran im Agrarsektor, Annäherungen bzw. Einigungen zu erzielen. Pascal Lamy betont immer wieder die Wichtigkeit, die *Doha Development Agenda* erfolgreich abzuschließen, um die Krise, in der sich die WTO durch die jahrelangen ergebnislosen Verhandlungen befindet, zu überwinden. Seit Hongkong 2005 wurde keine MinisterInnenkonferenz der WTO-Mitglieder einberufen, obwohl das Statut der multilateralen Organisation mindestens jedes zweite Jahr einen Gipfel vorsieht. Ein Scheitern eines weiteren WTO-Gipfels würde der Organisation enorm schaden, jedoch ohne konkrete Vereinbarungen aus den Vorverhandlungen wäre ein Gipfel sinnlos. Bis dato wurde jedoch kein Durchbruch in den strittigen Fragen erzielt.

Im Gegenteil, durch die Verabschiedung des »*Farm-Bill*« im Juni 2008 im US-amerikanischen RepräsentantInnenhaus setzte die USA einen großen Schritt in die andere Richtung. Mehr als 290 Milliarden US-Dollar für die nächsten fünf Jahre wurden von den Abgeordneten in Washington zur Förderung des US-amerikanischen Agrarsektors genehmigt. Laut den Angaben des ehemaligen EU-Agrarkommissars Franz Fischler in einer APA-Aussendung vom 23. Juni 2008 soll es mittels dieses Beschlusses zu einer Erhöhung der im Rahmen der WTO-Verhandlungen im Zentrum der Kritik stehenden Subventionen für den Agrarsektor der USA kommen. Diese Maßnahmen würden auch die Verhandlungen zur *Doha-Development-Agenda* nachhaltigen schädigen, so Fischler. (Vgl. APA/OTS, online[171]).

Aus dem Dargestellten lässt sich die berechtigte Frage nach dem weiteren Schicksal der WTO ableiten; Pinzler in der *Zeit online* analysiert dazu wie folgt:

> Für die WTO sieht die Zukunft erst einmal düster aus, egal wie gut ihr Chef Pascal Lamy im kommenden Jahr die Strippen zieht. Bei dieser Konferenz[172] hat er die Minister noch dazu gebracht, das Scheitern zu verhindern. Mit schönen Erklärungen, aber in der Substanz kaum einem Fortschritt retteten sie sich über die Tage. So einfach wird das in Zukunft nicht mehr sein. Beim nächsten Treffen könnte es nicht mehr ums Fressen und die Moral, sondern ums »Sein oder Nichtsein« des Welthandelssystems gehen. Schon jetzt verliert nämlich nicht nur der Süden, es

---

170 http://www.bmwa.gv.at/BMWA/Schwerpunkte/Aussenwirtschaft/MultiHandelsPolitik/suspendierung_wto_verhandlungen.htm, Download: 10. Juli 2008.

171 http://www.ots.at/presseaussendung.php?schluessel=OTS_20080623_OTS0062, Download: 17. Juli 2008.

172 Der Beitrag wurde nach dem MinisterInnengipfel der WTO in Hongkong 2005 geschrieben.

verlieren vor allem auch die Lobbyisten aus dem Norden die Lust an den nutzlosen Welttreffen. Europa solle, ähnlich den USA, neben den multilateralen nach bilateralen Handelsabkommen vorantreiben. (Pinzler 2005, online[173]: Die Angst der Reichen vor dem Markt.)

Die wirtschaftlich potenten Mitgliedsstaaten der WTO wechseln vermehrt zu der beschriebenen Strategie; bedingt durch die schleppenden und zähen Verhandlungen in der WTO setzten sie auf bilaterale Handelsabkommen. Ende der 1990er Jahre setzte der damalige EU-Kommissar für Außenhandel, Pascal Lamy, auf die Forcierung des internationalen Handels durch multilaterale Abkommen im Rahmen der WTO. Nach dem Aussetzen der *Doha-Development Agenda* änderte sich jedoch der Standpunkt der EU in dieser Frage. Der Nachfolger von Lamy, EU-Kommissar für Außenhandel Peter Mandelson, geht davon aus, dass, um die Wettbewerbsfähigkeit der EU zu sichern, die Forcierung von bilateralen Handelsabkommen notwendig ist. Die Ursachen dafür liegen nicht nur bei der geschwächten Position der WTO, sondern begründen sich einerseits durch das massive wirtschaftliche Wachstum der asiatischen Staaten[174] und andererseits auf dem Agieren der USA, welche ihrerseits schon seit Längerem auf bilaterale Handelsabkommen setzt.

Die Europäische Union schloss ebenfalls schon vor dem Ende der 1990er Jahre bilaterale Wirtschaftsabkommen bspw. mit Chile, Südafrika oder Mexiko. Als Ausnahme dieser bilateralen Handelsabkommen kann das unilaterale Abkommen der EU mit den AKP-Staaten[175] bezeichnet werden. Die im Jahre 1975 unterschriebenen Lomé-Verträge[176] verfolgten das Ziel, die Zoll- und Abgabenfreie Einfuhr von Waren aus den AKP-Ländern in die EU zu gewährleisten, ohne dabei als Gegenmaßnahme die Öffnung ihrer Märkte zu verlangen. Da dieses Vorgehen den WTO-Richtlinien widersprach, musste ein Nachfolgevertrag ausgearbeitet werden, welcher 2003 in Kraft trat und unter dem Namen Cotonou-Abkommen bekannt wurde. Im Vertrag wurde festgehalten, dass die Sonderbehandlung der AKP-Staaten Ende 2007 ausläuft und aktuelle Verhandlungen geführt werden,

---

173 http://www.zeit.de/2005/52/Agrument_521?page=2, Download: 10. Juli 2008.

174 Die EU versucht durch bilaterale Handelsabkommen mit asiatischen Staaten sich den Zugang zu diesem, als ökonomisch sehr vielversprechend eingeschätzten Markt zu sichern. Dabei soll die Zusammenarbeit mit den ASEAN-Staaten genauso intensiviert werden, wie die bereits weiter fortgeschrittenen bilateralen Verhandlungen der EU mit Indien oder Südkorea. Die USA forciert ihrerseits ebenfalls die bilateralen Handelsbeziehungen bspw. mit China oder Südkorea.

175 Die Abkürzung AKP-Staaten steht für Staaten aus Afrika, Karibik und Pazifik. Ingesamt zählen 78 Länder zu dem Staatenverbund.

176 Die Verträge sind nach der Hauptstadt von Togo benannt, in der der erste Vertrag unterschrieben wurde.

wie die Zusammenarbeit zwischen den Staatenblöcken zukünftig gestaltet werden sollte[177] (vgl. http://www.bmz.de/de/wege/ez_eu/eu-wege/akpstaaten/index.html, Download: 14. Juli 2008).

Die Ergebnisse von Hongkong erscheinen ebenfalls in einem anderen Licht, wenn man bedenkt, dass der Großteil der AKP-Staaten zu den LDCs zählen und damit bereits vor der Erklärung des sechsten WTO-Gipfels zoll- und quotenfrei in die Europäischen Union exportieren konnten. Als großes Zugeständnis von Seiten der EU kann dieses Verhandlungsergebnis von Hongkong somit nicht verstanden werden.

5.2 Bilaterale versus multilaterale Handelsabkommen

Die bilateralen Handelsabkommen bergen einige Gefahrenquellen, wobei dazu nicht nur die Schwächung der WTO zählt. Ökonomisch weniger entwickelte Staaten haben in bilateralen Verhandlungen eine geringe Möglichkeit, ihren Standpunkt durchzubringen, da auch die Bündelung ihrer Verhandlungsmacht in Staatengruppen nicht gegeben ist. Weiters liegt es auf der Hand, dass ökonomisch weniger gewichtige Ländern vernachlässigt werden, sobald die reicheren und ökonomisch bedeutsameren Länder untereinander Handelsverträge abgeschlossen haben. Daraus ist ein zentraler Widerspruch zur Doha-Entwicklungsrunde erkennbar, welche das Ziel verfolgte, dass auch die »Entwicklungsökonomien« vermehrt in den Welthandel miteinbezogen werden sollten (vgl. Langhorst 2007: 5).

Bilaterale Handelsabkommen widersprechen eigentlich dem WTO-Regelwerk, da das Meistbegünstigungsprinzip davon ausgeht, dass ein Land alle Zugeständnisse, welche sie einem Land macht, allen WTO-Staaten gewähren muss. Bilaterale und regionale Freihandelsabkommen verstoßen gegen dieses Grundprinzip, da sie eine präferenzielle Zollbehandlung nur für Güter aus einem einzigen oder einigen wenigen Ländern vorsehen. Falls die negativen Effekte für die globale wirtschaftliche Entwicklung nicht so groß sind, gestattet die WTO jedoch diese Abkommen. Die vertragliche Grundlage dafür wurde bereits im GATT-Vertrag geschaffen (Artikel 24 Abs. 8.[178]), wobei darin festgehalten wurde, dass in diesen

---

[177] Nähere Informationen über die Verhandlungen der EU mit den AKP-Staaten können der Broschüre des deutschen Bundesministeriums für wirtschaftliche Zusammenarbeit und Entwicklung 2007: Wirtschaftspartnerschaftsabkommen zwischen AKP-Staaten und EU entnommen werden. http://www.bmz.de/de/service/infothek/fach/materialien/Materialie174.pdf, Download: 14. Juli 2008.

[178] Vgl. http://www.wto.org/english/tratop_e/region_e/regatt_e.htm, Download: 14. Juli 2008.

Fällen nach dem Prinzip »substantially all the trade« vorzugehen ist. [179]

Der Interpretationsspielraum für die »negativen Effekte«, welche zur Ableh-nung eines bilateralen Handelsabkommens durch die WTO führen könnten, sind jedoch im Artikel 24 sehr weit gefasst worden. Bis dato wurde noch kein bilate-rales Abkommen durch die WTO abgelehnt (vgl. ebd.: 4).

Grundsätzlich müssen folgende Punkte laut der WTO erfüllt werden, damit ein wirtschaftlicher Integrationsraum, wie es beispielsweise eine bilaterale Freihan-delszone darstellt, von der multilateralen Organisation anerkannt wird:

- der Außenprotektionismus des Integrationsraums darf nicht größer sein, als in den Mitgliedsstaaten zuvor;
- die internen Handelsbarrieren zwischen den Mitgliedern müssen beseitigt wer-den;
- die interne Liberalisierung muss in einem »angemessenen Zeitraum« durchge-führt werden und
- die Gründung des Integrationsraums muss der WTO gemeldet und von ihr bestä-tigt werden. (vgl. Grünberg/Vogel 2005: 20)

Ein zusätzlicher negativer Aspekt, welcher für die WTO durch die Forcierung der bilateralen Abkommen besteht, ist jener, dass die Zusammenführung der zwischen-staatlich gewährten Zugeständnisse auf WTO Ebene immer schwerer fällt. Durch die Fülle und die Komplexität der Abkommen ist es für die multilaterale Organisa-tion kein Leichtes, den Überblick, aber auch die Integration dieser Regelwerke in die WTO sicherzustellen.

Trotz dieser Bedenken sind die uneingeschränkten Bemühungen der USA und der Europäischen Union für den Ausbau von bilateralen Abkommen spürbar. Durch die verstärkte Lancierung dieser Abkommen wird einmal mehr sichtbar, in welcher Krise sich die WTO befindet. Da sowohl die USA als auch die EU be-fürchten, durch die Verzögerungen der WTO-Verhandlungen einen substanziellen wirtschaftlichen Nachteil zu erleiden, versuchen sie ihre Positionen durch diese neue Wirtschaftspolitik zu stärken.

Neben den bilateralen Handelsabkommen und der wirtschaftlichen globalen Integration durch die WTO ist ein weiteres wirtschaftspolitisches Phänomen zu verzeichnen, welches die wirtschaftliche aber schlussendlich auch politisches Inte-gration zum Ziel hat: der Regionalismus bzw. die Regionalisierung.

---

[179] Das Prinzip des »substantially all the trade« ist jedoch so allgemein formuliert, dass bspw. die EU die WTO aufgefordert hat, diesen Passus zu spezifizieren (vgl. Langhorst 2007: 6).

5.3 Regionale Integration in einer globalisierten Weltwirtschaft

Regionalismus kann als Prozess der fortlaufenden regionalen Integration verstanden werden, wobei es dabei zu einer stark wachsenden regionalen Vernetzung kommt und eine Abgrenzung nach Außen unternommen wird. Von Regionalismus spricht man, wenn diese Entwicklung bewusst von den politischen AkteurInnen gefördert wird. Der Begriff Regionalisierung wird dann gebraucht, wenn dieser Prozess ungerichtet und nicht gesteuert wird (vgl. Ulrich 2001: 2f.).

In der aktuellen Debatte über Regionalismus wird von »offenem Regionalismus« gesprochen, d. h. dass regionale Integrationsabkommen offen sind für neue Mitgliedsstaaten und es auch zu Kooperationen zwischen Ländern des Südens und Industrieländern kommt.[180] Als weiterer Aspekt des offenen Regionalismus wird versucht, Zölle soweit wie möglich zu beseitigen und den Warenaustausch zwischen den Mitgliedsstaaten zu fördern und damit eine verbesserte Ausgangsposition in der Weltwirtschaft zu erlangen.

Als Gründe für eine regionale Integration können einerseits wirtschaftliche und andererseits politische Aspekte genannt werden. Die Europäische Union bspw. wurde sicherlich auch zu einem großen Teil aus dem Interesse heraus gegründet, Europa nach dem Zweiten Weltkrieg zu befrieden und durch eine verstärkte Zusammenarbeit zwischen den Nationalstaaten eine Kriegsgefahr zu minieren. Weiters kann durch eine Bündelung der Kräfte die Verhandlungsmacht der regionalen Kooperation gegenüber anderen internationalen AkteurInnen gestärkt werden.

Als wirtschaftlicher Nutzen, welcher sich aus einer regionalen Integration ergibt, kann ein größerer Absatzmarkt, mehr Wettbewerb und damit auch positive Skaleneffekte[181] benamst werden. Im Zusammenhang mit regionaler Integration wird davon ausgegangen, dass durch den steigenden Konkurrenzdruck nichtrentable Unternehmen der gleichen Branche innerhalb des wirtschaftlichen Integrationsraumes schließen und die übrigen ProduzentInnen dadurch einen größeren Absatzmarkt vorfinden und deshalb bei sinkenden Grenzkosten positive Skaleneffekte erzielen können.

---

[180] Das NAFTA (North American Free Trade Agreement – Nordamerikanische Freihandelabkommen) zählt beispielsweise zu dieser Form von regionaler Integration: UnterzeichnerInnenstaaten sind die USA, Kanada und Mexiko. Das NAFTA war das erste Freihandelsabkommen, dass zwischen Industrieländern und einem Schwellenland gegründet wurde und damit auch mit großen wirtschaftlichen Asymmetrien zu kämpfen hatte.

[181] Von positiven Skaleneffekten spricht man in der Mikroökonomie wenn Inputs wie Arbeit und Kapital verdoppelt werden und der Output (Erträge) mehr als doppelt so hoch ansteigt. Als Ursachen dafür können Synergieeffekte in der Massenproduktion genannt werden (vgl. Varian 2001: 312f.).

Es besteht jedoch die Gefahr, dass bei sehr ungleichen PartnerInnen die wirtschaftlichen Vorteile in gewissen Teilbereichen bei den starken »Ökonomien« zu suchen sind. Die Ergebnisse der ökonomischen Analyse nach mehr als 10 Jahren NAFTA scheinen diese Annahmen zu bestätigen. Eine von der Carnegie-Stiftung durchgeführte Studie bezogen auf den Zeitraum von 1994[182] bis 2002 bestätigte, dass das NAFTA für Mexiko nicht die erhofften wirtschaftlichen Ergebnisse brachte. Es konnte zwar eine Zunahme von ca. 500.000 Arbeitsplätzen in der Industrie verzeichnet werden, jedoch gingen gleichzeitig mehr als 1,3 Millionen Arbeitsplätze in der Landwirtschaft verloren (vgl. Fuchs 2004: 7).

Vor allem die Landwirtschaft gehörte somit zu den VerliererInnen des Freihandelsabkommens und hier im Speziellen die klein-strukturierte. Der US-amerikanische Landwirtschaftssektor wird intern stark subventioniert[183] und kann deshalb zu relativ günstigen Konditionen anbieten, wie bspw. bei Mais. Durch den Preisfall von Mais sahen sich viele LandwirtInnen in Mexiko gezwungen, ihre Produktion einzustellen und sich andere Überlebensalternativen zu suchen. Mehr als 22% der Bevölkerung sind in Mexiko in der Landwirtschaft beschäftigt; alleine daraus wird ersichtlich, welche Relevanz dieser Sektor für die mexikanische Gesellschaft aber auch für die mexikanische Ökonomie hat (vgl. ebd.: 8).

Bevor eine nähere Auseinandersetzung mit den regionalen Integrationsabkommen in Amerika stattfindet, soll noch kurz theoretisch erklärt werden, welchen idealtypischen Verlauf eine Regionalintegration durchläuft. Dieser stufenförmige Verlauf umfasst fünf Phasen und stellt sich wie folgt dar:

- *Freihandelszone:* Die Mitgliedsstaaten verfolgen das Ziel des Abbaues von tarifärer und nichttarifärer Handelhemmnisse untereinander.
- *Zollunion:* Sie fügt der Freihandelszone einen gemeinsamen Außenzoll hinzu und macht eine umständliche Anwendung von Ursprungsregelungen überflüssig.
- *Gemeinsamer Markt:* ist gekennzeichnet durch Liberalisierung des regionalen Verkehrs von Waren, Dienstleistungen, Kapital und Menschen zwischen den Mitgliedsstaaten.
- *Wirtschaftsunion:* setzt auf eine gemeinsame Wirtschaftspolitik der Staaten bis hin zur gemeinsamen Währung.
- *Politische Union:* mit gemeinsamer Innen-, Außen- und Verteidigungspolitik (vgl. Ulrich 2001: 5).

Die Europäische Union hat bspw. die vierte Phase bereits hinter sich und versucht

---

[182] Das NAFTA-Abkommen trat 1994 in Kraft.

[183] Diese internen Subventionen im Agrarsektor stellen bekanntlich eines der Streitthemen innerhalb der WTO-Verhandlungen dar.

mittels des Vertrages von Lissabon[184] die letzte Phase eines regionalen Integrationsabkommens zu erreichen.

Grundsätzlich kann festgehalten werden, dass einer der zentralen Unterschiede zwischen dem Konzept des Multilateralismus und dem Regionalismus den freien Handel betrifft. Während in der WTO geregelt ist, dass ein Nicht-WTO-Mitglied nicht schlechter gestellt werden darf, als ein Mitgliedsstaat, wird dies bei regionale Integrationsabkommen, wie dem NAFTA, nicht berücksichtig. Weiters kann jedes Land in die WTO aufgenommen werden, wohingegen die Mitgliedsstaaten von regionalen Abkommen sich viel mehr gegenüber Drittstaaten abschotten.

Die Vorteile eines globalen Regelwerkes zur Liberalisierung des Welthandels erscheinen viel größer, als jene, die durch regionale Abkommen erzielt werden könnten.[185] In der Praxis stellt sich die Situation wesentlich komplexer dar, wie auch anhand der schwierigen Verhandlungssituation in den WTO sichtbar wurde. Es liegt auf der Hand, dass eine Einigung zwischen 152 Ländern wesentlich schwieriger zu erzielen ist, als in bilateralen Verhandlungen oder zwischen drei oder sieben[186] Staaten. Damit erklärt sich schlussendlich, warum viele Länder versuchen, bilaterale oder regionale Handelsabkommen voranzutreiben und die WTO damit an Attraktivität einbüsst.[187]

Besonders innerhalb der beiden amerikanischen Kontinente werden regionale und bilaterale Handelsabkommen massiv forciert. Als treibende Kraft dahinter steht die USA. Im nachfolgenden Abschnitt wird den Freihandelsabkommen innerhalb von Amerika nachgespürt, um schlussendlich jene darzustellen, welche für die vorliegende Arbeit von zentralem Interesse sind.

5.3.1 FTAA – der lange Weg von Alaska bis nach Feuerland

Die Idee einer »Free Trade Area of the Americas« (FTAA)[188] wurde im Jahre 1991 von Georg W. Bush sen. vorgestellt, wobei er die Vision verfolgte die Freihan-

---

184 Der Vertrag von Lissabon sollte dazu dienen, den abgelehnten Verfassungsvertrag der Europäischen Union wieder aufzugreifen und die Idee der Politischen Union Europa voranzutreiben. Am 12. Juni 2008 hat jedoch Irland in einem Referendum den Vertrag von Lissabon abgelehnt, womit der Prozess erneut ins Stocken geraten ist.

185 Mehr als 90% des gesamten Welthandels werden von den WTO-Mitgliedsstaaten durchgeführt (vgl. Nuscheler 2004: 330).

186 Diese Aufzählung bezieht sich bei drei auf den NAFTA-Vertrag und bei sieben auf den CAFTA-Vertrag.

187 Alleine im Zeitraum von 1995 bis 2001 wurden der WTO mehr als 100 regionale Bündnisse gemeldet (vgl. Grünberg/Vogel 2005: 6).

188 Die Amerikanische Freihandelszone wird in Spanisch als ALCA (Área de Libre Comercio de las Américas) bezeichnet.

delszone bis zum Jahre 2005 zu installieren. Durch dieses Abkommen sollte eine Freihandelszone aller 34 Staaten von Nord-, Zentral-, und Südamerika sowie der karibischen Staaten geschaffen werden; alleine Kuba wurde nicht eingeladen, den Verhandlungen über die Freihandelszone beizuwohnen.

Das ambitionierte Projekt wurde von George W. Bush jun. nach seiner erfolgreichen Präsidentschaftswahl weiter fortgeführt und zu einem seiner Hauptziele in der Lateinamerika-Politik der USA erklärt. Die Verhandlungen von FTAA wurden anhand von neun Themenblöcken geführt: Liberalisierung des Agrarsektors, Handel mit Dienstleistungen, Regeln über Subsidien, Antidumping-Maßnahmen, Wettbewerbsregeln, Regeln der Streitschlichtungsverfahren, öffentliche Auftragsvergabe, Investitionen und Regelungen zum geistigen Eigentum. Das FTAA wäre auch die größte Freihandelszone der Welt mit einer gemeinsamen Bevölkerungszahl von 800 Millionen Menschen und einem BIP von 11,4 Billionen US-$ (vgl. Garcia 2006: 81).

Jedoch bereits auf den ersten Blick wird klar, dass es sich dabei um ein Abkommen zwischen sehr ungleichen PartnerInnen handelt, wie sich auch bei der Verteilung des BIP zwischen den geplanten Mitgliedsstaaten gut zeigen lässt. Die USA und Kanada stellen gemeinsam ca. 80 % des BIP in den FTAA-Zonen, während auf Jamaika, Costa Rica, Honduras, El Salvador, Paraguay, Panama, Guatemala, Ecuador, Haiti und Nicaragua nur ein Prozent des gesamten BIP der geplanten Freihandelszone entfällt. (vgl. ebd.: 82).

Bis zur MinisterInnenkonferenz der FTAA-Länder in Miami 2003 konnte kein Durchbruch in den Verhandlungen erreicht werden und auch der Vorschlag von Brasilien, der ein sogenanntes »Zwei-Stufen-Modell«[189] für die Umsetzung der Freihandelszone vorsah, führte zu keinem Durchbruch. Im November 2005 fand in *Mar del Plata* in Argentinien der vierte Amerikagipfel statt, welcher laut Zeitplan die erfolgreiche Umsetzung bzw. Etablierung der FTAA vorsah. Der zeitliche Rahmen konnte jedoch nicht eingehalten werden, vielmehr stand das ALCA statt der erfolgreichen Implementierung vor dem Aus.

Die Gründe des Scheiterns der FTAA sind vielschichtig und können nicht mit dem Hinweis auf unterschiedliche Interessen der beteiligten Schwellenländer, Ent-

---

[189] Brasilien schlug mittels dieses Konzeptes folgende Vorgangsweise für die Umsetzung der ALCA vor: In der ersten Stufe sollten die Mitgliedsstaaten die Themen wie Zugang von Agrar- und Konsumgüter, sowie auch in begrenzter Form Fragen zur Liberalisierung des Dienstleistungssektors und Investitionen mit der USA bilateral verhandeln. Als zweite Stufe sollte dann nur noch versucht werden, sich auf ein gemeinsames Grundgerüst für das ALCA zu einigen. Diese Vorgehensweise stieß jedoch auf Widerstand bei der Mehrheit der beteiligten Länder, da sie sich gerade durch ein breites regionales Abkommen wesentliche Vorteile versprachen (vgl. Garcia 2006: 82).

wicklungsländer oder der USA abgehandelt werden. Einer jener Gründe, warum das amerikanische Integrationsabkommen scheiterte, ist sicherlich beim breiten Widerstand der sozialen Bewegungen, der NGO's und der beteiligten Basisgruppen in den jeweiligen Ländern zu suchen. Diese schafften es, durch grenzüberschreitende Mobilisierung den Druck auf die einzelnen Regierungen zu erhöhen. Der große Bevölkerungsanteil in Mexiko der durch das NAFTA negative Folgen zu erleiden hatte, bot für die AkteurInnen der sozialen Bewegung plakative Argumente, welche aufzeigten, dass breite Bevölkerungsschichten nicht vom Handelsabkommen profitieren und dass sich durch das Abkommen die Armut in der wirtschaftlich sehr ungleich gestalteten Region verfestigen könnte. In der Tradition der WTO-Gipfel fanden auch während der MinisterInnenkonferenzen der FTAA Gegengipfel der Zivilgesellschaft statt, bei denen nach Lösungen bzw. alternativen Modellen gesucht wurde. Trotz unterschiedlicher Gewichtung der Bedeutung dieser Widerstandformen kann festgehalten werden, dass die mediale Aufmerksamkeit und damit auch das öffentliche Interesse bezüglich der FTAA-Verhandlungen stiegen.

Als weiterer Grund für das Scheitern kann auch die heterogene und ungleiche Entwicklung unterschiedlicher wirtschaftlicher Sektoren in den Ländern des Südens genannt werden. So würden bspw. gewisse Industriesektoren in Brasilien, wie die Stahlindustrie, welche sich bereits weltweit gut etablieren konnte, von einer Freihandelszone profitieren. Andere Teilbereiche der Industrie wiederum sind (noch) nicht wettbewerbsfähig und könnten eine zu schnelle Öffnung der Märkte nicht überleben. Genauso unterschiedlich gestalten sich die Chancen für den Agrarsektor; während das brasilianische Agrobusiness von der Öffnung des US-amerikanischen Marktes profitieren würde, besteht für viele kleine landwirtschaftliche ProduzentInnen bspw. in Nicaragua die Gefahr mit den Importen aus der USA nicht konkurrieren zu können. Das brasilianische Interesse an der Öffnung der amerikanischen Agrarmärkte für seine exportorientierte Landwirtschaft steht somit auch im Widerspruch mit der Position der kleineren lateinamerikanischen Nationalstaaten. Diese Ungleichzeitigkeit und Heterogenität macht deutlich, wie schwierig es für die Verhandlungsländer war, einen Kompromiss zu finden.[190]

Schlussendlich trugen der politische Wandel und die Wahl von eher sozialistisch orientierten PräsidentInnen in Lateinamerika auch zu Änderungen im Agieren der einzelnen Länder bei. Einige Länder suchten nach Alternativen zur Abhängigkeit

---

[190] Jedoch auch die USA ist von Heterogenitäten betroffen: Einerseits ist die US-amerikanische Industrie auf der Suche nach neuen Absatzmärkten und Expansionsmöglichkeiten und andererseits verlangt die sehr einflussreiche Agrarlobby die Aufrechterhaltung der Subventionspolitik (vgl. Garcia 2006: 84f.).

gegenüber den USA und setzten vermehrt auf eine Zusammenarbeit innerhalb der lateinamerikanischen Staaten. Einer dieser »neuen« Wege stellt das ALBA (*Alternativa Bolivariana para los pueblos de Nuestra América*) dar.

Aufgrund der dargestellten Schwierigkeiten und dem Bewusstsein, dass die Etablierung einer Freihandelszone von Alaska bis nach Feuerland nicht einfach sein wird, setzte die USA auf eine zweite Strategie: bilaterale Handelsabkommen[191] oder begrenzte regionale Integrationsabkommen. Das nunmehr bereits seit 14 Jahren existierende NAFTA stellt dabei die bekannteste Freihandelszone in der Region dar. Das DR-CAFTA (*Dominican Republic-Central America Free Trade Agreement[192]*) dagegen zeigt den jüngsten Vorstoß der USA in Richtung einer Ausweitung der regionalen Integrationsabkommen.[193]

5.3.2 NAFTA – Vorbild oder Abschreckung?

Die 1994 in Kraft getretene Freihandelszone zwischen Mexiko, USA und Kanada wurde bereits in vielen Arbeiten unter die Lupe genommen; dies erklärt sich einerseits aus der zeitlichen Dimension, welche eine substanzielle Analyse ermöglichte und andererseits sicherlich auch deshalb, weil das NAFTA das erste Abkommen zwischen reichen Industrienationen und einem Schwellenland darstellte. Damit stellte das NAFTA auch in gewisser Hinsicht ein Experiment dar, ob und wie ein Schwellenland bzw. auch davon ableitbar ein Entwicklungsland, von einem TLC (*Tratado de Libre Comercio*) mit einem wesentlichen stärkeren Partner profitieren kann.

Das NAFTA schuf die Rahmenbedingungen für einen freien Kapital-, Dienstleistungs- und Warenverkehr[194] zwischen den Mitgliedsstaaten; der Personenverkehr wurde davon jedoch dezidiert ausgeschlossen. Ebenso wird im NAFTA kein einheitlicher Außenzoll angestrebt, sondern nur das Ziel verfolgt, die Zölle innerhalb der Zone zu vereinheitlichen.

Die Diskussionen im Vorfeld des Abschlusses über die Freihandelszone wurden sehr kontrovers geführt und stießen vor allem auf US-amerikanischer Seite

---

[191] Bspw. einigten sich die USA und Kolumbien 2006 auf ein bilaterales Freihandelsabkommen. Der TLC (Tratado de libre comercio) wurde in Kolumbien unter der Präsidentschaft von Uribe abgesegnet, allein die DemokratInnen im US-amerikanischen Kongress stellen sich bis dato gegen eine Zustimmung zum Vertrag.

[192] Die spanische Bezeichnung für DR-CAFTA lautet: *Tratado de Libre Comercio entre Estados Unidos, Centroamérica y República Dominicana.*

[193] Eine genauere Auseinandersetzung mit den DR-CAFTA und dem Fokus auf Nicaragua erfolgt in Kapitel 6.

[194] Bei einigen Warengruppen wurden Übergangsfristen von 15 bis 20 Jahren bis zum endgültigen Abbau der Zollgrenzen zwischen den Mitgliedsstaaten ausverhandelt.

auf viel Ablehnung. Besonders die Gewerkschaften äußerten die Befürchtung, dass das NAFTA zum Verlust von Arbeitsplätzen führen würde, da es zu einer Abwanderungswelle von Betrieben nach Mexiko, bedingt durch das niedrigere Lohnniveau, kommen könnte. In Teilbereichen konnte die von der Carnegie-Stiftung durchgeführte Studie aus dem Jahre 2003 diese Ängste bestätigen. Besonders in der Bekleidungsindustrie kam es zum Abbau von Arbeitsplätzen; jedoch profitierte Mexiko davon nicht unmittelbar. Vielmehr war auch Mexiko davon betroffen, dass sich besonders die Textilindustrie aber auch die Elektronikindustrie immer mehr in die asiatischen Länder, allen voran China, verlagerte. Als ProfiteurInnen von NAFTA in den USA können dagegen die großen AgrarexporteurInnen identifiziert werden, aber auch große Handelsunternehmen wie etwa Wal-Mart (vgl. Fuchs 2004: 10).

Als große VerliererInnen von NAFTA, wie bereits angeführt, kann der mexikanische Landwirtschaftssektor genannt werden. Einige wenige, vor allem große AgrarproduzentInnen aus Mexiko haben auch von NAFTA profitiert, bspw. jene welche Tomaten an US-amerikanische Lebensmittelkonzerne liefern. Demgegenüber zählen besonders die ProduzentInnen von *grano básicos* zu den VerliererInnen (vgl. Fuchs 2004: 8).

Eine von Oxfam veröffentlichte Studie aus dem Jahre 2003 besagt, dass sich die Einfuhr von »grano básicos« von den USA nach Mexiko im Zeitraum von 1994 und 2001 verdoppelt hat, allen voran der Import von Mais. »In the case of corn, Mexico imports an average of 6 million tons annually, compared to 2.5 million tons prior to NAFTA. The market price of grains dropped, and the actual prices to producers haven fallen between 35 %-60%. Today, the price of corn for producers is $80 per ton. However, its production costs is $120 per ton.« (Oxfam 2003: 7).

Allein aus dem Unterschied zwischen den Produktionskosten und dem Marktpreis für eine Tonne Mais in Mexiko wird ersichtlich, dass es für heimische ProduzentInnen nicht möglich war, diese Einkommensverluste auf Dauer zu kompensieren. Daraus erklären sich auch die dramatischen Verluste von Arbeitsplätzen im mexikanischen Landwirtschaftssektor, wie auch die von der Carnegie-Stiftung durchgeführte Studie aufzeigte[195] (vgl. Fuchs 2004: 8). Die mexikanischen MaisproduzentInnen konnten gegen den hoch subventionierten Mais aus den USA nicht konkurrieren. Laut einem Artikel von Anna Vigna in *le Monde diplomatique* (2008) erhält ein/e mexikanische/er MaisbäuerIn Subventionen von 700 Dollar im

---

[195] Die Annahme, dass durch den Preisverfall von Mais auch die KonsumentInnen in Mexiko profitieren könnten, wird in der der Studie von Oxfam nicht bestätigt. »The price of tortillas, the base diet of the majority of Mexicans, has risen from 0.80 pesos/kg in 1993 to 5.00 pesos/kg in 2002.« (Oxfam 2003: 7).

Jahr, wohingegen ihre amerikanischen KollegInnen mehr als 21.000 US-Dollar erhalten (vgl. Vigna 2008, online[196]).

Vor allem die kleinstrukturierte Landwirtschaft stand vor dem Aus und vielen Betroffenen blieb nichts anderes übrig, als in die Städte oder in die USA zu emigrieren oder auf Basis von Subsistenzökonomie ihr Überleben zu sichern. Vigna (2008) zitiert Ergebnisse der amerikanischen Wissenschaftlerin, Carlsen Lauren, die besagen, dass Mexiko Nahrungsmittel für 1,5 Millionen Dollar pro Stunde importiert während in der gleichen Zeit 30 mexikanische BäuerInnen in die USA auswandern würden.

Diese Situation bedeutete für Mexiko jedoch nicht nur den Verlust von mehr als einer Million Arbeitsplätzen im Agrarsektor, vielmehr verstärkte sich dadurch auch die Abhängigkeit von Nahrungsmittelimporten. Die Maisimporte nach Mexiko haben sich seit der Gründung des NAFTA vervierfacht. (vgl. taz.de online[197]: Interview mit Christof Parnreiter).

Mit 1. Jänner 2008 fielen die verbleibenden Zölle auf Mais, Bohnen, Zucker und Milchpulver zwischen den drei Mitgliedsstaaten des NAFTA. Begleitet wurde dies von Protesten mexikanischer Bauern, welche durch den Abbau der letzten Zollgrenzen eine weitere Verschärfung der Lage befürchten. Sie verlangten Neuverhandlungen über die die Landwirtschaft betreffenden Teile, da besonders dieser Wirtschaftssektor durch das Freihandelsabkommen verloren hatte. Von staatlicher Seite wurde diese Forderung abgelehnt; im Gegenteil, die verhandelten Übergangsbestimmungen des NAFTA, welche einen gewissen Schutz der eigenen Landwirtschaft bedeutet hätten, wurden nicht ausgenützt und zeigten vielmehr ein groteskes Verhalten der politisch Verantwortlichen im Land.

Schon 1996 erlaubte Mexiko einseitig den zollfreien Import von US-Mais weit über die festgelegten Quoten hinaus. Und 2001 erlaubte Präsident Vicente Fox den Import von Fructose aus den USA, obwohl die heimische Zuckerrohrindustrie in der Krise steckte. Aufseiten der USA hingegen versuchten Gesetzgebung und Exekutive mit allen Mitteln, eine Reihe von Importverboten gegen mexikanische Produkte zu verhängen, was gegen die Abkommen wie gegen eigene Gesetze verstieß. (Vigna 2008, online[198]).

Grafik 4 verdeutlicht nochmals, dass die mexikanische Regierung bereits wesent-

---

[196] http://www.monde-diplomatique.de/pm/.dossier/hunger_artikel.id,20080314a0057, Download: 21. Juli 2008.

[197] http://www.taz.de/1/politik/amerika/artikel/1/die-kleinbauern-werden-verdraengt/ ?src=TE&cHash=43adc2e0c4, Download: 18. Juli 2008.

[198] http://www.monde-diplomatique.de/pm/.dossier/hunger_artikel.id,20080314a0057, Download: 21. Juli 2008.

lich früher als im NAFTA-Abkommen vorgesehen, den Import von zollfreiem Mais über die ausverhandelten Quoten hinaus zuließ.

Grafik 4: Entwicklung der mexikanische Maisimporte (1994-2007)

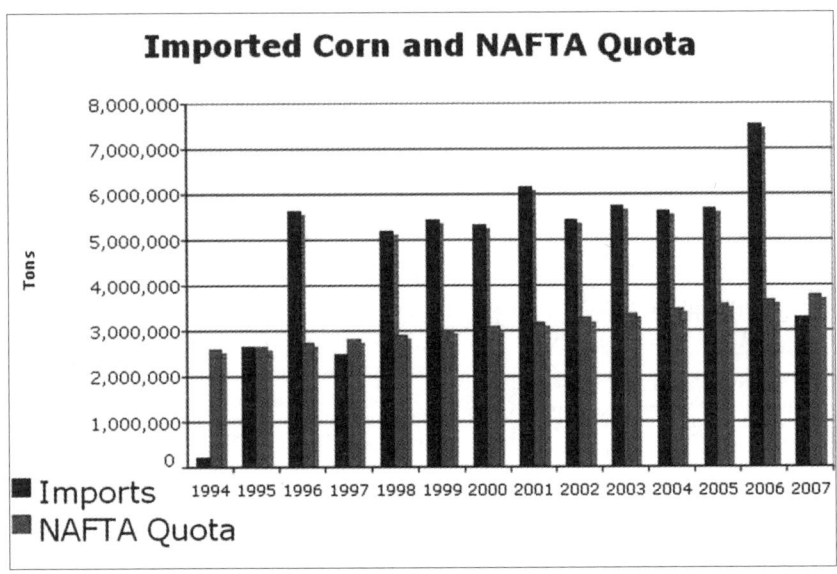

Anmerkung: Darstellung US-amerikanischer Maisimporte.
Quelle: Ita 2008.

Abgesehen von den Jahren 1997 und 2007 lagen die mexikanischen Importe von Mais aus der NAFTA-Zone immer wesentlich über den vereinbarten Quoten. Mit dem Jahr 2008 fiel die Quotenbeschränkung für den Import von US-Mais, jedoch wird durch die Grafik deutlich, wie »nachhaltig« diese Regelung bereits vor der offiziellen Beseitigung umgangen wurde.

Die »vorzeitige« Öffnung des Marktes für Importe, die wesentlich billigeren Importpreise von vielen Agrarprodukten und die Stützung der US-amerikanischen Landwirtschaft durch immens hohe Subventionen (*Farm Bill*) sind nur einige Punkte, die erklären, warum große Teile der mexikanischen Landwirtschaft nicht konkurrenzfähig waren. Nach mehr als 15 Jahren Freihandelszone kann festgehalten werden, dass vor allem dieser Wirtschaftssektor zu den VerliererInnen zählt. In Hinblick auf die immer mehr in den Vordergrund rückende globale Nahrungsmittelkrise stellt sich die Frage nach den potenziellen Gefahren der Abhängigkeit von

Grundnahrungsmittelimporten und der strukturellen Vernichtung von KleinproduzentInnen von bspw. *granos básicos* für die lokalen Märkte.

Neben den NAFTA gibt es in Amerika eine Fülle von weiteren regionalen Integrationsabkommen. Grundsätzlich lassen sich hinter der Forcierung der regionalen Abkommen zwei große »Visionen« ablesen; einerseits der Versuch der USA mittels regionalen Abkommen, die Idee von einer Freihandelszone von Alaska bis nach Feuerland einem Stück näher zu kommen und andererseits die Verdichtung der Zusammenarbeit zwischen den Schwellen- und Entwicklungsländern, um ein Gegengewicht zu den USA zu schaffen.

Das DR-CAFTA kann (teilweise) unter die erste »Vision« subsumiert werden; durch dieses regionale Abkommen wird die Zusammenarbeit der USA mit allen anderen zentralamerikanischen Staaten – mit der Ausnahme von Belize[199] und Panama – vervollständigt. Als das bekannteste Beispiel für die zweite »Vision« kann der MERCOSUR[200] genannt werden, welcher im Jahre 1991 unterschrieben wurde, just jenem Jahr in dem die Idee des FTAA von Bush sen. aufgegriffen wurde. Der MERCOSUR wurde ursprünglich zwischen Brasilien, Argentinien, Uruguay und Paraguay gegründet; 2006 erfolgte die Aufnahme von Venezuela. Weiters sind einige Länder Südamerikas mit dem MERCOSUR assoziiert, wie bspw. Bolivien und Kolumbien.

Als weitere regionale Integrationsidee versteht sich das ALBA, welches unter der Federführung von Hugo Chavez entstand. Das ALBA ist jedoch kein Freihandelsabkommen im Verständnis von MERCOSUR oder dem NAFTA, vielmehr ist es bis dato die Bezeugung zur Zusammenarbeit und gegenseitigen Unterstützung einzelner zentral- und südamerikanischen Länder. Das ALBA entstand 2005 als Kooperationsidee zwischen Kuba und Venezuela; mit dem Amtsantritt von Evo Morales im Jahr 2006 erfolgte der Beitritt von Bolivien. Als weiteres Mitglied trat 2007, nach der erfolgreichen Präsidentschaftswahl von Daniel Ortega, Nicaragua dem »Integrationsabkommen« bei.

Im folgenden Kapitel wird das regionale Freihandelsabkommen, DR-CAFTA, näher betrachtet, wobei hier im Speziellen die (Aus)Wirkungen auf Nicaragua im Zentrum der Forschung stehen. Unter Berücksichtigung von den Veränderungen des mexikanischen Agrarsektors durch das NAFTA, wird in der vorliegenden Arbeit ebenfalls der Frage nach den möglichen Transformationen im nicaraguanischen Agrarsektor, ausgelöst durch das Integrationsabkommen, nachgegangen.

---

[199] Das Land, welches an Mexiko und Guatemala grenzt, erhielt erst im Jahre 1981 seine Unabhängigkeit von Großbritannien.

[200] Der MERCOSUR steht für »Mercado Común del Sur«.

6. Nicaraguanische Agrarstruktur und das Zentralamerikanische Freihandelsabkommen (CAFTA)

Im Jahr 2004 einigten sich die VertreterInnen der fünf zentralamerikanischen Staaten Honduras, Guatemala, El Salvador, Costa Rica und Nicaragua sowie der Vereinigten Staaten von Amerika den Zentralamerikanischen Freihandelsvertrag (CAFTA[201]), welcher in den darauffolgenden Jahren von den einzelnen Ländern ratifiziert wurde. Der Verhandlungsbeginn war im Jänner 2003 und bereits ein Jahr später wurde das Vertragswerk fertig gestellt. KritikerInnen des CAFTA schließen durch die schnelle Einigung auf das Resultat des Vertrages.[202] Die Dominikanische Republik wurde erst im Jahr 2006 Teil der Freihandelszone und ratifizierte den Vertrag noch im selben Jahr. Das letzte Land, das unter heftigen innergesellschaftlichen Diskussionen schlussendlich mittels Volksabstimmung, im November 2007 dem Beitritt zum CAFTA zustimmte, war Costa Rica. In Nicaragua wurden die BürgerInnen nicht befragt. Das nicaraguanische Parlament ratifizierte am 10. Oktober 2005 den Freihandelsvertrag, der am 1. April 2006 in Kraft trat.

Dieses Kapitel beschäftigt sich mit den (möglichen) Auswirkungen des CAFTA auf die nicaraguanische Landwirtschaft: Welche Risiken und welche Potenziale bietet das Abkommen für den Primären Sektor in Nicaragua. Weiterhin ist auch von Interesse, welche Rolle die *Costa Caribe* für den nationalen Agrarsektor spielt und wie die Region in den internationalen Agrarhandel eingebunden ist. Diesen Fragen wird im Kapitel 7 nachgegangen. In der Analyse zum CAFTA muss im Speziellen beachtet werden, dass hier Länder miteinander ein Freihandelsabkommen ausverhandelten, die sehr asymmetrisch ausgeformte Ökonomien aufweisen.

In Hinblick auf diese Asymmetrien findet das Theoriekonzept der strukturellen Heterogenität als Analyseinstrument Anwendung. Dabei wird der Frage nachgegangen, ob es durch die Teilnahme am CAFTA im nicaraguanischen Agrarsektor zu einer Verfestigung der Marginalisierung von bereits benachteiligten ProduzentInnenkreisen kommt, wie das in der Theorie angenommen wird. Der Agrarsektor in Nicaragua kann in zwei Teilsektoren gegliedert werden: Einen modernen und

---

[201] CAFTA steht für die spanische Abkürzung: Tratado de Libre Comercio Centroamericano (CAFTA).

[202] Viele KritikerInnen des CAFTA sehen in der Kürze der Verhandlungen bereits eine Schieflage. Die USA verfügen über eine Vielzahl an ExpertInnen sowohl in rechtlichen, als auch in wirtschaftlichen Fragen und haben wesentlich mehr Verhandlungserfahrung als bspw. Nicaragua hat. Die Ausgangslage erscheit bereits zu Beginn der Verhandlungen ungleich und favorisiert die USA. (vgl. Arauz 2004: 246ff.).

einen traditionellen. Der moderne Sektor ist auf die Exportwirtschaft ausgerichtet, wohingegen der traditionelle Sektor vor allem die indigenen *comunidades* in den autonomen Gebieten und jene ProduzentInnen, die *granos básicos* erzeugen, umfasst. Die verstärkte Einbindung des modernen Sektors in den internationalen Handel hat einen Rückkoppelungseffekt auf den traditionellen Sektor und zementiert damit die deformierte Wirtschaftsstruktur im Land. Die Annahmen, die das Konzept der strukturellen Heterogenität definiert, werden anhand des konkreten Falles der Agrarwirtschaft in Nicaragua analysiert. Durch den Beitritt zum CAFTA verstärkt sich der Druck auf die Landwirtschaft und es kommt zu einem zusätzlichen Liberalisierungsschub.

Die Theorie der strukturellen Heterogenität wird nicht nur in der Analyse der Mesoebene beansprucht, sondern ist auch für die Mikroebene relevant. Besonders der Untersuchungsgegenstand der Mikroebene, die indigenen *comunidades*, ist dem traditionellen Sektor zuzuordnen und stellt somit den Gegenpart zum modernen exportorientierten Sektor dar.

Zu Beginn des Kapitels erfolgt eine allgemeine Analyse zur aktuellen wirtschaftlichen Lage Nicaraguas, wobei auch näher auf die Armutssituation im Land eingegangen wird. Danach findet eine Auseinandersetzung mit dem landwirtschaftlichen Sektor, dessen Rolle innerhalb der Wirtschaft und dessen Struktur statt. Aufbauend auf diesen Daten sollen die Risiken und Chancen durch das CAFTA im Agrarsektor von Nicaragua analysiert werden. Eine exakte Bewertung der Auswirkungen des CAFTA kann zu diesem Zeitpunkt noch nicht erfolgen, da es zu kurz in Kraft ist, um seriöse Aussagen darüber tätigen zu können.

6.1 Nicaragua – aktuelle wirtschaftliche Lage

Die wirtschaftlichen Indikatoren Nicaraguas gehören zu den schlechtesten in ganz Zentralamerika. Dies spiegelt sich im BIP pro Kopf, dem Handelsbilanzdefizit aber auch in der Armutsrate wider, die speziell in ruralen Gebieten extrem hoch ist. Nach der Abwahl der SandinistInnen 1990 erfolgte eine mittels »verschriebener« Strukturanpassungsprogramme durch den IWF, vehemente Liberalisierungsphase. Besonders die Privatisierungen im Bereich der öffentlichen Dienstleistungen wie Strom- und Wasserversorgung traf besonders die ärmeren Bevölkerungsschichten. »Im Zuge der Privatisierung des nicaraguanischen Energieversorgers ENEL erhöhten sich die Preise um mehr als das Dreifache; Investitionen in das Verteilungsnetz in unterversorgten ländlichen Regionen blieben dagegen aus, da diese kaum rentabel sind.« (Massenbach 2004).

Unter der Präsidentschaft von Alemán und Bolaños wurden die Liberalisie-rungsmaßnahmen weiter verschärft. Wie die nachfolgende Tabelle zeigt, konnte zwar ein Wirtschaftswachstum innerhalb der ersten sechs Jahre des 21. Jahrhun-derts erreicht werden, jedoch sind die Ausgangswerte so gering, dass keine nach-haltige Verbesserung für große Teile der Bevölkerung erzielt werden konnte.

Tabelle 9: Wirtschaftsindikationen in Nicaragua von 2000 – 2006

Wirtschaftsindikatoren	2000	2005	2006
Bruttoinlandsprodukt (US$ Millionen)	3.938.1	4.854.6	5.300.8
Bruttoinlandsprodukt pro Kopf (US$)	771.3	889.6	958.6
Reales Wirtschaftswachstum (%)	4.1	4.3	3.7
Inflation (%)	9.9	9.6	9.5

Übersetzung der Tabelle durch d. Autorin
Quelle: BCN 2007b: 2

Die Weltbank beziffert das *Producto Interno Bruto* von Nicaragua im Jahre 1986 auf 2,9 Milliarden US-Dollar, zehn Jahre später – 1996 – betrug es 3,3 Milliarden (vgl. World Bank 2007). Daraus ist ersichtlich, dass sich das BIP innerhalb dieser Zeitspanne (Bürgerkrieg bis 1990 und darauf folgend die Phase der makroöko-nomischen Stabilisierung) nur um ca. 400.000 Millionen US-Dollar erhöht hatte. Innerhalb der nächsten 10 Jahre wuchs die nicaraguanische Wirtschaft jedoch um mehr als 2 Milliarden US-Dollar.

In Tabelle 10 werden die Daten einerseits mit den wirtschaftlichen Eckdaten von Costa Rica – als die ökonomisch am besten positionierte Volkswirtschaft in zentralamerikanischen Raum[203] – als auch mit den Daten aus den USA verglichen.

Tabelle 10: Ländervergleich von zentralen wirtschaftlichen Daten (2006)

	Nicaragua	Costa Rica	USA
HDI-Ranking* (Human Development Index)	110	48	12
GDP** (Gross Domestic Product)	5.369	22.145	13.811.200
GNI per capita	1.000	4.980	41.890

---

[203] Von der UNDP wird Costa Rica als »high human development«-Land eingestuft, da es im re-gionalen Vergleich überdurchschnittlich entwickelt ist. (vgl.: kfw-Entwicklungsbank 2005).

* Es sind insgesamt 177 Ländern im Human Development Index gereiht. Je höher das Ranking im HDI ist desto schlechter ist das Land im internationalen Vergleich positioniert.
** Die Angaben sind alle in Mrd. US-$
Quellen: UNDP 2007/2008 (2007): 229ff. und World Bank (2008)

Tabelle 10 verdeutlicht die schwierige Position, die Nicaragua im Vergleich zu den zwei wichtigsten Mitgliedsstaaten des Zentralamerikanischen Freihandelsabkommen einnimmt. Wie bereits angeführt zählt Nicaragua nach Haiti zum zweitärmsten Land von Zentral- und Südamerika, jedoch wird Nicaragua nicht wie Haiti zu den *Least Developed Countries* – LLDCs[204] gezählt. Für LLDC-Länder wurde beim WTO-Gipfel in Hongkong der zoll- und quotenfreie Zugang zu den Märkten der Industrienationen bis 2008 beschlossen. Die Einstufung als LLDC bringt für diese Länder noch andere Vorteile: die GeberInnenländer der LLDCs gewähren nicht-rückzahlbare Zuschüsse (*grants*) oder räumen Kredite zu besonders günstigen IDA-Bedingungen ein. Die IDA (International Development Association) ist eine Tochterbank der Weltbank. (vgl. Nuscheler 2004: 100)

6.2 Armutssituation in Nicaragua

Obwohl Nicaragua nicht zu den LLDCs gezählt wird, ist das Land mit einem hohen Ausmaß an Armut konfrontiert, der besonders im ländlichen Raum stark ausgeprägt ist. Nicht nur das Stadt-Land Gefälle ist bei der Verteilung der Armut in Nicaragua von besonderer Bedeutung, auch die regionale Ausprägung von Armut ist zu beachten. Ein besonders hoher Anteil von extremer Armut ist im nördlichen Teil der autonomen Gebiete (in der RAAN) anzutreffen. In der RAAN wiederum sind es besonders die indigenen *comunidades* in den ruralen Gebieten, die von extremer Armut betroffen sind und damit dem nationalen Trend von vermehrter Armut in ländlichen Gebieten ebenfalls Rechnung tragen.

Zahlen aus dem Jahre 2005 belegen, dass mehr als 48 % der gesamten Bevölkerung in Nicaragua in Armut lebt und mehr als 17 % in extremer Armut (vgl. Instituto Nacional de Información de Desarrollo 2007: 7). Armut wird nach dem *Instituto Nacional de Información de Desarrollo* definiert als Konsum, der den

---

[204] Der Begriff der LLDCs wurde bei der UN-Vollversammlung im Jahr 1971 als Unterscheidungskategorie zu den LDCs (Less Developed Countries) eingeführt. Um zu den LLDCs zugeordnet zu werden, wurden von der UN bestimmte Kriterien festgelegt. Eines der Kriterien für die »Aufnahme« in die Gruppe der LLDCs betrifft das pro Kopf Einkommen (GNI per capita). Das GNI darf dabei nicht mehr als 900 US-Dollar pro Jahr betragen. (vgl.: Nuscheler 2004: 100ff.).

Bedarf von 2.266 Kalorien/Tag deckt und bei dem weniger als 402 US-$ pro Jahr zur Verfügung stehen. Von extremer Armut wird gesprochen, wenn weniger als 2.266 Kalorien pro Tag zur Verfügung stehen, d. h. ein Mensch mit weniger als 212 US-$ pro Jahr sein/ihr Auskommen finden muss (vgl. Krakowski (2004: 22)[205]. In den von den Vereinten Nationen angestrebten *Millennium Development Goals* (MDG's) werden Menschen, die weniger als 1 US-$ PPP[206] zur Verfügung haben, in die Kategorie von extremer Armut gezählt.[207]

Krakowski (2004: 22f.) schreibt weiters, dass Armut nicht nur am Konsum festgemacht werden kann und darf, vielmehr ist auch der Zugang zu öffentlichen Dienstleistungen, Kindersterblichkeit, schlechter Zugang zu Bildung usw. von Bedeutung. Die folgenden Aspekte stellen nur einen Ausschnitt an den Problembereichen dar, die Menschen, die in extremer Armut leben, treffen:

- High fertility rates and demographic dependency,
- Low access to public infrastructure and services,
- Low quality and difficult access to health services,
- Malnutrition,
- Low educational attainment and low access and quality of education services, particularly in rural areas. (Government of Nicaragua 2001: 9f.)

Daraus ableitbar liegt auf der Hand, dass Armut bzw. extreme Armut nicht alleine durch Zahlen definierbar ist. Die oben genannten Bereiche sind jedoch oftmals

---

[205] In der Literatur werden unterschiedliche Verfahren zur Errechung bzw. zur Klassifikation von Armutsindize verwendet. Die UNDP hat z. B. den Human Poverty Index (HPI) entwickelt, der sich aus den Faktoren: Sterbewahrscheinlichkeit unter 40 Jahren, AnalphabetInnenrate, Zugang zu Trinkwasser und Gesundheitsdiensten sowie Untergewichtigkeit von Kindern unter fünf Jahren zusammensetzt. (vgl. Nuscheler: 144f.).

[206] PPP (purchaising-power-parity) steht im Deutschen für Kaufkraftparität und wird nach der OECD wie folgt definiert: »Purchasing power parities (PPPs) are the rates of currency conversion that eliminate the differences in price levels between countries. Per capita volume indices based on PPP converted data reflect only differences in the volume of goods and services produced. Comparative price levels are defined as the ratios of PPPs to exchange rates. They provide measures of the differences in price levels between countries. The PPPs are given in national currency units per US dollar. The price levels and volume indices derived using these PPPs have been rebased on the OECD average.« (http://www.oecd.org/ document/47/0,3343,en_2649_34357_36202863_1_1_1_1,00.html, Download: 2. Dezember 2008).

[207] Das MDG »Beseitigung von extremer Armut und des Hungers« verfolgt das ambitionierte Ziel, sowohl den Anteil der Menschen, die in extremer Armut leben, bis zum Jahre 2015 zu halbieren sowie auch den Anteil der Menschen die Hunger leiden bis zu diesem Zeitpunkt zu halbieren. Die Ausgangswerte dafür sind die Zahlen aus dem Jahre 1990 (vgl.http://www. un.org/millenniumgoals/poverty.html, Download: 3. Februar 2009).

schwerer fassbar und deshalb greifen viele Statistiken eher auf ökonomisch verifizierbare Zahlen zurück. Nuscheler (2004: 146) definiert absolute Armut:

> (…) als ungenügende Versorgung mit lebenswichtigen Gütern und Dienstleistungen und als mangelnde Teilhabe an Gütern, die das Leben lebenswert machen (…). Der Maßstab ist die Menschenwürde, die zwar in den verschiedenen Kulturen unterschiedlich gedeutet werden mag, aber überall verletzt wird, wo die existenziellen Grundbedürfnisse nicht befriedigt werden. Armut bildet den verbindenden Grund, warum Menschen unterernährt, krank, obdachlos, ungebildet und kaum zur Selbsthilfe fähig sind. Sie bildet dann ein Synonym von Unterentwicklung, wenn sie Gesellschaften und Individuen daran hindert, ihre Fähigkeiten zu entwickeln.

Die nachfolgende Tabelle gibt eine Übersicht über die Entwicklung der Armutsrate in Nicaragua von 1993 bis 2005, wobei hier auch das Gefälle zwischen ruralen und städtischen Bereichen sichtbar ist und auch die speziell schwierige Situation der Altantikregion hervorgehoben wird. Die Definition von Armut und extremer Armut in der nachfolgenden Tabelle ist dieselbe, welche Krakowski verwendet.

Tabelle 11: Armutsentwicklung in Nicaragua (1993 – 2005)

Regionale Aufteilung	Armut				Änderung 2001 bis 2005	Extreme Armut				Änderung 2001 bis 2005
	1993	1998	2001	2005		1993	1998	2001	2005	
Nationnal	**50,3**	**47,8**	**45,8**	**48,3**	**2,5**	**19,4**	**17,3**	**15,1**	**17,2**	**2,1**
Urban	31,9	30,5	30,1	30,9	0,8	7,3	7,6	6,2	6,7	0,5
Rural	76,1	68,5	67,8	70,3	2,5	36,3	28,9	27,4	30,5	3,1
Managua	29,9	18,5	20,2	21,2	1,0	5,1	3,1	2,5	3,6	1,1
Atlantik Urban	35,5	44,0	43,0	37,8	-5,2	7,9	17	13,1	9,8	-3,3
Atlantik Rural	83,6	79,3	76,7	76,6	-0,1	30,3	41,4	26,9	34,2	7,3

Übersetzung der Tabelle durch d. Autorin
Quelle: Instituto Nacional de Información de Desarrollo 2007: 11

Die ruralen Gebiete der *Costa Caribe* sind besonders von Armut bzw. extremer Armut betroffen. Knapp 77 % der Bevölkerung der Altantikregion in den ruralen Gebieten, d. h. in den indigenen Gemeinden, lebt in Armut und mehr als 34 % davon in extremer Armut. Aus der Tabelle ist weiters ersichtlich, dass ein Stadt/ Land Gefälle innerhalb der Armutsquote vorliegt. Besonders in den Ballungszentren scheint die Lage ein wenig entspannter, so leben nur knapp mehr als 21 % der Bevölkerung in Managua in Armut und davon 3,6 % der Bevölkerung in extremer Armut.

Eine ernüchternde Tatsache stellt das Faktum dar, dass fast in allen Bereichen die Armutsdaten zwischen 2001 und 2005 gestiegen sind. Betrug die Armutsquote im Jahr 2001 45,8 %, konnte im Jahr 2005 ein Anstieg von 2,5 %-Punkten auf 48,3 % verzeichnet werden. Die extreme Armut ist in dieser Periode ebenso um mehr als 2%-Punkte gestiegen. Speziell die ruralen Gebiete in der Atlantikregion von Nicaragua stechen in dieser Entwicklung hervor. Die Region ist bereits mit der höchsten extremen Armut innerhalb von Nicaragua konfrontiert. Die Zahlen der extremen Armut aus dem Jahre 2005 liegen höher als Zahlen aus dem Jahr 1993. Konnte bis zum Jahr 2001 ein leichter Rückgang der extremen Armutsrate in der Region verzeichnet werden, nahm im Zeitraum von 2001 bis 2005 die extreme Armut um mehr als 7 %-Punkte zu.

Neben den Armutszahlen müssen auch die Verteilungsindikatoren von Einkommen in die Diskussion miteinbezogen werden. Besonders die Länder des Südens sind durch den extremen Gegensatz zwischen Arm und Reich gekennzeichnet. Zu diesem Zweck wird der Gini-Koeffizient[208] näher betrachtet. Er misst den Grad ökonomischer Ungleichheit, welche speziell in Lateinamerika stark ausgeprägt ist. An der Einkommensverteilung muss angesetzt werden, um Armut bzw. dem Anstieg von Armut entgegenwirken zu können, denn »(…) nicht so sehr in der Knappheit der Güter, sondern in sozialer Ungleichheit und in Defiziten an Demokratie und Menschenrechten (…)« liegt sie begründet. (Nuscheler 2004: 143).

Grafik 5 zeigt den Gini-Koeffizienten unterteilt in Ländergruppen. Dabei ist ersichtlich, dass besonders die Regionen Sub-Sahara Afrika und Lateinamerika und die Karibikstaaten einen sehr hohen Gini aufweisen, d. h. in diesen Weltregionen ist die Ungleichverteilung der Ressourcen bzw. des Reichtums stark ausgeprägt. In Brasilien bspw. erhalten die ärmsten 10% der Bevölkerung 0,7 % des nationalen Einkommens, wohingegen die reichsten 10% der Bevölkerung über 47 % verfügen (vgl. UNDP 2005: 56).

---

[208] Der Gini-Koeffizient zeigt auf, in welchem Ausmaß die Verteilung von Einkommen der Personen einer Volkswirtschaft von einer vollkommenen gleichmäßigen Verteilung abweicht. Je mehr sich der Gini-Koeffizient der Zahl 1 nähert (bzw. der 100, wenn die Zahlen in Prozent angegeben sind), desto ungleicher ist das Einkommen verteilt (vgl. Nuscheler 2004: 143).

Grafik 5: Gini-Koeffizienten unterteilt in Ländergruppen (2005)

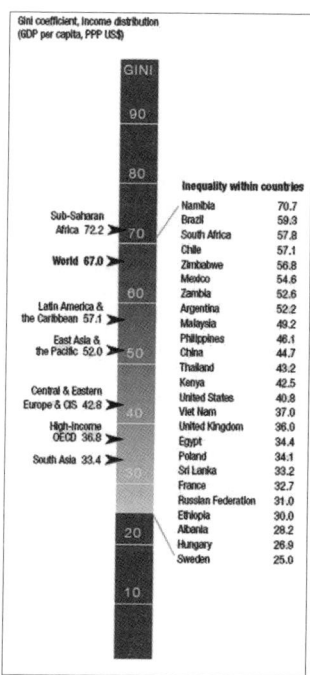

Quelle: UNDP 2005: 55

Der Gini-Koeffizient in Lateinamerika liegt durchschnittlich bei 0,57 und damit auch relativ hoch. In Nicaragua hat sich die Verteilungssituation verbessert; betrug der Gini-Koeffizient 1998 noch 0,603 (vgl. Bertelsmann Transformation Index 2003: 1), so konnte er im Jahr 2005 auf 0,43 gesenkt werden Anhand dieser Zahlen ist ersichtlich, dass Nicaragua im Kontext der lateinamerikanischen- und der Karibikstaaten besser positioniert ist, als die angegeben Durchschnittswerte und auch eine positive Entwicklung erkennbar ist.

Die Verteilung zwischen den ärmsten und reichsten Bevölkerungsgruppen in Nicaragua kann nach dem Gini-Koeffizienten folgendermaßen interpretiert werden: 10% der ärmsten Bevölkerungsgruppe erhalten 2,2% des nationalen Einkommens und 10% der reichsten Bevölkerungsschicht erhalten 33,8 % (vgl. UNDP 2005: 272).

Folgende Analyse zur Leistungsstärke der nicaraguanischen Volkswirtschaft aus dem Länderbericht des Bertelsmann Transformation Index 2003 zeigt, mit welchen Problemen das Land besonders zu kämpfen hat:

Trotz einer beachtlichen makroökonomischen Erholung und einem – freilich von einem sehr niedrigen Niveau ausgehenden – kontinuierlichen Wirtschaftswachstum in den 1990er Jahren, ist die nicaraguanische Wirtschaft schwach. Auch ist sie angesichts der prekären Lage und der Ausrichtung auf einige wenige Exportprodukte hoch verwundbar. Zudem ist sie stark abhängig von Auslandshilfe. Hohe Arbeitslosigkeit und Unterbeschäftigung, chronische Haushalts- und vor allem Handelsbilanzdefizite, eine riesige Auslands- und eine wachsende Inlandsverschuldung lassen bei allen Stabilitätserfolgen große volkswirtschaftliche Probleme erkennen. (Bertelsmann Transformation Index 2003: 9)

Ein Aspekt dieser Aussage betrifft die Ausrichtung der nicaraguanischen Exportwirtschaft auf einige wenige Produkte, wobei diese wiederum fast ausschließlich agrarische Produkte sind. Durch die sehr einseitige Orientierung des Außenhandels auf den Export von Agrarprodukten ist Nicaragua auch den massiven Preisschwankungen auf den internationalen Märkten ausgesetzt. Jedoch nicht nur die Exportwirtschaft Nicaraguas ist durch den Agrarsektor geprägt, auch für die Gesamtwirtschaft spielt er eine zentrale Rolle, sei es. in Hinblick auf das Bruttoinlandsprodukt oder der Anzahl der Menschen, welche im Agrarbereich tätig sind.

6.3 Bedeutung des Agrarsektors für die nicaraguanische Wirtschaft

Nicaragua zählt zu den ökonomisch schwächsten Ländern in der zentralamerikanischen Region. Wie viele Entwicklungsökonomien, ist auch Nicaragua agrarisch geprägt und im hohen Ausmaß, sowohl innerwirtschaftlich als auch im Bereich des Außenhandels, abhängig vom primären Sektor.

Der Beitrag des Landwirtschaftssektors zur Volkswirtschaft variiert je nach Quelle bzw. je nach zusammengefassten Bereichen.

Tabelle 12: Entwicklung des BIP nach Wirtschaftssektoren von 2000 – 2004

Zentrale Branchen und Sektoren	Struktur Basis 1980 Jahr 2000	Basis 1994				
		2000	2001	2002	2003	2004
Produktiver Sektor	57.9	43.6	43.8	43.1	43.2	43.9
Land- u. Viehwirtschaft	28.4	17.6	17.6	17.1	17.3	17.6
Forstwirtschaft	0.2	1.3	1.3	1.4	1.4	1.4
Fischerei	1.8	1.8	1.6	1.6	1.5	1.4
Nahrungsmittelindustrie	13.0	8.9	9.0	9.4	9.6	9.8

Sachgüterindustrie	6.1	8.4	8.6	8.4	8.3	8.3
Bauwesen, Bergbau	8.4	5.7	5.6	5.1	5.0	5.4
Sozialer Sektor	31.5	41.6	41.4	43.2	43.5	43.7
Regierung, Steuern usw.	10.6	14.8	14.8	13.7	13.2	12.5
Gesamtsstruktur vom BIP:	100.0	100.0	100.0	100.0	100.0	100.0

Übersetzung der Tabelle durch d. Autorin
Quelle: CIPRES 2006: 54

In Tabelle 12 ist die Wirtschaftsleistung in drei Sektoren aufgeteilt: den Produktivsektor, den Dienstleistungssektor und den staatlichen Sektor. Der Produktivsektor kann wiederum in einem primären Sektor, in die Lebensmittelindustrie und den Industrie- und Bausektor unterteilt werden. Unter den primären Sektor werden die Landwirtschaft, die Fischerei und die Forstwirtschaft subsumiert und diese drei Teilbereiche produzieren ca. 20% des nicaraguanischen BIP. Alleine der Agrarsektor bewegt sich im Betrachtungszeitraum zwischen 17 % und 18 %. Der Anteil der Industrie und Nahrungsmittelindustrie am Produktivsektor beträgt ca. 23 % und übertrifft damit nur im geringen Ausmaß den primären Sektor.

Die Weltbankdaten über die Wirtschaftsstruktur Nicaraguas zeigen ein ähnliches Bild mit nur minimalen Abweichungen.

Tabelle 13: Anteil der einzelnen Wirtschaftssektoren am BIP
(nach Weltbankdaten)

	1997	2007
Agriculture (% of GDP)	23,7	19,8
Industry (% of GDP)	26,8	29,7
Services (% of GDP)	49,6	50,5

Quelle: World Bank 2007

Der Anteil des Agrarbereichs beläuft sich laut Tabelle 13 auf ca. 20%, wobei ausgehend vom Jahr 1997 ein leichter Rückgang zu verzeichnen ist. Die Daten zum sekundären Produktionsbereich liegen höher, als die nationale Statistik, wobei die Weltbankdaten hier zwischen Industrie und Produktion unterscheiden. Im Produktionsbereich, der in dieser zweiten Kategorie den größeren Anteil stellt, sind es besonders die *Zona Francas,* die dazu beitragen. Der Dienstleistungssektor leistet den wichtigsten Beitrag zum BIP in Nicaragua und bietet auch die meisten Arbeitsplätze.

Tabelle 14 zeigt die Verteilung der arbeitenden Bevölkerung auf die Wirtschaftssektoren. Bei der Interpretation der Daten muss jedoch beachtet werden, dass der informelle Sektor in Nicaragua sehr stark ausgeprägt ist und deshalb viele Menschen in den offiziellen Statistiken nicht aufscheinen.[209]

Tabelle 14: Entwicklung der Beschäftigungsstruktur pro Wirtschaftssektor (2000 – 2006)

Wirtschaftssektoren	2000	2005	2006
Gesamt	1.809.6	2.080.9	2.089.8
Primärsektor	580.6	601.2	609.1
Land- und Viehwirtschaft	559.1	577.4	582.3
Fortwirtschaft	4.8	10.8	11.3
Fischerei	16.7	13.1	15.5
Sekundärsektor	344.3	400.3	396.7
Sachgüterindustrie	247.5	302.3	289.2
Bauwesen	90.2	92.6	100.8
Bergbau	6.6	5.4	6.7
Tertiärsektor	884.7	1,079.3	1.083.9
Handel	402.2	481.0	481.1
Zentrale Verwaltung	55.8	70.8	73.7
Transport und Kommunikation	67.5	88.1	89.0
Bankenwesen	49.1	70.0	70.0
Elektrizität, Gas, Wasser	11.0	9.2	6.5
Sozialleistungen, Kommunen und Personal	299.1	360.1	363.8

Übersetzung der Tabelle durch d. Autorin
Quelle: BCN 2007a: 10, Angaben in Millionen US-$

Knapp die Hälfte der arbeitenden Bevölkerung ist im Dienstleistungssektor tätig. Zur besseren Übersicht zeigt Tabelle 15 die prozentuelle Verteilung der Beschäftigten, nach Wirtschaftssektoren.

---

[209] Laut Europäischer Kommission (2007: 9) waren bspw. 2003 knapp 43 % aller Erwerbstätigen im informellen Sektor beschäftigt; besonders überdurchschnittlich vertreten sind Frauen in diesem Sektor.

Tabelle 15: Beschäftigungsstruktur nach Wirtschaftssektoren (Angaben in %)

	2000	2005
Primärsektor	32,09	28,89
Sekundärsektor	19,03	19,24
Tertiärsektor	48,88	51,87
Gesamt	100	100

Angaben in Prozent
Übersetzung der Tabelle durch d. Autorin
Quelle: BCN 2007a: 10 und Berechnung d. Autorin

Der Anteil der Beschäftigten im primären Sektor ging vom Jahr 2000 bis zum Jahr 2006 leicht zurück, jedoch umfasst er nach den Angaben der nicaraguanischen Zentralbank noch immer knapp 30% der arbeitenden Bevölkerung. Castro (2007: 5) beziffert den Beschäftigungsanteil innerhalb des Agrar- und Fischereisektor mit 43 %. Die Bedeutung des Agrarsektors beschränkt sich jedoch nicht nur auf den Beitrag zur nationalen Wirtschaft bzw. zur Beschäftigungsstruktur, sondern spiegelt sich ebenso in der Exportwirtschaft wider.

Im nachfolgenden Abschnitt wird die Bedeutung des primären Sektors für den nicaraguanischen Außenhandel analysiert, sowie die Handelsstruktur beleuchtet. Die wichtigsten Export- und Importgüter, die zentralen Exportmärkte und Importländer für Nicaragua sowie die wirtschaftliche Verbindung mit den USA werden dabei beleuchtet. Diese Auseinandersetzung ist in Hinblick auf das CAFTA notwendig, da die USA eine der wichtigsten HandelspartnerInnen von Nicaragua ist.

6.3.1 Rolle des primären Sektors im Außenhandel von Nicaragua

Im Jahr 2000 betrug das nicaraguanische Exportvolumen 643 Millionen US-Dollar, wobei auf die Agrar- und Forstwirtschaft ca. 30 % entfielen und die anderen Sektoren (Industrie und Dienstleistungen) ca. 70 % ausmachten. Im Jahr 2004 hatte sich die Situation verändert, das Exportvolumen verzeichnete einen Anstieg um ca. 16 % und der Anteil des Agrar- und Forstwirtschaftssektors umfasste dabei 65 % (vlg. CIPRES 2006: 111). In nur sieben Jahren, von 2000 bis 2007, hat sich das Exportvolumen in Nicaragua fast verdoppelt (vlg. BCN 2007b); die Importe stiegen ebenfalls kräftig an, wie in diesem Kapitel noch aufgezeigt werden wird.

Die Tabelle 16 listet die wichtigsten Agrar- bzw. Forstwirtschaftsprodukte für den Exportsektor.

Tabelle 16: Anteil Exportprodukte aus dem Agrar- und Forstwirtschaftssektor

Produkte	2003	2004	% Variation	% Partizip. 2003	% Partizip. 2004
1. Kaffee	85.5	126.7	48.2	22.1	25.4
2. Rindfleisch	83.8	110.4	31.7	21.7	22.1
3. Lebendvieh Export	25.8	35.8	38.8	6.7	7.2
4. Zucker	25.7	36.8	43.2	6.7	7.4
5. Erdnüsse	28.4	39.7	39.8	7.4	8.0
6. Bananen und Kochbananen	13.9	12.4	(4.6)	3.4	2.5
7. Käse und Milch integr.	24.0	28.2	17.5	6.2	5.7
8. Bohnen	20.1	18.8	(6.5)	5.2	3.8
9. Tabak (in Bündel und Zigarren)	14.2	17.7	24.6	3.7	3.5
10. Sägeholz	9.1	16.6	82.4	2.4	3.3
11. andere landw. Produkte	56.5	55.9	(1.1)	14.6	11.2
Gesamt. Land. und Fortwirtschaft	386.1	499.0	29.2	100.0	100.0
Prod. Land und Fortwirtschaft	386.1	499.0	29.2	63.8	65.1
Andere Prod. nicht Land und Fort.	219.1	256.6	22.4	36.2	34.9
Gesamtexporte	605.2	755.6	26.8	100.0	100.0

Übersetzung der Tabelle durch d. Autorin
Quelle: CIPRES 2006: 111

Der Agrarexportsektor in Nicaragua wird von zwei Produkten dominiert: Kaffee und Rindfleisch. Daraus ergibt sich eine doppelte Verwundbarkeit für die nicaraguanische Wirtschaft: einerseits dominieren zwei Produkte die landwirtschaftliche Exportproduktion und andererseits nimmt der Anteil von landwirtschaftlichen und forstwirtschaftlichen Produkten am Gesamtexportvolumen von Nicaragua mehr als 65 % ein.

Die *Banco Central de Nicaragua* verdeutlicht diese Entwicklung anhand der jährlich veröffentlichten Statistiken der zwanzig wichtigsten Exportprodukte von Nicaragua. Die in der nachfolgenden Tabelle dargestellte Aufzählung der zentralen Güter für den Export verdeutlicht die Abhängigkeit Nicaraguas von nur ein paar wenigen Produkten.

Tabelle 17: Wichtigste Exportprodukte (Angaben in Million US-$)

Produkte/Jahr	2005	2006	2007
Kaffee	125,926	207,085	188,300
Rindfleisch	119,139	148,043	176,619
Langusten	33,588	39,975	31,347
Gold	42,451	55,348	61,358
Garnelen	52,186	48,580	44,978
Erdnüsse	43,627	43,029	56,031
Lebendvieh	43,471	39,256	42,369
Zucker	60,305	60,267	74,515
Käse	24,053	34,508	49,702
Bohnen	28,003	39,970	39,971
Bananen	11,575	9,625	9,949
Frischfisch	11,392	13,196	14,050
Sanitäreinrichtungen	10,579	11,153	11,911
Weizenmehl	6,953	7,514	4,936
Löslicher Kaffee	10,700	13,772	16,588
Tabakbündel	7,145	8,198	4,826
Backwaren	7,758	7,770	6,925
Zigaretten	10,656	12,796	13,882
Erdöl (raffiniert)	12,431	13,784	10,101
Getränke	18,376	26,682	38,750
Andere Produkte	185,710	230,873	326,591
Gesamt	**866,023**	**1.049,499**	**1.202,196**

Übersetzung der Tabelle durch d. Autorin
Quelle: BCN 2007b.

Tabelle 17 zeigt einmal mehr die zentrale Rolle von Kaffee und Rindfleisch (*Carne de Bovino*) für die nicaraguanische Exportwirtschaft. Die dargestellten Schwankungen beim Kaffee ergeben sich hauptsächlich aus den instabilen Weltmarktpreisen, wie später noch angeführt wird. Sowohl Rindfleisch, Erdnüsse (*Mani*), Zucker

(*Azucar*), als auch Käse (*Queso*) verzeichnen vom Jahr 2006 auf das Jahr 2007 einen Exportanstieg; der Grund dafür liegt im kurzfristigen Anstieg der Exportquoten für diese Produkte durch das CAFTA.

Der nachfolgende Abschnitt zeigt auf, welche Gefahren für eine Ökonomie entstehen können, wenn ihre Exportstruktur sehr gering diversifiziert ist und nur von einigen wenigen Produkten abhängig ist. Dieses Phänomen der Beschränkung des Außenhandels kann in vielen Entwicklungsökonomien beobachtet werden; jedoch gibt es Länder des Südens wie bspw. Brasilien oder Indien, die eine ausdifferenzierte Agrarexportstruktur aufweisen und die eine gewichtige Rolle im Welthandel für Agrarprodukte spielen.

6.3.2 Gefahren der einseitigen Exportorientierung

Die einseitige (export-)wirtschaftliche Abhängigkeit von wenigen Agrarprodukten bedeutet auch eine immense Verwundbarkeit durch internationale Entwicklungen. Der Verfall der Baumwollindustrie in den 1990er Jahren in Nicaragua sowie im gesamten zentralamerikanischen Raum, führte die Gefahr der Ausrichtung der Exportwirtschaft auf ein Agrargut vor Augen.

Wie bereits in Kapitel 4.4.1 beschrieben, erlebte die Baumwollindustrie zu Beginn der 1950er Jahre einen Boom; die Produktion wurde ausgedehnt und die Preise am Weltmarkt waren hoch. Nicht nur in Nicaragua wurden deshalb vermehrt Anbauflächen für Bauwolle verwendet, die Tendenz war auch in vielen Nachbarländern zu verzeichnen. 1974 war Baumwolle das wichtigste Produktionsgut in Nicaragua und verdrängte die bis dahin bedeutsame Kaffeeproduktion, woraus sich auch eine anderweitige Ausrichtung in der Exportwirtschaft ergab (vgl. CIPRES 2006: 56).

Der Kaffee wurde innerhalb von knapp 25 Jahren als wichtigstes Exportgut von der Baumwolle verdrängt und verlor mehr als 37 % an Marktanteil in der Exportwirtschaft. Nur knapp 15 Jahre später, zu Beginn der 1990er Jahre, war der Baumwollboom vorbei. Noch heute zeugen die dem Verfall preisgegebenen Industrieanlagen zur Verarbeitung von Baumwolle in Granada, Managua und Leon von der einstigen Bedeutung dieses Rohstoffes für die nicaraguanische Wirtschaft.

Die Gründe für den Bedeutungsverlust von Baumwolle sind vielschichtig. Es trafen viele Aspekte zusammen, die das endgültige Aus für den Anbau des Rohstoffes bedeuteten. Der internationale Preis von Baumwolle unterlag enormen Schwankungen, wobei nach dem Preishoch bis zu Beginn der 1980er Jahre ein rapider Preisverfall zu verzeichnen war. Für die ProduzentInnen bedeutete dies Verluste, und der Anstieg der Produktionskosten verschärfte die Situation zusehends. Die in Monokulturen produzierte Baumwolle machte sie anfällig für Schädlinge und deshalb wurde der vermehrte Einsatz von Pestiziden notwendig. Die Pestizide mussten fast ausschließlich importiert werden, waren sehr teuer und so überstiegen die Inputkosten für die Produktion von Baumwolle bald die Einnahmen aus dem Verkauf. Die Produktion war nicht mehr rentabel (vgl. CIPRES 2006: 57).

Wie Tabelle 18 zeigt, ging die Produktion von Baumwolle in den 1990er Jahren enorm zurück; dieses Phänomen betraf nicht nur Nicaragua, sondern vielmehr den gesamten zentralamerikanischen Raum.[210]

Tabelle 18: Entwicklung des Produktionsvolumens von Baumwolle (1990-2000)

	1990	2000
Centroamérica*	74.754	1.952
Nicaragua	27.000	150

* Angaben in *tonelada* = Tonnen
Quelle: CIPRES 2006: 57

Der Zusammenbruch des Baumwollsektors in Zentralamerika machte deutlich, welche Risiken eine Volkswirtschaft eingeht, die keine bzw. nur eine geringe Diversifikation im Bereich ihrer Exportwirtschaft aufweisen kann.

Nach dem Verfall des Baumwollpreises nahm der Kaffee wieder seine zentrale Stelle im Agrarsektor ein; Kaffee wurde dabei fast ausschließlich für den Export produziert. Die *cafetales* befinden sich vorwiegend in der Zentralregion von Nicaragua – in den *departamentos* Jinotega, Matagalpa und Las Segovias. Es sind vor allem klein- und mittelgroße landwirtschaftliche Betriebe, die Kaffee produzieren. Kaffee unterliegt im internationalen Handel hohen Preisschwankungen, weshalb internationale »Kaffeekrisen«, wie im Jahr 2001 besonders jene Länder schwer treffen, in denen Kaffee zu den wichtigsten Agrarprodukten zählt, wie Nicaragua.

Ende 2001 erreichte der Kaffeepreis den tiefsten Stand seit 30 Jahren. Weltweit gibt es mehr als 25 Millionen KaffeeproduzentInnen, wobei ca. 75 % des weltweiten Rohkaffees von KleinbäuerInnen und Familienbetrieben stammt. Der Preisverfall zu Beginn des 21. Jahrhunderts hatte dramatische Auswirkungen auf die Exporterlöse der kaffeeproduzierenden Länder. In einer Oxfam-Studie (2002) wird die Situation für die zentralamerikanischen Ländern folgendermaßen dargestellt:

---

[210] In der Literatur wird oftmals argumentiert, dass der Verfall der Baumwollproduktion in Nicaragua mit der sandinistischen Revolution zusammenhing. Der Rückgang betraf, wie die Tabelle 18 aufzeigt, jedoch die gesamten zentralamerikanischen Staaten; daraus ergibt sich, dass der Zusammenbruch des Baumwollsektors nicht auf die politischen Rahmenbedingungen von Nicaragua zurückzuführen war (vlg. CIPRES 2006: 56f.).

In Mittelamerika wird der Kaffeekrise, bezogen auf die Einkommenseinbußen, die
›Wirkung eines zweiten [Hurrikan] Mitch‹ beigemessen. In diesen Ländern sind die
Einnahmen aus dem Kaffee-Export in nur einem Jahr um 44 %, nämlich von 1,7
Milliarden (1999/2000) auf 938 Mio. US$ (2000/2001), gesunken. (Oxfam 2002:
12)

In Nicaragua zeigte sich nach dem Einbruch des Kaffeemarktes folgendes Bild:
»En 2001 el café aportó el 7.2% del PIB, el 24.4 % del PIB agropecuario, y contri-
buyó con el 23 % de las exportaciones de bienes, es decir, 109 millones de dólares.
El año anterior las ventas habían alcanzado 170 millones de dólares.« (CEPAL
2002: 57)

Jedoch kam es nicht nur zu negativen Effekten im Bereich der Exporterlöse
durch den Verfall des Kaffeepreises, vielmehr waren auch die KleinproduzentInnen unmittelbar von Arbeitslosigkeit betroffen. Laut der bereits zitierten Studie
von Oxfam (2002: 12) haben durch die Kaffeekrise 2001 mehr als 600.000 Menschen[211] in Mittelamerika ihre Arbeit verloren.

Die nachfolgende Grafik zeigt die Entwicklung des Kaffeesektors in Nicaragua. Neben der internationalen Preisentwicklung werden auch das Produktionsvo-
lumen und der Produktionswert von Kaffee in der Grafik dargestellt.

Wie aus Grafik 6 ersichtlich ist, wird der nationale Wert des Kaffees vom internationalen Preisniveau dominiert. Sie zeigt weiters die extremen Schwankungen
des Preises von Kaffee; bspw. in der Periode zwischen 1990 und 2000. Aktuell
sind die Preise auf dem internationalen Markt für Kaffee wieder am Steigen; im ersten Quartal des Jahres 2008 hat der Preis für Rohkaffee einen Rekordhöchststand
seit Jahren erreicht: 136,2 US-Cent werden durchschnittlich pro Pfund Rohkaffee
bezahlt; dies entspricht einer Verdoppelung der Preise seit dem Jahr 2004 (vgl.
derStandard 2008).

---

211 Dabei handelt es sich primär um SaisonarbeiterInnen, die »für die Erntezeit ihren Heimatort
(verlassen) in der Hoffnung, mit dem erzielten Lohn den Jahresvorrat an Speiseöl, Salz und
Kleidung kaufen zu können.« (Oxfam 2002: 12).

Grafik 6: Indikatoren im Kaffeesektor

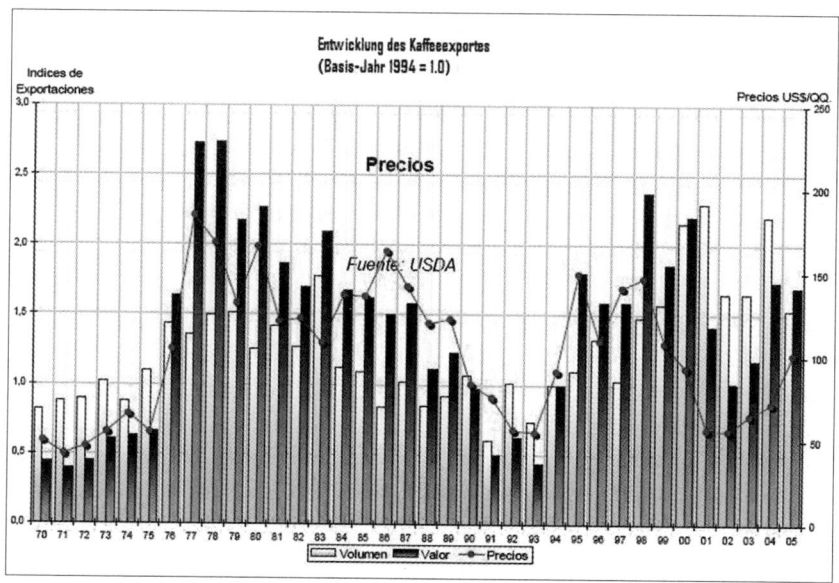

Quelle: CIPRES 2006: 59

Die Möglichkeiten an den Renditen aus dem Kaffeehandel zu profitieren sind sehr unterschiedlich gestaltet; die großen transnational agierenden Kaffeeröstereien bzw. Lebensmittelkonzerne profitieren überdurchschnittlich mehr vom Handel als die ProduzentInnen. Oxfam (2007: 5) schreibt dazu: »Insgesamt ist der Kaffeehandel ein Milliardengeschäft, an dem die Beteiligten sehr unterschiedlich partizipieren. So stehen dem Erlös für Rohkaffee in Höhe von sieben bis acht Milliarden US-Dollar in den Exportländern im Jahr 2006 Erlöse von rund 40 Milliarden für den Verkauf von löslichem oder Röstkaffee in den Konsumländern gegenüber.«

Diese Unausgewogenheit ergibt sich aus der Dominanz des Kaffeemarktes durch nur fünf transnationale Konzerne: Nestlé, Sara Lee, Procter & Gamble, Kraft Foods und Tchibo kaufen weltweit 50% der erzeugten Kaffeebohnen und bestimmen somit auch maßgeblich das Gesehen im Kaffeehandel (vgl. Oxfam 2007: 4f. und Ziegler 2005: 148ff.).

Eine vertiefte Analyse über die Ursachen bzw. Wirkungen der Preisschwankungen am Kaffeemarkt ist in der Arbeit nicht vorgesehen Die Darstellung diente vielmehr dazu aufzuzeigen, wie »verwundbar« eine auf wenige Agrarprodukte fußende Exportwirtschaft ist

Neben Kaffee ist die Produktion von Rindfleisch bzw. von Milchprodukten das zweite Standbein für die exportorientierte Agrarindustrie in Nicaragua, wobei in diesem Sektor nicht nur für die Exportwirtschaft produziert wird, sondern auch für den nationalen Markt. Mittlerweile haben diese beiden Bereiche den Kaffeesektor als wichtigsten Produktionszweig verdrängt.

> (…)La ganadería vacuna y sus derivados genera la mayor de los alimentos, la mayor parte del valor agregado agropecuario, la mayor parte del empleo y la mayor parte de las exportaciones de la economía agropecuaria. (CIPRES 2006: 71)

Zusätzlich zu diesen beiden Produkten bzw. Produktgruppen werden weitere Agrarprodukte für den internationalen Markt produziert, wobei hier ebenso unterschieden werden muss zwischen jenen Agrarprodukten, die ausschließlich für den Export produziert werden und jenen, die auch für den nationalen Markt erzeugt werden. Tabak, Erdnüsse, Bananen und *ajonjoli* (Sesam) werden fast ausschließlich für den internationalen Markt produziert; wobei besonders die Tabakproduktion wächst (vgl. ebd.: 61). Neben der Rindfleischproduktion und der Herstellung von Milchprodukten produziert die Zuckerindustrie sowohl für den Exportmarkt als auch für den heimischen Markt.

Fast vollständig für den inländischen Markt werden dagegen Reis, Mais, Bohnen und Sorghum[212] produziert. Die inländische Produktion deckt bislang nicht mehr den Bedarf nach den *granos básicos*[213], weshalb vermehrt Importe notwendig sind. Reis ist bspw. eines der wichtigsten Grundnahrungsmittel in Nicaragua; mit Bohnen vermischt wird daraus *gallo pinto* hergestellt – eine traditionelle Speise, die zu jeder Mahlzeit gegessen wird. *Gallo pinto* ist vergleichbar mit der Kartoffel im europäischen Raum, und ist primäres Nahrungsmittel für die ärmste Bevölkerungsschicht. Um die Nachfrage nach dem Grundnahrungsmittel Reis im Land zu decken, ist Nicaragua auf Importe angewiesen, wobei sich der Bedarf an Reisimporten bspw. in der Periode zwischen 1995 und 2005 verdreifacht hat, wie Grafik 7 zeigt. Das zentralamerikanische Land exportiert auch Reis, jedoch ist diese Menge so gering, dass sie zu vernachlässigen ist.

---

212 Sorghum (im Spanischen *sorgo*) ist eine Art von Hirse, die häufig für die Broterzeugung verwendet wird.

213 *Granos básicos* ist eine Überbezeichnung für die Getreidesorten Reis, Bohnen, Mais und Hirse, die der Grundnahrungssicherung der Bevölkerung dienen.

Grafik 7: Entwicklung der nicaraguanischen Reisimporte (1995-2005)

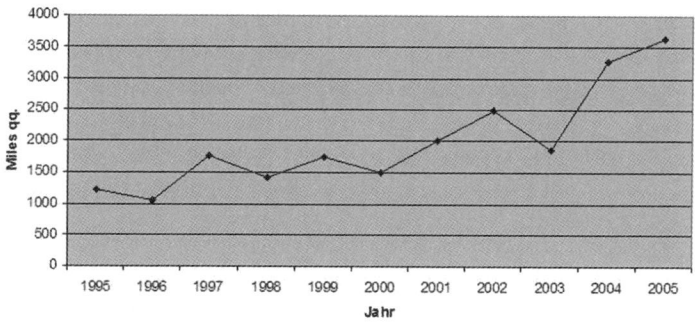

Angaben in *Miles qq.* = *1.000 qunitales (1 qq = 46 kg)*
Quelle: Berechnungen d. Autorin auf Basis von CIPRES 2006: 74

Die Grafik verdeutlicht die steigende Abhängigkeit von Reisimporten, wobei diese drastische Entwicklung erst seit Mitte der 1990iger Jahre zu verzeichnen ist. Als Grund für die vermehrte Abhängigkeit von Importen benennt die Analyse von CIPRES (2006: 73f.) folgende: Durch die Senkung der Importzölle ab Mitte der 1990er Jahre kam es am nicaraguanischen Markt zu einem steigenden Angebot an nordamerikanischem Reis. Der aufgrund von subventionsgestützten Preisen bedeutend billigere Reis aus den USA verdrängte zusehends die heimischen ProduzentInnen, da diese nicht mit den US-amerikanischen Preiskonditionen mithalten konnten. Die Risiken, die sich für die nicaraguanische Agrarwirtschaft aus dem dargestellten Phänomen ergeben, auch in Hinblick auf das CAFTA, werden im Laufe dieses Kapitels noch beleuchtet werden.

Diese Ausführungen verdeutlichen, wie wenig diversifiziert der nicaraguanische Agrarexportsektor ausgestaltet ist. Durch die Konzentration auf einige wenige Produkte entsteht eine immense Abhängigkeit vom Weltmarkt und der internationalen Preisentwicklung. Die Ausrichtung der Wirtschaft auf die Erzeugung von Rohstoffen in der primären Veredelungsstufe zementiert eine asymmetrische Einbindung in den Weltmarkt. Mit Rückgriff auf die Prebisch-Singer-These von der säkularen Verschlechterung der *terms of trade* erfolgt dabei eine Schlechterstellung einer auf Agrargüterexport fokussierten Wirtschaft gegenüber den Industrienationen. Neben der Abhängigkeit von einzelnen Exportgütern macht der nachfolgende Abschnitt sichtbar, dass auch die Außenhandelsstruktur von Nicaragua nicht besonders stark diversifiziert ist.

6.4 Außenhandelsstruktur von Nicaragua

Neben der Auflistung der wichtigsten Exportgüter ist es in der Analyse der Außen-handelsstruktur Nicaraguas von Interesse, welche Länder bzw. Ländergruppen zu den wichtigsten Exportmärkten des zentralamerikanischen Landes zählen.

Grafik 8: Exportmärkte von nicaraguanischen Produkten

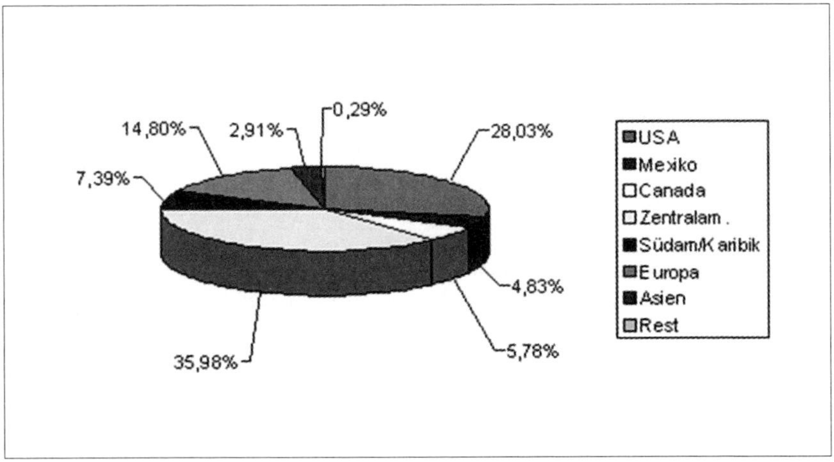

Angaben aus dem Jahr 2007
Quelle: Berechnungen d. Autorin auf Basis von BCN 2007b,

Wie aus Grafik 8 ersichtlich, stellen die zentralamerikanischen Nachbarländer und die USA die bedeutendsten Exportmärkte für Nicaragua dar; knapp mehr als 65 % aller Exporte aus Nicaragua gehen in diese beiden Destinationen. Mit 14,8 % gehört Europa zum drittwichtigsten Markt und liegt somit noch vor den anderen südamerikanischen Ländern und den Karibikstaaten.

Im zentralamerikanischen Raum zählen Honduras und El Salvador zu den wichtigsten Abnehmerländern, wobei hier vor allem Rindfleisch und »Lebend-Vieh« exportiert wird. Aus den Daten der nicaraguanischen Zentralbank lässt sich weiters ablesen, dass Europa der wichtigste Markt für Kaffee ist, gefolgt von den USA. Die Nachbarländer importieren Kaffee nur zu einem geringen Anteil, da sie teilweise selbst zu den KaffeeproduzentInnen zählen. Neben Rindfleisch sind es vor allem Bohnen, Käse und Erfrischungsgetränke, die in die anderen zentralame-rikanischen Länder exportiert werden (vgl. BCN 2007a).

Die Grafik zeigt weiters, dass neben den anderen zentralamerikanischen Ländern die USA mit knapp mehr als 28 % der zweitwichtigste Exportmarkt für nicaraguanische Produkte sind; Kaffee, Rindfleisch, Gold, Langusten und Zucker stellen dabei die Hauptexportgüter dar (vgl. BCN 2007b). Ebenso ist aus der Grafik ersichtlich, dass der NAFTA-Raum, d. h. USA, Canada und Mexiko, eine größere Bedeutung für Nicaragua als HandelspartnerIn hat, als die zentralamerikanischen Staaten.

Grafik 9 bietet einen Überblick über die Import- und Exportentwicklung von Nicaragua seit 1994 bis 2007. Neben diesen Zahlen wird auch die daraus ableitbare Handelsbilanz dargestellt.

Grafik 9: Entwicklung der Export/Importzahlen in Nicaragua von 1994-2007

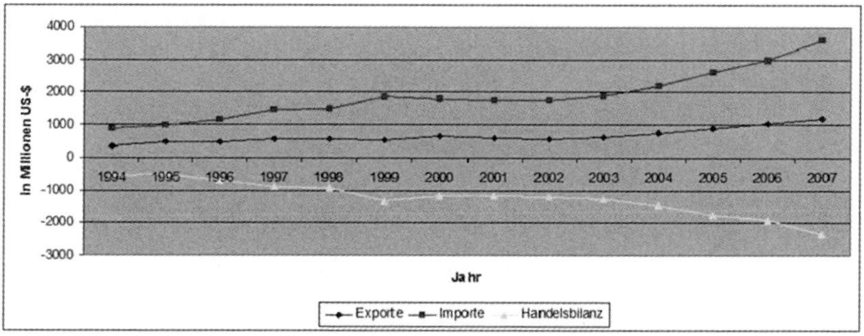

Quelle: Berechnungen d. Autorin auf Basis von BCN 2008b

Seit dem Jahr 2004 verzeichnet Nicaragua einen massiven Anstieg an Importen, wohingegen die Exporte nicht in diesem Umfang gewachsen sind und deshalb ein steigendes Handelsbilanzdefizit feststellbar ist.

Grafik 10 zeigt die Entwicklung der Handelbilanz zwischen den USA und Nicaragua von 2004 bis 2007. Das CAFTA trat mit April 2006 in Kraft und laut den vorliegenden Export- und Importzahlen lässt sich durchaus ein Anstieg der Handelsaktivitäten zwischen den beiden Ländern feststellen.

Grafik 10: Indikatoren des bilateralen Handels (Nicaragua und USA)

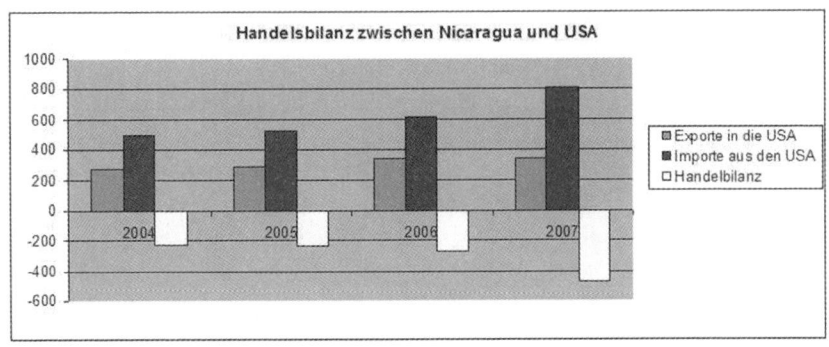

Angaben in Millionen USD

Quelle: Berechnungen d. Autorin auf Basis von BCN 2007b und 2006

Im Jahr 2006 beliefen sich die Importe aus den USA auf mehr als 610 Millionen US$ und die Exportzahlen auf ca. 341 Millionen USD. Ein Jahr später ist eine Erhöhung der Importzahlen von mehr als 200 Millionen US$ auf knapp 812 Millionen zu verzeichnen, während die Exportzahlen sogar ein wenig rückläufig waren und sich 2007 auf 337 Millionen US$ beliefen. Die Grafik zeigt einen Anstieg der Handelstätigkeit der beiden Länder im Jahr 2007. Hier liegt ein Zusammenhang zum neuen Freihandelsabkommen nahe. Die Importe aus den USA wuchsen im Jahr 2007 wesentlich stärker, als die nicaraguanischen Exporte in die USA. Daraus ergibt sich eine Zunahme des Handelsbilanzdefizits mit den USA für Nicaragua.

Der in der Grafik 10 dargestellte Trend der Zunahme der Exporte- und Importe zwischen den USA und Nicaragua bekräftigt somit auch den nationalstaatlichen Trend, der zuvor gezeigt wurde.

Die nachfolgende Grafik zeigt die Herkunftsdestination der importierten Waren, nach Ländern bzw. Ländergruppen.

Grafik 11: Herkunftsländer der importierten Waren nach Nicaragua

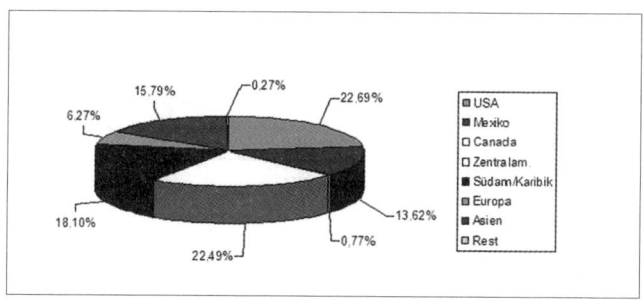

Angaben aus dem Jahr 2007
Quelle: Berechnungen d. Autorin auf Basis von BCN 2007b.

Zu den wichtigsten Importländern zählen die USA und die anderen zentralamerikanischen Staaten, wobei die USA den größten Anteil von 22,69 % an den Importen
stellen. Aber auch die südamerikanischen Länder, die Karibikstaaten und Mexiko importieren einen beträchtlichen Anteil. Nicaragua exportiert verhältnismäßig
wenig in diese Weltregionen, wohingegen diese Länder in Hinblick auf Importe
zu den wichtigsten HandelspartnerInnen gehören. Ebenso erwähnenswert ist der
Anteil von Importen aus Asien in der Höhe von knapp 16 %; als Exportdestination
für nicaraguanische Produkte spielt Asien nur eine untergeordnete Bedeutung.

Laut den Statistiken der nicaraguanischen Zentralbank, ist der größte Anteil
der importierten Wahren den Konsumgütern zuzurechnen; von den Importen im
Wert von 3.579.228 Millionen USD im Jahr 2007 entfielen auf diese Kategorie
1.073,186 Millionen USD; und dabei wiederum mehr als drei Viertel davon auf
nicht haltbare Konsumgüter, wie Nahrungsmittel und Medikamente. Die zweite
große Gruppe von Importen stellen mit ca. 1,008 Milliarden USD die Halbfertig-
erzeugnisse dar, wobei hier wiederum die lebensmittelverarbeitende Industrie und
die Pharmaindustrie die wichtigsten Teilkategorien sind (vgl. BCN 2007c).

Das MIFIC (2006b: 16) zeigte in seiner Analyse der Handelsstruktur zwischen
den USA und Nicaragua, dass besonders *arroz en granza*[214] und Weizen zu den
wichtigsten Importwaren zählen; aber auch medizinische Geräte und Viehfutter
werden aus den USA importiert.

Zur besseren Verortung der nicaraguanischen Wirtschaftsleistung zeigt die Tabelle 19 einen Überblick über die wichtigsten Wirtschaftsindikatoren der einzelnen
UnterzeichnerInnenstaaten des zentralamerikanischen Freihandelsabkommens.

---

[214] Dies bezeichnet Reis im ungeschälten Zustand.

Tabelle 19: Wirtschaftsindikatoren der CAFTA-Länder (2007)

	Population (Mill.)	GDB (US$ Mill.)	GDB per capita (US$)	GDB based on PPP per capita (US$)
Costa Rica	4.477	22.242	4.969	12.170
Dominican Republic	8.776	33.119	3.774	9.349
El Salvador	7.121	19.647	2.759	5.727
Guatemala	14.442	37.922	2.626	4.465
Honduras	7.583	9.859	1.300	3.260
Nicaragua	6.054	5.689	940	3.995
United States	302.711	13,770.309	45.490	45.176

Quelle: International Monetary Fund 2007.

Die Tabelle zeigt einerseits die Asymmetrien, die zwischen den einzelnen zentralamerikanischen Ländern bestehen und andererseits, wie stark die US-amerikanische Wirtschaft im Vergleich zu diesen Staaten ist. Die dargestellte Kaufkraftparität (PPP) muss auch im Zusammenhang mit dem Gini-Koeffizient gesehen werden, da diese beiden Indikatoren in Hinblick auf die Armutssituation von Bedeutung sind. Besonders die zentralamerikanischen Länder weisen, einen hohen Gini-Koeffizienten auf. Eine geringe Kaufkraftparität und ein hoher Gini-Koeffizient bedeutet, dass es in diesen Ländern zu einer gravierenden Disparität in Fragen der Einkommensverteilung kommt.

Aus der Tabelle 19 ist auch ersichtlich, dass Nicaragua zwar das geringste Pro-Kopf-Einkommen im Ländervergleich aufweist, jedoch die PPP im Vergleich zu den anderen zentralamerikanischen Ländern wiederum relativ hoch ist. Daraus kann abgeleitet werden, dass das Preisniveau in Nicaragua in Relation zu den anderen Staaten Zentralamerikas niedrig ist.

Der nachfolgende Abschnitt widmet sich der nicaraguanischen Agrarstruktur und den Bodenbesitzverhältnissen. Die Auseinandersetzung mit diesem Thema ist im Hinblick auf das Verständnis des nicaraguanischen Agrarsektors notwendig, besonders um dessen Asymmetrien greifbar zu machen. Das zentralamerikanische Freihandelsabkommen etabliert, wie im Laufe des Kapitels noch gezeigt wird, einen gemeinsamen Markt zwischen Ländern, die besonders im Agrarsektor enorme Unterschiede aufweisen.

6.5 Agrarstruktur und Bodenbesitzverhältnisse

Neben dem Beitrag, den der Agrarsektor zum nationalen BIP bzw. zum Exportsektor leistet, ist die Verteilung des agrarisch genutzten Bodens von Bedeutung. Die SandinistInnen enteigneten und verstaatlichten zu Beginn der 1980er Jahre das gesamte Eigentum des Somoza-Clans und führten eine Umverteilung des Bodens an staatliche Kooperativen aber auch an *campesinos* durch. Die politischen Veränderungen ab den 1990er Jahren hatten Einfluss auf die Bodenverteilung.

Sabemos que a raíz de la reforma agraria, el sector llamado latifundista descendió su peso de 36.2% del área en fincas que tenía en 1978, a 6.5 % en el año de 1990; a partir de este año y debido a lo que se ha llamado la contrarreforma agraria, el sector de grandes productores latifundistas, mayores de 500 manzanas, recuperó su peso hasta alcanzar la cifra de 20% aproximadamente, aunque mucho menor que la que tenían durante el somocismo. (CIPRES 2006: 100)

Die nachfolgende Grafik bezieht sich auf Daten aus dem Jahre 2004 und zeigt die Verteilung des Bodens auf die einzelnen AkteurInnengruppen im nicaraguanischen Agrarsektor. Es wird dabei einerseits zwischen kleinen, mittleren und großen ProduzentInnen unterschieden und andererseits weiterführende AkteurInnen in diesem Kontext identifiziert. Darunter fallen Agro-Industriebetriebe, Kooperativen, landwirtschaftliche Projekte von Hilfsorganisationen und indigene Territorien (vlg. CIPRES 2006: 96).

Grafik 12 stellt die Anzahl der Betriebe pro Gruppe und dem ihnen zurechenbaren Boden gegenüber.

Grafik 12: Verteilung der Bodens nach AkteurInnengruppen (2004)

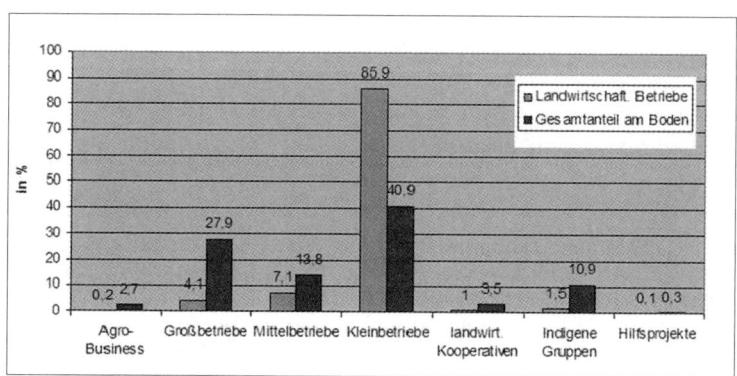

Quelle: Berechnungen d. Autorin auf Basis von CIPRES 2006: 99

Die Berechung der Werte der Grafik erfolgte nicht nach der verbreiteten »konventionellen Methode«, bei der die Parzellengröße[215] ausschlaggebendes Kriterium ist, sondern für die Einteilung in die unterschiedlichen Gruppen werden weitere Kriterien herangezogen, wie bspw. die Qualität des Bodens, die infrastrukturellen Zugänge oder die Erreichbarkeit der nächsten Märkte (vlg. CIPRES 2006: 95).

Wie aus der Grafik ersichtlich wird stellen die KleinproduzentInnen die größte Gruppe unter den AkteurInnen innerhalb des Agrarsektors dar. Sie besitzen nur ca. 40% des bearbeitbaren Bodens, wohingegen die *grandes productores* einen Anteil von knapp mehr als 4 % stellen, und fast 28 % des Bodens besitzen.

Es muss jedoch festgehalten werden, dass sich die Verteilung des Bodens nach den Sturz der Somoza-Diktatur 1979 zugunsten der kleinen und mittleren ProduzentInnen gewandelt hat.

Die Agrarreform unter den SandinistInnen führte zu einer drastischen Reduktion von Latifundien, wobei es nach der Abwahl der FSLN wiederum zu einer Zunahme der großen Agrarbetriebe kam. Tabelle 20 fasst die Veränderungen innerhalb der Struktur der Bodenverteilung in den letzten beiden Dekaden zusammen.

Tabelle 20: Veränderung der Bodenverteilung von 1978 – 2001

Bodenverteilung	1978		2001		Wachstumsrate
	Mzs.	%	Mzs.	%	1978-2001
weniger als 10 mzs.	170.000	2.1	385.112	4.3	127
von 10 bis 50 mzs.	1.241.000	15.4	1.830.035	20.5	47
von 50 bis 200 mzs.	2.431.000	30.1	3.303.457	37.0	36
von 200 bis 500 mzs.	1.311.000	16.2	1.647.185	18.4	26
mehr als 500 mzs.	2.920.000	36.2	1.769.231	19.8	-39
Zwischensumme	8.073.000	100.0	8.935.020	100.0	11
Indigene Gemeinden der Costa Caribe			815.113		
Boden Gesamt (1)	8.073.000		9.750.133		

(1) Der Unterschied der Gesamtfläche, die für den Agrarsektor zur Verfügung steht, ergibt

---

215 *Pequeños Productores* sind nach der konventionellen Methode definiert als jene, denen für die landwirtschaftliche Nutzung zwischen 0 und 50 mzs. (manzanas) bzw. für die Viehzucht zwischen 0 und 200 mzs. zur Verfügung stehen; die *Medianos Productores* als jene die für Landwirtschaft zwischen 50 und 500 mzs. bzw. für die Viehwirtschaft 200 bis 1000 mzs. haben und *Grandes Productores* als jene, deren landwirtschaftliche Nutzfläche mehr als 500 mzs. und deren Fläche für die Viehzucht mehr als 1.000 mzs. umfasst. (vlg. CIPRES 2006: 96).

sich einerseits daraus, dass im Jahre 1978 die beiden autonomen Regionen der *Costa Caribe* nicht inkludiert waren und andererseits durch das Fortschreiten der Agrargrenzen, wodurch mittels illegaler Parzellierung von indigenem Territorium die dargestellte Gesamtfläche vergrößert wurde.

Übersetzung der Tabelle durch d. Autorin
Quelle: CIPRES 2006: 101;

Seit Ende der 1970er Jahre kam es zu einer immensen Zunahme von Klein- und Mittelbetrieben im Agrar- und Fortwirtschaftssektor, wohingegen die Fläche, die von *grandes productores* bewirtschaftet wird, um knapp 40% sank.

Eine Studie des Forschungsinstituts der *Universidad Centroamericana* (UCA), Nitlapán, nimmt eine andere Einteilung der AkteurInnengruppe im Agrarsektor vor, wobei auch hier der Anteil der KleinproduzentInnen überwiegt. Auf Basis des Mikrozensus aus dem Jahr 2005 beziffern die ForscherInnen von Nitlapán den Anteil der ländlichen Bevölkerung mit 44 %. Dies bedeutet, dass 40% der arbeitsfähigen Bevölkerung am Land leben. Von den 200.000 Familien im ländlichen Raum leben 59 % von Subsistenzlandwirtschaft, 37,1 % als *campesinos*, 6,6 % als *finqueros* und 2,7 % können der Agrarindustrie zugerechnet werden (vgl. Losch 2007: 5).

Diese Zahlen belegen einmal mehr die Struktur der nicaraguanischen Landwirtschaft, die sich großteils aus kleinen Betrieben zusammensetzt, welche für den lokalen/nationalen Markt und für die Selbstversorgung produzieren und bestätigen auch die zentrale Bedeutung, die dieser Sektor für das gesamte Land hat.

Die wichtige Rolle der kleinen und mittleren ProduzentInnen innerhalb des nicaraguanischen Agrarsektors spiegelt sich nicht nur in der Bodenverteilung bzw. in der Struktur des Agrarsektors wider, sondern auch in ihrem Beitrag zum BIP.

Grafik 13 zeigt, dass mehr als 60% des Bruttoinlandproduktes, das in den Sektoren Land- und Forstwirtschaft erzeugt wird, nicht von großen Betrieben bzw. von der Agro-Industrie stammt; vielmehr tragen die kleinen und mittleren ProduzentInnen mehr als die Hälfte zum BIP aus dem primären Sektor bei.

Tendenziell kann festgestellt werden, dass die *grandes productores* eher für den Exportmarkt produzieren, wohingegen die mittleren und kleinen Unternehmen für den nationalen Markt erzeugen. Weiters produzieren die *pequeños y medianos productores* knapp 80% des im Inland erzeugten *granos básicos* (vgl. CIPRES 2006: 104).

Die vorliegende Studie von CIPRES macht auch deutlich, dass die indigene Bevölkerung nur sehr wenig zum produzierten BIP beiträgt, knapp 3 %. Hier deutlich, wie marginal ein großer Teil der autonomen Gebiete in die nicaraguanische Volkswirtschaft integriert ist. Eine weitere Einschränkung ergibt sich dadurch, dass der von dieser Gruppe geleistete Beitrag zum BIP fast ausschließlich im Bereich der Forstwirtschaft erfolgt. »La producción indigena merece especial atención por su baja contribución al Sector Agropecuario y Forestal (3 %), debido fundamentalmente al sistema de producción de estos actores económicos, donde la actividad forestal es el principal rubro económico.« (ebd.: 105).

Grafik 13: Struktur des BIP aus Landwirtschaft und Forstwirtschaft nach AkeurInnen

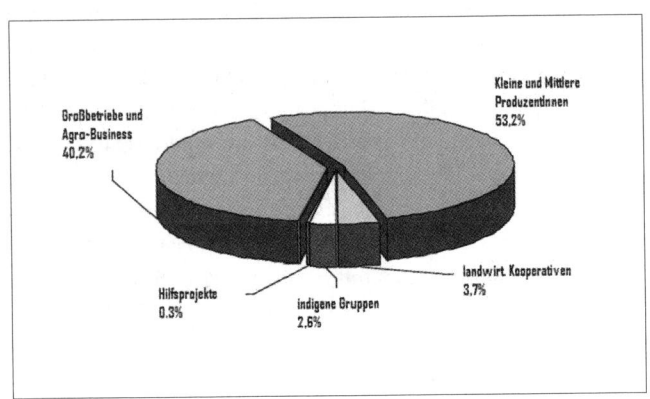

Die Angaben stammen aus dem Jahr 2004
Quelle: CIPRES 2006: 102

Die Ausbeutung des Rohstoffes Holz in den autonomen Gebieten wird von nationalen bzw. internationalen Unternehmen vorangetrieben; daraus ableitbar bleibt kein Gewinn für die indigenen Bevölkerung zurück. »Cabe señalar que las explotaciones forestales están siendo gestionadas por empresas madereras tanto nacionales como extranjeras, que no dejan nigún valor agregado a esta población.« (ebd.: 105)

Zusammenfassend können folgende Punkte festgehalten werden, welche die zentrale Rolle des primären Sektors innerhalb der nicaraguanischen Volkswirtschaft konstatieren:

– Der Anteil des primären Sektors am BIP beträgt ca. 20%,
– 30% der arbeitenden Bevölkerung sind im primären Sektor tätig,
– der Agrarsektor trägt ca. 65 % zum nicaraguanischen Exportvolumen bei.

Überwiegend wird der agrarisch genutzte Boden von kleineren und mittleren ProduzentInnen bearbeitet, die mehr als 50% zum BIP aus dem primären Sektor beitragen. Weiters tragen die *pequeños y medianos productores* primär zur Produktion von *granos básicos* bei, während die großen ProduzentInnen eher für den Export produzieren. Besonders die zukünftige wirtschaftliche Rolle der *pequeños y medianos productores* wurde im Rahmen der Verhandlungen zum CAFTA immer wieder thematisiert. Die Theorie der strukturellen Heterogenität besagt, dass es durch die (verstärkte) Einbindung von Teilsektoren in den Weltmarkt, zu einer Verfestigung der deformierten wirtschaftlichen Struktur in einer Entwicklungsökonomie kommt.

In Nicaragua existiert die in der Literatur idealtypisch dargestellte Teilung der (Agrar-)Wirtschaftsstruktur in einen modernen und einen traditionellen Sektor. Einem – für den Weltmarkt produzierenden Agrarsektor – steht eine große Anzahl von *pequeños y medianos productores* gegenüber, die hauptsächlich für den nationalen Markt produzieren. Eine weitere Abstufung im traditionellen Sektor im Agrarbereich stellt die Subsistenzökonomie der indigenen Gemeinden dar. Der Subsistenzsektor und die spezielle Situation der autonomen Gebiete werden in Kapitel 7 behandelt.

6.6 Verfügungsgewalt über Land und Boden

Ein weiterer Punkt, welcher ins Blickfeld rückt, wenn über den Agrarsektor im zentralamerikanischen Kontext gesprochen wird, ist die Frage nach rechtlich abgesicherten Landtiteln. Die spanische Kolonialisierung Nicaraguas[216] und die ein halbes Jahrhundert andauernde Familiendiktatur des Somoza-Clans spiegelte sich auch in der Verfügungsgewalt des Bodens wider.

> Land ownership in Nicaragua has traditionally been highly concentrated. After an agro-export boom in the first half of the 20th century, numerous forced land transfers took place form smallholders and indigenous groups to the large landowners, especially in the fertile Pacific region. (Broegaard et al. 2002: 9)

Wie bereits dargestellt wurde, kam es während der Ära der SandinistInnen zu einer massiven Umverteilung von Land;[217] vor allem die Ländereien des ehemaligen Diktators wurden konfisziert, einerseits in Staatsbesitz übertragen und andererseits an *campesinos* vergeben. Jedoch wurde die Landreform nicht juristisch exakt durchgeführt, d. h. es wurden keine rechtsgültigen Landtitel vergeben. »The land rights distributed by the land reform program were often incompletely formalized, with reform land being inscribed in a separate register instead of the

---

[216] Die autonomen Gebiete waren davon ausgenommen.

[217] Ca. 40% des Landes wurden während der von den SandinistInnen zu Beginn der 1980er Jahre durchgeführten Landreform umverteilt. (vgl. Broegaard et al. 2002: 9).

general public registry of property. Some beneficiaries of the land reform even lacked title.« (ebd.: 9).

Nach dem Machtwechsel zu Beginn der 1990er Jahre kam es zu teilweise gewaltsamen Auseinandersetzungen zwischen den enteigneten BesitzerInnen und den Begünstigten der sandinistischen Agrarreform. Die Regierung unter Chamorro versuchte diese Konflikte einerseits mittels Kompensationszahlungen an die Enteigneten zu lösen und andererseits wurde im Jahr 1995 eine gesetzliche Regelung beschlossen, die besagte, dass die während der sandinistischen Agrarreform vergebenen Landtitel rechtsgültig seien. Alemán hebelte diese Regelung teilweise wieder aus, indem er während seiner Präsidentschaft im Jahr 1997 eine Vereinbarung unterzeichnete, die sicherstellte, dass die ehemaligen BesitzerInnen ihre Ansprüche auf das Land weiterhin gerichtlich einklagen konnten.

Neben dieser politischen Dimension gibt es auch ein praktisches Problem: Viele Titel wurden nicht in das offizielle Register eingetragen, da teilweise auch die finanziellen Ressourcen für den Eintrag fehlten (vgl. ebd.: 11). Teilweise wurden Titel für dieselbe Parzelle mehrfach vergeben, da sie in unterschiedlichen Katastern geführt wurden, ohne sie abzugleichen. Hier wird ersichtlich, wie kompliziert und problematisch die Frage nach der rechtlichen Sicherheit der Landtitel ist.

Das *Instituto Interamericano de Cooperación para la Agricultura* (IICA) in Nicaragua geht davon aus, dass nur ein Drittel aller Parzellen einen rechtlich gesicherten Landtitel besitzen. »(...) Es decir, solamente una de cada tres propiedades puede ser vendida, alquilada, regalada, heredada, cedida o donada, sin alterar los derechos adquiridos por terceras partes. Las otras dos propiedades, si se transan de cualquiera de esas maneras van a producir un conflicto a un tercero.« (IICA 2000: 18)

Die fehlende rechtliche Absicherung der meisten Landtitel zieht noch andere Probleme nach sich: wer über keine gültigen Dokumente verfügt, kann auch keine Bankkredite aufnehmen, da das Land nicht als Sicherheit eingesetzt werden kann. Weiters kann das Land weder verkauft noch verpachtet werden, ohne rechtliche Konflikte zu provozieren.

Es sind vor allem die kleinen und mittleren Landwirtschaftsbetriebe, die mit diesen Schwierigkeiten zu kämpfen haben. Sie verfügen über keine Rechtssicherheit in Bezug auf das Land, das sie bewirtschaften und deshalb auch über keinen Zugang zu Bankkrediten. Aufgrund des fehlenden Kapitals sind Investitionen in die Verbesserung der Produktionsstruktur nicht möglich, womit auch die Konkurrenzfähigkeit dieses Sektors nicht gewährleistet sein kann (vgl. Beteta/Gutiérrez 2007: 10).

Besonders im Hinblick auf das zentralamerikanische Freihandelsabkommen wurde auf die »Verwundbarkeit« des Agrarsektors immer wieder hingewiesen, vor allem im Zusammenhang mit den möglichen Auswirkungen auf Arbeitsplätze und Armutsbekämpfung. Nicht nur AkteurInnen aus der Zivilgesellschaft (NGOs, Universitäten usw.) haben einen besonderen Schutz dieses Bereiches gefordert, auch von staatlicher Seite her wurde durch die Verhandlung der teilweise langen Übergangsfirsten bis zum vollständigen Zollabbau für »sensible« Produkte, diesem Ansinnen bis zu einem gewissen Grad Rechnung getragen.

Im anschließenden Abschnitt folgen eine Auseinandersetzung mit dem CAFTA und die unterschiedlichen wirtschaftlichen Rahmenbedingungen der UnterzeichnerInnenstaaten mit dem speziellen Fokus auf den Agrarsektor in Nicaragua. Die Asymmetrien im Landwirtschaftssektor zwischen den USA und Nicaragua werden ebenso beleuchtet, wie auch die Frage, welche Gefahren sich daraus für das zentralamerikanische Land ergeben können.

6.7 Das Zentralamerikanische Freihandelsabkommen (CAFTA)

Die Verhandlungen rund um das CAFTA waren durch heftige (gesellschafts-)politische Auseinandersetzungen und Diskussionen geprägt und standen mehr als einmal auf der Kippe. Einerseits trugen Konflikte zwischen den zentralamerikanischen Ländern innerhalb der Verhandlungssituationen zu diesen Spannungen bei, andererseits mobilisierten Teile der Zivilgesellschaft gegen das Freihandelsabkommen. Die USA versuchten die fünf Staaten dazu zu bewegen, als »Block« in den Verhandlungen zu agieren, wobei sich durch die unterschiedlichen wirtschaftlichen Strukturen der zentralamerikanischen Staaten zwangsläufig Schwierigkeiten ergaben. Der Alleingang Guatemalas in Fragen des zollfreien Zugangs von Exporten in den zentralamerikanischen Markt stellte bspw. eine solche Konfliktlinie dar; Guatemala bot der USA mehr als 90% zollfreien Zugang, während die anderen vier Staaten nur zu einem Eingeständnis bis zu 75 % bereit waren (vgl. Minkner-Bünjer 2004: 131).

Die USA setzten Guatemala gleich von Beginn an stark unter Druck. Von dem Land wurde verlangt, dass es ein umfassendes Paket zum Kampf gegen den Drogenschmuggel und der Geldwäsche erarbeiten müsste. Falls diesen Forderungen nicht entsprochen würde, drohten die USA damit, Guatemala aus den Verhandlungen zum CAFTA auszuschließen. Somit wird ersichtlich, dass neben den wirtschaftlichen Aspekten auch politische Dimensionen in den Verhandlungsprozess mit hineinspielten. Ein weiterer dieser politischen Aspekte, welcher auch dazu beitrug, dass das CAFTA sehr schnell ausverhandelt wurde, waren die für 2004 anstehenden Präsidentschaftswahlen in den USA.[218] Trotz des erfolgreichen Bemühens, den Vertrag noch vor etwaigen veränderten politischen Realitäten in den USA zu ratifizieren, fiel die Abstimmung äußerst knapp aus. Im US-amerikanischen Senat wurde das CAFTA mit nur 54 zu 45 Stimmen angenommen; im RepräsentantInnenhaus gar nur mit 217 zu 215 Stimmen (vgl. Huhn/Löding 2007: 3).

> Nach den ersten vier Runden kritisierten die Vertreter des Privatsektors[219] und der Zivilgesellschaft, dass die Vertreter Zentralamerikas untereinander zu uneinig seien, um mit Erfolg gegenüber den Unterhändlern der USA auftreten zu können. Ferner bemängelten sie, dass sie zu reaktiv verhandeln und die Diskussion sehr kontroverser Punkte immer weiter »nach hinten« verschieben würden. Zudem erschwere die mangelnde Repräsentativität der Verhandlungsgruppen den Dialog mit den Unternehmerverbänden, den Gewerkschaften und den Nichtregierungsorganisationen. (Minkner-Bünjer 2004: 132)

In Honduras machte die Kirche gegen den Freihandelsvertrag mobil, allen voran das Kirchenoberhaupt der römisch-katholischen Kirche in Honduras, Erzbischof Oscar Andrés Rodríguez Maradiaga. Die Kirche sah besonders die KleinbäuerInnen als die VerliererInnen des Abkommens und befürchtete den Ruin für 70% der 200.000 KleinproduzentInnen im Landwirtschaftssektor von Honduras. (ebd.: 132).

Trotz all dieser Kontroversen wurden die Verhandlungen zu Ende gebracht, wobei schlussendlich die Zoll- und Quotenregelungen zwischen den fünf zentralamerikanischen Ländern, der Dominikanischen Republik und den USA bilateral ausverhandelt wurden.[220] In die Diskussion über die CAFTA-Verhandlungen muss auch noch die *Caribbean Basin Initiative* (CBI), im Spanisch unter der Abkürzung

---

218 Durch einen etwaigen Gewinn der DemokratInnen bei der Präsidentschaftswahl 2004 wäre das CAFTA zu Fall gekommen. Der damalige Präsidentschaftskandidat der DemokratInnen John Kerry hatte bereits im Vorfeld angekündigt, dass er der Ratifizierung des Freihandelsabkommens nicht zustimmen würde.

219 Die Kritik wurde vor allem von Seiten der zentralamerikanischen Länder formuliert.

220 Besonders in Costa Rica wurde die endgültige Ratifizierung des Vertrags zu einer Zerreißprobe für die Gesellschaft. Costa Rica ließ als einziges Land per Volksabstimmung über den CAFTA-Beitritt entscheiden. Die BefürworterInnen des Freihandelsabkommens konnten dieses am 7. Oktober 2007 knapp für sich gewinnen, wobei ihnen von linkspolitischer Seite vorgehalten wurde, dass ihre »Pro-CAFTA-Kampagne« von den USA massiv finanziell unterstützt wurde (vgl. http://www.heise.de/tp/r4/artikel/21/21437/1.html, Download: 9. Dezember 2008). Besonders die Befürchtung einer Überschwemmung von US-amerikanischen Importen durch den Abbau von Zollschranken und den daraus resultierenden möglichen Ruin von gewissen Sektoren, allen voran im Agrarbereich, wurde von den GegnerInnen vorgebracht (vgl. http://www.nzz.ch/nachrichten/international/freihandel_usa_costa_rica_zustimmung_1.566527.html, Download: 9. Dezember 2008).

ICC (*la Iniciativa para la Cuenca del Caribe*) bekannt, angeführt werden. Die Initiative geht zurück auf den US-Präsidenten Ronald Reagan und fand in den *Caribbean Basin Economic Recovery Act* (CBERA) ihren Abschluss, welcher mit Beginn des Jahres 1984 Gültigkeit erlangte. Das CBI und der daraus abgeleitete CBERA garantierten Ländern aus Zentralamerika und der Karibik unilateral den zoll- und quotenfreien Zugang der Mehrheit ihrer Produkte zum US-amerikanischen Markt. Im Jahr 2000 wurde das Abkommen erweitert und der *Caribbean Basin Trade Partnership Act (CBTPA)* unterschrieben, welche eine Vergünstigung für 19 zentralamerikanische und karibische Staaten brachte.[221] Die BefürworterInnen des CAFTA argumentieren, dass der CBTPA im Jahre 2008 abgelaufen wäre, was somit, ohne Unterzeichnung des CAFTA, eine Verschlechterung der Exportsituation für die zentralamerikanischen Länder bedeutet hätte (vgl. Morley 2006: 11).

Nicaragua ist das einzige zentralamerikanische Land, das nicht von Beginn an in die CBI aufgenommen wurde, was sich aus der politischen Situation zum Zeitpunkt der Gründung dieser Initiative erklärt. In Nicaragua waren die SandinistInnen an der Macht und der US-Präsident Ronald Reagan versuchte mit allen Mitteln die Herrschaft der linksgerichteten FSLN zu untergraben bzw. zu beenden. Deshalb lag es auf der Hand, dass Nicaragua keinen Zugang zum US-amerikanischen Markt erhielt, vielmehr hatte es mit einem Handelsboykott von Seiten der USA zu kämpfte. Mit der Abwahl der SandinistInnen im Jahre 1990 und dem Beginn der (neo-)liberalen Politik in Nicaragua unter Doña Violeta veränderte sich auch die Haltung der USA und das Land wurde in die CBI aufgenommen.

Das CBI fußte auf der Idee eines präferentiellen und nicht reziproken Zuganges, der es den zentralamerikanischen und karibischen Staaten einseitig erlaubte, ihre Waren zu einem hohen Prozentsatz zoll- und quotenfrei in den US-amerikanischen Markt zu exportieren. Das CAFTA hingegen setzt auf die gegenseitige Öffnung der Märkte und geht auch weit über eine »Initiative« hinaus. Das Freihandelsabkommen ist ein völkerrechtlich bindender Vertrag, der dem Regelwerk der WTO zu Grunde liegt.[222]

---

[221] Nähere Informationen zur Initiative bzw. zu den einzelnen Protokollen können von der Homepage des »Office of the United States Trade Representative« heruntergeladen werden: http://www.ustr.gov/Trade_Development/Preference_Programs/CBI/Section_Index.html

[222] Eine Freihandelszone, wie es das CAFTA darstellt, kann wie folgt definiert werden: »(...) ein durch den Zusammenschluss von zwei oder mehreren Staaten oder Teilen der Staatsgebiete geschaffener Wirtschaftsraum, in welchem die Zölle und andere den Handel zwischen den Partnern beschränkende Maßnahmen und Mechanismen schrittweise beseitigt werden. Ein wesentliches Merkmal einer Freihandelszone ist, dass ihre Mitglieder die Autonomie der Handelspolitik weiterhin behalten. Dies äußert sich insbesondere bei den Regelungen der jeweiligen nationalstaatlichen Zolltarife gegenüber Drittstaaten.« (Biehl 2008: 49).

6.7.1 Asymmetrien zwischen den VerhandlungspartnerInnen

Das zentralamerikanische Freihandelsabkommen ist eines der wenigen seiner Art,[223] das zwischen einem hochentwickelten Industrieland und »Entwicklungsökonomien« geschlossen wurde und damit sowohl in wirtschaftlicher, institutioneller als auch sozialer Hinsicht sehr unterschiedliche Länder in eine Freihandelszone zusammenfasst. Laut dem Bericht der Weltbank aus dem Jahr 2000 (*Trade Blocs*) erscheint es für Länder des Südens wesentlich sinnvoller zu sein, ein Nord-Süd-Abkommen anzustreben, als ein Süd-Süd-Abkommen. Salazar-Xirinachs (2003: 2) gibt dafür folgende Aspekte, die die Weltbank in ihrem Bereicht anführt, wieder:

– Los acuerdos Sur-Sur tiene más probabilidad de generar desviación de comercio e ineficienicas dada la protección relativamente más alta de los países en desarollo, lo limitado del tamaño de los mercados, la menor competencia y el hecho de que las economías tienden a ser similares y competitivas en vez de complementarias.
– Los acuerods Norte-Sur ofrecen mayores oportunidades de transferencia tecnológica y de aumentos de la productividad.
– Los acuerdos Norte-Sur también tienen también mayores de efectos de amarre y consolidación en la dirección de las políticas económicas.
– En vista de la mayor calidad y sofistiación de las instituciones en los países desarrollados, los acuerods Norte-Sur también proveen mayores oportunidades de mejoramiento institucional en los socios menos desarrollados, que los esquemas Sur-Sur.
– Finalmente, dadas las mayores diferencias en la dotación de recursos entre los miembros de un acuerdo Norte-Sur que en un acuerdo Sur-Sur, las economías pequeñas y de menor desarrollo tienen mayores posibilidades de explotar y desarrollar sus ventajas comparativas integrándose con economías desarrolladas e industrializadas.

---

223 Die Europäische Union unterzeichnete mit den Cotonou-Verträgen einen Kooperationsvertrag zwischen einer hochindustrialisierten Staatengemeinschaft und Entwicklungsökonomien. Die Cotonou-Verträge wurden im Jahr 2000 abgeschlossen, nachdem das seit den 1975er Jahren bestehenden Abkommen zwischen den AKP-Staaten (Afrika, Karibik, Pazifik) und der EU ausgelaufen war. Diese Verträge wurden auch als Lomé-Verträge bekannt. Das Nachfolgeabkommen Cotonou setzte vermehrt auf egalitärere Handelsbeziehungen zwischen den EU und den AKP-Staaten und versuchte damit die Vorteile, wie bspw. Zollfreiimportquoten für Agrarprodukte usw., die sich durch die Lomé-Verträge für die AKP-Staaten ergaben, zurückzudrängen (vgl. http://www.uni-kassel.de/fb5/frieden/themen/Europa/akp3.html, Download: 4. Februar 2009).

Diese fünf Aspekte[224] zeigen auf, wie Entwicklungsökonomien von einem Handelsabkommen mit einem »entwickelten Land« profitieren können. Im Fall des CAFTA kann zusammenfassend festgestellt werden, dass die zentralamerikanischen Staaten durch den gesicherten Zugang zum US-amerikanischen Markt profitieren können[225] und durch das CAFTA eine Adaption bzw. Verbesserung ihrer Institutionen vornehmen müssen.

Jedoch darf bei dieser Analyse nicht übersehen werden, dass weniger entwickelte Ökonomien wesentlich verletzbarer sind, auch in Bezug auf internationale Entwicklungen, wohingegen entwickelte Ökonomien wesentlich potenter sind, ihre eigenen Institutionen zu schützen bzw. zu unterstützen. Besonders der landwirtschaftliche Bereich befindet sich in diesem Spannungsfeld, da einerseits ein Teil des Agrarsektors im Süden durch ein Nord-Süd-Abkommen profitieren kann. Andererseits muss speziell die klein-strukturierte, auf Grundnahrungsmittelproduktion ausgerichtete Landwirtschaft zu den VerliererInnen gezählt werden, wie die mexikanischen MaisbäuerInnen durch das NAFTA erfuhren. Die US-amerikanische Landwirtschaft gehört zu den höchstsubventionierten weltweit und die USA unterstützen ihre BäuerInnen sowohl mit internen Subventionen, als auch mit Exportförderungen.

Die Asymmetrien im Bereich der Landwirtschaft zwischen den UnterzeichnerInnenstaaten des CAFTA sind gravierend, weshalb gerade dieser Sektor während der Verhandlungen zum Freihandelsabkommen im Zentrum der Diskussion stand. Durchschnittlich sind 38 % der Erwerbstätigen in den zentralamerikanischen Ländern im Agrarsektor beschäftigt, wohingegen es in den USA nur 2% sind.[226] Ein deutliches Ungleichgewicht ergibt sich im Bereich der Handelsbeziehungen; während knapp 50% aller Exporte von Zentralamerika in die USA gehen und knapp 45 % aller Importe aus der USA kommen, tragen diese Länder nur zu einem Prozent zur Handelsleistung der USA bei (vgl. Salazar-Xirinachs 2003: 10).

Die Frage nach der Interessenspolitik der USA in Bezug auf die Etablierung des CAFTA drängt sich angesichts der Tatsache auf, dass der zentralamerikanische

---

[224] Diese Punkte sind auch im Weltbankbereich, (Trade Blocs 2000: Kapitel 4), nachzulesen.

[225] Wie bereits weiter oben dargestellt, wäre der unilaterale Zugang der zentralamerikanischen Länder zum US-amerikanischen Markt durch das ICC (*la Iniciativa para la Cuenca del Caribe*) im Jahr 2008 abgelaufen.

[226] Eine große US-amerikanische NGO-Plattform, *InterAction*, setzt die Zahlen der Erwerbstätigen im Agrarbereich in den USA und den zentralamerikanischen Ländern noch divergierender an: In Zentralamerika arbeiten laut ihren Angaben zwischen 40 und 50% der Bevölkerung in der Landwirtschaft, in den USA nur mehr ein Prozent (vgl. McElhinny 2004: 4).

Markt in ökonomischer Hinsicht für die USA nicht von zentraler Bedeutung erscheint.

Salazar-Xirinachs/Granados (2003: 230) führen in einer Analyse über die Möglichkeiten und Herausforderungen, die sich aus dem zentralamerikanischen Freihandelsabkommen ergeben können, folgende Gründe an, weshalb die USA ein großes Interesse hatten, das CAFTA zu einem positiven Abschluss zu führen:

Handelspolitische Gründe:
- Weiterer Schritt zur Vollendung der FTAA (Gesamtamerikanische Freihandelszone),
- Schaffung eines positiven Präzedenzfalls für die Zusammenarbeit mit anderen kleineren Entwicklungsökonomien.

Sicherheitspolitische Gründe:
- Stärkung der Kontrolle des internationalen Drogenhandels,
- Eindämmung der Geldwäsche,
- Terrorismusbekämpfung,
- Reduktion der Migration aus den zentralamerikanischen Staaten.

Politische und strategische Gründe:
- Förderung der ökonomischen und sozialen Reformen in Zentralamerika,
- Unterstützung der Demokratisierung der Region.

Ökonomische Gründe:
- Erhöhung der US-Exporte nach Zentralamerika,
- Erhöhung des globalen Wettbewerbs

Diese Punkte zeigen, dass sich die USA auch strategische und sicherheitspolitische Vorteile von dem Freihandelsabkommen versprachen. Für die zentralamerikanischen Staaten stellt sich die Situation anders dar. Wie bereits angeführt, sind die USA der wichtigste Handelspartner und es besteht eine enorme Abhängigkeit vom US-amerikanischen Markt. Durch das Auslaufen der ICC standen sie unter Zugzwang und das Freihandelsabkommen verschaffte ihnen die Sicherung dieser Handelsvorteile.

Der am heftigsten diskutierte Bereich innerhalb der Verhandlungen zum Freihandelsabkommen betraf den Agrarsektor. Für die zentralamerikanischen Staaten ist der Agrarsektor ein wichtiger Bereich in Hinblick auf den Arbeitsmarkt, den Exportmarkt und insgesamt in Bezug auf den Beitrag zum nationalen BIP. Eine Analyse dieses Sektors zeigt, dass der Agrarbereich kein homogenes Gebilde in den zentralamerikanischen Ländern ist, sondern durch Heterogenitäten gekennzeichnet ist. Während einige Teilsektoren vom Freihandelsabkommen profitieren können, werden andere wiederum zu den VerliererInnen zu zählen sein. Laut McElhinny (2004: 13) zählt vor allem die Agro-Industrie in den zentralamerikanischen Ländern zu den potenziellen GewinnerInnen des CAFTA. Rindfleisch und Zucker gehören dabei zu jenen Produkten bei denen ein Exportzuwachs erwartet wird. Im Gegensatz dazu werden vor allem für die klein-strukturierten Landwirtschaft, die *granos básicos* für die lokalen und nationalen Märkte produziert, massive Rückgänge erwartet.

6.7.2 Asymmetrien im Agrarsektor der CAFTA-Mitgliedsstaaten

Während der Verhandlungen über den Agrarsektor wurden von den VertreterInnen der UnterzeichnerInnenstaaten vor allem drei Aspekte diskutiert: der Marktzugang zu Agrarprodukten, die internen Subventionen im Agrarsektor und die Exportsubventionen. Besonders die letzten beiden Punkte wurden immer wieder von KritikerInnen des CAFTA vorgebracht, da die hohen internen Agrarsubventionen, aber auch die Exportstützungen zu einer immensen Verzerrung der Wettbewerbsfähigkeit zwischen den USA und den anderen Ländern führen. Oscar-René Vargas, Professor an der *Universidad Politécnica de Nicaragua* (UPOLI), einer der prominentesten Kritiker des CAFTA in Nicaragua, beschreibt diese Asymmetrien wie folgt:

> Este trato equitativo ignora las enormes diferencias existentes entre el sector agrícola de los EU, que recibirá este año (2005) ayudas cercanas a los 18,000 millones de dólares y que cuenta con un importantísimo desarrollo tecnológico, con el de paises que tienen sectores rurales con mayor pobreza del continente americano, sin apoyo gubernamental alguno y con escaso acceso a los recursos productivos y financieros. (Vargas 2005a)

Der Forderung nach der Streichung der Exportsubventionen und die Reduktion der Milliarden Dollar an internen Stützungen im US-amerikanischen Agrarbereich wurde mit dem Hinweis auf die WTO-Verhandlungen von Seiten der USA beiseite geschoben. Die USA argumentierten, dass diese beiden Aspekte innerhalb der WTO geklärt werden müssen und somit keine Rolle in einem regionalen Freihandelsabkommen spielen können.

Wie jedoch im Kapitel 5 ersichtlich ist, ist es gerade der Agrarsektor, über den innerhalb der Welthandelsorganisation keine Einigkeit besteht. Die USA »vertrösteten« in den CAFTA-Verhandlungen die zentralamerikanischen Länder mit den Hinweis auf den Liberalisierungsprozess in der WTO; aber gerade auf globaler Ebene sind es die USA, aber auch die Europäische Union, die zu wenig Zugeständnissen im Aufbrechen des Protektionismus der eigenen Landwirtschaft bereit sind.

Somit wurden diese beiden Aspekte ausgeklammert und alleine der Marktzugang, die Übergangsfristen bis zum vollständigen Zollabbau und die in dieser Zeitspanne zu etablierenden Zollfreiquoten[227] ausverhandelt. Die Kategorisierung der Produktgruppen im Agrarbereich, aber auch im Lebensmittelbereich, wurde zwischen den einzelnen Ländern und den USA bilateral verhandelt, um dadurch auch den unterschiedlichen Strukturen in den einzelnen Ländern Rechnung zu tragen.

Weiters durfte jedes CAFTA-Mitglied ein Produkt anführen, das von der Zollreduktion ausgeschlossen werden konnte. Oscar René Vargas sieht darin einen Widerspruch zu der Diskussion innerhalb der WTO, in der angestrebt wurde, dass es alleine »Entwicklungsländern« vorbehalten sei, »spezielle Produkte« zur benennen, die einen besonderen Schutz bedürfen. Gründe für diesen spezifischen Schutz können sich aus der zentralen Bedeutung dieser Produkte für die Nahrungsmittelsicherung der Bevölkerung ergeben, oder weil sie als einzige nennenswerte Einkommensquelle für eine Mehrzahl der Landbevölkerung gelten (vgl. Cainglet 2005: 9ff.).[228]

Die USA bestanden, trotz der Diskussion in der WTO darauf, dass der Import von Zucker aus Zentralamerika in die USA nicht dem Zollabbau unterworfen werden darf. Jedoch nicht nur Zucker wurde ausgenommen, sondern auch dessen Derivate und somit umfasst diese Bestimmung 47 Zolllinien bzw. Produkte (vgl. Vargas 2005a). Es wurden zwar für jedes zentralamerikanische Land Zuckerkontingente ausverhandelt bzw. die bestehenden im Rahmen der ICC bestätigt, jedoch wird mit dieser Ausnahmeregelung im Freihandelsabkommen versucht, den Schutz der US-amerikanischen Zuckerproduktion zu gewährleisten.

Die zentralamerikanischen Staaten versuchten eine Liste von »sensiblen Produkten« die ebenso von der Zollreduktion ausgenommen werden sollten, in die Verhandlungen einzubringen; darunter fielen Produkte wie Reis, Bohnen, Rindfleisch oder Mais. Jedoch wurde ihnen während der Verhandlungen nur erlaubt, ein Produkt zu bestimmen, das vom vollständigen Zollabbau ausgenommen werden konnte. Die zentralamerikanischen Staaten, mit Ausnahme von Costa Rica[229], entschieden sich für *white corn* (weißer Mais), als jenes Produkt, das diesen speziellen Schutz genießen sollte. Alle anderen »sensiblen Produkte« wurden der Zollreduktion unterworfen und müssen in einer Zeitspanne von bis zu 20 Jahren zollfrei

---

[227] Unter Zollfreiquoten versteht man jenen Teil (Quoten) von Importen in ein Land, der ohne Zoll abgewickelt werden kann.

[228] Besonders die G33 versuchten diese Bestimmung zum Schutz von »speziellen Produkten« in den Agrarverhandlungen innerhalb der WTO einzubringen und voranzutreiben. Durch das Stocken der WTO-Verhandlungen in der Hongkong-Runde liegt dieses Bestreben jedoch momentan auf Eis.

[229] Costa Rica schaffte es zwei Produkte zu benennen, die diesen Sonderschutz erfuhren: Zwiebeln und Kartoffeln.

gehandelt werden können. Für KritikerInnen des CAFTA ist besonders der nicht gegebene Schutz von »sensiblen Produkten« einer der zentralen Schwachstellen des Freihandelsvertrages; auch in Hinblick auf die Armutssituation am Land und die Grundnahrungsmittelsicherung.

Die Produktionsbedingungen in den USA und den zentralamerikanischen Ländern sind sehr unterschiedlich ausgeprägt. Die US-amerikanische Landwirtschaft ist eine hoch technologisierte, die mit massivem Maschineneinsatz und Dünger und Pestiziden arbeitet, wohingegen die zentralamerikanische vorwiegend auf billige Arbeitskraft setzen kann. Wie bereits die dargestellten Beschäftigungszahlen im Agrarbereich verdeutlichen, sind die landwirtschaftlichen Strukturen in Zentralamerika auch wesentlich klein-strukturierte, insbesondere im Bereich der Produktion von *granos básicos*. Diese Tatsache verdeutlicht die Gefahr für den Großteil der BäuerInnen in Zentralamerika und widerspricht auch bis zu einem gewissen Grad den Beweggründen der USA in Hinblick auf das CAFTA. Wie bereits gezeigt wurde, löste der Verlust von 100.000 Arbeitsplätzen bei MaisproduzentInnen in Mexiko eine Migrationswelle in Richtung der USA aus. Wenn den Menschen in Zentralamerika, die im Bereich der Produktion von *granos básicos* beschäftigt sind, durch hoch subventionierte Billigimporte aus den USA die Existenzgrundlage entzogen wird, kann dies nicht nur eine Binnenmigration vom Land in die Städte nach sich ziehen, sondern auch einen Migrationsstrom in Richtung der USA auslösen.

Trotz all dieser Kritikpunkte, die während der Verhandlungen zum CAFTA vorgebracht wurden, erfolgte eine Einigung auf eine umfassende Zollreduktion in allen Bereichen. Tabelle 21 gibt einen Überblick über die Zollkategorien und unter welchen Konditionen der Import, der in diesen Kategorien gereihten Produkte liberalisiert werden muss.

Die Einteilung der Produkte in die jeweiligen Zollkategorien erfolgte im Rahmen von bilateralen Verhandlungen zwischen den USA und dem jeweiligen zentralamerikanischen Land.[230] Somit gestalten sich auch die Übergangsfristen für den vollständigen Zollabbau und die ausverhandelten Zollfreiquoten in den jeweiligen Ländern unterschiedlich. In der Zollkategorie H sind jene Produkte, d. h. für Nicaragua *withe corn*, gelistet, die keiner Zollreduktion unterworfen sind.

---

[230] Die detaillierte Auflistung der Einteilung der Produkte in diese Zollkategorien für alle zentralamerikanischen Länder kann auf der Homepage des US-amerikanischen Handelsministerium nachgelesen werden: http://www.ustr.gov. Auf der Homepage befindet sich auch der ausverhandelte CAFTA-Vertrag und die erwähnten bilateralen Zolltafeln zum Download.

Tabelle 21: Zollkategorien im CAFTA-Vertrag

Category		Applies to
A	Immediate tariff reduction to zero	All countries
B	Linear reduction of tariffs to zero over five years	All countries
C	Linear reduction of tariffs over ten years.	All countries
D	Linear reduction of tariffs over fifteen years	All countries
E	Six Year grace period, then reduction of 33% over next four years, then full liberalization from 12th to 15th year.	All countries
F	Ten year grace period, then linear reduction to zero over the next ten years.	All countries
G	Goods in this category already have zero tariff rate	All countries
H	Goods in this category are excluded from tariff reductions under CAFTA, with tariffs remaining at the rates agreed to in WTO.	All countries
M	Non-linear reduction in tariffs to zero. 2% in 1st year. 8% per year from 3rd to 6th year and 16% per year from 7th to 10th year.	All countries
N	Elimination of tariffs in 12 equal annual steps.	All countries
O	Six year grace period and then elimination in nine non-linear steps. 40% from 7th to 11th year and 60% from 12th to 15th year.	ES,GT,HN,NI
P	Ten year grace period, then elimination over 7 years. 33% from 11th to the 14th year and 67% from the 15th to the 18th year.	ES,GT,HN,NI
Q	Elimination over 15 years. 15% in 1st year. 33% from the 4th to the 8th year and 67% from 9th to the 15th year.	ES,NI

NI = Nicaragua
Quelle: CAFTA-Vertrag nach Morley 2006: 15

6.7.3 Das CAFTA und der nicaraguanische Agrarsektor

Ein Zitat aus einer Analyse der *Coordinadora Civil*[231] über das CAFTA zeigt die Bedeutung des Agrarsektors in Nicaragua, im Speziellen für die ärmeren Bevölkerungsschichten.

Este sector genera, por sí solo, el 43 % de la ocupación total del país, emplea al 60% de los pobres y al 75 % de los pobres extremos, lo cual implica que ésta es la fuente principal de sobrevivencia de los pobres, y que la suerte de este sector es clave para las perspectivas de reducción de la pobreza. En las áreas rurales viven más de dos millones trescientos mil seres humanos. (Coordinadora Civil 2004: 21).

---

[231] Die *Coordinadora Civil* versteht sich als Plattform für nicaraguanische Nicht-Regierungsorganisationen und setzt sich mit gesellschaftspolitischen Fragen auseinander, so unter anderem auch mit CAFTA und dessen Auswirkungen auf die nicaraguanische Gesellschaft. Nähere Informationen können auf der Homepage der Organisation nachgelesen werden: http://www.ccer.org.ni/.

Diese Analyse besagt weiters, dass 72% der in der Landwirtschaft beschäftigten Bevölkerung zu KleinproduzentInnen zu zählen sind, d. h. sie verfügen höchstens bis zu fünf Angestellte (vgl. ebd.: 21). Dieser Teilsektor im Agrarbereich hat keinen Zugang zu Krediten, technischer Unterstützung und zur Infrastruktur und ist auch mit dem Problem der Rechtsunsicherheit bezüglich ihrer Landtitel konfrontiert. In Nicaragua ist zusätzlich eine massive Konzentration der Infrastruktur zu verzeichnen, wie bereits ein Blick auf die Straßenkarte beweist: Mehr als 80% aller Straßen und Wege des Landes befinden sich im Pazifikraum. Der Zentralraum, in dem vor allem Kaffee und *granos básicos* produziert werden, sowie Viehzucht betrieben wird, sind dagegen verkehrstechnisch wenig erschlossen. Die RAAN ist mit nur einer Straßenverbindung vom Pazifikraum bis in die Regionalhauptstadt Puerto Cabezas die am stärksten marginalisierte Region (vgl. ebd.: 21f.). Damit wird ersichtlich, dass nicht nur eine gravierende Asymmetrie zwischen dem hochtechnologisierten Agrarsektor der USA und dem von Nicaragua besteht, sondern dass auch im Land selbst eine tiefe Zweiteilung im Agrarsektor vorhanden ist. Um die Theorie der strukturellen Heterogenität zu bemühen, existieren in Nicaragua zwei gegensätzliche Sektoren im Agrarsektor nebeneinander, die jedoch eine enge Beziehung zueinander aufweisen.

Die schlechte infrastrukturelle Ausstattung und die fehlenden Investitionen machen den Agrarsektor besonders anfällig für (inter-)nationale ökonomische Veränderungen, wie in der Analyse von *Coordinadora Civil* (2004: 22) festgehalten wird:

> Si sumamos todos estos factores, no es casual que la agricultura muestre niveles de productividad no sólo bajísmos sino declinates. Estos son factores básicos para explicar porque la productividad agrícola es apenas un 57 % de la productividad promedio de la economía, y la pobreza extrema es predominantemente rural. Y ello explica porque la extrema vulnerabilidad del sector – en el cual el 50% de los productores se dedica a la producción de productos sensibles – ante la competencia externa.

Die *Coordinadora Civil* bekräftig einmal mehr die Verletzbarkeit jenes Teiles des Agrarsektors, der *granos básicos* produziert und weist auf die sozialen und ökonomischen Gefahren hin, die sich aufgrund der US-amerikanischen Konkurrenz in diesem Bereich ergeben können.

Grafik 14 dient zur Veranschaulichung der Asymmetrien innerhalb der technischen Ausstattung zwischen Nicaragua und den USA. Sie zeigt die Anzahl von Traktoren, die pro 1.000 Erwerbstätige im Agrarsektor des jeweiligen Landes zur Verfügung stehen.

Grafik 14: Anzahl Traktoren pro 1.000 Beschäftigte im Agrarsektor (2000)

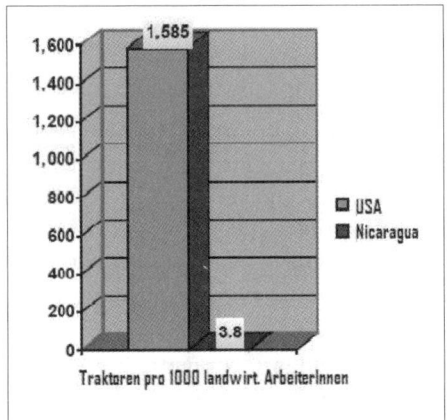

Quelle: Acevedo 2003: 75.

Während in Nicaragua auf 1.000 Beschäftigte im Agrarsektor nur 3,8 Traktoren kommen, verfügt dieselbe Anzahl von ArbeiterInnen in den USA über 1.585 Traktoren. Die Tatsache, dass der Agrarsektor in Nicaragua wesentlich arbeitsintensiver ausgestaltet ist, wird durch diese Grafik ebenso veranschaulicht.

Ein Vertreter der NGO *Oxfam*, Carlos Galian, beschreibt die Folgen des CAFTA für die klein-strukturierte Landwirtschaft im ganzen zentralamerikanischen Raum wie folgt:

Small-scale farmers and agricultural workers will be significant losers under the U. S.-Central America Free Trade Agreement (CAFTA). Many Central American producers of basic grains, such as corn, rice, beans and sorghum, as well as poultry, pig, cow and dairy farmers, will be forced out of business by the flood of cheap subsidized goods coming from the United States.« (Bloque Popular Centroamericano 2004: 7).

Auf diese Problempunkte wurde von Seiten der Zivilgesellschaft immer wieder hingewiesen: Die Gefahr, die durch das Freihandelsabkommen für den nicaraguanischen Agrarsektor entsteht; vor allem für die nur für den lokalen Markt produzierende klein-strukturierte Landwirtschaft und der Einfluss auf die Entwicklung der Armutssituation im ruralen Sektor.

Die Schwierigkeiten, mit denen der klein-strukturierte Agrarsektor in Nicaragua konfrontiert ist, lassen sich an folgenden Punkten festmachen:

- Financiamiento con altos intereses.
- Precios bajos que no permiten obtener ganancias para cancelar deudas, lo que ocasiona pérdida de sus tierras o fincas.
- Pérdida de rendimientos históricos.
- Altos costos de producción por encarecimiento de insumos, transporte, combustible, servicios, semillas, etc.
- Altos costos de energía.
- Altos costos de secado con maquinaria.
- Falta de promoción de alternativas de secado natural.
- Falta de protección real a los granos básicos.
- Carencia de tecnologías apropiadas y de bajo costo.
- Caminos rurales destruidos que dificulta y encarece la sacada de la producción.
- Indefensión de productores y productoras ante las enfermedades, por los altos costos en los medicamentos y falta de medicina preventiva que incide en los rendimientos productivos de las comunidades.
- Alta intervención de intermediarios que tienen acceso a la información productiva y de mercados en el país.

(Beteta/Gutierrez 2007: 13).

Die Zivilgesellschaft brachte diese Aspekte in die Diskussion über die Gefahren des CAFTA für den Agrarsektor ein und verwies darauf, dass aufgrund der schlechten technologischen Ausgestaltung der nicaraguanischen Landwirtschaft, diese gegenüber der US-amerikanischen nicht konkurrenzfähig ist.

Von staatlicher Seite her betonte das Wirtschaftsministerium MIFIC, das zum großen Teil die Verhandlungen zum CAFTA durchgeführt hat, dass speziell für die »sensiblen Produkte« wie *granos básicos* ausreichende Übergangsregel geschaffen wurden, d. h. dass die Produkte nicht sofort einem vollkommen liberalisierten Handel ausgesetzt wurden, sondern dass den ProduzentInnen bis zu 20 Jahren Zeit verschafft wurde, sich an die Situation anzupassen und nach Alternativen zu suchen.

Die NGO-Seite konterte in Bezug auf diese Darstellung, dass teilweise wesentlich höhere Zollfreiquoten im CAFTA ausverhandelt wurden, als vor dem Freihandelsabkommen bestanden. *Bloque Popular Centroamericano* (2004: 8) gibt bspw. an, dass im ersten Jahr des gültigen Abkommens der zollfreie Import von *yellow corn,* aufgrund der durch das CAFTA erhöhten Quoten um das 10-fache angestiegen ist. Neben der Erhöhung der Quoten wird auch argumentiert, dass der importierte US-amerikanische Mais aufgrund der hohen Subventionen wesentlich billiger auf den nicaraguanischen Markt erhältlich ist, als der lokal produzierte. Trotz der Übergangsfristen sind es die ProduzentInnen von *granos básicos,* die bereits unmittelbar nach dem Inkrafttreten des CAFTA mit der Konkurrenzsituation konfrontiert sind.

Tabelle 22 zeigt die Kategorisierung von »sensiblen Produkten« in den jeweiligen Zollgruppen, sowie die bestehenden Zolltarife zum Zeitpunkt des Inkrafttretens des CAFTA und die Zollfreiquoten.

Tabelle 22: Zollkategorien und Zollfreiquoten für US-Importe nach Nicaragua

Commodity	Tariff Category	Initial Quota (in metric tons*)	Growth in Quota	Safeguard % of Quota[5]	Initial Tariff
Dairy[6]	F	1.425	5 %	130 %	15-40 %
Ice Cream	F	72.815 ltr	5 %	130 %	40 %
Rice-unmilled	P	92.700	3 %	110 %	45 %
Rice-milled	P	13.650	5 %	110 %	62 %
Yellow Corn	E	68.250	5 %	115 %	15 %
White Corn	H	5.100	100 mt per year	---	10%
Chicken leg quarters	P	317 mt starting in third year	+ 317 mt per year	130%	164.4 %
Pork	D	1100	100 mt per year	---	15 %
Black beans	D	---	---	700 mt	30 %
White beans	D	---	---		10 %
Red Beans	D	---	---		30 %

* bezeichnet eine Tonne
Quelle: CAFTA-Vertrag nach Morley 2006: 24

Aus der Tabelle wird ersichtlich, dass Bohnen über keine Anfangsimportquoten im Rahmen des CAFTA-Vertrages verfügen, d. h. es dürfen keine Bohnen nach Inkrafttreten des Freihandelsabkommen zollfrei nach Nicaragua importiert werden. Bohnen sind in der Zollkategorie D gelistet, was wiederum eine lineare Zollreduktion innerhalb von 15 Jahren bedeutet und damit eine lange Übergangsfrist darstellt. Damit wurde auch von staatlicher Seite, im Rahmen der CAFTA-Verhandlungen der elementaren Bedeutung von Bohnen als eines der Grundnahrungsmittel in Nicaragua Rechnung getragen.

Der Unterschied zwischen weißen Mais und gelben Mais besteht darin, dass der erstgenannte als Nahrungsmittel für Menschen dient und der »gelbe Mais« großteils als Futtermittel für Tiere verwendet wird. Wie bereits angeführt, ist *white corn* das einzige Produkt, das Nicaragua in der Zollkategorie H gelistet hat, d. h. dass dieses Produkt von der Zollreduktion im CAFTA ausgenommen wurde.

Die Erhöhung der Zollfreiquoten von *yellow corn* hat neben den unmittelbaren Auswirkungen auf die ProduzentInnen des Getreides auch noch weitere Implikationen. Sorghum, eine Art von Hirse, wird neben der Verwendung als Nahrungsmittel auch als Tierfutter gebraucht. Durch den Import von billigerem gelben Mais wird dieser jedoch vermehrt als Substitut für die Tierfutterproduktion verwendet und somit auch zur Konkurrenz für die SorghumbäuerInnen in Nicaragua. Als ein weiteres Phänomen ist zu beobachten, dass sich auch die Ernährungsgewohnheiten der Menschen in Nicaragua verändern und es vermehrt dazu kommt, dass der Konsum vom billigerem *yellow corn* als Nahrungsmittel dem *white corn* vorgezogen wird (vgl. The Stop CAFTA Coalition 2007: 39f.).

Die hohen internen Subventionen von Seiten der USA bringen auch Wettbewerbsnachteile für ReisproduzentInnen. Nach Angaben von Adolfo Acevedo, einem Ökonom und CAFTA Experten[232], betragen die Herstellungskosten von 100 Pfund Reis in den USA 9,40 US$, in Nicaragua 8,45 US$. Aufgrund der Produktionskosten wäre der nicaraguanische Reis billiger, jedoch erhalten die US-ReisproduzentInnen soviel an Subventionen, dass sie unter ihren Produktionskosten die 100 Pfund Reis um 7,65US$ auf dem nicaraguanischen Markt anbieten können. Allein anhand dieses Beispieles werden die handelsverzerrenden Effekte der US-Subventionspolitik sichtbar, denen die ReisproduzentInnen in Nicaragua chancenlos ausgesetzt sind (vlg. ebd.: 37f.).

Bei den Reisimporten kommt noch ein zusätzlicher Aspekt zum Tragen. Wie aus der Tabelle 22 ersichtlich ist, wird zwischen ungeschältem (*unmilled*) und geschältem (*milled*) Reis unterschieden. Die Importzölle (45 %)[233] sind bei ungeschältem Reis wesentlich niedriger, als bei geschältem (62 %), während hingegen die Zollfreiquoten bei ungeschältem Reis höher liegen(92.700 Tonnen), als beim geschälten (13.650 Tonnen). Die kleineren landwirtschaftlichen Betriebe in Nicaragua verkaufen ihren Reis ungeschält, da eine Weiterverarbeitung für sie zu kostspielig wäre. Damit treffen die Zoll- und Quotenbestimmungen des CAFTA wiederum die KleinproduzentInnen besonders.

Ein weiterer Aspekt in der Diskussion über die möglichen Probleme des nicaraguanischen Agrarsektors durch das CAFTA stellt der *Mercado Común Centroamericano* (MCCA) dar. Der Gemeinsame Zentralamerikanische Markt besteht bereits

---

[232] Acevedo ist Vorsitzender des zivilgesellschaftlichen Plattform »*Coordinadora Civil*«.

[233] Der »Initiationszoll« bleibt für die ersten zehn Jahre nach Inkrafttreten des CAFTA aufrecht, da Reis in der Zollkategorie P gelistet ist und diese in den ersten zehn Jahren des Abkommens über eine »Aussetzungsfrist« der Zollreduktion verfügt.

seit den 1960er Jahren, verlor aber an Einfluss und erfuhr in den 1990er Jahren eine Wiederbelebung. Die fünf Länder Zentralamerikas arbeiten seit diesem Zeitpunk vermehrt daran, dass es zwischen ihren Ländern zu einem vollständigen Abbau der internen Zölle kommt. Für den größten Teil der gehandelten Produkte im Gemeinsamen Zentralamerikanischen Markt wurde dieses Vorhaben bereits umgesetzt. Darin sieht bspw. der Präsident von FENACOOP[234], Sinforiano Cáceres, ein wesentliches Problem: Dadurch, dass die Zölle, die Zollreduktion und die Zollfreiquoten zwischen den USA und den zentralamerikanischen Ländern bilateral ausverhandelt wurden, gelangen einzelnen Produkte zu unterschiedlichen Konditionen in die jeweiligen CAFTA-Staaten und damit auch in den Gemeinsamen Zentralamerikanischen Markt. In einem Interview mit der NGO-Plattform *The Stop CAFTA Coalition* erklärt er das Problem anhand des Importes von Milch:

Since the tariffs on the same product vary within the region, (e. g. the import duty on milk is 20% in Honduras, 45 % in El Salvador—two countries where less milk is produced—and 65 % in Nicaragua and Costa Rica—which are larger producers of milk), the United States »created the conditions to introduce the products of most interest to it through the countries that charge the lowest tariff.« Then, because the region is a common market, those products can circulate freely to the other countries in the region. US milk will enter through Honduras and El Salvador and then travel to Nicaragua and Costa Rica where it will devastate local dairy farmers. (Hoyt 2006: 39).

Die Befürchtungen, dass das CAFTA besonders jene verwundbaren Bereiche des landwirtschaftlichen Sektors trifft, die bereits durch hohe Armut, geringe staatliche Unterstützung und einem geringen Maß an Alternativen gezeichnet sind, werden in vielen Publikationen geäußert. Durch die fehlende Technologisierung, den fehlenden Zugang zu finanzieller Unterstützung und die daraus resultierende geringe Produktivität kann es im Zusammenhang mit CAFTA zu fatalen Ergebnissen kommen. Vor allem Frauen im ländlichen Raum könnten zur größten VerliererInnengruppe zu zählen sein.

La agricultura es el sector con mayor grado de vulnerabilidad en cuanto a que existe la posibilidades que 338.4 puestos de trabajo caigan en un nivel de riesgo elevado con el CAFTA, casi el 16 % de la PEA nacional, de los cuales el 47.3 % afecte solo a mujeres. (Arauz 2004: 254).

Von staatlicher Seite wird immer wieder bekräftigt, dass durch das CAFTA der Zugang zu einem der wichtigsten Exportmärkte für nicaraguanische Produkte wei-

---

[234] Die Federación Nacional de Cooperativas Agropecuarias y Agroindustriales (FENACOOP) fungiert als Dachorganisation von mittlerweile mehr als 900 Kooperativen in Nicaragua.

terhin gewährleistet werden konnte (vgl. MIFIC 2005: 7). Durch das Auslaufen der ICC drohte dieser wirtschaftlich (überlebens-)wichtige Markt weg zu brechen und daraus erklärte sich auch bis zu einem gewissen Grad die Befürwortung des CAFTA von staatlicher Seite, auch im Bewusstsein des Risikos, das das CAFTA für den Agrarsektor in Nicaragua bringen kann.

Tabelle 23 bietet einen Überblick über jene Sektoren, die zu den prognostizierten GewinnerInnen des Freihandelabkommens zu zählen sind und jene, die als etwaige VerliererInnen gelten.

Tabelle 23: GewinnerInnen und VerliererInnen durch das CAFTA in Nicaragua

GewinnerInnen	VerliererInnen
KonsumentInnen (Preisreduktion der Importwaren)	Traditioneller Agrarsektor ohne Kenntnisse vom Agro-Business
HändlerInnen (Import und Exportbranchen)	Traditioneller Handelssektor im Bereich der Importsubstituierenden Industrie
Banken- und Finanzsektor	Sektoren der Subsistenzlandwirtschaft, die durch Importprodukte gefährdet sind: ProduzentInnen von Speisemais, Bohnen, Reis, Schweinen, Hühnern etc.
Hochqualifizierte ArbeitnehmerInnen	Niedrigqualifizierte ArbeitnehmerInnen
Geschäfte/Branchen mit Verbindung zum lokalen Handel	Staatliche Unternehmen im öffentlichen Dienstleistungssektor
Tourismus, Dienstleistungssektor und Versicherungssektor	Verwundbare Sektoren in der Textil-, Kleidung- und Lebensmittelbranche
Administraives Personal der Zona Francas	Industriesektoren in den Bereichen Nahrungsmittelproduktion, Düngermittel, Pharmazie und Metal
Nicht-Traditioneller und restrukturierter Agrarsektor	
Traditioneller Agrarsektor mit Entwicklung hin zum Agro-Business	

Übersetzung durch d. Autorin
Quelle: Arauz 2004: 281.

Wie aus der Tabelle ersichtlich, gibt es viele Sektoren, auch im Agrarbereich, die zu den GewinnerInnen durch das CAFTA zu zählen sind. Im Agrarsektor sind dies vor allem jene Sektoren, die »nicht traditionelle« Agrarprodukte erzeugen. Dieser Kategorie werden Produkte wie Erdnüsse, Zuchtgarnelen, Käse, Fischfilets, Bananen zugerechnet. Jener Agrarsektor, der »traditionelle« Agrarprodukte[235] erzeugt und über eine höhere technische Ausstattung und Produktionswissen verfügt, kann vom Freihandelsabkommen ebenso profitieren. Zu den traditionellen Agrarprodukten zählen unter anderem Rindfleisch, Zucker, Kaffee, Garnelen und Langusten. Jener Agrarbereich, der auf »traditionelle« Produkte spezialisiert ist und nicht über die notwendige Größe, den Zugang zu Infrastruktur und technischer Unterstützung verfügt, wird zu den VerliererInnen des Freihandelsabkommen zu rechnen sein, als auch jene LandwirtInnen, die *granos básicos* produzieren.

Das CAFTA trat in Nicaragua mit April 2006 in Kraft, woraus sich ableiten lässt, dass zum aktuellen Zeitpunkt noch keine validen Ergebnisse über die Auswirkungen des Freihandelsabkommens dargestellt werden können. Da besonders die sensiblen Agrarprodukte durch längere Übergangsfirsten vom sofortigen vollständigen Zollabbau geschützt wurden, lässt sich die immer wieder geäußerte Befürchtung über die Gefährdung dieses Sektors bis dato nicht untersucht.

Die folgende Übersicht zeigt zusammenfassend die möglichen Gefahren, die auf den nicaraguanischen Agrarsektor aufgrund des CAFTA zukommen könnten:

– Subsidio de los Estados Unidos a los productores, cuyos bajos precios y productividad, los ubican con una alta competitividad, quebrando la débil economía rural de los pequeños productores nicaragüenses.
– Altos niveles de importación de insumos agropecuarios (Transnacionales).
– Políticas impositivas y coercitivas a través de los organismos financieros y del tratado prohibiendo, indirectamente, subsidio a nuestros (as) productores(as).
– Utilización del poder económico por parte de los Estados Unidos, que no permite el desarrollo de los agronegocios nacionales.
– Tendencia del DR-CAFTA a favorecer la descampesinización, lo que pone en riesgo la seguridad alimentaria.
– Obstáculos aduaneros no arancelarios.
– Desconocimiento de los pequeños productores de los mecanismos e instrumentos para acceder a mercados y precios que aseguren rentabilidad.
– Fomento de la intermediación y beneficio a grandes comerciantes y mayoristas.
– Grandes asimetrías entre países y entre los intereses de sectores de la población y actores en el mercado.
– Ausencia de inversiones norteamericanas en el sector rural productivo. Inversiones orientadas a los servicios y al comercio
(Beteta/Gutierrez 2007: 14).

---

235 Die Einteilung der Produkte in die Kategorie »nicht-traditionell« und »traditionell« wurde aus einer Veröffentlichung des Wirtschaftsministeriums (MIFIC – *Ministerio de Fomento, Industira y Comercio*) entnommen (vgl. MIFIC 2006a: 9f.).

Die oben erwähnten Argumente bekräftigen diese Gefahren und zeigen die Asymmetrien im Agrarbereich zwischen den USA, den zentralamerikanischen Staaten im Allgemeinen und Nicaragua im Speziellen. Wie viele Menschen im Agrarsektor ihr Land und ihre Arbeit verlieren werden und welche Konsequenzen dies auch sozial und politisch für ganz Nicaragua mit sich bringen wird, kann fundiert erst in mehr als 15 Jahren gesagt werden. Erst zu diesem Zeitpunkt kommt es zu einer vollständigen Liberalisierung des Agrarmarktes in Nicaragua. Die Befürchtungen von verstärkter Migration in die Städte, aber auch in andere Länder ist ein Phänomen, das bereits aufgrund des NAFTA in Mexiko beobachtet werden konnte und bis zu einem gewissen Grad auch in Nicaragua feststellbar ist.

Migration und die Rücküberweisungen der im Ausland lebenden NicaraguanerInnen ist aktuell schon eine der wichtigsten Einkommensquellen für viele Menschen in Nicaragua. Ein Exkurs zu den *remesas*[236] zeigt ihre gesamtgesellschaftliche Bedeutung und lässt erahnen, welche Wichtigkeit sie auch in Zukunft für das zentralamerikanische Land haben werden.

Exkurs: remesas

Die Rücküberweisungen der im Ausland lebenden und arbeitenden Angehörigen an ihre Familien sind in Zentralamerika von großer Bedeutung und werden in der Literatur immer wieder aufgegriffen. In der vorliegenden Arbeit soll auf die Wichtigkeit der *remesas* in Nicaragua verwiesen werden, auch im Zusammenhang mit etwaigen zusätzlichen Migrationsströmen, die durch das CAFTA ausgelöst werden können, wie das nachfolgende Beispiel zeigt:

> Maria, along with her four children, two younger brothers, and mother, left the countryside of Leon in 2006. Like many others, they left their land when they were unable to survive off of it the way their ancestors had for centuries. Lack of a land title coupled with inability to access credit has forced rural families like Maria's to abandon their agricultural lifestyle in search of food and work in Managua. Maria's search led them to a location occupied by 250 other squatting families—the municipal dump. Sustaining themselves off of rotting food and by salvaging garbage to clean and re-sell was not Maria's first choice, but she felt she had no other option once she lost her family's land. Living in a makeshift house of metal and wood

---

[236] Im Englischen wird dafür der Begriff »remittances« verwendet; die IOM (International Organization for Migration) der UN definiert ihn wie folgt: »a portion of an international migrant's earnings sent back from the host country to his/her country of origin« (http://www.iom. int/jahia/Jahia/home/about-migration/migration-management-foundations/migration-history/ remittances/cache/offonce, Download: 04. Januar 2009). Die zunehmende Bedeutung, der »remittances« für die Menschen in Entwicklungsländern ist ein breit diskutiertes Phänomen und kann in diversen Publikationen, bspw. auch von der IOM, nachgelesen werden.

scraps inside the dump, Maria's family tried to continue their agricultural lifestyle by growing crops and raising animals for food, but due to the extreme pollution and hazardous environment, Maria left the dump, her family, and Nicaragua in April 2008. She emigrated to Costa Rica, in hopes of finding a job that would allow her to save up and send for her family. (Anderson 2008: 12).

Der dargestellte Fall macht deutlich, unter welchen schwierigen Konditionen die Menschen in den ruralen Gebieten in Nicaragua leben. Fehlende Landtitel und der fehlende Zugang zu Krediten sind nur stellvertretend zu nennen. Eine Migration bleibt oftmals die einzige Alternative und die *remesas* für die zurückgebliebenen Familien eine wichtige Einkommensquelle.

Knapp eine Million Menschen und damit fast ein Fünftel der Bevölkerung von Nicaragua leben und arbeiten im Ausland, vor allem in den USA und in Costa Rica. Im Jahr 2007 betrug der Anteil der *remesas* gemessen am BIP von Nicaragua mehr als 17 % und belief sich auf 990 Millionen US-Dollar. Die *remesas* aller zentralamerikanischen Länder zusammen machten im Jahr 2007 eine Größe von 12,4 Milliarden US-Dollar aus. Diese Zahlen verdeutlichen, welche wichtige Rolle die Rücküberweisungen für die jeweiligen Volkswirtschaften spielen (vgl. Inter-American Development Bank 2008: 2).[237]

Grafik 15: Ökonomisches Gewicht der *remesas* in Nicaragua

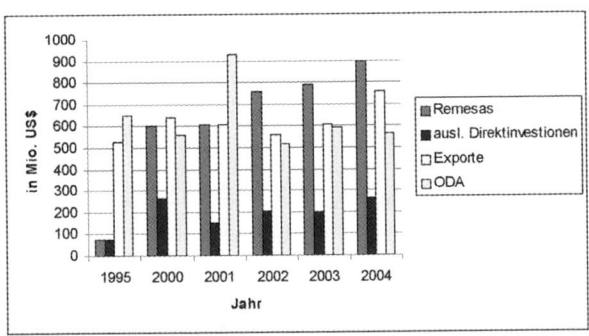

ODA = Offical Development Assistance; umfasst alle Leitungen im Rahmen der Entwicklungszusammenarbeit
Quelle: Vargas 2005b

---

[237] Ein weiterer Aspekt soll hier Erwähnung finden: Es sind nicht die alten und schlecht ausgebildeten Menschen, die im Ausland nach Arbeit suchen, sondern vielmehr junge und auch teilweise gut ausgebildete Personen. Damit sind Länder mit hohem Emigrationsanteil auch von einem massiven Abfluss von Humankapital betroffen (vgl. Vargas 2005b).

Eine Studie von Orozco (2008: 6)[238] aus dem Jahr 2008 besagt, dass knapp 65 % aller *remesas* aus den USA kommen und ca. 24 % aus Costa Rica, wodurch deutlich wird, dass es sich bei diesen beiden Ländern um die zwei wichtigsten Ziele von Migration für Nicaragua handelt.

Grafik 15 ersichtlich, stieg die Bedeutung der *remesas* in den letzten Jahren immer mehr. Im Jahr 2004 flossen durch die Rücküberweisungen mehr Devisen in das zentralamerikanische Land als durch Exporte.

Wie weitere Zahlen von der Inter-American Development Bank belegen, konnte vom Jahr 2004 bis zum Jahr 2007 eine Steigerung um 90 Millionen US-Dollar konstatiert werden. Die folgende Tabelle zeigt die Verwendung von *remesas* in Nicaragua und macht deutlich, wie wichtig das Geld für das »Überleben« der EmpfängerInnen in den Ländern ist. 75 % der *remesas* werden zum Erwerb von Lebensmitteln verwendet.

Grafik 16: Verwendung von remesas im Überblick (2005)

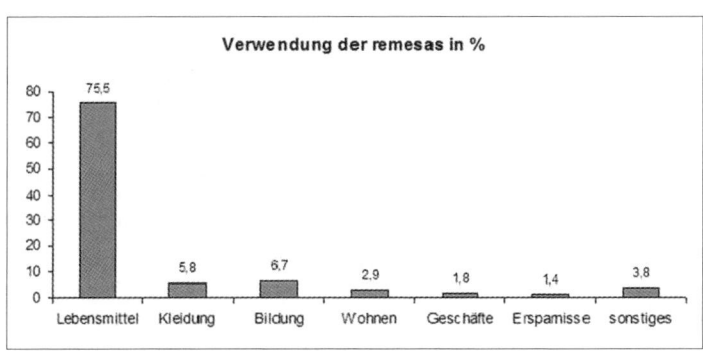

Quelle: Vargas 2005b

Mit diesem Exkurs sollte verdeutlicht werden, dass Migration ein ausgeprägtes Phänomen in Nicaragua ist, das bei einem Bevölkerungsanteil von 20%, der im Ausland lebt und arbeitet, dieses auch im täglichen Leben aller Familien eine wichtige Rolle spielt. Ob durch das CAFTA ein zusätzlicher Migrationsstrom ausgelöst wird und somit noch mehr Menschen ob der zunehmend schwierigeren Situation im eigenen Land versuchen, sich und ihren Familien durch eine Arbeit im Ausland das finanzielle Überleben zu sichern, wird sich in den nächsten Jahren zeigen.

---

[238] Die gesamten Resultate der Studie sind abrufbar unter:
http://www.thedialogue.org/PublicationFiles/Encuesta%20de%20Remesas%20a%20Nicarag ua%202008.pdf, Download: 3. Jänner 2009.

6.7.4 Theoretischer Rückgriff

Die konkreten Auswirkungen des zentralamerikanischen Freihandelsabkommen auf den nicaraguanischen Agrarsektor werden erst in zehn bis fünfzehn Jahren feststellbar sein. Die Darstellungen in diesem Kapitel dienten dazu, die möglichen Gefahren, die aus dem Freihandelsabkommen resultieren können, aufzuzeigen und die Struktur des Agrarsektors darzustellen. Nicaragua ist ein agrarisch geprägtes Land; Arbeitsplätze, Exportwirtschaft, Armutssituation sind nur einige Bereiche, die mit dem landwirtschaftlichen Sektor in engem Zusammenhang stehen. Der ungleichen Ausgangssituation zwischen den USA und Nicaragua wurde zwar durch längere Übergangsfristen bis zu einer vollständigen Zollliberalisierung von den sensiblen Agrarprodukten Rechnung getragen. Die bestehenden Asymmetrien könnten jedoch nur über die Abschaffung der hohen internen Subventionen des US-amerikanischen Agrarsektors und durch massive Investitionen in Nicaragua selbst aufgehoben werden. Der Ausbau der Infrastruktur, der Zugang zu Krediten und die Klärung der Landtitel sind dabei nur einige Teilbereiche, um der Ungleichheit entgegenwirken zu können.

Durch die Spezialisierung auf einige wenige Agrarprodukte für den Export und den verstärkten Druck zum Abbau von Handelshemmnissen, fallen jene LandwirtInnen immer weiter ab, die nicht an der *cash crops* Erzeugung beteiligt sind. Besonders die ProduzentInnen von *granos básicos* stehen vor dem Problem, dass sie mit Billigimporten aus technisch und finanziell potenteren ErzeugerInnenländern konkurrieren müssen. Die Asymmetrie kann nur zu Lasten der KleinproduzentInnen in Nicaragua gehen und zwingt diese, entweder die Landwirtschaft aufzugeben oder sich noch verstärkter auf die Subsistenzökonomie zurückzuziehen. Die zusätzliche Einbindung und Öffnung des Marktes aufgrund des Freihandelsabkommens mit den USA wird zu einer Vertiefung der Marginalisierung breiter Bevölkerungsteile im Agrarsektor führen.

Die Theorie der strukturellen Heterogenität geht in ihrer Annahmen davon aus, dass durch die verstärkte Einbindung des bereits dynamischen/modernen Sektors, der traditionelle Sektor weiter zurückgedrängt wird. In Nicaragua sind beide Sektoren vorhanden und wie die obigen Ausführungen zeigen, können in diesem Fall die theoretischen Annahmen bestätigt werden. Der Exportsektor wird vom CAFTA profitieren, wohingegen der Rest des Agrarsektors mit zusätzlichen Problemen zu kämpfen haben wird. Auch die von Guillén (2006) beschriebenen Konsequenzen der Einbindung des modernen Sektors und der weiteren Marginalisierung des traditionellen Sektors sind in Nicaragua spürbar: der Migrationsdruck auf die Bevölkerung wächst und der informelle Sektor nimmt stark an Bedeutung zu.

In der historisch gewachsenen, zweigeteilten Agrarstruktur des zentralamerikanischen Landes führt der Liberalisierungsschub zu einer Verfestigung der deformierten Wirtschaftsstrukturen. Die verstärkte Anbindung des dynamischen Sektors an die internationale Wirtschaft führt nicht zu einem »Mitziehen« des traditionellen Agrarsektors, wie in den Modernisierungstheorien konstatiert wurde, sondern trägt vielmehr dazu bei, dass dieser weiter zurückgedrängt wird. Diese Entwicklung hat nicht nur Konsequenzen für den Agrarsektor, vielmehr für die gesamte Gesellschaft. Mehr als 1/5 der nicaraguanischen Bevölkerung lebt und arbeitet bereits jetzt im Ausland und die *remesas* tragen ganz wesentlich zum BIP des Landes bei. Wenn der traditionelle Agrarsektor als Beschäftigungsmöglichkeit zunehmend an Bedeutung verliert, weil viele LandwirtInnen aufgrund des Konkurrenzdrucks von Billigimporten aus den USA ihre Arbeit einstellen müssen, wird sich dies auf die gesamte Gesellschaft (zusätzlich) negativ auswirken. Guillén (2006: 103) schreibt dazu:

»Die Eingliederung in die neoliberale Globalisierung hat keine Beschäftigung »höherer Qualität« nach sich gezogen, sondern die informelle Wirtschaft in einer noch nicht da gewesenen Weise expandieren lassen und zudem den formalen Sektor der Wirtschaft »informalisiert«.

In Rückgriff auf die Theorie der strukturellen Heterogenität stellt Nicaragua ein idealtypisches Modell dar und die Theorie erfährt in ihrer praktischen Überprüfung Bestätigung. Die Trennung zwischen modernem und traditionellem Agrarsektor ist im ganzen Land sichtbar, besonders jedoch in den autonomen Gebieten.

Die Rolle der *Costa Caribe* im Agrarsektor von Nicaragua und deren Einbindung auf nationalstaatlicher Ebene werden im nachfolgenden Kapitel beleuchtet. Dabei wird den Fragen nachgegangen, wie sich die nationalstaatliche Dynamik rund um das zentralamerikanische Freihandelsabkommen auf die indigenen Gebiete an der Atlantikküste auswirkt und ob es dadurch zu einer weiteren Marginalisierung der Region kommt. Welche Produkte produziert die *Costa Caribe* für den nationalen bzw. internationalen Markt und mit welchen Problemen kämpfen die lokalen ProduzentInnen?

Diese und andere Fragen werden im Kapitel 7 behandelt und dabei auch die Verbindungen zwischen der Meso- und Mikroebene hergestellt. Die *Costa Caribe* gehört zu der am stärksten marginalisierten Region in Nicaragua. Trotz der historischen Entwicklung, gibt es jedoch Verbindungslinien zum Rest des Landes, denen im nachfolgenden Kapitel nachgegangen wird Die Daten und Informationen dafür wurden anhand eines sechsmonatigen Forschungsaufenthaltes in der Atlantikregion gewonnen, hierbei konkret im nördlichen Teil der autonomen Gebiete – in der RAAN.

7. RAAN – Región Autónoma del Atlántico Norte

Im folgenden Kapitel der Arbeit stehen die aktuellen Entwicklungen der *Costa Caribe* im Untersuchungsfokus. Es erfolgt eine Einschränkung auf die *Región Autónoma del Atlántico Norte* (RAAN), da jene Region der autonomen Gebiete den größeren Anteil von indigenen Gemeinden vorweist, die ihrerseits wiederum im Forschungsinteresse für die Mikroebene stehen. Die durch die ökonomischen und gesellschaftlichen Umbrüche ausgelösten Transformationen wurden teilweise schon in den vorherigen Abschnitten der Arbeit beschrieben; der Bürgerkrieg, die Enklavenökonomie und die »andere« Kolonialisierungsgeschichte der *Costa Caribe* im Gegensatz zu »Rest-Nicaragua« vertiefte die Marginalisierung der Region und verschärfte deren ökonomische Schwierigkeiten.

Die *Costa Caribe* ist nicht nur der ärmste Teil von Nicaragua, auch infrastrukturell gilt er als der am schlechtesten entwickelte. Das »andere Nicaragua« zeichnet sich durch eine multiethnische und multilinguale Gesellschaft aus und umfasst sie den landesweit höchsten Prozentsatz von Menschen, die in extremer Armut leben. Eine Region, die, wie keine zweite in Nicaragua, reich ist an Bodenschätzen und natürlichen Ressourcen, hat die geringsten Einschreibzahlen bzw. Abschlusszahlen von SchülerInnen in *secundarias* im gesamten Land, und die Gesundheitsversorgung kann als katastrophal bezeichnet werden. Mit all diesen Problemen konfrontiert, ist es kein Leichtes für die autonomen Gebiete, eine ökonomische Verbesserung der Lage herbeizuführen. Mit diesen Fragen beschäftigt sich das Kapitel, ebenso wie mit der speziellen politischen Struktur der Region.

Aufgrund der spezifischen Gesellschafts- bzw. Siedlungsstruktur bildete sich eine eigene politische (Selbst-)Verwaltung heraus. Neben der, durch das Autonomiegesetz zugesicherten (teilweisen) autonomen Verwaltung durch eine regionale Regierung, verfügt jede indigene Gemeinde über Elemente von direkter Demokratie. In den Gemeindeversammlungen (*asambleas comunales*) werden alle Probleme und Schwierigkeiten besprochen und auch Lösungen gesucht, wobei jede Person in der *comunidad* über ein Mitspracherecht verfügt. Trotz dieser umfassenden demokratischen Elemente, einem im zentralamerikanischen Kontext außergewöhnlichen Autonomiegesetz und einem Demarkationsgesetz, welches das Recht auf Gemeinschaftsbesitz von Boden verbrieft, schafften es die beiden autonomen Regionen bis dato nicht, ökonomische und politische Fortschritte zu erzielen. Die Frage nach dem »Warum« ist hier in jedem der angeführten Punkte berechtigt.

Mit diesen Gedanken im Hintergrund, wurde im Rahmen eines Forschungsaufenthaltes die Frage gestellt, ob und in welchem Ausmaß Transformationen, die sich auf nationalstaatlicher Ebene vollziehen, auch die *Costa Caribe* berühren. Der Beitritt von Nicaragua zum CAFTA und die daraus resultierenden Veränderungen für die nicaraguanische (Agrar-)Wirtschaft stellen eine dieser Transformationen dar. Die Frage einer verstärkten Marginalisierung der Region steht dabei ebenso im Zentrum, wie auch jene, ob es Teile der autonomen Gebiete gibt, welche von diesen Prozessen profitieren.

Des Weiteren soll die aktuellen Ausgestaltung der (Subsistenz)Ökonomie in den indigenen Gemeinden behandelt werden, sowie die unterschiedliche Partizipation der einzelnen gesellschaftlichen Gruppen innerhalb der wirtschaftlichen Bereiche. All diesen Aspekten wurde in den durchgeführten qualitativen Interviews in der Region Rechnung getragen; dabei wurde mittels zweier Interviewstränge gearbeitet. Einerseits wurden in der Regionalhauptstadt Puerto Cabezas ExpertInneninterviews durchgeführt, bei denen vor allem die politische und ökonomische Entwicklung der Region im Zentrum standen und ebenso eine Analyse der zentralen Probleme der autonomen Gebiete diskutiert wurde. Andererseits wurde anhand von Interviews in fünf ausgewählten *comunidades* im *municipio* Bilwi versucht, den Bogen auch zu den EinwohnerInnen der *comunidades* zu spannen. Dabei wurden folgende Diskussionspunkte aufgegriffen: Mit welchen Problemen sehen sich die *comunidarios* in ihrem alltäglichen Leben konfrontiert? Wie bewerten sie die politische Mitgestaltungsmöglichkeit; wie die Autonomie oder den Demarkationsprozess? Welche Rolle spielen diese gesetzlichen Rahmenbedingungen im Hinblick auf die Verbesserung der Lebenssituation in ihren Gemeinden?

In den Interviews in den *comunidades* wurde der Frage der Existenzsicherung und den damit verbundenen Schwierigkeiten nachgegangen. Die Interviews in den Gemeinden wurden zu einem großen Teil mit den *líderes*, aber auch mit Personen abseits der traditionellen Führungsebene durchgeführt. Eine Reflektion über die Interviewsituation in den *comunidades* wurde zu Beginn der Arbeit in Kapitel 3 vorgenommen.

Durch die beiden Interviewebenen wurde der Versuch unternommen, sich den Forschungsfragen von zwei Seiten zu nähern und die Situation der Region nicht nur durch die ExpertInnensicht fassbar zu machen.

Bevor im Detail auf die Situation der Karibikküste eingegangen wird, soll vorab noch der Frage nachgegangen werden, welche Rolle die politischen Veränderungen auf nationalstaatlicher Ebene für die autonomen Gebiete spielte.

7.1 Nationalstaatliche Entwicklungen und der Einfluss auf die Costa Caribe

Nach der Abwahl der SandinistInnen im Jahr 1990 und der Machtergreifung der liberalen Regierung unter Doña Violeta erfolgte eine Fortsetzung der Politik der »Ausblendung« der besonderen politischen und kulturellen Situation der Costa. Wie die Regierungen zuvor – mit Ausnahme der Phase des Contra-Krieges – wurde die *Costa Caribe* in der Zeitspanne von 1990 bis 2006 (d. h. während der drei aufeinanderfolgenden Regierungen von Chamorro, Alemán und Bolaños) wie folgt wahrgenommen:

- (...) asumieron como natural la subordinacíon política, económica y cultural de las regiones autónomas a los intereses y visiones de la sociedad mayoritaria y el gobierno central;
- (...) la Costa Caribe continúa siendo percibida como una reserva de recursos natruales, sujeta a procesos de sobreexplotación extractiva y degradacíon ambiental y no como una sociedad en un contexto económico, social, cultural y político con presencia significativa en el funcionamiento, organización y políticas del Estado nicaragüense. (PNUD 2005: 53)

Diese, seit der *incorporación* des Königreichs Mosquitia in das nicaraguanische Territorium immer wieder greifbare »Ignoranz« der Zentralregierung(en) gegenüber der *Costa Caribe* wurde nach Beendigung des Bürgerkrieges jedoch ein Stück weit aufgebrochen.

Ab den 1990er Jahren wurde in der nationalen Gesetzgebung ein Augenmerk auf die (politische) Stärkung der autonomen Gebiete gelegt, um damit auch teilweise der 1987 proklamierten Autonomie Rechnung zu tragen. Den liberalen Regierungen können in Bezug auf dieses »Entgegenkommen« jedoch nicht nur intrinsische Motive unterstellt werden, sondern dies erfolgte auch (teilweise) aufgrund von steigendem internationalem Druck bzw. internationalen Gerichtsurteilen.[239] Die gesetzlichen Verbesserungen für die autonomen Gebiete umfassen dabei unterschiedliche gesellschaftliche Bereiche:

Die Ausübung bzw. Anerkennung der Sprachen der einzelnen Ethnien (*ley 162, 1993: Ley de Uso Oficial de las Lenguas de las Comunidades de la Costa Caribe de Nicaragua*) wurde ebenso gesetzlich verankert wie das Recht auf »Gemeinschaftsbesitz« von Boden, das in der nicaraguanischen Verfassung festgeschrieben wurde (*artículos 5, 89, 107, 180 y 181*).[240]

---

[239] Das *ley 445* kann unter die letztbeschriebenen Kategorie subsumiert werden; eine nähere Auseinandersetzung über die Entstehung bzw. der Bedeutung des Gesetzes erfolgt in den folgenden Absätzen.

[240] Die »neue« Verfassung von Nicaragua ist seit 1987 in Kraft.

Im ley 217 (*ley General del Medio Ambiente y Recursos Naturales, 1996*) wurde festgehalten, dass die Regionalregierungen der RAAN und der RAAS den »plan de ordenamiento territorial« selbstständig entwickeln und umsetzen können. Im thematischen Zusammenhang mit dem unter Chamorro erlassenen ley 217 steht das wohl wichtigste Gesetz – erlassen unter der Administration von Bolaños – der letzten Jahre für die *Costa Caribe*: das *ley 445*. Das *ley de Régimen de Propiedad Comunal de los Pueblos Indígenas y Comunidades Étnicas de las Regiones Autónomas de las Costa Caribe de Nicaragua y de los Ríos Bocay, Coco, Indio y Maíz* bietet das gesetzliche Regelwerk für die Demarkation und Betitelung des indigenen Territoriums. Das Gesetz schreibt weiters die Möglichkeit der traditionellen Nutzung von »Gemeinschaftsbesitzes« in den indigenen *comunidades* fest (vgl. ebd. 2005: 54f.).

Dieses, erst 2003 beschlossene Gesetz, welches das Regelwerk zur Landbetitelung und Demarkation definiert, zeigt jedoch deutlich, dass es den Zentralregierungen im Grunde kein intrinsisches Anliegen war, die autonomen Gebiete nachhaltig politisch zu fördern. Obwohl bereits im Autonomiegesetz (*ley 28*) von 1987 die Anerkennung von gemeinschaftlichem Bodenbesitz der indigenen *comunidades* festgeschrieben wurde,[241] gab es keinen gesetzlichen Rahmen, der eine Betitelung des traditionellen Territoriums der *comunidades* erlaubte.

Dieser mehr als 15 Jahre andauernde Zustand einer fehlenden gesetzlichen Regelung hatte für die RAAN und die RAAS realpolitisch negative Folgen. »The territories threatened by mestizo migration have largely belonged to Mayangna (Sumu) and Miskitu communities, located in what is left of the broadleaf rainforest.« (Grigsby 2005)

Den *comunidades* fehlte es an den gesetzlichen Möglichkeiten ihr Land vor den »Besetzungen« der Mestizos aus dem Pazifik- und Zentralraum zu schützen; diese »illegalen Landbesetzungen« werden als *avanca de frontera agrícola* bezeichnet. Nach Inkrafttreten des Autonomiegesetzes weigerte sich die Zentralregierung fast 20 Jahre lang, der indigenen Bevölkerung ein Werkzeug in die Hand zu geben, um ihre traditionelle Lebensweise absichern zu können. Dies trug einerseits zu einer nachhaltigen Transformation der Gesellschaft in den autonomen Gebieten bei und andererseits wurde damit ein brisanter und anhaltender Konflikt in der Region geschaffen.

---

[241] Bereits in der Präambel zum *ley 28*, Punkt fünf, wurde festgehalten: »Que el proceso de Autonomía enriquece la cultura nacional, reconoce y fortalece la identidad étnica; respeta las especificidades de las culturas de la Comunidades de la Costa Atlántica; rescata la historia de las mismas; **reconoce el derecho de propiedad sobre las tierras comunales** (Hervorhebung im Original), repudia cualquier tipo de discriminación; reconoce identidades diferenciadas para construir desde ellas la unidad nacional.« (Gobierno de la República de Nicaragua 1987: 5f.).

Bevor eine genauere Analyse des *ley 445,* der Schwierigkeiten bei dessen Umsetzung und den damit verbundenen Hoffnungen erfolgt und die aktuellen wirtschaftlichen und politischen Probleme der RAAN thematisiert werden, wird, zur besseren Verortung dieser Fragestellungen, eine Darstellung des politisch-institutionellen Rahmen der RAAN vorgenommen.

7.2 Politische Ausgestaltung der RAAN

Die autonomen Gebiete an der *Costa Caribe* zeichnen sich durch eine Vielzahl von unterschiedlichen politischen Gestaltungsebenen aus. Neben der traditionellen indigenen Selbstverwaltung auf Ebene der *comunidades* wurde anhand des Autonomiegesetzes auch eine regionale Regierungsverwaltung eingezogen. Zusätzlich zu diesen beiden Verwaltungsebenen erfolgte die Etablierung einer indigenen Territorialverwaltung, welche sich aus dem Zusammenschluss von mehreren *comunidades* zu einem Territorium ergibt. Diese *territorios indígenas* sind vor allem auch in Hinsicht auf die Demarkationsbestrebungen in der RAAN und der RAAS von Bedeutung, da sich die Titulierung *en bloque* auf diese Territoriumsgrenzen konzentriert. Eine nähere Auseinandersetzung mit dieser Thematik erfolgt im Laufe dieses Kapitels. Als vierte Ebene, neben der kommunalen, territorialen und regionalen, existiert in der *Costa Caribe* auch die munizipale Verwaltungsebene.

Im nachfolgenden Abschnitt erfolgt eine Analyse dieser Verwaltungsebenen; wobei für die vorliegende Arbeit primär von Interesse ist, welche Beiträge die einzelnen Ebenen zur Entwicklung der *Costa Caribe* liefern können und wie ihr Wirkungsgrad innerhalb der Bevölkerung in der RAAN wahrgenommen wird. In der Feldphase der Arbeit fand diese Dimension Eingang – einerseits in die durchgeführten ExpertInneninterviews in Bilwi und andererseits in die Interviews in den *comunidades* im *municipio* Puerto Cabezas.

7.2.1 Munizipale Verwaltungsebene: alcaldías

Die RAAN teilt sich in acht *municipios:*[242] Puerto Cabezas, Waspam, Prinzapolka, Waslala, Mulukukú,[243] Bonanza, Siuna und Rosita; wobei die drei Letztgenannten auch unter der Bezeichnung »las minas« (das Minendreieck) bekannt sind. Siuna

---

242 Insgesamt sind die RAAN und die RAAS in 19 *municipios* unterteilt.

243 Das *municipio* Mulukukú wurde erst im Jahr 2004 als letztes *municipio* innerhalb der RAAN benannt. Deshalb scheint Mulukukú oftmals in der Literatur über die RAAN nicht auf (vlg. PNUD 2005: 325). Das *municipio* ist fast ausschließlich von Mestizos aus dem Pazifik- bzw. Zentralraum Nicaraguas bewohnt (vgl. Grigsby 2005).

ist mit zirka 80.400 EinwohnerInnen jenes *municipio* mit der größten EinwohnerInnendichte, wohingegen im *municipio* Prinzapolka mit zirka 21.180 Personen die wenigsten Menschen leben (vgl. PNUD 2005: 69). Die EinwohnerInnenzahl in Siuna wächst überdurchschnittlich stark im Vergleich zu anderen *municipios*, wie bspw. Waspam. Als Ursache für die Bevölkerungszunahme in Siuna kann die Binnenmigration genannt werden.[244] Diese interne Migration wird auch als »avanca de frontera agrícola« bezeichnet und trifft jene Gebiete, die an die nicaraguanische Pazifik- und Zentralregion angrenzen wesentlich stärker als jene, die sich im Nord-Osten der autonomen Gebiete befinden (vgl. Rivera et al. 1997: 113f.).

Jedes *municipio* verfügt über eine »alcaldía« [245], die als munizipale Verwaltungsbehörde dient. Für die indigenen *comunidades* ist die »alcaldía« die erste Anlaufstelle für diverse Probleme, wie bspw. bei Nahrungsmittelknappheit oder bei Mangel an Saatgut usw. Auch in Fragen bezüglich der Titulierung des Territoriums der *comunidades* sollte die *alcaldía* als Anlaufstelle dienen. Weiters ist die *alcaldía* für die Verbesserung der Infrastruktur ihres *municipio* zuständig. Die einzelnen *municipios* verfügen auch über einen *consejo municipal*, wobei in der *Costa Atlántica* im Jahr 1996 erstmals Gemeindewahlen durchgeführt wurden.

Die Aufgaben von der/dem *alcaldesa/e* als VertreterIn des jeweiligen *consejo municipal* sind vielschichtig. Dazu zählen zum Beispiel die Verbesserung der öffentlichen Dienstleistungen des *municipios*, die Beschließung des Budgethaushaltes und auch die Förderung der Entwicklung der Gemeinde[246] (vgl. Rivera et al 1997: 101).

Die Angaben über die Anzahl der *comunidades* in den einzelnen *municipios* sind nicht exakt. Laut der *alcaldía* von Puerto Cabezas gibt es in ihrem Zuständigkeitsbereich 74 *comunidades*, wobei diese wiederum in fünf verschiedene Territorien eingeteilt sind: Literal Norte, Literal Sur, Llano Norte, Llano Sur und Tasba-Pri (vgl. Alcaldía municipal de Puerto Cabezas 2003: 15ff.).

Im *municipio* Waspam gibt es, nach Angaben der zuständigen *alcaldía*, 108

---

[244] In den beiden *municipios* Waspam und Puerto Cabezas lebt der Hauptteil – knapp 84 % – der indigenen Ethnie der Miskitos, wohingegen im »Minendreieck« der Anteil der Mestizos innerhalb der Bevölkerung bei fast 92% liegt (vgl. Grigsby 2005). Aus diesen Angaben wird ersichtlich, welche Teile der autonomen Gebiete primär mit der »fortschreitenden Agrargrenze« konfrontiert sind.

[245] Die »alcaldía« ist vergleichbar mit der Gemeindeverwaltung, wobei ebenso einen/eine BürgermeisterIn – la alcaldesa, el alcalde –, der Vorstand/die Vorständin der Gemeinde ist.

[246] Jede *alcaldía* erstellt einen »plan estrategico de desarrollo«; darin wird festgeschrieben, wie eine Verbesserung der Lebenssituation innerhalb des *municipios* erreicht werden kann (vgl. Alcaldia Municipal de Puerto Cabezas 2003).

comunidades, wobei das gesamte Gebiet von Waspam in vier Territorien[247] eingeteilt ist (vgl. Alcaldía municipal de Waspam 2004: 12). Laut Angaben des von
der PNUD erstellten *Informe de Desarrollo Humano 2005*, mit speziellem Fokus
auf die autonomen Gebiete der *Costa Caribe*, gibt es in der RAAN insgesamt 444
comunidades (vgl. PNUD 2005: 286).[248]

Wie bereits ausgeführt, wurden Munizipalwahlen in den autonomen Gebieten
erstmals im Jahre 1996 durchgeführt. Das Konzept der *alcaldía* ist damit für die
Region neu obwohl bereits nach der »Angliederung« des Königreiches Mosquitia
an Nicaragua eine munizipale Verwaltungsbehörde etabliert wurde, um damit auch
die Organisation der Enklavenökonomie zu gewährleisten. Die VertreterInnen dieser Munizipalverwaltung wurden jedoch nicht gewählt, sondern von der jeweiligen
Regierung in Managua ernannt. Die Ausgestaltung in der aktuellen Form erfolgte
aber erst nach dem Bürgerkrieg seit den 1990er Jahren.

Die *alcaldía* fand keine besonders große Zustimmung in der Bevölkerung, wobei
insbesondere zwei Aspekte hervorzustreichen sind: Einerseits wurden der *alcaldía*
Kompetenzen von nationalstaatlicher Seite übertragen, die im Aufgabenbereich der
Regionalregierung verankert werden sollten; andererseits wurden Entscheidungs-
kompetenzen der indigenen *comunidades* an die *alcaldía* übertragen, wie bspw. die
Administrationsrechte über die natürlichen Ressourcen der *comunidades*.

Die Implementierung der *alcaldía* in der Karibikküste von Nicaragua passt
auch nicht in das Konzept der indigener Selbstverwaltung, insbesondere da die territoriale Ausdehnung der einzelnen *alcaldías* eine immens große ist. Eine im Rahmen der PNUD-Studie von 2005 durchgeführte Untersuchung ergab, dass mehr als
57 % der Befragten mit der Arbeit der *alcaldía* zufrieden sind (vgl. PNUD 2005:
240f.). Ein solides Fundament der Zustimmung zu dieser Institution scheint dies
(noch) nicht zu sein.

Die ExpertInneninterviews in Bilwi ergaben ein differenziertes Bild im Hinblick auf die Konstruktion und die Bedeutung der *alcaldía*. Für einige der ExpertInnen stand im Zentrum der Kritik jener Aspekt, der auch bei der PNUD-Studie
(2005) angesprochen worden ist: die *alcaldía* wird als fremd wahrgenommen und

---

[247] Die vier Territorien des municipio Waspam sind: Río Coco Arriba, Río Coco Abajo, Sector
Llano und Urbano Waspam (vgl. Alcaldía municipal de Waspam 2004: 12).

[248] Jedoch ist die Anzahl der *comunidades* in der RAAN nicht exakt verifizierbar, vielmehr gibt
es unterschiedlich hohe Nennungen. Die deutsche NGO »Welthungerhilfe« – im Spanischen
agro acción alemana – gibt an, dass in der RAAN 342 *comunidades* existieren (vgl. Welthungerhilfe 2006: 1). Aus einem Dokument der regionalen Verwaltungsbehörden der RAAN
zum Thema »la Estrategia de Desarrollo de la RAAN« wird die Zahl der *comunidades* in der
nördlichen Region der autonomen Gebiete mit 470 angegeben (vgl. Gobierno Autónomo de la
Región Autónoma del Atlántico Norte 2003: 8).

unpassend für eine funktionierende Verwaltungsbehörde in der Region. Die einzelnen *municipios* werden als zu weitläufig bezeichnet, um diese überhaupt verwalten zu können. Ein Teil der Befragten äußerte die Meinung, dass es sinnvoller wäre, die territoriale Verwaltung zu stärken, da damit in kleinen Einheiten gearbeitet werden könnte.

Die *alcaldía* wird von einer anderen InterviewpartnerIn auch als Relikt der spanischen Kolonisierung bezeichnet, und weiters wies sie darauf hin, dass, ihrer Erfahrung in der Arbeit mit anderen indigenen Selbstverwaltungskonzepten in Südamerika nach, dieses eher »westliche« Modell der *alcaldía* die traditionelle indigene Verwaltung unterminieren könnte. Die *alcaldía* hebelt damit die traditionellen Strukturen der indigenen Selbstverwaltung aus. Des Weiteren scheint die aktuelle *alcaldesa* von Bilwi, die der Partei der YATAMA angehört, zum Teil nicht besonders hoch in der Gunst der ExpertInnen zu stehen; ihr wird vorgehalten, dass sie ihre Wahlversprechen nicht gehalten und bspw. die Steuern innerhalb eines Jahres, trotz gegenteiliger Ankündigung vor den Wahlen, verdoppelt hat.

Der *alcaldía* fallen, nach Aussagen einiger InterviewpartnerInnen, aber auch immer wichtigere Aufgabengebiete zu, wie bspw. die Unterstützung der lokalen ProduzentInnen von Agrarprodukten bzw. der Ausbau der lokalen Ökonomie. In diesen wirtschaftlich relevanten Fragen wird mit lokalen NGOs wie PANA-PANA[249] zusammengearbeitet, die, aufgrund von mehr als 15 Jahren Zusammenarbeit mit den Gemeinden, auf ein fundiertes Wissen zurückgreifen kann.

Als weiterer wichtiger Aufgabenbereich der *alcaldía* wurde die Naturkatastrophenvorsorge genannt, sowie der Prozess der Demarkation des Landes in den autonomen Gebieten. Die *alcaldías* bemühen sich verstärkt auch dezentral tätig zu sein, d. h. innerhalb des munizipalen Verwaltungsgebietes mehrere Anlaufstellen zu etablieren, damit die *comunidarios* nicht bei jeder Angelegenheit in die Munizipalhauptstadt reisen müssen. Von dem/der InterviewpartnerIn der *alcaldía* in Puerto Cabezas wurde jedoch eingeräumt, dass diese »Zweigstellen« noch nicht einwandfrei funktionieren.

Als Kritikpunkt an den *alcaldías* wird auch von einigen ExpertInnen genannt, dass die Zusammenarbeit mit den bzw. die Unterstützung der *comunidades* nicht besonders ausgeprägt ist. Entkräftet wird dieser Kritikpunkt jedoch wiederum von einer InterviewpartnerIn, die als Grund für diese geringe Unterstützung den eingeschränkten finanziellen Spielraum der Munizipalverwaltung nennt. Die *alcaldía* benötigt mehr finanzielle Ressourcen, welche durch Steuereinnahmen erzielt wer-

---

[249] PANA-PANA ist ein Ausdruck in Miskito, der mit »gegenseitiger Hilfe« übersetzt werden kann.

den könnten; in der Region gibt es jedoch fast keine wirtschaftlichen Aktivitäten und damit auch keine Einnahmen für die *alcaldías*. Weiters dient die *alcaldía* für viele *comunidarios* als Anlaufstelle für soziale Belange; die Verwaltungsbehörde wird dadurch gezwungen, Aufgaben zu übernehmen, die nicht in ihrem Kompetenzbereich liegen, sondern vielmehr in den Verantwortungsbereich der nationalen Regierung fallen, wie bspw. die Gesundheitsversorgung. Die nachfolgende Aussage aus einem Interview verdeutlicht die Vielschichtigkeit der Probleme, mit denen die *alcaldía* in den autonomen Gebieten konfrontiert sind.

> Mira, la alcaldía municipal en los todos partes de mundo de alcaldía municipal vive de los impuestos, aquí también lógicamente. Pero la extención territorial de la alcaldía estan alrededor donde la gente pagan el impuesto. Aqui los que pagan impuesto directamente al alcaldía es comercio; son sólo el sector urbano. Comercio, alguna empresa que hay poca, las comunidades estan muy disperso, muy distante, entonces para la alcaldía, el costo es más grande, imaginate hacer un puente en la comunidad y después aqui en Puerto te demandan que quieren puente, que quieren que repares la carretera, pero cuanto crees es la extencion territorial que debe de administrar del alcalía. Por ejemplo en Waspam son 8.000 km², en Puerto no sé cuanto es. Pero es grande, es más grande que Managua, entonces los gastos es mayor y el ingresos son muy poquito. Porque tanpoco hay cultura de pagar impuesto, aquí nadie le gusta pagar impuesto. No lo gusta pagar impuesto nosotros y hay mucho mecanismo de como poder de no pagar impuesto. (Earl Tom Jackson)

Der Frage nach der Ausgestaltung und den Problemen der Arbeit bzw. Zusammenarbeit mit der *alcaldía* wurde nicht nur im Rahmen der ExpertInneninterviews in Bilwi nachgegangen, sondern ebenso in den Interviews in den *comunidades*.

Dabei zeigte sich ein differenziertes Bild: von den fünf *comunidades,* in denen Interviews durchgeführt wurden, bewerteten lediglich die InterviewpartnerInnen einer *comunidad* die Zusammenarbeit mit der *alcaldía* in Bilwi positiv. Alle anderen vier Gemeinden standen ihr skeptisch bis negativ gegenüber. Als einer der Gründe für die negative Bewertung der *alcaldía* wurde immer wieder das geringe Interesse der neuen »alcaldesa« von Puerto Cabezas hinsichtlich der Probleme in den Gemeinden genannt. Die *alcaldesa* habe im Wahlkampf viele Versprechungen getätigt, die sie nach der Wahl nicht eingehalten habe. Weiters suche sie nicht den Dialog mit den *comunidarios* und nehme an keinen Gemeindeversammlungen teil, bei denen die Schwierigkeiten in den *comunidades* besprochen werden. Neben dieser negativen Bewertung der Arbeit der *alcaldesa* wurde auch betont, dass für die InterviewpartnerInnen in den vier *comunidades* die *alcaldía* nur in einem geringen Maße als Anlaufstelle für Probleme diene und dass sie wenig Unterstützung von dieser Verwaltungsebene erwarten könnten.

Ob eine Verbesserung durch eine kleinere territoriale Verwaltungsstruktur, wie sie von einigen ExpertInnen in Bilwi angeregt wurde, erreicht werden könnte, wurde in den Interviews in den Gemeinden nicht angesprochen. Ebenso wenig fand der Einwurf der ExpertInnen in Bilwi, dass die *alcaldía* eine »fremde« von außen aufgesetzte Struktur sei, in den *comunidades* Resonanz. Vielmehr wurde von den InterviewpartnerInnen in den *comunidades* keine wirkliche Differenzierung zwischen der munizipalen und der regionalen Verwaltungsbehörde vorgenommen.

Je weiter die *comunidades* von der Munizipalhauptstadt Bilwi (gleichzeitig Sitz der regionalen Regierung) entfernt sind, desto schwerer erscheinen die politischen Instanzen für die *comunidarios* fassbar zu sein. Jene Gemeinde, die die Arbeit der *alcaldía* positiv einschätzte, war auch diejenige, welche die geringste räumliche Distanz zu Bilwi aufwies.

7.2.2 Regionale Verwaltungsbehörde

Neben der munizipalen Verwaltungsebene verfügen die beiden autonomen Gebiete der RAAN und der RAAS über eine Regionalregierung. Diese, durch das Autonomiegesetz des Jahres 1987 festgeschriebene regionale Verwaltungsebene (vgl. *ley 28, Titulo II, Capítulo I, Arto. 15*) arbeitet mit zwei politischen Organen: *consejo regional* und *gobierno regional*. Diese beiden Organe dienen auch als Bindeglied zu den nationalstaatlichen Institutionen. Der *consejo regional* nominiert RepräsentantInnen, die die Anliegen der Region im nationalen Parlament vertreten sollen (vgl. *ley 28, Titulo II, Capítulo I, Arto. 20*).[250]

Grafik 17 verdeutlicht die Zusammenarbeit zwischen *consejo* und *gobierno regional*. Aus der Darstellung geht weiters hervor, dass der *consejo* zur inhaltlichen Umsetzung seiner Aufgaben *comisiones* eingerichtet hat und das *gobierno regional* ihrerseits über *secretarías* verfügt, wie bspw. die »Secretaría de Recursos Naturales« oder die »Comisión de Educacíon« (vgl. PNUD 2005: 224).

Weiters verfügen die nationalen Ministerien über Regionalbüros in den autonomen Regionen wie bspw. MAG-FOR (Ministerio Agropecuario y Forestal) oder MARENA (Ministerio del Ambiente y los Recursos Naturales).

---

[250] In der RAAN werden jeweils drei RepräsentantInnen für das nationale Parlament gewählt; in der RAAS jeweils zwei (vlg. Grigsby 2005).

Grafik 17: Organigramm der Autonomiebehörden in der RAAN und der RAAS

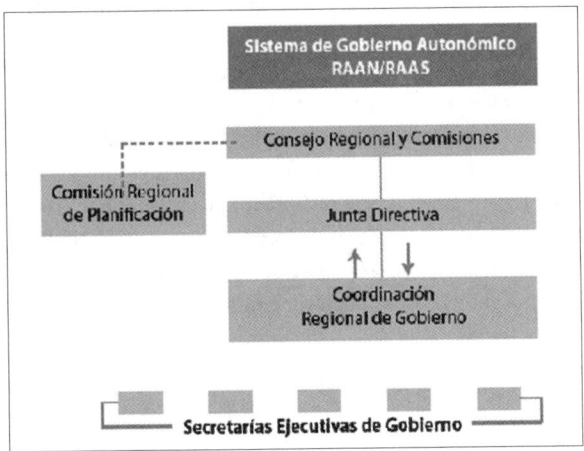

Quelle: PNUD 2005: 224

Die ersten Regionalwahlen nach der Zuerkennung des Autonomiestatus der *Costa Caribe* im Jahr 1987 wurden im Jahre 1990 durchgeführt; die Amtsperiode des *consejo regional* umfasst vier Jahre; 2006 fanden die letzten Regionalwahlen statt. Die Verteilung der Sitze nach den Wahlen 2006 zeigte folgendes Bild: 16 Sitze für die PLC, 16 Sitze für die FSLN und 13 für die YATAMA (vgl. Consejo Suprema Electoral). Die Allianz der ehemals verfeindeten Parteien der FSLN und der YATAMA – die ausschließlich regional verankerte Partei der Miskito, deren Wurzeln sich teilweise in der Contrabewegung begründen – wurde nach den Wahlen 2006 weiter fortgesetzt (vgl. Nicaragua-Nachrichten 2006).

In den geführten ExpertInneninterviews in Bilwi, wie auch in jenen in den *comunidades,* wurde ebenso nach der Einschätzung der Arbeit der Regionalregierung für die Entwicklung der *Costa Caribe* gefragt. Des Weiteren besteht ein Zusammenhang zwischen der realpolitischen Ausgestaltung der Autonomie und der Frage nach ihrer symbolischen Bedeutung für die Menschen in der Region.

Die Mehrheit der befragten ExpertInnen in Bilwi bewertet die Autonomieregierung eher kritisch und sieht sie als handlungsunfähig, da sie sowohl finanziell als auch politisch in einem absoluten Abhängigkeitsverhältnis zur nationalen Regierung steht. Durch die schwache wirtschaftliche Basis der *Costa Caribe* werden in der Region zu wenig Steuern eingenommen, womit fast keine Investitionen in die Infrastruktur getätigt werden können. Im *ley 445* werden zwar der Regionalregierung 25 % der gesamten Steuereinnahmen der Region zugesprochen, jedoch sind diese Einnahmen dermaßen gering, dass dadurch kein Handlungsspielraum für die Autonomiebehörden entsteht. Ohne bessere infrastrukturelle Ausgestaltung wird es aber auch zu keinem wirtschaftlichen Aufschwung in der Region kommen. Damit ergibt sich eine Situation für die politischen AkteurInnen in der *Costa Caribe* die nicht einfach zu lösen ist.

Ein Mitarbeiter einer ausländischen NGO in Bilwi bewertet diese Situation folgendermaßen:

> Por el momento todo el dinero del gobierno regional viene del estado nacional entonces casi no hay impuestos regionales aquí entonces no hay ingresos sobre los que podía determinar el gobierno regional, es un dilema, por que es un tigre sin dientes, sin garras por eso es difícil hacer algo.

Neben der finanziellen Abhängigkeit wurde von einigen InterviewpartnerInnen angemerkt, dass die Regionalregierung auch am politischen Gängelband der Nationalregierung hängt. Laut des Autonomiegesetzes muss jede Entscheidung der Regierung in Managua, die unmittelbar die *Costa Caribe* betrifft, wie bspw. die Vergabe von Fischereilizenzen, mit den lokalen Behörden abgestimmt werden. Der informelle Druck auf die lokalen politischen EntscheidungsträgerInnen von Seiten des Staates wird von den ExpertInnen als umfassend bewertet. Von einer/einem InterviewteilnehmerIn wurde dabei auch angemerkt, dass das Bildungsniveau der Delegierten im *consejo regional* (teilweise) sehr niedrig sei, woraus sich ihre leichtere Beeinflussbarkeit erklären lässt.

> El gobierno regional sus primero tenemos los concejales ellos devengan un sueldo si ese gobierno si en ese consejo el veinte y cinco por ciento fuera una gente de suficiente nivel académico y con un liderazgo fuerte sería un gobierno buenísimo, pero la mayoría son casi analfabeta y los cuales ios fueron puestos y que trabajan como diputados regionales entonces si ustedes ven agarran a cualquier persona que habla mucho cualquier cosa lo ponen como candidato por el partido nacional, el partido nacional al ponerlo impone a una persona con una ignorancia la palabra suena duro pero es con totalmente ignorante con respecto a la legislación y le piden que hagan leyes nacionales entonces el partido nacional hace las leyes nacionales y se las pasa a sus diputados regionales, entonces estamos esclavizados por ellos mismos y un hombre que gana casi mil dólares y que en su vida a logrado ganar mil dólares cuando llega y tiene mil dólares no va a tratar de competir contra el patrón que le paga ese sueldazo entonces prefiere portarse bien quedarse callado para ver si tiene la oportunidad de otros cuatro años y volver a tener el mismo sueldo y cuando ya baja de ahí ya baja pobre porque no siembra nada, no cuida nada, entonces eso ha hecho que la pobreza se radique más fuerte en la región. (Roger Hermann)

Als weiterer Aspekte wurde von einer ExpertIn angeführt, dass der Frauenanteil im *consejo regional* extrem niedrig ist: von den 45 Delegierten sind in der aktuellen Periode nur zwei Frauen und weiters stehe für eine aktive Frauenförderung von Seiten der Regionalregierung fast kein Geld zur Verfügung. Dieses Phänomen wird jedoch nicht als ein spezifisches der Regionalregierung gesehen, sondern als eines, das alle gesellschaftlichen Institutionen durchzieht.

Durch das Bündnis von YATAMA und FRENTE und der Wahl von Daniel Ortega zum Präsidenten von Nicaragua im Jahre 2006 wurden so viele *costeños* wie noch nie zuvor in der Geschichte in wichtige politische Entscheidungspositionen in Managua berufen. Einige InterviewpartnerInnen äußerten die Hoffnung, dass sich dadurch die Situation der Karibikküste ebenfalls verbessern könnte, da sich diese Personen für die Entwicklung ihrer Region einsetzen könnten. Sie betonten auch ihre Hoffnung, dass durch die Einbindung von Menschen aus der Atlantikregion in diverse politische Positionen auf nationalstaatlicher Ebene, ein wenig mehr die »Ignoranz« gegenüber der *Costa Caribe* durchbrochen werden kann.

Die Mehrheit der InterviewpartnerInnen in den Gemeinden steht der Arbeit der Regionalregierung ebenfalls durchwegs kritisch gegenüber. Die Kritikpunkte reichen von der geringen Förderung der lokalen Wirtschaft, der unterlassenen Hilfestellung der lokalen Behörden im Bereich des illegalen Fischfanges bis hin zur Lahmlegung des Demarkationsprozesses aufgrund von politischen Konflikten zwischen den Regionalregierungen der RAAN und der RAAS.

Die Gemeinden könnten, wenn überhaupt, nur im Rahmen von kleinen Projekten, wie bspw. dem Bau einer Anlegestelle, mit der Unterstützung der Regionalregierung rechnen. Strukturelle Veränderungen bzw. Verbesserungen der Infrastruktur durch die Politik der Autonomiebehörde werden nicht wahrgenommen.

Nichtsdestotrotz wurde in mehreren Interviews betont, dass die Regionalregierung zumindest symbolisch wichtig ist, weil sie zur Stabilisierung bzw. Wertschätzung der eigenen kulturellen Identität beiträgt. Weiters wurde in einem Interview auch angeführt, dass die Autonomie und damit auch die Regionalregierung noch ein »junges Projekt« ist und im Lichte des Zeitaspektes nicht zu viele Erwartungen an diese Behörden gestellt werden dürfen. Jedoch wurde auch betont, dass die Zentralregierung ihren Einfluss in der *Costa Caribe* nicht aufgeben will und sich deshalb auch eine unabhängige Politik – zumindest zu diesem Zeitpunkt – noch schwierig gestaltet.

El consejo regional depende del nivel central y ese es otro problema también, el gobierno central esta actuando las autoridades que tienen, entonces no hay una autonomía realmente a como queremos, estamos bajo el Gobierno Central. (Stanly, comunidad de Wara Bar)

Genau dieser Punkt wurde immer wieder auch in den ExpertInneninterviews in Bilwi betont. Für die Mehrheit der Befragten setzt die Nationalregierung zu wenig Schritte, um die Autonomie in der *Costa Caribe* zu forcieren. Im Gegenteil, durch politische und finanzielle Einflussnahme versucht(e) die Regierung in Managua sich den Zugang zu den reichhaltigen natürlichen Ressourcen der beiden Regionen zu sichern. Dabei wird aber, wie von einer Interviewpartnerin betont wird, von staatlicher Seite übersehen, dass eine funktionierende Autonomie auch zu einer positiven Entwicklung von Gesamtnicaragua beitragen könnte.

Pero creo que el problema fundamental tiene que ver con la autonomía como un camino posible para quienes vivimos aquí y para el resto del país si la autonomía funciona bien tal y como esta propuesta y damos cumplimiento a la propuesta de la autonomía se beneficia el resto de nicaragua porque hay una parte de su país que esta funcionando y que contribuye a ese reto creo que el reto de nicaragua es aprender a ver la autonomía como algo del País que se ejecuta y ejerce en el ámbito de las regiones autónomas, pero que es del país. (Margarita Antonio)

Für einen Großteil der interviewten Personen ist die konsequente Umsetzung und Stärkung der Autonomie – auch ohne bzw. geringer Unterstützung durch die Zentralregierung – der einzige Weg zu einer Verbesserung der ökonomischen und politischen Situation an der Karibikküste.

Yo creo que la ley de autonomie tiene 20 años de estar en tensión. Y si no ve después de los 20 años, si hay logros. Hay logros, logros del punta del vista economico, hay más presupuesto que viene a la región, hay más impuesto de la región que regresan, hay más decisiónes que tienen que ver con la cuestión economica que se toman aquí. La consitución política dice que nada se puede decidir en recursos naturales si no se decide en la región, de alguna forma ese veto de la región le dar posibilidades para que algo quede, algunas negociaciónes son buenas otras son malas, pero algo quedan. Entonces, si creo que yo que hay un proceso de instituciónalidad. No en el nivel que quiseramos, pero si hay avancas en ese. (Mirna Cunningham)

Der Informationsstand über die Autonomie ist in den Gemeinden wesentlich geringer als in der Regionalhauptstadt Bilwi. Einige InterviewpartnerInnen in den Gemeinden konnten mit der Frage nach dem *ley 28* bzw. der Autonomie nichts anfangen. Deshalb ist es auch verständlich, dass die Autonomie für die *comunidarios* keine zentrale Bedeutung einnimmt. Wie bereits oben dargestellt, werden auch die Institutionen, welche an die Autonomie geknüpft sind, nicht im Zusammenhang mit der Weiterentwicklung der Gemeinden oder als Anlaufstelle für Schwierigkeiten wahrgenommen.

Als einer der wenigen positiven Aspekte, mit dem die Autonomie in Verbindung gebracht wird, ist die, wieder an Bedeutung gewinnende indigene Sprache, bspw. wird der Unterricht an den Schulen in der jeweiligen Sprach der Gemeinden durchgeführt. Daraus abgeleitet, kann festgehalten werden, dass sich für die InterviewpartnerInnen in den *comunidades* fast keine reale ökonomische Verbesserung durch die Autonomie einstellt, jedoch, dass durch das *ley 28* die eigene Sprache wieder an Bedeutung gewinnt und dies auch zur Stärkung der kulturellen Identität beiträgt.

A como lo expresaba mí compañero antes comunicarnos con algún funcionario de gobierno era remoto puesto que se tenia que viajar a la ciudad de Managua, además que era difícil comunicarse puesto que en su gran mayoría estos agentes no hablaban nuestro idioma, siendo la barrera mas grande, por lo que era difícil defenderse ante las autoridades en momentos apropiados. Sin embargo la autonomía nos ha dado ese derecho de la libertad, de expresarnos en nuestro propio idioma. (Gruppendiskussion, Krukira)

Trotz des, von einer/einem InterviewpartnerIn betonten, wahrnehmbaren Fortschrittes durch die Autonomie, sind die beiden autonomen Regionen weiterhin mit weitreichenden ökonomischen und sozialen Problemen konfrontiert.

Als wichtigste soziale und ökonomische Probleme der RAAN können die hohe Armutsquote, die nur bedingt funktionierenden sozialen Institutionen, die fehlende infrastrukturelle Ausstattung, die zähe Umsetzung des *ley 445*, das steigende Drogenproblem, das fehlende Kapital bzw. fehlender Zugang zu Krediten usw. genannt werden. Demgegenüber steht eine Region, die, trotz Enklavenökonomie und Ausbeutung durch transnationale Konzerne, reich ist an natürlichen Ressourcen. Im folgenden Abschnitt wird die aktuelle ökonomische Situation der RAAN analysiert und nach den zentralen Problemen bzw. Schwachstellen der Region gefragt.

7.3 Ökonomische Situation der RAAN

Wie bereits in vorherigen Abschnitt festgehalten wurde, ist die ökonomische Situation der beiden autonomen Gebiete eine sehr schwierige und im Vergleich zum Rest des Landes wesentlich angespannter. Die Frage nach den Ursachen kann mittels Verweis auf die geschichtliche Entwicklung der Regionen beantwortet werden, wobei jedoch nicht übersehen werden darf, dass sich die aktuelle Situation dadurch verschärft, dass die *Costa Caribe* auch nach dem Bürgerkrieg einer Politik der Ignoranz von Seiten der Nationalregierung ausgesetzt war und deshalb fast keine infrastrukturellen Investitionen in der Region getätigt wurden.

Nicaragua ist ein agrarisch geprägtes Land, wobei auf nationalstaatlicher Ebene der tertiäre Wirtschaftssektor eine immer größere Rolle zu spielen beginnt; in der Atlantikregion ist bis dato dahingegen noch kein Wandel in diese Richtung spürbar. Die ökonomische Struktur der beiden Regionen wird weiterhin durch den primären Sektor bestimmt, wobei darunter sowohl die Landwirtschaft, die Forstwirtschaft als auch die Fischerei subsumiert wird. Mehr als 76 % der PEA (*población económicamente activa*) in der RAAN und ca. 72% der PEA in der RAAS sind aktuell noch im primären Sektor beschäftigt (vgl. PNUD 2005: 200). Diese Zahlen verdeutlichen einerseits, dass es in der Region wenig alternative Beschäftigungsformen abseits des Landwirtschaftssektors gibt; andererseits trägt auch die traditionelle Lebensform der indigenen Gemeinden zum hohen Anteil an Beschäftigten im Agrarsektor bei. Viele *comunidades* leben auf Basis von Subsistenzökonomie und schaffen sich ihr eigenes Auskommen mit dem, was sie selbst anbauen, züchten, jagen usw.

Tabelle 24 zeigt, welchen Beitrag die autonomen Gebiete für die nationale Wirtschaft leisten. Dabei wird eine Unterscheidung zwischen dem primären, sekundären und tertiären Wirtschaftssektor vorgenommen. Ein Anteil von nur 6,1 % der *Costa Caribe* am nationalen BIP veranschaulicht eindeutig, dass die beiden autonomen Gebiete, die zwar flächenmäßig knapp die Hälfte des nationalen Territoriums umfassen, nur eine sehr untergeordnete Rolle im wirtschaftlichen Gebaren des gesamten Landes spielen.

Tabelle 24: Beitrag der Costa Caribe zum nationalen BIP

Zusammen-setzung	BIP der autonomen Gebiete			BIP Ni-caragua	% Anteil am BIP
	RAAN	RAAS	Gesamt	(Gesamt)	(national)
BIP zu Faktor-kosten	87.4	127.0	214.4	3.500.2	**6.1**
Primärsektor	49.0	88.1	137.1	734.4	**18.7**
Landwirtschaft	25.0	31.6	56.6	428.2	13.2
Viehwirtschaft	8.6	36.9	45.5	213.2	21.3
Fischerei	5.2	18.1	23.3	55.1	42.3
Fortwirtschaft	10.3	1.4	11.7	37.9	30.9
Sekundärsektor	8.1	14.4	22.5	862.0	**2.6**
Sachgüterindu-strie	2.5	11.3	13.8	552.6	2.5
Bauwesen	1.7	3.1	4.8	280.9	1.7
Bergbau	3.9		3.9	28.5	13.7

Tertiärsektor	30.0	24.5	54.8	1.903.8	**2.9**
Handel, Ga-stronomie Hotellerie	6.9	8.0	14.8	618.5	2.4
Andere Dienst-leistungen	23.4	16.6	40.0	1.285.3	3.1

Angaben in Millionen Cordoba aus dem Jahre 2000.
Übersetzung der Tabelle durch d. Autorin.
Quelle: PNUD 2005: 200

Der Beitrag der *Costa Caribe* zum nationalen BIP im Bereich des primären Sektors liegt bei 18,7 %; wobei sich dabei große Unterschiede zwischen dem südlichen und dem nördlichen Teil der Karibikküste feststellen lassen. Die RAAS trägt fast doppelt so viel zur Wirtschaftsleistung im primären Sektor bei als die RAAN und ist dabei vor allem in den Bereichen Viehzucht, Fischfang und Landwirtschaft bedeutsamer als die nördliche Region. Allein in der Forstwirtschaft ist der Beitrag der RAAN im primären Sektor höher als jener der RAAS. Für die nationale Wirtschaft sind besonders die Teilsektoren Fischerei (42,3 %) und Fortwirtschaft (30,9 %) von Bedeutung.

Der sekundäre und der tertiäre Sektor sind sowohl in den RAAN als auch in der RAAS sehr schwach ausgeprägt; der Beitrag des sekundären Sektors am nationalen BIP beträgt nur 2,6 % und am tertiären nur 2,9 %. Den einzig nennenswerten Beitrag für das nationale BIP stellt der Edelmetallabbau dar, der einen Beitrag zum nationalen BIP von 13,7 % leistet.

Laut Angaben des MIFIC aus dem Jahre 2001 existieren nur 3.100 Klein- und Mittelbetriebe in den beiden autonomen Gebieten; dies bedeutete einen Anteil von 1,9 % an den gesamten Klein- und Mittelbetrieben in Nicaragua. Großbetriebe sind nach dem Abzug der transnationalen Konzerne, wie bspw. der *Standard Fruit Company*, in den autonomen Gebieten nicht mehr vorhanden.

Die Analyse der obigen Tabelle zeichnet eine wirtschaftliche Struktur der beiden Gebiete, die sich fast ausschließlich auf den primären Sektor konzentriert. Die Graphik zeigt weiters, dass in der Region keine »Weiterverarbeitung« der extrahierten Rohstoffe stattfindet, sondern dass diese nach der Gewinnung fast ausschließlich unverarbeitet auf den nationalen bzw. internationalen Märkten verkauft werden.

Estos procentajes[251] son indicativos del incipiente desarrollo de la actividad indus-

---

[251] Dies bezieht sich auf den geringen Beitrag des sekundären und tertiären Sektors der auto-

trial en las regiones autónomas de Nicaragua y de las escasa transformación de la producción primaria regional. La débil integración agroindustrial y de transformación de la madera, la ausencia de infraestructura, mantiene cautivas a las regiones autónomas en el rol de proveedores de materia prima de otros departamentos, con pérdida de valor agregado potencial en la producción de bienes y servicios. (PNUD 2005: 201)

Aus diesen Fakten ist ein fataler ökonomischer Kreislauf für die Region ableitbar: Durch das Fehlen einer (weiterverarbeitenden) Industrie werden nur die extrahierten Rohstoffe exportiert; dadurch entsteht keine Wertschöpfung in der Region, vielmehr fließen mögliche Gewinne ab. Da keine Weiterverarbeitung in der Region stattfindet, werden auch keine neuen Arbeitsplätze geschaffen, und die Steuereinnahmen fallen dadurch ebenfalls geringer aus. Den staatlichen Behörden fehlt es wiederum an Geld für dringend notwendige infrastrukturelle Investitionen; ohne ausreichende Infrastruktur haben jedoch auch InvestorInnen einen geringen Anreiz, Investitionen in der Region zu tätigen; der Kreis schließt sich.

In den geführten ExpertInneninterviews in Bilwi wurden die ökonomischen Schwierigkeiten angesprochen, wobei von den InterviewpartnerInnen einige zentrale Problempunkte in Hinsicht auf die ökonomische Entwicklung der Region genannt wurden: fehlende Zugänge zu Krediten, fehlende Infrastruktur, fehlendes politisches Engagement der Regional- und auch Zentralregierung.

In der gesamten RAAN gibt es nur eine Bank[252], die Kredite vergeben könnte. Es fehlen jedoch oftmals Sicherheiten für die Vergabe, da bspw. Boden/Land aufgrund der ungeklärten Besitzverhältnisse nicht als solche verwendet werden können. Somit besteht, wie ein Vertreter von der lokalen NGO PANA-PANA betont, nur die Option, Mikrokredite aufzunehmen. Dabei fehlt es einerseits jedoch an Vergabeinstitutionen von Mikrokrediten, wie bspw. PANA-PANA, und andererseits an ausreichenden finanziellen Mitteln, um die Nachfrage danach decken zu können. Es gibt auch eine große Anzahl an »unseriösen« Institutionen, die immens hohe Zinsen verlangen, wie der Vizepräsident von PANA-PANA Samuel Mercado Sanders in einem Interview betont. PANA-PANA ist jene Organisation in der RAAN, die die meisten Mikrokredite vergibt.

(...) nosotros podamos adquirir créditos y después canalizar esos recursos entonces hasta ahora lo que manejamos es una clientela tal vez de unas mil trescientas a mil quinientas personas en los diferentes sectores y ahorita la cantidad específica tal

---

nomen Gebiete am nationalen BIP.
[252] Wie ich während meines letzten Aufenthaltes in Bilwi feststellen konnte, wurde 2008 eine zweite Bank in der Regionalhauptstadt eröffnet.

vez la maneja mejor la directora pero tal vez anda entre los diez y doce millones de córdobas (...). (Samuel Mercado Sanders).

Neben dem fehlenden Zugang zu Krediten wird von den ExpertInnen betont, dass besonders die schlechte infrastrukturelle Situation in der RAAN keine Produktivitätssteigerung zulässt. Es fehlt vor allem an einem ausgebauten Straßensystem, die es den lokalen ProduzentInnen ermöglichen würde, ihre Produkte auf den Markt in Bilwi zu liefern. Es liegt damit auf der Hand, dass aufgrund des fehlenden Zugangs zum Markt kein Anreiz vorhanden ist die Produktion bspw. in den *comunidades* zu erhöhen, da ein Absatz der Produkte ohnehin nur schwer möglich ist.

Das Fehlen der Infrastruktur entzieht einer lokalen Entwicklung den Boden und erzeugt damit eine Vertiefung der Abhängigkeit von der Pazifikregion. Ein Interviewpartner von der *alcaldía* in Bilwi schildert die Situation folgendermaßen:

(...) ahora todos los productos vienen del pacifico si es cierto en Waspam se tiene una buena cosecha de fijoles pero vienen los compradores, los acopiadores del pacifico lo compran toda la producción y se lo llevan a luego tienen que retornar los frijoles de Managua para poder abastecer el mercado igual sucede con el arroz, nosotros creemos que el banano, el platano aquí se consume bastante pollo, ustedes pueden ver las distribuidoras de pollo pero no se esta produciendo ni una libra de pollo en la finca por decir algo. (Luciano Diaz)

Von Seiten der Zentralregierung wurde in den letzten Jahrzehnten kein politischer Wille bekundet, Investitionen bspw. in den Straßenausbau der RAAN zu tätigen. Dieser Punkt wurde in den ExpertInneninterviews als weiterer Aspekt für die schwierige ökonomische Situation der autonomen Gebiete angeführt. Der Eindruck wurde von Seiten der Befragten bekräftigt, dass die nationalen Regierungen wenig Interesse an einer besseren ökonomischen Entwicklung der *Costa Caribe* haben. Diese Abhängigkeit verstärkt auch die Verfügungsgewalt von nationalstaatlicher Seite über die natürlichen Ressourcen der Atlantikregion.

El gobierno nacional tiene muchos intereses, porque ellos saben que quitan los recursos y la Costa es un punto estratégico a nivel, si que quiere pensar, a nivel internacional. Entonces, a ellos les conviene siempre tener el control aqui en los gobiernos regionales. Porque, además, no solamente de control político, pero el control económico también, hay buenos ingresos de minería, pesca y después la reserva forestal, todo estan en Costa Caribe. Entonces, eso ha permitido que siempre hagan cosas, que no permitan el desarrollo normal. (Earl Tom Jackson)

In einem Interview wurde auch gefordert, dass sich die nationale Regierung stärker in die Preisgestaltung von Grundnahrungsmittel einbringen sollte. Besonders jener Teil von ProduzentInnen, denen der Zugang zu einem Markt fehlt, ist angewiesen auf »fliegende HändlerInnen«. Dabei sind die HändlerInnen in der wesentlich stärkeren Position als die ProduzentInnen, und der Staat greift nicht regulierend in die Preisgestaltung ein.

Si, mejorar la infraestructura ayudar a un más, hacia los productores para que ellos tengan, amplien el mercado, con otros tipos de productos, y que también a la hora de la cosecha lleguen al menos a comprarle los productos para que la gente mire que es cierto que la agricultura da, pues. Pero en el caso de Río Coco, la gente cosecha y cuando hay buena cosecha de frijoles un quintal de frijol cuesta 150 cordoba. Y la gente, los del pacífico vienen con camión, traen aceite, azucar y cambian. Pero en el aceite ellos ya tienen su ganancia, en el azucar también. Pero el frijol lo compran barato. Como no hay política de compra, no hay una protección del gobierno, lo dejan libre »free«. Entonces no hay seguridad para el productor, porque la ganancia es muy poquita. Al final después, el arroz lo compras caro, el azucar compras caro. Cuando vos vendes tu frijol, lo vendes barato, pero el jarbón es caro. Entonces, la gente trabajan porque no tienen otro mecanismo, no. A donde ahorcarse. (Earl Tom Jackson)

Wie sich die Abhängigkeit der Region von Nahrungsmitteln von »außen« bemerkbar macht, führt der Vertreter der *alcaldía* in Bilwi an:

El municipio consume cerdo pero es un cerdo que se produce en el triangulo minero en Siuna, Rosita se consume la carne de ganado pero que viene de Rosita, Siuna el dia que la carretera esta en mal estado ese dia la carne aquí sube demasiado de precio o no hay carne entonces el municipio de Puerto Cabezas depende mucho de las minas y del Pacifico entonces viendo todo esto aquí (...). (Luciano Diaz)

Diese Abhängigkeit betrifft nicht nur Lebensmittel, sondern auch die Versorgung mit Gas zum Kochen oder Treibstoff im Generellen. Der Vizepräsident des *consejo regional* der RAAN bestätigt, dass die Treibstoffpreise in der Region um 15 % höher sind als im Rest des Landes.

Die konsequente Auseinandersetzung und Aufarbeitung der dargestellten Probleme wurde in den Interviews als einzige Möglichkeit gesehen, zur Entwicklung der RAAN nachhaltig beizutragen. Die nationale Regierung hat die Verpflichtung die *Costa Caribe* zu fördern und Investitionen in die Infrastruktur zu tätigen. Nur so kann die Möglichkeit geschaffen werden, dass die lokalen ProduzentInnen am Markt partizipieren können und die Abhängigkeit von »Importen« aus dem Rest des Landes zurückgehen wird. Die Sicherstellung der Nahrungsmittelversorgung aus der Region würde auch zu einer stabileren ökonomischen Entwicklung der autonomen Gebiete beitragen, wie in den ExpertInneninterviews in Puerto Cabezas betont wurde.

Als weiteres Lösungskriterium wurde der notwendige Zugang bzw. Aufbau eines Kreditwesens für die Region genannt. Dies steht auch in einem engen thematischen Zusammenhang mit der Lösung der Landtitelfragen, was wiederum den politischen Willen der Nationalregierung wie auch der Regionalregierung fordert, der Demarkation genügend Stellenwert einzuräumen.

Aufgrund der erstmaligen Einbindung vieler *costeños* in das Regierungsteam rund um Daniel Ortega wurde in den Interviews auch immer wieder die Hoffnung geäußert, dass sich dadurch die Situation der *Costa Caribe* verbessern könnte.

> (...) este nuevo gobierno que hay acuerdo entre el gobierno regional y el gobierno central se le esta dando prioridad hay algunos funcionarios que lo han insertado personas de la costa que están ocupando cargos en la oficina central de Managua, antes lo que pasaba es que si había un programa dirigido a la costa atlántica , todos los funcionarios son de Managua, entonces vuelan vienen rápido aquí dos o tres horas y dicen me tengo que regresar en el avión de la tarde y se regresan entonces creemos que con estar insertando personal de la costa atlántica a instituciones a nivel central pensamos que si las cosas van a cambiar. (Luciano Diaz)

Im Zusammenhang mit der Umsetzung des Demarkationsgesetzes (*ley 445*) wurde von einem Interviewpartner die Hoffnung geäußert, dass die *Costa Caribe* innerhalb der nächsten 20 Jahre einen Entwicklungsschub erfahren könnte.

> Entonces es muy importante la demarcación si la tierra están demarcadas y recibimos la asistencia necesaria posiblemente la Costa Atlántica puede despegar en menos de veinte años y llegar al nivel del resto de Nicaragua y peligrosamente puede pasar, si!!!!, porque hay recursos y poca población, hay muchos recursos entonces si están bien organizado todos los jóvenes están estudiado capacitado para administrar esos recursos ya la tierra titulado que les pertenece a ellos en veinte años se imagina cuanto bosque se puede reforestar y cuanto se puede transformar y entrar en el mercado internacional. (Samuel Mercado Sanders)

Die prekäre ökonomische Situation fußt auf den dargestellten strukturellen Problemen und zeigt eine Wirtschaft, die fast ausschließlich auf die Extraktion von natürlichen Ressourcen setzt bzw. bei der ein sehr hoher Anteil von Subsistenzökonomie feststellbar ist.

Die Ausgestaltung der Subsistenzökonomie in den einzelnen *comunidades* bedingt sich durch die geographische Lage. Jene Gemeinden, die sich an der Küste, in Lagunen und an Flüssen befinden, können durch Fischfang bzw. den Fang von Langusten und Shrimps ihren Lebensunterhalt bestreiten bzw. aufbessern.

Die *comunidades* am Rio Coco leben dagegen eher vom Anbau von *granos básicos,* vor allem von Bohnen und Reis. Die Abhängigkeit von HändlerInnen und die sehr niedrigen Preise, die die *comunidarios* für ihre Produkte erhalten, wurden bereits angeführt. Die Gemeinden in den Minengebieten bzw. jene, die bereits an die Zentralregion von Nicaragua grenzen, betreiben auch Viehzucht und Bergbau.

7.4 Armut und fehlender Zugang zu Schulbildung

Wie bereits in Kapitel 6.2 angeführt wurde, gib es eine eklatante Schieflage in der Armutsverteilung zwischen Stadt und Land: Menschen in ruralen Gebieten sind wesentlich häufiger von Armut bzw. extremer Armut betroffen, als jene die in urbanen Räumen leben. Mehr als 70% der ländlichen Bevölkerung in Nicaragua lebt in Armut und mehr als 30% davon in extremer Armut.

Neben diesem Stadt/Land-Gefälle gibt es auch regionale Unterschiede, wobei die RAAN und die RAAS die ärmsten Gebiete in Nicaragua sind. Mehr als 76 % der im ruralen Raum lebenden Menschen der autonomen Regionen leben in Armut, davon knapp 35 % in extremer Armut (vgl. Instituto Nacional de Información de Desarrollo 2007: 11). Ausgehend von der Tatsache, dass in der RAAN und der RAAS mehr als 70% der Bevölkerung am Land leben, wird ersichtlich, welche Dimension das Armutsproblem für diese Region hat. In der RAAN ist die Verteilung noch stärker ausgeprägt: hier leben 28 % im urbanen Raum und 72% auf den Land (vgl. PNUD 2005: 282).

Um das Ausmaß von Armut in den beiden autonomen Regionen nochmals zu verdeutlichen wurde im zitierten Bericht der PNUD (2005: 155) der Frage nachgegangen, wie viele *municipios* der RAAN und der RAAS von Armut bzw. extremer Armut betroffen sind: von den insgesamt 19 *municipios* im autonomen Gebiet fallen 12 in die Kategorie von extremer Armut.

Besonders im ländlichen Raum der *Costa Caribe* verschärft sich die Lebenssituation der Menschen durch fehlende Zugänge zu Gesundheitseinrichtungen und Trinkwasser, aber auch durch den spärlichen Ausbau der Schulen. In Waspam bspw., als das größte *municipio* der RAAN mit einer Ausdehnung von ca. 9.640 km² und einer EinwohnerInnenzahl von ca. 53.000, gibt es insgesamt 99 *primarias* aber nur 13 *secundarias*[253] (vgl. Alcaldía municipal de Waspam 2004: 28). In den *comunidades* gibt es oftmals nur *primarias*; für den Besuch von *secundarias*

---

[253] Das nicaraguanische Schulsystem ist dem US-amerikanischen System angelehnt: die SchülerInnen absolvieren sechs Jahre *primaria* und dann anschließend fünf Jahre *secundaria*. Sowohl die *primaria* als auch die *secundaria* zählen zur Pflichtschule und müssten laut Gesetz besucht werden. Nach Abschluss der *secundaria* erlangen sie die Zugangsberechtigung zur Universität.

müssen die SchülerInnen meist in die Munizipalstädte ziehen.[254] Dies ist für den Großteil der Familien nicht leistbar, da sie für Unterkunft und Essen nebst den anfallenden Kosten für die Schule aufkommen müssten.

Tabelle 25 zeigt die Verteilung der SchülerInnen nach Schulstufe und Geschlecht im *municipio* Waspam. Die Daten stammen aus einer Erhebung der *alcaldía* in Waspam aus dem Jahre 2004.

Tabelle 25: Partizipation an *primarias* in Waspam (nach Geschlecht)

Schulstufen/ primaria	Matrícula inicial *		Matrícula final *	
	M	F	M	F
Erste	5525	2695	5893	2986
Zweite	4748	2308	4755	2307
Dritte	3837	1921	3835	1810
Vierte	2826	1467	2822	1467
Fünfte	1818	987	1820	990
Sechste	1346	748	1346	748
Gesamt	20100	10126	20471	10308

* *Matrícula inicial* steht für die Einschreibquote; *matrícula final* bezeichnet die Abschlussquote des jeweiligen Schulgrades.
Die Unterschiede zwischen der Einscheibe- und der Abschussquote erklärt sich daraus, dass während des Schuljahres teilweise SchülerInnen aus höheren Klassen abgestuft werden, bzw. QuereinsteigerInnen zu verzeichnen sind. Diese Diskrepanz ist sowohl in der *primaria* wie auch in der *secundaria* anzutreffen.
Quelle: Alcaldía municipal de Waspam 2004: 29

Die Tabelle zeigt, dass bereits in der ersten Schulstufe der *primaria* knapp mehr als die Hälfte weniger Mädchen als Burschen eingeschrieben sind und auch abschließen. Dieser Trend setzt sich während der gesamten *primaria* fort, weshalb eindeutig eine Geschlechterungleichheit in der schulischen Partizipation festgestellt werden kann. Besonders in der traditionellen Gesellschaft der indigenen *comunidades* wird die Notwendigkeit eines Schulbesuchs von Mädchen als nicht so wichtig wahrgenommen. Viele Familien befinden sich in ökonomisch schwierigen

---

254 Ein Pendeln von den comunidades in die Munizipalhauptstädte ist einerseits aufgrund der sehr spärlich ausgebauten Straßen nicht möglich, andererseits liegen die einzelnen Gemeinden oftmals Tagesreisen von der nächsten Stadt entfernt. Aufgrund der nicht vorhanden Straßen und auch der fehlenden Transportmittel müssen diese Wege zu Fuß oder mit dem Boot zurückgelegt werden.

Verhältnissen, und deshalb wird tendenziell eher den Burschen der Schulbesuch ermöglicht. Diese Entwicklung ist auch in der *secundaria* weiterzuverfolgen.

Tabelle 26 zeigt wiederum auf Basis der Erhebung der *alcaldía* in Waspam die SchülerInnenzahlen der *secundarias* im *municipio*.

Tabelle 26: Partizipation an **secundarias** in Waspam (nach Geschlecht)

Schulstufen	Matrícula inicial *		Matrícula final *	
	M	F	M	F
Erste	808	403	780	388
Zweite	534	273	522	250
Dritte	274	188	374	198
Vierte	120	93	222	112
Fünfte	91	54	109	61
Gesamt	1827	1011	2007	1009

* *Matrícula inicial* steht für die Einschreibquote; *matrícula final* bezeichnet die Abschlussquote des jeweiligen Schulgrades. Weitere Anmerkungen siehe Tabelle 25.
Quelle: Alcaldía municipal de Waspam 2004: 29

Neben dem bereits konstatierten Unterschied zwischen der Anzahl von Mädchen und Jungen im Schulsystem, kann auch eine große Differenz der SchülerInnenzahlen zwischen der *primaria* und der *secundaria* festgestellt werden. Nur ein geringer Prozentsatz der SchülerInnen aus der *primaria* besucht die *secundaria* weiter; womit ein Rückschluss auf die geringe Anzahl von *secundarias* zulässig ist.

Tabelle 27 bietet einen Vergleich der SchülerInnenzahlen im Vorschulbereich, in den *primarias* und in den *secundarias* auf nationaler Ebene sowie zwischen den beiden autonomen Region RAAN und RAAS. Aus der Grafik wird ersichtlich, dass der Trend des Rückganges der Einscheibezahlen in die *secundarias* sowohl auf regionaler wie auch auf nationaler Ebene vorhanden ist.

Tabelle 27: SchülerInnezahlen im nationalen Vergleich

	Preescolar				Primaria				Secundaria			
	MI	MF	% de Reten-ción	TB	MI	MF	% de Reten-ción	TB	MI	MF	% de Reten-ción	TB
La Repú-blica	183.709	165.599	91.1	32.0	927.217	870.907	93.8	111.9	376.409	335.375	90.0	58.5
RAAN	12.868	11.555	89.8	36.8	63.357	56.985	89.9	152.0	11.154	10.604	95.1	37.1
RAAS	6.928	5.644	84.3	14.4	62.916	50.865	86.4	96.7	12.488	10.709	87.3	27.4

MI steht für »matrícula inicial«/Einschreibquote und MF für »matrícula final«/Abschlussquote
»% de Retención« beschreibt das Verhältnis zwischen MI und MF.
Die Zahlen stammen aus 2003.
Quelle: PNUD 2005: 337

Tasa Bruta (TB) beschreibt das Verhältnis zwischen der realen SchülerInnenzahlen in den einzelnen Schultypen ohne Alterseinschränkung und den offiziellen, von Geburtskohorten ausgehenden SchülerInnenzahlen der zu berücksichtigen Jahrgänge. Die hohe »tasa bruta« von 152% in den *primarias* der RAAN erklärt sich dadurch, dass viele ältere Menschen, die nicht den, von der offiziellen Seite benannten schulpflichtigen Jahrgängen entsprechen, in die *primarias* drängen. Die Gründe dafür sind vielschichtig: fehlende finanzielle Mittel, die einen »zeitgerechten« Schulbesuch ermöglicht hätten; Migration aus den *comunidades* nach Bilwi oder Waspam und damit (teilweise) erstmalige Möglichkeit des Besuches der *primaria* uvm. Es kann in diesem Zusammenhang von einer verzögerten Immatrikulation in die *primarias* gesprochen werden. Die Tabelle zeigt ebenfalls deutlich den Rückgang der SchülerInnenzahlen zwischen *primaria* und *secundaria*. In der RAAN liegen sie bei 37,1 % und in der RAAS nur bei 27,4 %; auf nationaler Ebene bei knapp unter 60%. Die Zahlen verdeutlichen einmal mehr das Gefälle zwischen der *Costa Caribe* und dem Rest des Landes.

Das Fehlen von *secundarias* in den *comunidades* wurde auch in den Interviews immer wieder betont. In allen fünf Gemeinden im *municipio* Puerto Cabezas, in denen Gespräche geführt wurden, gibt es keine *secundarias*. Somit ist der Mehrheit der SchülerInnen der Zugang zu einer höheren Ausbildung verschlossen, da es sich nur wenig leisten können, ihre Kinder nach Bilwi zu schicken.

Solamente primaria pura, por lo que necesitamos en verdad una escuela secundaria pero aun no hemos tenido respuesta de las instancias puesto que hay muchos jóvenes que por falta de recursos económicos no completan sus estudios solo los que cuentan con algún medio económico envían a sus hijos a la ciudad de bilwi a completara sus estudios de secundaria sin embargo la gran mayoría se quedan acá puesto que año con año se promocionan del nivel de primaria entre 30-45 alumnos y lo mas del total de estos que continúan sus estudios de secundaria son 10 alumnos y el resto se quedan acá. (Gruppendiskussion in Krukira)

Diese Aussage verdeutlicht, dass nur ein sehr geringer Prozentsatz der SchülerInnen eine *secundaria* besuchen kann und findet auch in den Zahlen aus der Tabelle 27 Bestätigung. Mit dieser faktischen Unmöglichkeit, eine weitere Schulbildung nach der *primaria* zu erhalten, ist eine zusätzliche Schwierigkeit für die BewohnerInnen der *comunidades* verbunden: das Erlernen der spanischen Sprachen.

In den indigenen *comunidades* ist die Schule der erste und oftmals auch einzige Ort der Vermittlung des Spanischen. Spanisch ist im indigenen Teil der *Costa Caribe* die erste zu erlernende Fremdsprache. In den *comunidades* werden fast ausschließlich indigene Sprachen gesprochen, d. h. in der Region *Atlantico Norte* »Miskito« oder »Mayangna«. In der Regionalhauptstadt Bilwi ist auch die gesellschaftliche Gruppe der Creoles anzutreffen, die als ihre erste Sprache das »Creol-Englisch« erlernen[255]. Nur die Mestizos in der *Costa Caribe* lernen Spanisch als erste Sprache.

Durch den fehlenden Zugang zu *secundarias* im ruralen Raum haben besonders die indigenen Ethnien große Defizite in ihren Spanischkenntnissen. Dieser Faktor hat auch Einfluss auf die Mobilität der indigenen Bevölkerung. Durch die sprachliche Barriere ist eine Abwanderung in andere Teile von Nicaragua bzw. in ein anderes Land schwer realisierbar. Deshalb kann innerhalb der indigenen Gruppe der Miskito bzw. Mayangnas von einer geringeren räumlichen Mobilität gesprochen werden als innerhalb der Gruppe der Creoles, wie auch die Grafik 18 in Hinblick auf die *remesas* verdeutlicht.

Ein weiterer Unterschied im Bildungsbereich zwischen der *Costa Caribe* und dem Rest des Landes ergibt sich aus der AnalphabetInnenquote: Liegt die Quote in ruralen Gebieten auf nationaler Ebene bei ca. 33 %, beträgt sie im ländlichen Raum der *Costa Caribe* mehr als 44 % (vgl. Welthungerhilfe 2006: 1). Trotz der Alphabetisierungskampagnen während der sandinistischen Regierung konnte bis dato die Situation nicht nachhaltig verbessert werden.

Trotz all dieser Schwierigkeiten im Bildungssektor an der *Costa Caribe*, können auch Erfolgsgeschichten erzählt werden. Das Autonomiegesetz ermöglichte es den regionalen Autoritäten Institutionen im tertiären Bildungssektor einzurichten.

---

[255] Die Creoles leben fasst ausschließlich im urbanen Raum und nicht in Form von *comunidades*, wie die indigenen Ethnien.

Mit dieser gesetzlichen Grundlage konnten in der Region zwei Universitäten gegründet werden, welche beide ungefähr im Jahr 1995 entstanden: URACCAN und BICU-CIUM.

7.5 Universitäre Bildung in der RAAN

Die *Universidad de las Regiones Autónomas de la Costa Caribe Nicaragüense* (URACCAN) gilt als ambitioniertes Projekt, welches sich besonders der multiethnischen und multilingualen Tradition der *Costa Caribe* verschrieben hat. Die URACCAN verfügt in der RAAN nicht nur über das *recinto* in Bilwi, sondern hat eine weitere Niederlassung in Siuna; daneben gibt es noch zwei weitere Standorte in der RAAS – in Bluefields und in Nueva Guinea. Die Finanzierung der Universität erfolgt nur zu einem sehr geringen Prozentsatz aus staatlichen Mitteln. Die Zentralregierungen haben es auch im Bereich des tertiäreren Bildungssektors verabsäumt, die Atlantikküste in dieser Entwicklung zu unterstützen. Mehr als 70% der Finanzierung von URACCAN erfolgt durch die Universität selbst, mittels nationalen aber auch internationalen Kooperationen und auch durch klassische Auftragsarbeit, wie Albert Sinclair, Vize-Rektor im *recinto* Bilwi von URACCAN erklärt (vgl. Ö1: Dimensionen).

Mit der Gründung von URACCAN wurden weitreichende Ideen verfolgt, wie auch ihre erste Rektorin der Universität, Alta Hooker, betont: »URACCAN was founded to avoid brain drain, to strengthen human capacity and to influence regional strategic development. URACCAN was founded, to bring about changes and improvement in the living conditions of the people, especially for those traditionally marginalized and excluded, by breaking the cycle of impoverishment, exclusion and marginalization and by creating conditions through education to better health services, education opportunities, access to a better judiciary system and possibility to access and create quality jobs.« (Hooker 2005: 21)

Jene *costeños*, die ein Studium absolvieren wollten, mussten vor der Gründung der beiden Universitäten in den Pazifikraum abwandern. Dies war einerseits mit enormen Kosten verbunden und verstärkte andererseits auch den von Alta Hooker beschriebenen *brain drain* aus der Region. Mit der Etablierung der Universitäten in den autonomen Gebieten wurde für viele Menschen vor Ort die Möglichkeit geschaffen, ein Hochschulstudium zu absolvieren. Albert Sinclair beziffert das durchschnittliche Alter der Studierenden am Beginn der Universität mit 40 Jahren und zeigt damit, wie lange bereits die Menschen an der *Costa Caribe* auf die Gelegenheit gewartet hatten, innerhalb ihrer Region studieren zu können (vgl. Ö1: Dimensionen).

Ein wichtiges Projekt an der URACCAN ist die *preparadoria*. Dabei erhalten Jugendliche aus abgelegenen *comunidades* die Möglichkeit, durch einen dreijährigen Intensivkurs die Hochschulreife zu erlangen. Durch den schlechten Ausbau des Schulsystems in den *comunidades* und den für viele nicht zu finanzierenden Besuch einer Schule abseits ihrer Gemeinde, ermöglicht URACCAN durch das Programm der *prepa*, einigen SchülerInnen dies am Campus der Universität nachzuholen. URACCAN finanziert dabei sowohl den Transport von den Gemeinden zur Universität, als auch den Aufenthalt in Form eines Internates am Campus. Die Unterrichtsprache in der *prepa* ist zwar Spanisch, jedoch wird darauf Rücksicht genommen, dass viele der SchülerInnen durch die schlechten Bildungszugänge in den *comunidades* in sprachlicher Hinsicht noch viel nachzuholen haben, wie Anicia Matamoro, Leiterin der *preparadoria* verdeutlicht (vgl. Ö1: Dimensionen). Die *prepa* wurde erstmals im Jahr 2004 gestartet und legte ihren Fokus auf Jugendliche aus *miskito-comunidades*; nach erfolgreicher Beendigung des ersten Zyklus wurde im Jahr 2007 ein weiteres dreijähriges Programm mit Schwerpunkt auf Jugendliche aus *mayangna-comunidades* begonnen.

Das Bewusstsein über die kulturelle und ethnische Heterogenität und die daraus erwachsende Bereicherung wird an der Universität sehr eindrucksvoll gelebt. An allen vier Standorten der URACCAN studieren insgesamt bereits mehr als 4.000 Menschen.

Jedoch nicht nur die URACCAN ist sich der Bedeutung dieser Multiethnizität und Multilingualität der Region bewusst, auch an der zweiten Universität in Bilwi spielen diese Fragen eine zentrale Rolle. BICU-CIUM (*Bluefields Indian and Caribbean University-Centro Interuniversitario Moravo*) wurde ebenso im Jahr 1995 gegründet und steht, wie bereits aus dem Namen der Universität ableitbar, unter der Schirmherrschaft der *Iglesia Morava* und wird von dieser auch finanziell getragen. Im Jahr 2003 waren auf der BICU-CIUM knapp 800 Studierende eingeschrieben und es konnten an drei Fakultäten sechs unterschiedliche Studienrichtungen belegt werden (vgl. Alcaldía municipal de Puerto Cabezas 2003: 62).

Die Etablierung der beiden Universitäten in der Region ist eng mit der Autonomie verbunden und trägt auch der Notwendigkeit Rechnung, für die autonome Selbstverwaltung gut ausgebildete Fachkräfte in der Region zur Verfügung zu haben.

Neben der schwierigen Lage im Bildungssektor an der *Costa Caribe* hat die Region mit weiteren infrastrukturellen Schwierigkeiten zu kämpfen, die das alltägliche Leben in den autonomen Gebieten beschwerlich machen. Jedoch auch für die wirtschaftliche Entwicklung der RAAN stellen diese eklatanten Mängel einen Hemmschuh dar.

7.6 Infrastrukturelle Probleme in der RAAN

Die infrastrukturellen Mängel in der RAAN sind viele, wie bspw. der Zugang zu Trinkwasser, das nur schlecht und spärlich ausgebaute Straßennetz, der Anschluss an das Kanalisationssystem oder die Verfügbarkeit von Elektrizität. In der Tabelle 28 werden einige dieser Problempunkte in Vergleich zu den nationalen Werten dargestellt und auch eine Unterscheidung nach den einzelnen *municipios* in der RAAN getroffen.

Tabelle 28: Infrastrukturelle Indikatoren der RAAN (2003)

	Índice de eletrificacíon (%)	% Acceso a alcantarilla-do sanitario urbano	Cobertura de agua potable (en %)		
			Total	Urbano	Rural
La República	54,8	34,6	73,2	91,4	47,9
RAAN	22,6	0,0	25,2	58,8	11,2
Waspam	15,6	0,0	21,2	36,0	18,2
Puerto Cabezas	8,2	0,0	38,8	47,2	25,0
Rosita	29,7	0,0	46,4	87,1	13,6
Bonanza	1,0	0,0	41,6	70,0	21,6
Waslala	6,4	0,0	9,5	70,0	0,0
Siuna	14,3	0,0	19,5	70,0	8,7
Prinzapolka	0,0	0,0	11,8	70,0	6,2

Anm. d. Autorin:
Indice de electrificación = Anbindung an das Stromnetz
Acceso a alcantarillado santiario urbano = Anschluss an die städtische Kanalisation
Cobertura de agua potable = Versorgung mit Trinkwasser
Quelle: PNUD 2005: 361

Wie aus der Tabelle ersichtlich, sind nur knapp mehr als 22% der gesamten Bevölkerung der RAAN an das Elektrizitätsnetz angebunden. Dabei ist wiederum ein großer Unterschied zwischen den einzelnen *municipios* der Atlántico-Norte Region zu erkennen. Während in Rosita ein Bevölkerungsanteil von ca. 30% über den Zugang zu Strom verfügt, sind es in Prinzapolka Null Prozent, d. h. in gesamten *municipio* von Prinzapolka gibt es keinen Strom, abgesehen von privat betriebenen *plantas*.[256]

---

[256] *Plantas* bezeichnet jene Generatoren, die mittels Benzin oder Diesel Strom erzeugen. Die

Diese Tatsache hat auch einen negativen Einfluss auf die wirtschaftlichen Aktivitäten in der Region, da auch in jenen Regionen, in denen eine prinzipielle Stormversorgung gewährleistet wäre, es zu Stormausfällen bis zu zehn Stunden täglich kommen kann. Diese Ausfälle entstehen einerseits aufgrund der hohen Treibstoffpreise, das wiederum dazu führt, dass die Stromerzeugung rationiert werden muss, und andererseits durch den schlechten technischen Zustand der *plantas*. Die Probleme mit der Stromversorgung haben negative Auswirkungen auf die Wirtschaft, da es durch die Ausfälle immer wieder bspw. zu Produktionsunterbrechung kommt. Eine eigene *planta* können sich jedoch die wenigsten Betriebe leisten.

Ein weiteres Problem mit dem die Bevölkerung in den autonomen Regionen konfrontiert ist, ist der Zugang zu Trinkwasser. In der RAAN verfügen nur 25 % der Menschen über Trinkwasser, wobei Unterschiede zwischen urbanem und ländlichem Raum und zwischen den einzelnen *municipios* feststellbar sind. Wie bei der Elektrizität ist es wiederum das *municipio* Rosita, das über den höchsten Prozentsatz im Bereich der Trinkwasserversorgung verfügt. Mehr als 46 % der BewohnerInnen des *municipios* haben Zugang zu *agua potable*, jedoch ist hierbei ein enormes Gefälle zwischen dem städtischen Raum und den *comunidades* feststellbar. Während mehr als 87 % der Menschen in Rosita-Stadt über Trinkwasser verfügen, sind es in den *comunidades* des *municipios* nur knapp 14 %. Das am Schlechtesten mit Trinkwasser versorgte *municipio* ist Waslala, in dem nur 9,5 % der Bevölkerung *agua potable* zur Verfügung steht. Wie die Grafik zeigt, gibt es dabei ebenso einen massiven Unterschied zwischen der Munizipalhauptstadt in Waslala und den *comunidades*: in keiner der Gemeinden ist ein Zugang zu *agua potable* gegeben.

Die prekäre Versorgungslage bezüglich Trinkwasser im ländlichen Raum – nur rund 11 % der Menschen haben Zugang – wird durch das Faktum verschärft, dass mehr als 72% der Bevölkerung in der RAAN am Land leben (vgl. PNUD 2005: 282). Die Menschen in den *comunidades* beziehen den größten Teil ihres Trinkwassers aus den Flüssen.

Der schlechte Ausbau des Straßennetzes hat ebenfalls negative Auswirkungen auf die wirtschaftliche Entwicklung der Region. Es gibt, trotz immer wieder getätigter Zusicherungen von Seiten der Zentralregierungen, bis dato noch keine asphal-

---

gesamte regionale Energieversorgung der *Costa Caribe* erfolgt mittels dieser *plantas*. Daraus ergeben sich einerseits eine enorme Umweltbelastung und andererseits auch eine Abhängigkeit von den stark steigenden Treibstoffpreisen. Im *municipio* Prinzapolka gibt es keine Stromerzeugung mittels *plantas* durch private oder staatliche AnbieterInnen. Die einzige Option besteht in diesem Fall darin, eine *planta* für private Zwecke zu betreiben, jedoch ist das für nahezu niemanden finanzierbar.

tierte Verbindungsstraße zwischen Managua und Puerto Cabezas. Die existierende Staubpiste ist für normale straßengängige Fahrzeuge nur schlecht geeignet. Bei starkem Regen ist der Weg nicht passierbar und zur Bewältigung der Distanz von 590 km zwischen Managua und Bilwi müssen, je nach Wetterlage, bis zu drei Reisetage berechnet werden (vgl. Welthungerhilfe 2006: 1). Die Regionalhauptstadt Puerto Cabezas ist jedoch fast zur Gänze abhängig von den Produkten aus dem Pazifikraum. Durch die hohen Treibstoffpreise und den mühsamen Transportweg von der Pazifikküste an die Atlantikküste sind die Waren teilweise bis zu 15 % teurer als im Pazifikraum.[257] Die schlechten infrastrukturellen Konditionen behindern somit auch nachhaltig eine ökonomische Entwicklung der RAAN.

Die schwierige ökonomische Lage der autonomen Gebiete hat auch negative Auswirkungen in gesellschaftlicher Hinsicht. »La crisis social y las tensiones de la pobreza se expresan en altos indices de drogadiccíon y alcoholismo, abandono de mujeres y niños, prostitución, delincuencia, violencia familiar y baja autoestima.« (Gobierno Autónomo de la Región Autónoma del Atlántico Norte 2003: 14)

Besonders das Drogenproblem wird ein immer ernsteres in der RAAN und der RAAS. Bis Ende der 1980er Jahre wurde in der Region primär Marihuana konsumiert, jedoch konnte ab den 1990er Jahren ein Anstieg des Konsums und auch des Handels von Kokain und Crack verzeichnet werden. Durch den Verlauf der Drogenroute von Kolumbien aus nach Norden wurde die Atlantikküste von Nicaragua in diesen Kreislauf eingebunden. Aufgrund von mangelnden Perspektiven und der Aussicht auf Zugang zu schnellem Geld, erscheint der Drogenhandel für viele ein lukratives Geschäft zu sein. Besonders die *comunidades*, die direkt an der Küste liegen, wie bspw. Sandy Bay, sind vielfach in den Drogenhandel verstrickt. In der Onlineausgabe der Tageszeitung *el nuevo diaro* vom 20. Mai 2008 wird von der Vernichtung von mehr als 3.000 kg sichergestelltem Kokain in der RAAN berichtet. Das verbrannte Suchtgift würde am europäischen Markt einen Wert von 253.777.600 Dollar erzielen (vgl. El Nuevo Diario 2008, online[258]: Queman droga incautada en la RAAN).

Durch die Verfügbarkeit der Drogen und die niedrigen Preise, im Speziellen von Crack, erhöhte sich die Anzahl der Drogensüchtigen zusehends. Trotz inten-

---

[257] In Bilwi werden bspw. Eier aus Legefabriken rund um Managua verkauft; genauso wird Hühnerfleisch, Reis, Mehl usw. aus dem Pazifikraum herbeigeschafft. Nebst der durch den Transport erhöhten Preise, welche die im nationalen Durchschnitt ärmere Bevölkerung der *Costa Caribe* doppelt trifft, entsteht eine totale Versorgungsabhängigkeit der Region. Die lokalen ProduzentInnen sind, bedingt durch fehlende Infrastruktur, nicht konkurrenzfähig gegenüber den AnbieterInnen aus dem Pazifik- bzw. Zentralraum und haben deshalb auch wenig Anreiz mehr zu produzieren, als sie für ihr »Überleben« benötigen.

[258] http://www.elnuevodiario.com.ni/nacionales/16204, Download: 20. Mai 2008.

siver Bemühungen von diversen NGOs[259], der Kirchen und staatlichen Organisationen konnte bis dato keine Trendwende erreicht werden (vgl. Direccion General Policia Nacional 1994: 4ff.). Die Gefährdung der gesellschaftlichen Stabilität in der Region durch die Zunahme von Drogenabhängigkeit wurde in vielen geführten Interviews immer wieder betont.

Die schwierige ökonomische Lage, die extreme Armutssituation und die fehlende Infrastruktur führen zu einer Verfestigung der Marginalisierung der Region, wie auch zu wachsenden gesellschaftlichen Problemen. Durch die Unklarheiten im Bereich der Bodenbesitzverhältnisse in den autonomen Gebieten wird die Marginalisierung weiters verschärft. Trotz mehr als 15 Jahren Autonomie »verabsäumte« es die Zentralregierung den indigenen *comunidades* ein Instrumentarium in die Hand zu geben, dass es ihnen ermöglichte ihr traditionelles Land mittels Landtitel abzusichern. Erst durch den Fall von Awas Tingni sah sich die Zentralregierung gezwungen, das rechtliche Instrumentarium dafür zu schaffen.

7.7 Der Fall Awas Tingni und das Ley 445

Wie bereits zu Beginn des Kapitels festgehalten wurde, anerkennt sowohl die nicaraguanische Verfassung als auch das Autonomiegesetz das Prinzip vom traditionellen indigenen Territorium bzw. die Idee des Gemeinschaftsbesitzes. Jedoch fehlte den *comunidades* ein gesetzliches Regelwerk zur Umsetzung der in der Verfassung festgeschriebenen Rechte. Die Veränderungen innerhalb der Gesellschaftsstruktur in der RAAN und der RAAS – *avance de la frontera agrícola* und ein Mestizo-Anteil von fast 75 % in der Region – wurden bereits erörtert. Damit wird auch ersichtlich, dass die Situation nicht nur das Problem der »illegalen« Landbesetzungen umfasst, sondern vielmehr auch die »eigene Wahrnehmung« als indigene Region konterkariert. Die Zentralregierung in Managua hatte lange Zeit wenig Interesse die rechtliche Situation zu ändern, da sie natürlich die Befürchtung hatte, dadurch Einfluss auf die Region, speziell im Hinblick auf die Verfügungsgewalt natürlicher Ressourcen, zu verlieren. Der Fall von Awas Tingni veränderte jedoch die Situation nachhaltig.

---

[259] »Anti-drogua« bspw. ist eine lokale NGO in Puerto Cabezas, die auch von der österreichischen Entwicklungsorganisation Horizont3000 finanziell und personell unterstützt wird und die ihren Fokus auf drogenabhängige Jugendliche legen.

7.7.1 Awas Tingni

Im Jahr 1996 vergab die Regierung von Nicaragua eine Abholzungskonzession an die südkoreanische Firma Solcarsa für mehr als 62.000 Hektar tropischen Regenwaldes, die für 30 Jahre Gültigkeit haben sollte. Die Konzession betraf traditionelles Siedlungsland der Mayangna *comunidades* Awas Tingni, wobei die Gemeinde weder in den Vergabeprozess miteinbezogen wurde noch ihre Proteste dagegen berücksichtigt wurden. Begründet wurde das staatliche Vorgehen damit, dass Awas Tingni keinen Landtitel für ihr Territorium nachweisen konnte und deshalb der nicaraguanische Staat uneingeschränkte Nutzungsrechte über den Boden hätte. Die regionale Regierung der RAAN, welche laut Autonomiegesetz ein Vetorecht in Fragen der Nutzung der natürlichen Ressourcen der Region durch die Zentralregierung besitzt, machte von ihrem Recht keinen Gebrauch.

Die Gemeinde Awas Tingni bekämpfte die Konzession erfolgreich und der nicaraguanische Staat sah sich gezwungen diese zurückzuziehen. Dieser Etappensieg bot jedoch keinen langfristigen Schutz für die indigenen Gemeinden, da weiterhin die zentrale Forderung nach einem gesetzlichen Regelwerk zur Demarkation von indigenem Land fehlte.

Den beschriebenen Anlassfall der Abholzungskonzession nutzte Awas Tingni und klagte den Staat Nicaragua vor der interamerikanischen Menschenrechtskommission. Das Gericht entschied für Awas Tingni und verpflichtete die nicaraguanische Regierung einerseits den verfassungsrechtlich garantierten Schutz des traditionellen indigenen Landes zu garantieren und andererseits ein Regelwerk zu schaffen, welches eine Demarkation der indigenen Gebiete ermöglichte. Durch diesen Entscheid sah sich die nicaraguanische Regierung gezwungen, das *ley 445* zu beschließen: es trat mit 23. Jänner 2003 in Kraft. Der Fall von Awas Tingni hatte nicht nur Auswirkungen auf Nicaragua, sondern kann als wichtiger Meilenstein für den Schutz von indigenen Rechten in ganz Amerika verstanden werden. Erstmals erkannte ein internationaler Gerichtshof den besonderen Schutz von traditionellem indigenen Land an, auch wenn die jeweiligen Kommunen nicht über eine gesetzliche Absicherung via Landtitel verfügten (vgl. Carstens 2004).

7.7.2 Ley 445

Das *ley 445*, *ley de Régimen de Propiedad Comunal de los Pueblos Indígenas y Comunidades Étnicas de las Regiones Autónomas de las Costa Caribe de Nicaragua y de los Ríos Bocay, Coco, Indio y Maíz*, bietet das Regelwerk, um eine Demarkation von Boden erfolgreich durchführen zu können. Zur technischen und administrativen Umsetzung des *ley 445* wurde im Juni 2003 die »Comisión Nacional de Demarcación y Titulación« (CONADETI) gegründet, die den gesamten Prozess der Demarkation leitet.

Dem Verständnis einer multiethnischen Region folgend, ist jeweils ein/e Repräsentant/in jeder ethnischen Gruppe in der Kommission vertreten. Weiters setzt sich CONADETI aus VertreterInnen des Landwirtschaftsministeriums (MAG-FOR), des nationalstaatlichen Instituts für Territorialfragen (INETER) sowie dem/der jeweiligen Direktor/in des nationalen Büros für Landtitelfragen (OTR) zusammen. Der/die *alcalde/alcaldesa* des *municipios*, in dem die Demarkation des indigenen Territoriums stattfindet, ist ebenfalls in die Kommission einzubinden. Die Leitung von CONADETI obliegt jeweils dem/der Präsidenten/in des *consejo regional* der RAAN und der RAAS, wobei die Präsidentschaft in einem zweijährigen Rhythmus zwischen den beiden autonomen Regionen wechselt (vgl. Ley 445 2003: Arto. 41).

Das Regelwerk zur erfolgreichen Titulierung des Bodens sieht fünf Etappen vor, die durchlaufen werden müssen, um abschließend ins nationale Landtitelregister eingetragen werden zu können:

1. Etapa de Presentatión de Solicitud;
2. Etapa de Solución de Conflicto entre Comunidades;
3. Etapa de Medición y Amojonamiento;
4. Etapa de Titulación y
5. Etapa de Saneamiento
   (vgl. ley 445 2003: Arto. 45).

Als einleitender Schritt muss eine schriftliche Beantragung zur Betitelung des gewünschten Territoriums bei den jeweilig zuständigen »Registro Autónomo de Autoridad Comunal y Territorial« gestellt werden, wobei dieser Beantragung eine umfangreiche Studie beigefügt werden muss. Diese Studie – im *ley 445* wird sie als »diagnóstico« bezeichnet – muss dabei folgende Aspekte umfassen:

– Los antecedentes históricos de la comunidad o comunidades solicitantes;
– Las caraterísticas demográficas, sociales, económicas y culturales de la comunidad o comunidades solicitantes;
– Las formas tradicionales de manejo, usos y tenencia del área solicitada;
– El nombre de las comunidades indígenas o étnicas y de otras entidades o personas que ocupan tierras colindantes con las áreas solicitadas;
– Los eventuales conflicots que tenga la comunidad o comunidades solicitantes con las comunidade vecinas o con terceros.
(CALPI 2005: 23)

Zur technischen Umsetzung bzw. zur Unterstützung der *comunidades* bei der Durchführung des *diagnóstico* wurde im *ley 445* die Etablierung der *Comisión In-*

tersectorial de Demarcación y Titulación (CIDT) beschlossen.[260] Die CIDT hilft dabei die notwendigen Mappen über die demographische, ökonomische und soziale Gegebenheit in der Gemeinde zu erstellen und versucht auch die Grenzziehung zwischen den benachbarten *comunidades* zu klären bzw. Grenzkonflikte zu lösen. Falls die Konflikte bezüglich der Abgrenzung der einzelnen Territorien zwischen den involvierten *comunidades* nicht während der ersten Etappe der Umsetzung des Demarkationsprozesses nach dem *ley 445* gelöst werden können, muss in der zweiten Etappe der *consejo regional* zwischen den Konfliktparteien vermitteln und letztendlich entscheiden. Laut *ley 445* muss der *consejo regional* den Konflikt innerhalb von drei Monaten entscheiden (*ley 445: Artículo 53*); in der Realität jedoch kommt es dabei zu Verzögerungen. Awas Tingni musste bspw. mehr als ein Jahr auf die Entscheidung des *consejo regional* der RAAN in der Frage der Konfliktlösung zwischen den beteiligten *comunidades* warten (vgl. Rodríguez-Piñero et al. 2005: 9).

Die Finanzierung des Prozesses der Titulierung des indigenen Landes ist ein zusätzlicher Schwachpunkt in der Umsetzung des *ley 445*. CONADETI und auch CIDT sollten grundsätzlich von Seiten der Zentralregierung mit finanziellen Mitteln ausgestattet werden, jedoch erhielt CONADETI erst im Jahre 2005 erstmalig ein Budget[261] (vlg. CALPI 2005: 26f.). Diese fehlende finanzielle Ausstattung von CONADETI und CIDT führt weiters dazu, dass es den beiden Institutionen an technisch gut ausgebildetem Personal mangelt und nur geringe Mittel zur Schulung zur Verfügung stehen (vgl. Rodríguez-Piñero et al. 2005: 11).

Der geringe finanzielle Spielraum führt auch für Rufino Lucas, Direktor von CONADETI in der RAAN, zu dem sehr langsamen Demarkationsprozess. Für das Jahr 2008 forderte CONADETI mehr als 50 Millionen Cordobas von der Regierung in Managua, jedoch erhielten sie nur 9,8 Millionen. Laut Lucas ist damit keine adäquate Finanzierung der Demarkationen gewährleistet. (vgl. la Prensa 2008, online[262]: Lenta demaracación en RAAN).

Die Zentralregierung muss sich den Vorwurf gefallen lassen, dass sie an keiner effizienten Umsetzung des, durch das Urteil des interamerikanischen Menschenrechtsgerichtes entstandenen *ley 445*, interessiert ist.

A pesar de haber aprobado la ley, el gobierno central no ha dado el apoyo debido

---

[260] Das *ley 445* sieht dabei eine Einrichtung von CIDT für drei Regionen vor: für die RAAN und RAAS sowie auch für die indigenen Enklaven im Pazifikraum, welche in der CIDT-Jinotega zusammengefasst sind.

[261] Die Zentralregierung budgetierte für die Kommission 11 Millionen *Cordobas*; dies entspricht ca. 430.000 Euro.

[262] http://www.laprensa.com.ni/archivo/2008/marzo/01/noticias/regionales/246315.shtml, Download: 25. Juni 2008.

a las instituciones creadas por la ley ya que carecen de fondos y capacitación para emprender sus labores de manera eficaz. Todavía existe aposición dentro del gobierno central a los aspectos centrales de ley, y se continúa percibiendo a las tierras y recursos naturales de la Costa Atlántica de Nicaragua como propiedad estatal. (Rodríguez-Piñero et al. 2005: 10f.)[263]

Bis dato durchliefen nur fünf indigene Territorien erfolgreich den Prozess der Titulierung. Diese fünf Territorien befinden sich alle im Bioreservat Bosawas und umfassen *Mayangna-comunidades* (vgl. PNUD 2005: 53).

Der Versuch, das indigene Gebiet mittels verbriefter Landtitel zu schützen, ist ein langwieriger Prozess, der aus politischen Gründen und wegen ökonomischer Interessen immer wieder verzögert wurde.

Bueno las razones, que la Costa Atlántica tiene los mayores recursos forestales, mineros, recursos de agua, recursos costeros y los que gobiernan en Nicaragua es la élite de grupo que manejan los recursos monetarios dueños de bancos, dueños de empresas, dueños de industria, entonces ellos ven los recursos de la costa como un recursos para explotar y si le dan los títulos entonces los indígenas se vuelven dueños entonces eso le va a costar más par llegar explotar eso recursos pero, si no le dan los títulos entonces están confundidos entonces ellos sacan la mayor ventaja, eso por un lado y por otros lado nuestra comunidades por la falta de capacidad tanto intelectual y organizativo no han podido pelear con mayor razón y si ha habido digamos algunas oportunidades que salieron en estos años es porque la lucha ha sido dura o sea desde los años 70 los indígenas han peleado por demarcar la tierra desde cuando yo era niño y yo ya estoy viejo (...).

La Costa Atlántica cuando se quiso demarcar la tierra de la Costa Atlántica el gobierno dijo que no que tenía que ser por parcela y las comunidades dijeron que no, que queremos bloque de comunidades, entonces echaron presos a todos los lideres y muchos se fueron para Honduras y de ahí es donde comenzó la contra revolución después nosotros volvimos a negociar con el gobierno en ese tiempo y adquirimos la autonomía, pero después que adquirimos la autonomía vino el gobierno de Violeta que es un gobierno de derecha, hizo muchas promesas de apoyar a los indígenas pero, no se pudo, porque los gobierno a veces prometen pero, en la realidad no hay una capacidad de porque transformar a la mitad de Nicaragua que es la Costa Atlántica entonces la cuestión de la demarcación territorial para nosotros históricamente es una lucha de muchos, muchos años desde el tiempo Nicaragua antes de que fuera

---

263 Rodríguez-Piñero führt im Fall der *comunidad* Awas Tingni die Verstrickungen von Mitgliedern der Zentralregierung und der regionalen Regierung im Bereich von illegalen Abholzungen an. Auch Delegierte des Umweltministeriums waren an der illegalen Holzextraktion beteiligt. Daraus erklärt sich das (teilweise) geringe Interesse von Seiten der politischen AkteurInnen in Bezug auf die Schaffung der optimalen Struktur zur reibungslosen Umsetzung des *ley 445* (vgl. Rodríguez-Piñero et al. 2005: 13f.).

estado ya la comunidades vienen peleando porque aquí fue un territorio dominado por los ingleses, cuando se negoció con Nicaragua una de las exigencias de la comunidades era que se demarcara su tierra y desde hace más de ciento cincuenta años doscientos años que estamos luchando. (Samuel Sanders)

Die Expertin für Landrechtsfragen, Mirna Cunningham, bestätigt weiters die rechtlichen Mängel des *ley 445*, die bewusst von der Regierung Bolaños hingenommen wurden, um dadurch den Titulationsprozess zu verzögern.

La tercera debilidad de la Ley es que lo que dice es que una vez que la CONADETI emite el titulo lo que tiene que hacer el Gobierno es registrarlo; sin embargo no crea un mecanismo de registro entonces el argumento del gobierno central pasado es que no había precedentes de cómo registrar un titulo comunitario que el Código Civil solo establecía mecanismo para registrar títulos privados o títulos estatales; pero no títulos comunitarios. (Mirna Cunningham)

Trotz der Schwierigkeiten bei der Umsetzung des *ley 445* und auch der Kritik an einigen inhaltlichen Schwächen[264], kann festgehalten werden, dass »la Ley 445 es fundamental para asegurar la supervivencia de los pueblos indígenas y comuniades étnicas de las Regiones Autónomas (…)« (CALPI 2005: 27).

Das *ley 445* definiert im Artikel 3 zentrale Begriffe und Institutionen[265] der indigenen Gesellschaft in den autonomen Gebieten, die dadurch eine gesetzliche Verankerung erfahren. Auch der Begriff der »terceros« wird dabei aufgegriffen und definiert jenen Personenkreis, der zwar nicht ursprünglich der *comunidades* zurechenbar ist, jedoch innerhalb des Territorium Eigentum besitz (vgl. *ley 445: articulo 3*). Dieser Passus schützt damit jene Personen, die bereits verbriefte Eigentumsansprüche innerhalb indigenen Territorien gelten machen können, da eigentlich die Idee der *tierra comunal* sich wie folgt definiert und, daraus ableitbar, keinen »Eigentumsbesitz« zulassen würde. »Las tierras comunales no se pueden gravar y son inembargables, inalienables e imprescriptibles« (Ley 445: articulo 3).

Genau an dieser Gruppe der *terceros* keimen immer wieder Konflikte innerhalb der *comunidades* auf. So wurde bspw. bewusst ehemaligen KämpferInnen im Bürgerkrieg Land innerhalb des indigenen Territoriums von Seiten der Zentralregierung zugewiesen. Die »excombatientes« verfügen jedoch großteils nicht über

---

[264] So schreibt zwar der Artikel 53 des *ley 445* fest, dass bei nicht lösbaren Grenzkonflikten zwischen den einzelnen *comunidades*, der *consejo regional* innerhalb von drei Monaten entscheiden muss, jedoch bietet es keine Handhabe, wenn der *consejo regional*, wie im Fall von Awas Tingni, nicht innerhalb dieses Zeitraumes entscheidet (vgl. Rodríguez-Piñero et al. 2005: 9f.).

[265] Das *ley 445* erkennt bspw. auch die traditionellen Entscheidungsstrukturen und politischen Funktionen, welche in den Gemeinden vorhanden sind, an.

Landtitel. Sie teilen damit dieselbe Situation wie der Großteil der Mestizos, die durch die *avance de la frontera agrícola* vermehrt in die autonomen Gebiete vordrangen bzw. vordringen. Weiters »verkaufen« einzelne *líderes* von *comunidades* Land an Privatpersonen. Dies ist nach dem *ley 445* nicht zulässig, jedoch existiert dieses Vorgehen in der Realität innerhalb der Gemeinden. Die Besitzrechte des Bodens der autonomen Gebieten scheinen durch das *ley 445* geklärt zu sein, jedoch zeigt sich in Wirklichkeit eine sehr komplexe und rechtlich schwierige Situation. Aus dieser Tatsache heraus erklären sich auch die Konflikte, die immer wieder in den *comunidades* auftreten. Sie zeigen damit auch, wie notwendig die konsequente und rasche Umsetzung des *ley 445* für die autonomen Gebiete ist.

In der RAAN gibt es über 70 *comunidades,* die fast ausschließlich von *mestizos* bewohnt werden und die sich innerhalb traditionellen indigenen Gebietes befinden. VertreterInnen der Mestizos stellten deshalb an CONADETI die Forderungen, mehr als 200.000 manzanas[266] innerhalb der *municipios* Siuna, Rosita, Bonanza und Bilwi für sich legal im Rahmen des *ley 445* betiteln zu können. Die rechtliche Situation bezüglich der Landtitel der *mesitzos* stellt sich in diesem Fall wie folgt dar: »Se amparan con títulos del extinto Instituto Nicaragüense de Reforma Agraria, escrituras públicas de compra y venta, documentos privados, constancias extendidas por alcaldes y hasta sin ningún tipo de documento.« (El Nuevo Diario 2006, online[267]: Mestizos reclaman derecho a la tierra.)

Die Forderung der *mestizos* nach Zuerkennung von traditionellem indigenen Land wurde auch in der RAAS vermehrt geäußert. Das *ley 445* bietet jedoch für diese Forderung keine rechtliche Grundlage, sondern kennt nur die Gruppe der *terceros*. Viele *mestizos* verfügen über keine validen Landtitel und fallen somit nicht in die gesetzlich geregelte Kategorie. VertreterInnen der indigenen Bevölkerung verlangen vielmehr, dass im Rahmen des Demarkationsprozesses das »illegal« besetzte Land durch die *mestizos* an die *comunidades* zurückgegeben werden muss und die *mestizos* das Land verlassen müssen. Die komplexe Situation im Punkte der Landtitelfrage stellt die ProtagonistInnen für die Umsetzung des *ley 445* vor entscheidende Herausforderungen. Eine Lösung muss jedoch erarbeitet werden, um anhaltende gewaltsame Auseinandersetzungen in der Region vermeiden zu können (vgl. El Nuevo Diario 2007, online[268]: Indígenas y mestizos dialogan por tenencia de la tierra).

---

[266] Ein *manzana* entspricht 0,7 Hektar; damit entsprechen die 200.000 *manzanas* 140.000 Hektar

[267] http://www-ni.elnuevodiario.com.ni/2006/10/25/departamentales/32176, Download: 30. Juni 2008.

[268] http://impreso.elnuevodiario.com.ni/2007/06/06/nacionales/50560, Download: 19. Juni 2008.

Das *ley 445* soll nicht nur die strittigen Territorialfragen klären, sondern es bietet auch erstmalig monetäre Vorteile für die indigenen *comunidades*: »Los tributos recaudados por el Fisco en concepto de derechos de aprovechamiento de recursos naturales en las Regiones Autónomas, deben de beneficiar directamente a las comunidades indígenas en cuyas áreas se encuentren los recursos naturales. La distribución de estos recursos será así:

- – Un 25 % para la comunidad o comunidades indígenas donde se encuentre el recurso a aprovechar;
- – Un 25 % para el municipio en donde se encuentra la comunidad indígena;
- – Un 25 % para el Consejo y Gobierno Regional correspondiente; y
- – Un 25 % para el Gobierno Central. (…)
  (Ley 445: arto. 34)

Damit wurde erstmals festgeschrieben, dass die indigenen *comunidades* direkt von steuerlichen Einnahmen, die aus der Nutzung der natürlichen Ressourcen ihres Territoriums gezogen werden, profitieren sollen. 25 % dieser Einnahmen werden von »Ministerio de Hacienda y Crédito Público« an die RepräsentantInnen der einzelnen *comunidades* übergeben.

Die sinnvolle Verwaltung bzw. der Einsatz der steuerlichen Einnahmen aus der Nutzung der natürlichen Ressourcen in der Region wurde auch in den ExpertInneninterviews betont.

El fortalecimiento de las comunidades y de los territorios lo va facilitar la aplicación de la ley 445, la ley 445 si uno mira en alguno de sus articulados las comunidades ya se están beneficiando del 25 % de los impuestos por sus recursos naturales pero si nosotros miráramos el gobierno regional agarra el 25 % del 100%, el gobierno municipal agarra el 25 % de ese 100% y el gobierno comunal agarra otro 25 % eso quiere decir que de ese impuesto el 75 % llega a la región sin embargo no hay hasta el momento un consenso en el manejo productivo de estos recurso cada quien lo maneja de una manera dispersa es necesario pensar incluso como se va manejar esos recursos a nivel de la región o a nivel de los municipios en un consenso entre comunidad entre gobierno comunal gobierno municipal y gobierno regional para fortalecer la región (…). (Rufino Lucas)

Die rasche Durchführung der Demarkation des indigenen Landes in den autonomen Gebieten gehört zu den wichtigsten aktuellen politischen Aufgaben. Die Verfügungsgewalt über den Boden, und damit verbunden über die natürlichen Ressourcen stellt für die indigenen *comunidades* ein wichtiges Instrumentarium dar, um ihr wirtschaftliches Auskommen gewährleisten zu können. Aufgrund der veränderten Bedürfnisse nach Konsumgütern im Leben der *comunidarios* ist eine traditionelle Form der Subsistenzökonomie längst nicht mehr ausreichend. Zucker,

Öl, Salz, Kleidung usw. müssen zugekauft werden bzw. werden nicht mehr in den Gemeinden selbst produziert; deshalb spielt Geld auch eine zunehmend wichtigere Rolle. Eine gesetzlich abgesicherte und deshalb legale Nutzung der natürlichen Ressourcen bietet den indigenen Gemeinden die Möglichkeit, auch mehr Geld für ihre Produkte verlangen zu können. Diese Problematik wird auch im nachfolgenden Abschnitt thematisiert, da besonders der illegale Holzhandel, aufgrund der fehlenden Landtitel, für die Gemeinden ein Verlustgeschäft darstellt. Dieser negative Kreislauf kann nur durch den raschen Abschluss des Demarkationsprozesses durchbrochen werden.

7.8 Der Primäre Sektor in der RAAN

Im primären Sektor der RAAN spielen folgende vier Teilbereiche eine zentrale Rolle: Landwirtschaft und Viehzucht, Forstwirtschaft, Fischerei und die Edelmetallgewinnung. Die Kommerzialisierung bzw. Ausgestaltung der einzelnen Teilbereiche ist regional unterschiedlich. Auch zwischen den ethnischen und gesellschaftlichen Gruppen stellt sich der Einkommenserwerb verschieden dar, wie im Laufe des Abschnittes noch aufgezeigt werden wird, dabei wird besonders auf die Teilsektoren Landwirtschaft und Viehzucht sowie Fortwirtschaft eingegangen.

7.8.1 Landwirtschaft und Viehzucht

Laut den Daten des dritten nationalen Agrarzensus (2001), gibt es in der RAAN 16.591 landwirtschaftliche Betriebe, wobei diese über eine agrarisch genutzte Gesamtfläche von 1.036.852 *manzanas*. verfügen; dies entspricht ca. 12% der landwirtschaftlichen Fläche von Nicaragua (vgl. INEC 2003: 5). Damit verfügt die RAAN nach der RAAS über die zweitgrößte agrarisch genutzte Fläche unter den einzelnen *departamentos* von Nicaragua.

Die agrarischen Betriebe der RAAN können nach folgenden strukturellen Merkmalen unterschieden werden: »(...) 16.514 son individuales, 21 cooperativas, 45 colectivos familiares, 3 empresas, 3 propiedades de comunidades indigenas, 1 de administración publica y 4 pertenecen a otra forma de propiedad.« (Blanco et al. 2004: 32)

Der Agrarzensus nimmt dabei keine Rücksicht auf die innerhalb der lokalen Gemeinschaften vorherrschende Form der Subsistenzökonomie, vielmehr fokussiert er auf die (großteils) für den Markt produzierenden Landwirtschaftsbetrieben. Diese Form der Agrarwirtschaft (*fincas*) wird fast ausschließlich von der gesellschaftlichen Gruppe der *mestizos* betrieben, wodurch sich auch die wirtschaftliche Dominanz der eher westlich gelegenen *municipios* der RAAN erklären lässt. Durch das Fortschreiten der Agrargrenzen ist der Anteil der *mestizos* ein höherer als bspw. in Prinzapolka oder Puerto Cabezas. In den Miskito *comunidades* wird Subsistenzlandwirtschaft betrieben, wobei die schlechte infrastrukturelle Anbindung der *comunidades* auch wenig Alternativen zulässt.

Die durchschnittliche Produktionsfläche eines landwirtschaftlichen Betriebs beläuft sich laut Agrarzensus zwischen 20.01 bis 50.00 *manzanas*, wobei die BetreiberInnen der *fincas* oftmals mit dem Problem der ungesicherten Titel des von ihnen bearbeiteten Landes konfrontiert sind. »Del total (16,591) solo 4,662 possen escrituras publicas, 5,832 no la tiene, 2,319 están en proceso de legalización, 1,411 tiene titulo de reforma agraria (un solo dueño), 149 mancomunado, 534 arriendan tierras, 1,330 otra forma de tenencia y 354 tenencia mixta.« (Blanco et al. 2004: 33). Diese Zahlen veranschaulichen noch einmal deutlich die Probleme bezüglich der Landtitelfragen, die im vorhergehenden Abschnitt bereits dargestellt wurde.

Zu den wichtigsten Agrarprodukten der Region zählen Mais, Reis, Bohnen, Yuca, musáceas[269], Kakao, Ananas, Zitrusfrüchte und Ingwer. Der Umfang und die Vermarktung der einzelnen Produkte gestalten sich jedoch sehr unterschiedlich. Die drei erstgenannten Produkte – Mais, Reis, Bohnen – werden unter den Begriff *granos básicos* subsumiert und stellen damit die wichtigste Grundlage für die Nahrungsmittelsicherung der Region dar.

In der Produktion der *granos básicos* ist ein geographischer Unterschied feststellbar: Während in Siuna die Maisproduktion vorherrschend ist, wird in Waspam primär Reis angebaut. Diese Differenzierung fußt auch auf den unterschiedlichen Ernährungsgewohnheiten der einzelnen gesellschaftlichen Gruppen bzw. Ethnien; die *mestizos* konsumieren eher Mais, wohingegen für die Miskito vorwiegend Reis als Grundnahrungsmittel gilt. Ein weiterer Unterschied zwischen den beiden Gruppen betrifft den Grad der Vermarktung der Produkte. Reis wird bspw. in *miskito comunidades* zu 70% für den Eigenkonsum hergestellt und nur 30% werden verkauft bzw. getauscht, wohingegen in den *mestizo comunidades* sich das Verhältnis umgekehrt darstellt. Bei dem Verhältnis zwischen Eigenkonsum und Verkauf von Bohnen zeigt sich das gleiche Bild.

Diese Teilung basiert jedoch nicht nur auf einem unterschiedlichen kulturellen Verständnis von Ökonomie[270], sondern ergibt sich auch aufgrund fehlender In-

---

269 Unter diesem Sammelbegriff werden Essbananen und Kochbananen (*bananos y plátanos*) zusammengefasst.

270 Die traditionelle Wirtschaftsform innerhalb der *miskita comunidades* ist nicht unmittelbar auf Mehrwertproduktion ausgerichtet, sondern zielt vielmehr auf die ausreichende Produktion

frastruktur, speziell in den *miskito comunidades*. Durch das Nichtvorhandensein von Transportmitteln, gravierender Mängel im Ausbau des Straßensystems und der fehlenden finanziellen Unterstützung zur technischen Verbesserung der Produktion kann die Infrastruktur in der Region Waspam, Puerto Cabezas oder Prinzapolka nicht sichtbar gesteigert werden.

Die Arbeit im *campo* wird ausschließlich mit der Hand durchgeführt. Es fehlt an Zwischenlagermöglichkeiten (bspw. Silos) der *granos básicos,* weshalb derjenige Anteil der Produkte, der an die HändlerInnen verkauft wird, alsbald nach der Ernte abgestoßen werden muss. Dadurch entsteht ein kurzfristiges Überangebot, weshalb der erzielbare Preis sehr niedrig ist. Durch die fehlende Anbindung an einen Markt sehen sich die ProduzentInnen gezwungen, an die HändlerInnen aus Honduras oder El Salvador zu verkaufen, die wiederum durch diese »Monopolstellung« günstige Einkaufspreise erzielen können. Die *explotaciones agropecuarias* im Minendreieck bzw. im *municipio* Waslala sind ebenfalls mit infrastrukturellen Problemen konfrontiert, jedoch nicht in dem Ausmaß, wie bspw. in Prinzapolka.

Auch im Bereich von Viehzucht bzw. der Erzeugung von gewinnbringenden Produkten, wie Kakao, können Unterschiede zwischen den einzelnen Ethnien festgestellt werden. Der Rindviehbestand in Siuna stellt 67 % des Gesamten der RAAN und beläuft sich auf ca. 4,18 % im nationalen Kontext. Als zweitwichtigstes *municipio* im Bereich der Rindfleischproduktion ist Waslala zu nennen. In beiden *municipios* stellen die *mestizos* die Mehrheit, wohingegen die *municipios* mit einem hohen Anteil von *miskito comunidades* keinen bedeutsamen Beitrag zur Rindfleischproduktion leisten. Das gleiche Bild zeigt sich auch im Bereich der Produktion von Schweinefleisch und Hühnerfleisch. (vgl. Blanco et al. 2004: 58f.).

Rindfleisch stellt neben Kaffee das zweitwichtigste Exportgut von Nicaragua. Damit wird deutlich, dass die Anbindung der RAAN an den nationalen wie auch internationalen Markt im Bereich der Agrarprodukte fast ausschließlich über die *mestizos comunidades* erfolgt. Neben der Fleischproduktion ist auch die Erzeugung bzw. der Vertrieb von Milch und Milchprodukten ein wichtiger Teilbereich des Agrarsektors der RAAN. Innerhalb dieses Marktsegmentes ist Nicaragua im zentralamerikanischen Markt gut positioniert und konnte trotz der Etablierung von »versteckten Handelshemmnissen«[271] ihren Exportanteil steigern (vgl. Flores Cruz et al. 2006: 98).

---

von Nahrungsmittel zur Sicherung der eigenen Subsistenz ab.

[271] So versucht El Salvador ihre AgrarproduzentInnen durch strenge Hygienevorschriften im Bereich der Pasteurisierung zu schützen.

Aber auch innerhalb dieses Teilsektors befinden sich die *miskito comunidades* in einer nachteiligen Position. Ein weiterer Bereich, der die Teilung zwischen den ethnischen Gruppen im Agrarsektor aufzeigt, betrifft die Kakaoproduktion. Diese findet in der RAAN hauptsächlich im *municipio* Waslala statt. Dieses *municipio* ist ebenfalls mehrheitlich von *mestizos* bewohnt.

Im Agrarbereich und im Bereich der Viehzucht kann zusammenfassend festgehalten werden, dass in der RAAN jene Bereiche, die eine (wenn auch schwach ausgeprägte) Bedeutung für den nationalen Agrarmarkt haben, fast ausschließlich in Hand der gesellschaftlichen Gruppe der *mestizos* sind. Die indigene Ethnie der Miskito betreibt fast ausschließlich die traditionelle Form der Subsistenzökonomie und, damit verbunden, die Produktion von *granos básicos*. Wie bereits aufgezeigt, ermöglicht die fehlende Infrastruktur wenig Spielraum für Veränderungen innerhalb der *miskito comunidades*. Ein zusätzliches Problem betrifft die Verdrängung der lokal erzeugten *granos básicos* durch importierte Produkte aus dem Pazifikraum bzw. aus dem Ausland. Die Gründe sind vielschichtig:

> Esto, porque la producción local no responde a los requerimientos de calidad exigidos por el mercado consumidor y tiene un menor rendimiento por unidad adquirida. Si bien el precio al consumidor final del arroz producido localmente es inferior al importatado, la combinación de la calidad del producto y su rendimiento resultan más favorables para la población. (PNUD 2005: 159)

Die fehlende Qualität[272] der Produkte und die niedrige Rentabilität resultieren wiederum aus der schlechten infrastrukturellen Basis der Region und aus der fehlenden politischen Unterstützung. Für die *miskito comunidades* entsteht dadurch ein doppelter Abkoppelungsprozess: Die von ihnen erzeugten Agrarprodukte haben einerseits geringe Bedeutung für den lokalen Markt, und, bedingt durch infrastrukturelle Mängel, sind sie auch nicht konkurrenzfähig gegenüber nationalen bzw. internationalen ProduzentInnen.

7.8.2 Forstwirtschaft

Die Nutzung der Ressource Holz erfährt in Nicaragua steigende Bedeutung, wie auch die Exportdaten über *madera aserrada*[273] beweisen, das den zehnten Platz innerhalb der wichtigsten Exportprodukte von Nicaragua einnimmt. Zusätzlich konnte bspw. vom Jahr 2003 auf das Jahr 2004 ein Wachstum der Exportzahlen

---

[272] Durch den fehlenden technischen Einsatz, bspw. von Reismühlen, die das Korn von den Spelzen trennt, kann keine vergleichbare Qualität in Bezug auf importierten Reis erzielt werden. Das händische Ausschlagen des Kornes aus der Fruchtkapsel kann nicht dieselbe Qualität erreichen, wie es durch den Einsatz von Maschinen möglich ist.

[273] Unter *madera aserrada* versteht man Sägeholz.

von *madera aserrada* von über 82% festgestellt werden (vlg. CIPRES 2006: 111). 47,66 % des nicaraguanischen Territoriums können zur fortwirtschaftlichen Nutzung herangezogen werden (vgl. Flores Cruz et al. 2006: 118). In Bereich der RAAN liegt der Anteil bei ca. 71 %[274]; damit stellt die *Región Autónoma del Atlántico Norte* knapp 42% der gesamten Waldfläche von Nicaragua (vgl. Consejo Regional Autónomo de la RAAN 2004: 30). Neben dem *departamento* Nueva Segovia ist die RAAN das zweitwichtigste Gebiet für die Holzproduktion in Nicaragua.

Der Fortwirtschaftssektor in Nicaragua ist grundsätzlich auf die Produktion von Holz der primären Transformationsstufe ausgelegt, d. h. die Herstellung von *madera aserrada*. Dieses Holz wird für den Export in die zentralamerikanischen Nachbarstaaten bzw. für den nationalen Gebrauch extrahiert. Zu den größten Abnehmerländern von nicaraguanischem Sägeholz zählen Costa Rica, El Salvador und die USA (vgl. Flores Cruz et al. 2006: 120).

Der Preis für Sägeholz ist sehr gering und es fehlt an einer »Veredelungsindustrie« in der Region. Die Wertschöpfung aus der natürlichen Ressource ist damit nicht besonders hoch und erklärt auch, warum speziell die BesitzerInnen des Rohstoffes wenig Gewinn erzielen. Sie verkaufen aus Ermangelung einer weiterverarbeitenden Industrie das geschlagene Holz an großen UnternehmerInnen, wie bspw. PRADA.[275] Die Unternehmen verfügen einerseits über eigene Holzabschlagslizenzen von staatlicher Seite[276] bzw. von regionalen Behörden, und andererseits kaufen sie Holz von indigenen *comunidades*. Durch die schlechte infrastrukturelle Anbindung der *comunidades* hat die Holzindustrie eine monopolartige Stellung gegenüber den BesitzerInnen des Rohstoffes und dementsprechend niedrig gestalten sich auch die Preise für Holz: »(…) sólo pagan a los comunitarios US$ 6 por cada m³ extraído«[277] (ebd. 2006: 129).

Daraus wird ersichtlich, dass der Holzsektor in den autonomen Gebieten mit

---

[274] Die Gesamtfläche der RAAN beträgt 32.819,68 km², und davon sind 23.430,56 km² Wald (vgl. Consejo Regional Autónomo de la RAAN 2004: 30).

[275] Laut INAFOR (*Instituto Nacional Forestal*) waren 30 Unternehmen in der RAAN im Jahr 2007 tätig (vgl. http://www.inafor.gob.ni/estadisticas/aprovechamiento_forestal.html, Download: 2. Juli 2008). Jedoch gibt es einige wenige Unternehmen, wie bspw. PRADA, die den Markt dominieren (vgl. Flores Cruz et al. 2006: 128f.).

[276] Die Lizenzen zur Holzabschlagung werden vom *Instituto Nacional Forestal* (INAFOR) vergeben. Dies betrifft vor allem die autonomen Regionen, da hier, bedingt durch die großteils ungeklärten Besitzrechte der natürlichen Ressourcen, der Staat als Eigentümerin auftritt. INAFOR muss jedoch die Vergabe der Nutzungsrechte in Einverständnis mit den lokalen Autoritäten tätigen.

[277] In Österreich bspw. wird zwischen 70 und 120 Euro pro m³ Sägeholz bezahlt; der Preis ergibt sich aus der Qualität und der Art des Holzes.

fundamentalen Schwierigkeiten konfrontiert ist, wobei dies besonders die indigenen *comunidades* trifft. Folgende Probleme verdeutlichen exemplarisch die schwierige Situation im Bereich der Holzgewinnung in der RAAN:

– Poco apoyo y coordinación interinstitucional del Gobierno al sector Forestal; debilidad de seguimiento, monitoreo y supervisión por parte de las instituciones del estado al aprovechamiento forestal,
– incendios forestales,
– falta de un ordenamiento territorial,
– falta de diversificación en las actividades forestales, hay que agregar valor y no seguir exportando materia prima para ser más competitivos; poca valoración del recurso forestal,
– deficiente infraestructura vial,
– deficiente maquinaria forestal,
– grandes desperdicios de madera a la hora de la extracción,
– no existe un inventario del recurso forestal.
(Consejo Regional Autónomo de la RAAN 2004: 33f.)

Diese Probleme erklären, warum die BesitzerInnen der natürlichen Ressourcen, die indigenen *comunidades*, wenig Profit aus der Holzgewinnung ziehen können und die schlechte Ausgangslage zu einer Zunahme von illegalen Abholzungen führt. Das *Programa de Naciones Unidas para el Desarrollo* geht davon aus, dass in der Region mehr als 60% der gesamten Extraktion von Holz auf illegalem Wege passiert, wobei sie sich den hohen Prozentsatz wie folgt erklären: »(…) falta de controles adecuados, de transparencia e información adecuada, la estructrua de impuestos, corrupción y el pago de coimas.« (PNUD 2005: 175).

Zusätzlich zu diesen Aspekten nehmen die *comunidarios* die illegalen Abholzungen nicht als solche wahr. Die Extraktion des Holzes erfolgt innerhalb der Gemeinden, oftmals in Absprache mit den *síndico*[278] und wird daher als Rechtens angesehen. Weiters ist das Vertrauen in die staatlichen Instanzen, die per Gesetz in die Verwaltung der Nutzung der Ressourcen eingebunden werden müssen, in den Gemeinden nicht besonders hoch.

Los comunitarios no reconocen la autoridad estatal, desconfían de la función del ente regulador (Inafor), ya que perciben oportunismo en detrimento de la comunidad, en tanto el impuesto de la actividad forestal recaudado por el Estado no es reinvertido en sus comunidades, no saben para qué lo utilizan, y consideran que la

---

278 Der *síndico* stellt innerhalb der indigenen *comunidades* jene Autorität dar, welcher die Nutzung der natürlichen Ressourcen der Gemeinde verwaltet und letztendlich auch in Absprache mit den anderen *comunidarios* entscheidet.

subasta[279] es un robo, tanto del recurso como del trabajo invertido en obtenerlo. (Flores Cruz et al. 2006: 134)

Die schwächere Positionen der *comunidades* wird von den *madereros* ausgenützt und bspw. Holz auf »Kredit« von den Gemeinden gekauft und danach nicht bezahlt. Oftmals werden auch Zusagen über infrastrukturelle Investitionen, wie Reparaturen der Wege oder finanzielle Unterstützung der Schulen getätigt und im Nachhinein nicht eingehalten. Die indigenen Gemeinden verfügen zum großen Teil nicht über die finanziellen Möglichkeiten, ihre Rechte gegenüber den HolzhändlerInnen einzuklagen. (vgl. ebd. 2006: 134f.)

Genau diese finanziellen Restriktionen verhindern auch, dass die indigenen *comunidades* selbst als HolzlieferantInnen tätig werden. Ihnen fehlt es an Geld, um die dafür notwendigen Konzessionen und Papier zu bezahlen. Diese Situation führt dann dazu, dass illegale Holzextraktionen zunehmen und/oder an HändlerInnen mit Konzessionen Holz verkauft wird, wobei in beiden Fällen die Erlöse für die *comunidades* sehr gering ausfallen. Die Aussage aus einem Interview mit dem *sindico* der *comunidad* »Fruta de Pan«, Mckenzie J., verdeutlicht dieses Dilemma gut: »Para vender la madera hay que amarrar con un comerciante que tenga plata, el que tiene plata paga el permiso y se queda con él, eso significa que es el dueño. Yo tengo bosque, pero ahora yo soy el mozo.« (Mckenzie J. in Flores Cruz et al. 2006: 141).

Teilweise geht die Abhängigkeit der *comunidades* so weit, dass sie sich, um das Holz extrahieren zu können, von den HändlerInnen Werkzeug wie bspw. Motorsägen leihen müssen und diese Leihgebühr dann wiederum vom bereits niedrigen Verkauferlös des Holzes abgezogen wird.

Ein Problem in den indigenen *comunidades* stellt das verbreitete Phänomen der Korruption unter den eigenen *líderes* dar. Oftmals werden die Holzgeschäfte von den HändlerInnen direkt mit den *sindico* der jeweiligen *comunidad* abgewickelt, die das Geld dann ihrerseits nicht an ihre Leute in der Gemeinde weiterverteilen (vlg. ebd. 2006: 142ff.).

Tabelle 29 zeigt einen Überblick über die Nutzung von Holz durch die unterschiedlichen gesellschaftlichen und ethnischen Gruppen in den autonomen Gebieten.

---

[279] Unter *subasta* ist die Versteigerung von beschlagnahmtem illegalem Holz zu verstehen. Das Geld aus der Versteigerung fließt dem Staat zu; die *comunidades* erhalten nichts davon.

Tabelle 29: Partizipation der gesellschaftlichen Gruppen an der Holzindustrie

Holzhändler-Innen (Klein-betriebe)	Holzhändler-Innen (Groß-betriebe)	Betriebe der Holzverarbei-tung	Holzexpor-teure	(Kunst)Tischler-Innen auf lokaler Ebene
Miskito	Miskito	Mestizen	Mestizen	Mestizen
Mayangnas	Mestizen			
Mestizen				

Übersetzung der Tabelle durch d. Autorin
Quelle: PNUD 2005: 173

Die Tabelle verdeutlicht, dass die ethnischen Gruppen der *miskitos* und *mayangnas* fast ausschließlich im Bereich der kleinen HolzhändlerInnen anzutreffen sind. Speziell die weiterverarbeitende Industrie sowie die Exportunternehmen werden von der gesellschaftlichen Gruppe der *mestizos* dominiert, wobei diese großteils aus der Pazifikregion kommen. Abschließend kann festgehalten werden, dass die BesitzerInnen des Holzes am wenigsten profitieren.

Los dueños de bosque – comunidades indígenas – son exclusivamente proveedores de fuerza de trabajo y materia prima, están ubicados en la actividad primaria sin posibilidad de escalar debido a las barreras que enfrentan: alejados del mercado, sin contactos e influencia política, sin información, capital y sin medios de trabajo; lo que hace que su participación y los beneficios del valor que alcanza su producto en el mercado sean bajos. (PNUD 2005: 177).

Die beiden dargestellten Bereiche des Primären Sektors in der RAAN zeigen einerseits dessen zentrale Bedeutung für die Gesellschaft und anderseits auch die unterschiedliche Partizipation der gesellschaftlichen Gruppen und Ethnien.

Grafik 18 geht auf diese Differenzen ein und zeigt die Verteilung der Einnahmenquellen nach den einzelnen Ethnien bzw. gesellschaftlichen Gruppen.

Die Grafik zeigt die unterschiedlichen Einnahmequellen, aufgeteilt nach Ethnien bzw. gesellschaftlichen Gruppen. Es wird deutlich, dass sich diese, je nach den einzelnen Gruppen, sehr heterogen gestaltet. Die Landwirtschaft (Produktion von *granos básicos* und Viehzucht) ist die wichtigste Einnahmequelle für die indigene Ethnie der Miskitos, wobei in den *comunidades* keine Landwirtschaft im klassischen Sinne betrieben wird, sondern vielmehr nur für den Eigenkonsum produziert wird bzw. ein kleiner Überschuss für Tausch und/oder Handel. Die Mestizos hingegen sind am häufigsten im Handel, aber auch im Dienstleistungssektor vertreten.

Grafik 18: Einkommensquellen der einzelnen Ethnien und gesellschaftlichen Gruppen den autonomen Gebieten

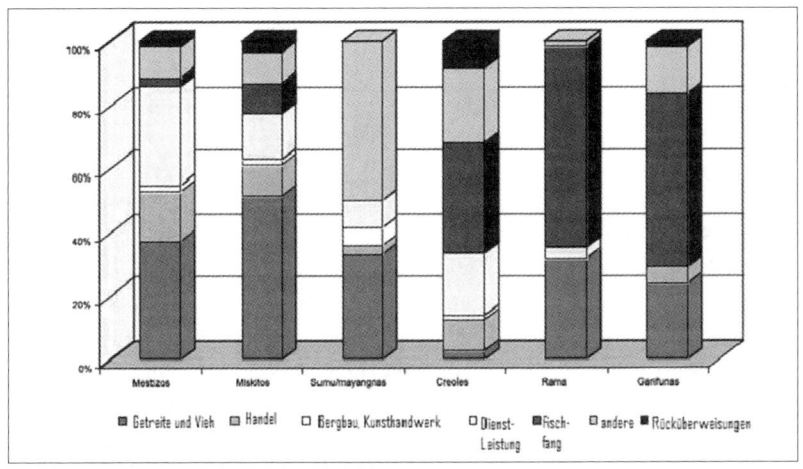

Anm.: Unter Einkommensquellen werden auch jene subsumiert, die nicht unmittelbar mit Gelderwerb in Verbindung stehen, wie die Subsistenzlandwirtschaft.
Quelle: PNUD 2005: 157

Die Ramas und die Garífunas leben größtenteils von Fischfang. Besonders für die Ethnie der Rama ist der Fischfang die wichtigste Einnahmequelle. Für alle ethnischen und gesellschaftlichen Gruppen, mit Ausnahme der Creoles, ist der Agrarsektor ein ganz zentraler für ihre Lebenssicherung. Die Unterschiede im Zugang zum »Agrarsektor« wurden bereits im Laufe dieses Kapitels abgehandelt. Es ist zusammenfassend nur nochmals zu erwähnen, dass in den *mestizos comunidades* eher *fincas* betrieben werden, wohingegen in den *miskitos comunidades* kleine Parzellen für die Eigenversorgung bewirtschaftet werden.

Grafik 18 verdeutlicht auch die geringe Bedeutung der Edelmetallgewinnung, als Einnahmequelle für die Menschen an der *Costa Caribe*. Gold zählt zu den wichtigsten Exportgütern von Nicaragua (vgl. BCN 2007b) und wird auch in den autonomen Gebieten gewonnen. Mehr als 35 % des nationalen Edelmetallvorkommens konzentriert sich auf das »Minendreieck« in der RAAN (vgl. Flores Cruz 2006: 55).

Der nicaraguanische Staat hat für die knapp 250.000 ha große Fläche, die zur Schürfung von Bodenschätzen in der RAAN vorhanden ist, nur an fünf Unternehmen Abbaukonzessionen vergeben. Unter den fünf *concesionarios* verfügt das kanadisch-nicaraguanische Unternehmen *Hemconic* über einen Marktanteil von 79 % (vgl. PNUD 2005: 179). Die indigenen *comunidades*, als eigentliche Eigen-

251

tümerInnen des Bodens, haben keine Verfügungsgewalt über die geschürften Gold-
und Silberreserven. Die Lizenzen wurden großteils erneut im Jahr 2002 und 1994
mit einer Laufzeit von teilweise über 50 Jahren vergeben (vgl. Flores Cruz 2006:
56). Zu dem Zeitpunkt der Konzessionsvergabe verfügten die indigenen Gemeinden noch nicht über die gesetzlichen Möglichkeiten, ihr Land zu titulieren (*ley
445*). Dies erklärt, warum die BewohnerInnen der RAAN nur zu einem vernach-
lässigenden Anteil von der Edelmetallgewinnung profitieren.

Durch die Grafik 18 wird auch deutlich, dass die Creoles jene gesellschaftliche Gruppe sind, die den höchsten Wert an *remesas* als Einnahmequelle aufweist. Aufgrund der Sprachkenntnisse[280] ist die (Arbeits-)Migration in die USA
und innerhalb der karibischen Staaten bzw. das Arbeiten auf Hochseeschiffen
für die Creoles wesentlich einfacher. Im Jahr 2001 beliefen sich die *remesas* in
der RAAS auf 7,3 Millionen US-Dollar und in der RAAN auf 2,4 Millionen (vgl.
PNUD 2005: 201). Die Rücküberweisungen leisten einen wichtigen Beitrag zur
Verbesserung der lokalen Wirtschaft, da das Geld oftmals in den Aufbau von
pulperias oder kleinen Hotels aber auch in Fortbewegungsmitteln investiert wird.
Die *remesas* werden aber auch zum guten Teil zur Sicherung des täglichen Lebens verwendet.

Die Grafik 18 zeigt, trotz der unterschiedlichen Ausprägung unter den einzelnen Gruppen, wie wichtig der *Primäre Sektor* für die Bestreitung des Lebensunter-
haltes der Menschen in den autonomen Gebieten ist. Jedoch gerade dieser Sektor
ist besonders von den strukturellen Problemen der Region betroffen. Neben der
fehlenden Infrastruktur und damit dem Zugang zu den lokalen Märkten können
zusammengefasst folgende Problempunkte benannt werden:

- no hay promoción de un buen mercado de los productos de las regiones autónomas en el resto del país, ni en Centroamérica y el Caribe. En el caso de la población productora de rubros del secotr lácteo se señala, por ejemplo, el incumpli-
  miento de normas sanitarias lo que les impide exportar al mercado salvadoreño
  y centroamericano;
- todos los productos de comercio se traen desde de Pacífico. No existen en las
  regiones grandes distribuidoras;
- el bajo dinamismo de los mercados no estimula el desarrollo de un sistema fi-
  nanciero de apoyo a la producción;
- faltan condiciones legales que den seguridad en la tenencia de la tierra. La
  población mestiza demanda acceso a la tierra para producir y las comunidades
  indígenas y afrocaribeñas ven amenazada su tenencia por la falta de regulariza-
  ción de las tierras comunales;

---

[280] Die Muttersprache der Creoles ist Englisch.

– el alto costa de la vida. Es un 15-20 por ciento más alto que en el resto del país. (PNUD 2005: 158)

Die Aufzählung stellt noch einmal die zentralen Schwierigkeiten dar, mit denen der »Primäre Sektor« in den autonomen Gebieten konfrontiert ist; reflektiert jedoch auch auf die Probleme, die dadurch für die BewohnerInnen entstehen.

Die Subsistenzökonomie, die vor allem in den indigenen Gemeinden der autonomen Gebiete vorherrscht, fußt einerseits auf deren Verständnis von Ökonomie, andererseits lassen die dargestellten ökonomischen und strukturellen Probleme schwer eine positive Entwicklung zu.

7.9 Subsistenzökonomie der comunidades in der RAAN

Die Subsistenzökonomie stellt zwar die traditionelle Wirtschaftsform in den indigenen *comunidades* dar, jedoch ist diese nur mehr in einer transformierten Form anzutreffen. Durch die bereits beschriebenen Phänomene, wie Enklavenökonomie und Bürgerkrieg, wurde die Subsistenzökonomie aufgebrochen und die *comunidarios* dazu veranlasst, auch andere Aktivitäten zur Überlebenssicherung zu suchen. Folgende Teilbereiche können dabei als zusätzliche Einnahmequellen benannt werden:

– Verkauf der natürlichen Ressourcen, wie bspw. Holz, auch ohne offizielle Genehmigungen;
– Arbeitsmigration (temporale oder permanente), um dadurch die eigene Familie finanziell zu unterstützen (*remesas*), sowie verstärkt auch
– Drogenhandel.

Welche natürlichen Ressourcen für den Verkauf herangezogen werden, ergibt sich auch aus der geographischen Lage der einzelnen *comunidades*. Damit wird deutlich, dass sich die (Subsistenz)Ökonomie innerhalb der einzelnen Gemeinden sehr heterogen gestaltet. Die Feldforschungsaufenthalte in den Gemeinden ergaben, dass in allen besuchten *comunidades* Produkte wie Reis, Bohnen, *yuca, plantanos* usw. für den Eigenkonsum produziert werden. Alle *comunidarios* verfügen über ein Stück Land, auf dem sie die Früchte bzw. das Gemüse anbauen, das sie für ihr tägliches Essen benötigen.

Die nachfolgende Abbildung zeigt eine dieser kleinen Parzellen, die zur Produktion von Nahrungsmittel für den Eigenbedarf bearbeitet wird. Diese Pflanzung umfasst Bananenstauden, Yuca-Pflanzen, Mais, Bohnen und wird jeweils von einer Familie bewirtschaftet.

Abbildung 7: Parzellenpflanzungen in der comunidad Wara Bar

Aufgenommen von Sigrid Lamberg am 29. April 2007.

Die Lage dieser Parzellen ist je nach *comunidad* sehr unterschiedlich. In manchen Gemeinden befinden sie sich ganz in der Nähe der Siedlungsgebiete und in anderen müssen Fußmärsche von bis zu drei Stunden bewältigt werden, um zu den bewirtschafteten Parzellen zu gelangen. Die Erklärung dafür ergibt sich aus der Lage der dafür geeigneten Böden.

Eine Versorgung mit Nahrungsmittel kann durch diese Bewirtschaftungsform in den *comunidades* sichergestellt werden, jedoch müssen Dinge wie Salz, Zucker, Öl, usw. zugekauft werden. In einem Interview wurde die Situation für die Menschen in den *comunidades* wie folgt beschrieben:

> Para sobrevivir, ellos sobreviven, porque tienen alimento que comer. Yo creo que, no se, nunca he vivido en el pacífico pero yo creo en el pacífico se aguanta más hambre que aquí. Porque aquí la gente tienen de donde sacar, van al monte, cazan, animales venados, sajinos y otros animalitos, los que viven adentro. Después viven de su agricultura, al menos para comer, los que viven en el mar tienen una mejor calidad de vida porque el precio del marisco es mejor y después tienen otra oportunidad de droga que sacan, entonces, mejoran su calidad de vida. Aunque algunos se friegan más, otros que son brutos comienzan a fumar. Se van a la perdición, pues. Se ve la diferencia de unos que crecen económicamente bien y otros se hunden. Pero yo creo que al nivel de subsistencia estan bien. (Earl Tom Jackson)

Wie aus dem Interview ablesbar ist, hängen die Lebensqualität bzw. die Existenz-möglichkeiten von der geographischen Lage der *comunidades* ab. Jene, die am Meer liegen bzw. in Flussmündungen oder Lagunen, haben durch den Fischfang und den Fang von Meeresfrüchten eine zusätzliche Einnahmequelle. Die Fische, die Shrimps usw. werden an Unternehmen in Bilwi verkauft, und die dadurch er-haltenen Einnahmen ermöglichen den Familien, zusätzlich benötigte Produkte zu-zukaufen.

Die BewohnerInnen der Gemeinden, die am Meer bzw. an Flüssen liegen, sind einerseits mit dem Problem konfrontiert, dass die Fischbestände und die Bestände an Meerestieren zurückgehen und deswegen eine dreimonatige Schonzeit (*veda*) für die verschiedenen Tiere eingeführt wurde. Die *veda* trifft die Familien hart, weil in dieser Zeitspanne ihre monetäre Einkommensquelle wegfällt. Der Fischfang bzw. die Nutzung der Ressourcen des Meeres hat jedoch in den Gemeinden noch keine lange Tradition, wie aus einer Gruppendiskussion in Krukira hervorgeht.

> En el pasado nuestros ancestros vivían de la siembra es decir de la agricultura, sin embargo este era solo para autoconsumo puesto que estos trabajaban en las empre-sas de ese entonces, pero desde los años 90's se trabaja mas en la pesca puesto que en tiempos del triunfo de la Sra. Violeta Barrio de Chamorro surgieron las empresas pesqueras con residencia en la ciudad de Bilwi a quienes vendemos la faena del día y así obtener dinero para la subsisten,familiar. Al igual cultivamos arroz, plátano, yuca pero solo para autoconsumo. (Gruppendiskussion in Krukira)

Während der Zeit der Enklavenökonomie arbeiteten viele *comunidarios* in den Plantagen der in der Region tätigen transnationalen Konzerne. Zusätzlich zu den Einnahmen aus der Lohnarbeit wurde für die Selbstversorgung Landwirtschaft be-trieben. Als die transnationalen Konzerne abzogen, suchten die BewohnerInnen der Gemeinden nach anderen Einnahmequellen und konzentrierten sich vermehrt auf Fischfang und den Fang von Meeresfrüchten. Diese intensive Ausbeutung der Meeresressourcen durch die *comunidades,* aber auch durch illegal operierende Fi-schereiflotten, führte zum Rückgang des Fisch- und Meerestierreichtums in der Region. Ein zusätzlicher Aspekt im Hinblick auf diese Probleme stellt das Bevöl-kerungswachstum in den *comunidades* dar.

> Pues realmente en tiempo de las épocas de los 80 para atrás el producto era ab-undante en ese tiempo nunca vamos a volver a vivir ese periodo, cada vez que la población de pescadores que aumentan baja la producción eso quiere decir que hay muchos trasmayos en su tiempo la trampa para capturar. Cada casa tiene su trampa individual y la producción va bajando, la población va aumentando de personas pero el producto del mar va disminuyendo y otro problema que hay es que los bar-cos Industriales nos esta afectando mucho. (Stanly)

In den Gemeinden, die nicht am Meer bzw. an Gewässern liegen, blieb nach dem Wegfall der Lohnarbeit, bedingt durch den Zusammenbruch der Enklavenökonomie, nur noch die Rückkehr zur Viehzucht und der Anbau von Getreide, Früchten usw. Die Produkte aus den Gemeinden finden aber nur spärlichen Absatz auf dem lokalen Markt, weil für viele *comunidarios* der Verkauf nicht rentabel ist. Wie bereits dargestellt, ist aufgrund der schlechten infrastrukturellen Ausgestaltung der RAAN der Weg in die Regionalhauptstadt so teuer, dass sich ein Verkauf der Produkte nicht lohnt.

> Solamente la utilizamos para autoconsumo puesto que en épocas pasadas lo llevamos a vender a Bilwi, pero ahora la venta no es muy halagadora y bueno igual la usamos para alimentar a los animales domésticos que tenemos como gallinas y cerdos. (Don Leonardo)

Für viele BewohnerInnen der *comunidades* ist es somit sehr schwer, sich zusätzliches Geld zu beschaffen, um die notwendigen Ausgaben, abseits von der Nahrungsmittelversorgung, tätigen zu können. Die Gemeinden, die von den natürlichen Ressourcen des Meeres profitieren, haben somit ein leichteres Auskommen als jene, die diese Möglichkeit nicht haben.

Es wurde aber in einigen Interviews auch immer wieder betont, dass die Menschen in den *comunidades* genug haben, um davon Leben zu können. Das Leben sei zwar hart und schwer, aber Hunger müsste niemand leiden, denn das einzige, das es in der Region zur genüge gebe, sei Land. Viele junge Menschen wollen jedoch das beschwerliche Leben in den *comunidades* nicht mehr führen und versuchen in die Stadt zu gehen.

> Los jóvenes de ahora no quieren trabajar en el campo y tienen mujer y no sabe como van a sobrevivir mas adelante. (Santiago Lewis)

Neben der Identifikation der vorhandenen Probleme in den Gemeinden wurde in den Interviews auch der Frage nachgegangen, welche Lösungsvorschläge sie zur Stärkung der Position der Gemeinden sehen.

Als möglicher Weg zur Verbesserung der ökonomischen Situation in den *comunidades* wurde in einigen Interviews die Gründung von Kooperativen genannt. Speziell jene Gemeinden, die Fischfang betreiben, sehen in einem Zusammenschluss aller Fischer die Möglichkeit, ihre Verhandlungsmacht gegenüber den AbnehmerInnen ihrer Produkte zu verbessern und damit auch die Chance, bessere Preise erzielen zu können.

> Lo único objetivo lo miramos para trabajar mas fácil lo miramos a nivel de cooperativa por que individualmente se nos hace difícil, no podemos negociar siempre

cuando por ejemplo en comercialización de productos individualmente se trabaja no hay un precio favorable a los pescadores, así es unido es una cooperativa tal vez podemos mejorar el precio del producto, buscar cadenas de mercado como a nivel del Puerto, después en Managua y buscar mas allá afuera de Nicaragua. Lo mas seguro en Managua por que tenemos carretera que podemos viajar por allí. (Stanly)

Neben diesem Vorschlag zur Stärkung der wirtschaftlichen Position der indigenen Gemeinden wurde von einem ExpertInnen-Team vom *Instituto de Desarrollo Rural – IDR* die Idee vorgebracht, auch in der *Costa Caribe* verstärkt auf ein »finca-Modell« zu wechseln. Dies würde bedeuten, dass die *comunidarios* nicht mehr nur eine kleine Parzelle für den Eigenkonsum bepflanzen würden, die sich möglicherweise auch noch einige Stunden entfernt vom Siedlungsgebiet befindet, sondern einen eigene *finca* bewirtschaften sollten.

Diese Form der Landwirtschaft ist in der Pazifik- und Zentralregion von Nicaragua vorherrschend und wird deswegen auch von den VertreterInnen von IDR propagiert.[281] Die Bewirtschaftung einer *finca* stellt für das IDR-Team eine effizientere Form von Landwirtschaft dar als jene der Parzellenbewirtschaftung. Die Idee der *finca* ist jedoch eine *fremde* innerhalb der *comunidades* und entspricht nicht der traditionellen Subsistenzökonomie. Dies spiegelt sich auch in den Beobachtungen, die während der Feldforschung in den Gemeinden getätigt wurden, wieder. Nur in jener Gemeinde, die einen hohen Anteil an Mestizos aufwies, gibt es *fincas*; in allen anderen untersuchten *comunidades* herrscht die traditionelle Form der Parzellenbewirtschaftung vor.

Die *comunidarios* in den Miskito-Gemeinden verstehen sich oftmals auch nicht als *campesinos*, sondern vielmehr nur als BewohnerInnen ihre Gemeinden und nicht als BäuerInnen. Dies zeigt auch folgende Aussage aus einem Interview in der Miskito *comunidad* Auhya Pihni.

(...) pues entonces como dice la agricultura la gente es como alla en el en Managua pues esos saben la agricultura pero en la comunidad ellos no saben eso solo para el consumo de la cosina nada mas. (Carlos Morales Zamora)

Die folgende Aussage eines Bewohners aus der Miskito-Gemeinde Karata verdeutlicht einmal mehr, dass das Modell der *fincas* nicht mit dem vorherrschenden

---

[281] IDR ist eine Regierungsinstitution die ihre Expertise vor allem in der Arbeit mit *campesions* aus dem Pazifik- und Zentralraum von Nicaragua erworben hat. Die Zusammenarbeit mit den *comunidades* in der RAAN und der RAAS befindet sich noch in der Aufbauphase. Dies erklärt auch, weshalb die VertreterInnen von IDR das Konzept der *fincas* in den *comunidades* propagieren. Es fehlt das Verständnis und bis zu einem gewissen Grad auch die Akzeptanz der unterschiedlichen kulturellen Zugänge im Bereich der Landwirtschaft zwischen der *Costa Caribe* und dem Rest von Nicaragua.

Modell der Subsistenzökonomie in Einklang steht:

> Lo que sembramos generalmente es yuca, plátano y arroz, quiquisuqe, en fin lo que la familia acostumbra comer. En cuanto a la extensión no tengo idea, puesto que las parcelas son muy grandes y sembramos lo que podemos, además que las tierras son comunal. (Don Leonardo)

Die Gruppendiskussion mit dem ExpertInnen-Team von IDR zeigt auf, dass die traditionelle Subsistenzökonomie nicht mit den herkömmlichen Konzepten von Landwirtschaft vereinbar ist, die im Rest des Landes gegeben sind.

> Por que la problemática que existe prácticamente aquí en las comunidades de la RAAN que las gentes solo producen para autoconsumo y no tienen todavía ese incentivo para la comercialización. (Gruppendiskussion IDR-Team)

In einem ExpertInneninterview mit einem Vertreter einer deutschen NGO in Bilwi wurde dieses unterschiedliche Verständnis von Landwirtschaft ebenfalls angesprochen. Die NGO arbeitet in Agrarfragen mit einigen *comunidades* in der RAAN zusammen und stößt dabei immer wieder auf Schwierigkeiten, die auf diese divergierenden kulturellen Ansichten zurückzuführen sind.

> Noch was anderes, zu den Bauer sein – nicht Bauer sein. Was wir herausgefunden haben, nachdem wir jetzt die Evaluierung gemacht hatten dieses Jahr, dass eigentlich in llano sur, llano central keine richtigen Bauern gibt. Es gibt eigentlich... für mich sind das alles Hobbybauern, das heißt Freizeitbauern, die bauen ihren halben Hektar an, das heißt ein, zwei, drei tareas und nicht mehr und davon wird gegessen und ein bisschen was verkauft. Auch wenn man den Leuten jetzt mehr geben würde für ein, zwei Hektar würden sie nicht anbauen. Es gibt jetzt wenige Leute, die über einen Hektar zum Beispiel Reis anbauen. (...)
> Das ist einfach nicht Tradition; ich nehme an in der Miskito-Kultur ist es nicht so, jetzt große Mengen zu produzieren für den Verkauf, ja. Das ist einfach nicht drin. Wenn ich von den Sammlern und Jägern, von dieser Kultur herkomme, ist meine Interpretation. Es ist nicht so wie im Pazifikraum, da hat man wirklich Bauern. (Arvin Schuchmann).

Diese Aussage macht deutlich, dass von zwei unterschiedlichen Konzepten von Landwirtschaft die Rede ist: Das *finca-Modell* des Pazifik- und Zentralraumes in Nicaragua und die Subsistenzökonomie in den indigenen *comunidades* der autonomen Gebiete. Die Menschen produzieren soviel, wie sie zum eigenen Überleben bzw. zum Überleben der Familie benötigen. Der kleine produzierte Überschuss wird entweder mit anderen *comunidades* getauscht, oder, wenn der Zugang möglich ist, auf den lokalen Märkten wie bspw. in Bilwi, verkauft. Ein Produzieren von mehr Überschuss in den *comunidades* macht jedoch großteils keinen Sinn, da die

Produkte durch fehlende Infrastruktur nicht zum Verkauf in die Städte gebracht werden können bzw. die Transportkosten so teuer sind, dass sich der Verkauf auf den lokalen Märkten nicht rechnet.

7.10 Subsistenzökonomie als »Alternative zur Entwicklung«?

Im Laufe dieses Kapitels wurde der Frage nachgegangen, mit welchen Problemen und Mängel die indigenen Gemeinden in der RAAN zu kämpfen haben und welche Lösungsansätze dafür diskutiert werden. In den geführten Interviews wurde dabei über die Möglichkeiten des Autonomiegesetztes sowie des *ley 445* gesprochen, die Vorteile aber auch die Schwächen des komplexen politischen Systems in der Region beleuchtet sowie die vorherrschende Wirtschaftsform der Subsistenzökonomie erläutert.

Die Ausgangsfrage in der Auseinandersetzung mit der Mikro-Ebene, die *Región Autónoma del Atlántico Norte* und die indigenen *comunidades*, betraf die Subsistenzökonomie und deren Rolle in der alltäglichen Lebensrealität der Bevölkerung. Die Post-Development-Ansätze sehen im Konzept der traditionellen Gemeinschaften und in der Wirtschaftsform der Subsistenzökonomie eine Antwort auf eine »Alternative zur Entwicklung«.

Der Forschungsaufenthalt und das Datenmaterial, welches gesammelt wurde, kreis(t)en um die Fragen, ob die Subsistenzökonomie in den Gemeinden weiterhin die vorherrschende Wirtschaftsform ist und ob sie, wie in der Theorie dargestellt, als Alternative bzw. positiver Lebensentwurf wahrgenommen wird.

Nach Escobar (1995: 215) können in den Post-Development-Ansätzen folgende Gemeinsamkeiten benannt werden, die Voraussetzungen für eine »Alternative zur Entwicklung« sind:

– An interest in local culture and knowledge;
– a critical stance with respect to established scientific discourses;
– and the defense and promotion of localized, pluralistic grassroots movements.

Lokale Gemeinschaften mit traditionellen Wissenssystemen, politisch autonomen Entscheidungsstrukturen und eine von der Marktwirtschaft abgekoppelte Subsistenzwirtschaft stellen, laut den Post-Development-Ansätzen, das Modell für diese »Alternative zur Entwicklung« dar.

Die indigenen Gemeinden in der RAAN würden diesem, in der theoretischen Auseinandersetzung definierten Modell zum Gutteil entsprechen. Der Forschungsaufenthalt in der Region diente dazu, diese Annahme an der Realität zu überprüfen.

Die Lebensrealität der Menschen in den indigenen Gemeinden ist eine schwierige und erscheint weit weg von der beschriebenen »Alternative zur Entwicklung«. Die *comunidades* sind und waren Transformationsprozessen ausgesetzt, die auch die Ökonomieform bzw. das Verständnis dafür veränderten. Die Enklavenökonomie und die Einführung der Geldwirtschaft sind in der historischen Analyse zu verorten und hatten ihrerseits massiven Einfluss auf das Leben in den Gemeinden. Aufgrund der zunehmenden Einbindung der *Costa Caribe* in den internationalen Handel veränderte sich auch die Bedürfnislage der *comunidarios*. Der nachfolgende Ausschnitt aus einem Interview verdeutlicht die Veränderungen im Leben der *costeños*, die sich durch die Einbindung in den internationalen Markt ergaben:

(...) después de que se van los ingleses y de que ya Nicaragua toma posición de toda la mosquitia vienen las transnacionales la cual lo transforman ellos en simples asalariados donde le garantizaban su comida, su dormida, ropa y guaro, entonces vive feliz pasan las décadas se va acostumbrando reduciéndose cada vez más el suelo reduciéndose más espacio familiar pero, como ha sido un trago lento una.. es como cuando a uno le ponen el suero, le pueden poner a través de ese suero una inyección que duela mucho pero, como es lento uno no siente el dolor, entonces el misquito no sintió su transculturalización. (...)
El kétchup, la salsa inglesa y todo esto es hasta ahí dice la salsa inglesa no le dicen la salsa de soya le dicen salsa inglesa o sea todos los condimentos en las comidas son venidos, atraídos por las empresas a las cual nosotros aprendimos a tomar el chocolate la leche Carnation no teníamos ... nunca ordeñamos el ganado tomamos la leche en polvo aunque tuviéramos el ganado en la casa, eso ha hecho un empobrecimiento fuerte en los misquitos hablo no de vivir en pobreza vivimos empobrecidos por que nos acostumbramos y nos adaptamos a un sistema. (Roger Hermann)

Das Interview zeigt, dass die Nachfrage nach Konsumgütern, die in der Region nicht produziert werden, zunahm und deshalb der Import dieser Waren wuchs. Nach dem Abzug der transnationalen Konzerne, der auch den Verlust von Arbeitsplätzen und somit der Einnahmequelle von Geld bedeutete, blieben die veränderten Konsumgewohnheiten; alleine deren Befriedigung gestaltete sich zunehmend schwieriger.

Der Abzug der transnationalen Konzerne brachte auch eine Verschlechterung der infrastrukturellen Ausgestaltung der Region. Die Revolution und der Bürgerkrieg trugen zu weiteren Veränderungen in der Lebensrealität der Menschen bei.[282]

Auf die Ausgangsfrage nach der Rolle der Subsistenzökonomie in den *comunidades* zurückkommend, kann gesagt werden, dass diese Ökonomieform die bestimmende innerhalb der indigenen Kultur(en) in der *Costa Caribe* ist. Ein Groß-

---

282 Eine genauere Abhandlung dazu wurde bereits im Kapitel 4.3 vorgenommen.

teil der Bevölkerung der RAAN lebt in den *comunidades*. Laut den Daten von PNUD (2005: 282) leben ca. 72% der Menschen in der RAAN am Land und der Rest in den Städten, wie Bilwi oder Waspam. Die *comunidarios* bewirtschaften ein Stück Land zur Produktion der, zum Leben notwendigen Nahrungsmittel, wobei sich das Land in Gemeinschaftsbesitz befindet.[283] Die bestehenden Unterschiede bei den Bewirtschaftungsformen des Landes und den Einnahmequellen zwischen den gesellschaftlichen und ethnischen Gruppen wurden bereits im Laufe des Kapitels diskutiert. Aus der obigen Beschreibung der Lebenssituation der Menschen in den Gemeinden wird deutlich, dass die Subsistenzökonomie eine zentrale Rolle im Alltag der Menschen spielt.

Die Frage, ob diese Ökonomieform eher als Lebenssicherung oder zur Überlebenssicherung dient, ist dabei schon eine durchwegs komplexere. Die dargestellten Transformationen sowie die Schwierigkeiten, mit denen die Region kämpft, lassen wenig andere Perspektiven für die Bevölkerung zu als jene der traditionellen Nutzung ihres Landes. Durch die veränderten Konsumbedürfnisse, auch in den Gemeinden, wird aber Geld zum Erwerb von zusätzlichen Konsumgütern benötigt. Die überschüssige Produktion kann jedoch, wie beschrieben, oftmals nicht auf den lokalen Märkten verkauft bzw. getauscht werden. Die Importe, wie bspw. billigerer und qualitativ hochwertigerer Reis aus den USA, verstärken die schlechtere Ausgangsposition der BewohnerInnen der *comunidades* auf den lokalen Märkten. Aufgrund der großteils ungeklärten Bodenbesitzverhältnisse können die Gemeinden die Ressourcen, wie bspw. Holz, nicht in adäquater Form nutzen, sondern extrahieren die Rohstoffe illegal. Dies führt zwangsläufig zu einer Schlechterstellung der *comunidarios* im Vergleich zu den KäuferInnen der Rohstoffe.

Mithilfe des *ley 445* wird sich mittelfristig die Frage der Landtitel in den autonomen Gebieten lösen lassen und damit auch die Rechte der indigenen Gruppen stärken. Die Transformationen, die durch die *avanca de la frontera agricola* ausgelöst wurden, besonders in den Grenzgebieten zur Zentralregion Nicaraguas, werden nicht mehr rückgängig gemacht werden können. Durch die rasche Umsetzung des Demarkationsgesetzes kann jedoch bis zu einem gewissen Grad verhindert werden, dass die illegale Landbesetzung weiter voranschreitet.

Falls die Landtitelfrage und die infrastrukturellen Probleme, wie Gesundheitsversorgung oder Zugang zum Schulsystem, in der RAAN gelöst werden können, kann die Frage nach der Rolle der Subsistenzökonomie als »Lebenssicherung« versus »Überlebenssicherung« mit der Bejahung ersterer beantwortet werden.

---

[283] Das Konzept des Gemeinschaftsbesitzes an der *Costa Caribe* bildet somit den Kontrast zu den Bodenbesitzrechten im Rest des Landes, indem der Individualbesitz vorherrscht.

Die indigenen Gemeinden könnten durch diese Verbesserungen einerseits die traditionelle Form der Subsistenzökonomie beibehalten und andererseits durch die Verwaltung der natürlichen Ressourcen, über die die *comunidades* verfügen, das notwendige Geld für die zusätzlichen Waren, die sie zukaufen müssen, erwirtschaften.

Die Beantwortung der Frage ist, wie sich jedoch zeigte, mit sehr vielen Ungewissheiten behaftet und verdeutlicht auch die Abhängigkeit der *Costa Caribe* von nationalstaatlichen Interessen und Entwicklungen. Falls die notwendigen Schritte bzw. Investitionen nicht getätigt werden, kann aufgrund der aktuellen Lage in der RAAN davon ausgegangen werden, dass sich die Marginalisierung der indigenen Gemeinden verstärken wird. Damit wäre auch die Rolle der Subsistenzökonomie anders zu definieren und müsste eher als Überlebenssicherung zu verstehen sein. Die Situation in den indigenen Gemeinden ist eine ökonomisch sehr schwierige und kann nicht als »Alternative«, wie ihn die Post-Development-VertreterInnen sehen, verstanden werden. So stellen Krankheitsfälle oder der Schulbesuch die Familien teilweise vor unüberbrückbare finanzielle Schwierigkeiten. In Bezug auf die Definition von Subsistenzökonomie nach Milborn (1999: 61ff.) treffen viele der dargestellten Kriterien auf die indigenen Gemeinden in der RAAN zu, wie bspw. autonome politische Verwaltung, Gemeinschaftsbesitz von Boden oder kulturelle Identität. Ein zentraler Aspekt der Definition, nämlich das »Sich-Entziehen aus dem kapitalistischen System« ist jedoch aufgrund der beschriebenen ökonomischen Transformationsprozesse in den *comunidades* nicht mehr gegeben. Vielmehr ist es durch die veränderten Konsumgewohnheiten zu einer stärkeren Verzahnung mit der Geldökonomie gekommen.

Trotz all der Probleme in den Gemeinden, wurde in den Gesprächen mit den *comunidarios* aber auch mit den ExpertInnen in der Regionalhauptstadt immer wieder betont, dass die Menschen in der RAAN genug zum Leben haben und keinen Hunger leiden. Durch die Bewirtschaftung des Bodens werden die Nahrungsmittel erzeugt, die für die eigene Subsistenz notwendig sind. Damit ist ihr Los sicherlich wesentlich besser als das jener landlosen *campesions* im Rest Nicaraguas, die keine Möglichkeit haben, das Allernotwendigste selber erzeugen zu können.

Im Verlauf dieses Kapitels wurde die Einflussnahme der Zentralregierung in das politische und ökonomische Agieren der *Costa Caribe* herausgearbeitet, wodurch verdeutlicht wurde, wie stark die Verbindung zwischen den beiden Teilen von Nicaragua ist. Trotz Autonomiestatus und eigenen politischen Vertretungen hängen die RAAN und die RAAS von den Entscheidungen auf nationalstaatlicher Ebene ab.

In diesem Zusammenhang muss die Unterzeichnung des zentralamerikanischen

Freihandelsabkommens und dessen Einfluss auf die *Costa Caribe* betrachtet werden. Mit der Unterzeichnung des CAFTA wurde ein weiterer Schritt zur verstärkten Liberalisierung der Wirtschaft getätigt. Im Fokus der Arbeit stehen die möglichen Auswirkungen auf den Agrarsektor in Nicaragua, wobei in dem zentralamerikanischen Land zwei gegensätzliche Agrarsysteme existieren. Dem auf Export ausgerichteten Agrarsektor steht die Subsistenzökonomie der indigenen Gemeinden in den autonomen Gebieten gegenüber und stellt damit die idealtypische Struktur für das, in der Theorie der strukturellen Heterogenität beschriebene Modell dar. Die Frage, ob es durch die Unterzeichung des Freihandelsabkommen zu einer weiteren Marginalisierung der Atlantikregion kommt, steht dabei im Zentrum des Interesses.

7.11 Das CAFTA und die RAAN

Die Auswirkungen auf den sensiblen Bereich der Agrarwirtschaft durch den Beitritt von Nicaragua zum CAFTA wurden bereits in Kapitel 6.7 besprochen. Die Frage nach den Andockmöglichkeiten der *Costa Caribe* wurde ebenfalls im Laufe dieses Kapitels mit der Darstellung der Produktionsschwerpunkte in den autonomen Gebieten beantwortet. Diese Beschreibung machte deutlich, dass die Altantikregion nur mit wenigen eigenen Produkten am nationalen Agrarsektor partizipiert, wie bspw. mit Rindfleisch, Milchprodukten oder Kakao. Dabei ist eine Teilung zwischen den indigenen und ethnischen Gruppen der *mestizos* und den *miskito* feststellbar. Die indigenen Gemeinden sind nur zu einem vernachlässigbaren Prozentsatz an der Produktion von Agrargütern für den regionalen oder nationalen Markt beteiligt.

Das Problem der Importe von Nahrungsmitteln und, damit verbunden, die Schwächung der heimischen Produktion, wurde auch in den Interviews angesprochen.

Porque la gente prefiere comprar arroz americano, que el mismo precio que el arroz nicaraguense, pero de mayor calidad. Entonces el productor nicaraguense esta más fregado, porque no puede competir con el producto gringo y yo creo que no más bien. Mucha gente aquí, yo he visto mucha gente, que han dejado de producir arroz porque no le da. El único que le da un poquito es el frijol, pero frijol es más delicado también, el cultivo y eso. Pero también es un precio bajo. (Earl Tom Jackson)

Durch das Freihandelsabkommen wird sich die Situation für die ProduzentInnen von *granos básicos* mittelfristig verschärfen. Besonders die *comunidades*, die durch den Verkauf von überschüssigem Reis, Bohnen usw. das benötigte Geld zum Erwerb für die Waren nicht erwirtschaften, werden diese Veränderungen zu spüren bekommen. Wie im Kapitel 6.7.3 aufgezeigt wurde, werden Teilbereiche des Agrarsektors vom Freihandelsabkommen profitieren können. Die *Costa Caribe* wird nur zu einem sehr geringen Prozentsatz dazugehören. In einem Interview wird darauf hingewiesen, dass besonders jene Regionen bzw. Bevölkerungsgruppen, die bis dato schon marginalisiert sind, durch das Freihandelsabkommen weiter ins Abseits gedrängt werden. Die nationalen und die regionalen Regierungen wie auch die ProduzentInnen sind nicht darauf vorbereitet, um mit der Wirtschaftsmacht USA konkurrieren zu können.

El gobierno no esta preparado para el CAFTA. Ó sea porque, porque no porque el gobierno de Nicaragua no esta preparado, es porque todo el América Latina tiene bolsónes de gente excluida como los pueblos indigenas, como sectores que han sido afectado por las políticas neoliberales de los ulitmos años que estarien en condici-ónes desiguales para competir en un mercado desigual. Un mercado en donde los paises ricos subsidian a los productores contra gobiernos en donde ni se subsidian ellos, pues, no hay subsidio para los productores. Entonces estamos en desigual-dades. Un pais como de nuestro en donde lo unico que nosotros podemos exportar es mano de obra. No lo solo podemos exportar gente, entonces en el CAFTA lo que nos toca es mandar a nuestra pobre gente a Costa Rica, mandar a nuestra pobre gente a Estados Unidos a trabajar como migrante. Eso es lo que nosotros tenemos para exportar. No tenemos nada más. Qué más tenemos. Un poquito de camarón, un poquito de langosta. Entonces estamos hablando en el CAFTA de una cosa irreal. Cuando se habla de crear condiciones de competitividad, igualdad y que el mercado va a regular eso, eso no es cierto. (Mirna Cunningham).

Der verstärkte Konkurrenzdruck durch Billigimporte von Nahrungsmitteln trifft auch die indigenen *comunidades*, die für den lokalen Markt erzeugen. Nach dem Auslaufen der Übergangsfristen für zoll- und quotenfreien Import von *granos básicos*, werden die lokalen ProduzentInnen gegenüber den Importen sowohl preislich als auch qualitativ nicht mithalten können. Die beschriebenen infrastrukturellen Schwierigkeiten in den autonomen Gebieten verstärken diese Chancenlosigkeit. Damit führt die zusätzliche Konkurrenz durch die Liberalisierung des Agrarsektors zu einer Verfestigung der bereits bestehenden deformierten Wirtschaftsstrukturen und auch zu einer Vertiefung der Abhängigkeit der *Costa Caribe* vom Rest des Landes. Das einzige, das die *Costa Caribe* verstärkt exportieren kann, wird, um mit den Worten von Mirna Cunningham zu sprechen, »Arbeitskraft« sein. Sie sieht die (Arbeits-)Migration nach Costa Rica oder in die USA als Konsequenz des weiteren Marginalisierungsprozesses der autonomen Gebiete.

In den Interviews in den *comunidades* wurde nach dem möglichen Einfluss des Freihandelsabkommens auf die *Costa Caribe* und den eigenen Lebenskontext gefragt. Allein schon mit den Begriff CAFTA konnten die befragten Personen in der Region nichts anfangen. Sie hatten keine Vorstellung, was das CAFTA sein soll und welche Konsequenzen dies für ihre Gemeinde haben könnte. Damit werden drei folgenschwere Tatsachen ersichtlich: Dem CAFTA-Beitritt ging kein (breiter) Diskussionsprozess voraus, die Verhandlungen verliefen intransparent und die *comunidades* sind von Informationen darüber (sofern es sie gibt) weitgehend abgeschnitten.

7.12 Theoriekritik anhand der Lebensrealität in der RAAN
– Theorie und Empirie im Widerstreit?

Die letzten beiden Abschnitte fassten nochmals die zwei Diskussionsstränge innerhalb dieses Kapitels zusammen. Einerseits gingen sie auf die Lebensrealität in den indigenen Gemeinden ein und zeigten die Schwierigkeiten, mit denen sie konfrontiert sind, auf. Andererseits wurde die Frage nach den Konsequenzen der nationalstaatlichen Entwicklung im Agrarsektor für die *Costa Caribe* nachgegangen.

Mit Rückgriff auf die beiden theoretischen Konzepte der Theorie der strukturellen Heterogenität und der Post-Development-Ansätze wurde das beschrieben Forschungsfeld auf Mikroebene beschrieben und die beiden Theorien auf ihre Haltbarkeit in diesem Rahmen hin überprüft.

Die Theorie der strukturellen Heterogenität besagt, dass durch die verstärkte Einbindung von Entwicklungsökonomien jener Teil der Wirtschaft, der bereits in den internationalen Handel integriert ist, profitieren wird. Jener Teil, wie bspw. die Subsistenzökonomie, der bis dato bereits marginalisiert wurde, wird hingegen weiter zurückgedrängt. Der Agrarsektor, der für den Export produziert und auf bessere Rahmenbedingungen in der Produktion zurückgreifen kann, wird von einer verstärkten Einbindung in den Weltmarkt profitieren. Der traditionelle Sektor wird entsprechend der Theorie der strukturellen Heterogenität zu den VerliererInnen dieser Entwicklungen gezählt.

Die indigenen Gemeinden in der RAAN, als Untersuchungsgegenstand der Mikroebene, können diesem traditionellen Sektor zugerechnet werden. Wie im Laufe des Kapitels ausführlich dargestellt wurde, zählen sie zu den VerliererInnen der Entwicklungen rund um das CAFTA. Die Theorie der strukturellen Heterogenität kann somit in diesem Punkt bestätigt werden, wobei angemerkt werden muss, dass auch der traditionelle Sektor nicht als homogenes Gebilde gesehen werden kann. Eine strikte Unterteilung zwischen den beiden Sektoren ist deshalb nicht zulässig. Vielmehr gibt es auch Bereiche, die zwar dem traditionellen Sektor zurechenbar sind, aber doch von der nationalstaatlichen Entwicklung profitieren können, wie anhand der unterschiedlichen Dynamiken in den *mestizo-comunidades* und *miskito-comunidades* aufgezeigt wurde.

Wie wenig das theoretische Konzept der Post-Development-Ansätze mit der Lebensrealität der indigenen Gemeinden zu tun hat, wurde ebenfalls im Laufe des Kapitels aufgearbeitet. Die Kritik an den Post-Development-TheoretikerInnen trifft in dem konkreten Untersuchungsfeld auf Zustimmung. Der Vorwurf der Idealisierung von lokalen Gemeinschaften und daraus resultierende Ausblendung von tradierten Machtstrukturen ist ebenso zulässig, wie das Unverständnis der radikalen Ablehnung von modernen Entwicklungen, wie bspw. im medizinischen Belangen. An den patriachalen Strukturen innerhalb der indigenen Gemeinden können die, an Sozialromantizismus grenzenden Darstellungen der Post-Development-Ansätzen genauso wenig hinwegtäuschen, wie über die Tatsache, dass das Leben in den Gemeinden nicht gänzlich abseits von marktwirtschaftlichen Strukturen existieren kann.

Das jedoch das *Projekt* »Entwicklung« als Ganzes zur aktuell schwierigen Lebenssituation in den Gemeinden beigetragen hat, steht außer Diskussion. Aufgrund der Einbindung in die Enklavenökonomie und dadurch in den internationalen Markt wurden die ökonomischen Strukturen innerhalb der indigenen Gemeinden nachhaltig verändert. Ein Zurück an den Anfang ist somit nicht mehr möglich und lässt die Post-Development-Ansätze an ihre Grenzen stoßen. Die lokalen Gemeinschaften der indigenen *comunidades* in der RAAN können sich der Transformationsdynamik nicht (mehr) entziehen.

Um mit den Worten von Knippenberg/Schuurman (1994: 93f.) zu enden, die besagen, dass die Post-Development-Ansätze einen naiven Zugang zu der Realität der lokalen Gemeinschaften aufweisen, kann anhand der Auseinandersetzung mit dem Untersuchungsgegenstand nur bestätigt werden.

> (…) let the poor in the Third World forget about needs which resemble our needs. Let them forget about wanting a standard of living which the North has, let them forget about wanting a decent house, access to health care, employment etc.

Zuviel an Bedürfnisse und Wünsche sind bereits in den Köpfen der *comunidarios* verankert, um sich der gedanklichen Struktur der »Entwicklung« entziehen zu können. Als Analyseinstrument sind die Post-Development-Ansätze sehr hilfreich, um die Dynamiken innerhalb des Entwicklungsdiskurses fassen zu können. Reale und umsetzbare Handelsanweisungen bieten sie jedoch, speziell für den konkreten Fall der indigenen Gemeinden in der RAAN, nicht.

8. Resümee

Nicaragua ist ein Land mit vielen Gesichtern und Geschichten, ein Land, das fasziniert, ob seiner Umwelt, Vielfalt und vor allem aufgrund seiner Menschen. Mit der vorliegenden Arbeit wurde der Versuch unternommen, beschränkt auf den Bereich des Agrarsektors, diese Vielfalt aufzuzeigen und sich damit näher auseinanderzusetzen. Die Unterschiedlichkeiten innerhalb des Landwirtschaftssektors, die von industrieller bis subsistenzökonomisch orientierter Produktion reichen, standen im Fokus der Analyse, ebenso wie die Frage nach der Auswirkung internationaler wirtschaftlicher Entwicklungen. Der Einfluss von Liberalisierungsbestrebungen auf die Landwirtschaft, sei es von Seiten der WTO oder aufgrund der Unterzeichnung des Zentralamerikanischen Freihandelsabkommens, waren dabei ebenso Bestandteil der Analyse, wie die Lebensrealität der indigenen *comunidades*, die auf der Basis von Subsistenzökonomie in den autonomen Gebieten leben.

Mit einem Forschungsaufenthalt von einem halben Jahr in der *Región Autónoma del Atlántico Norte* (RAAN) erfolgte eine Auseinandersetzung mit der mir fremden Lebenssituation der indigenen Gemeinden an der *Costa Caribe*. Die Idee des Gemeinschaftsbesitzes war mir dabei ebenso fremd, wie etwa auch die Siedlungsform oder die traditionelle Ordnung innerhalb der *comunidades*. GesprächspartnerInnen in der Regionalhauptstadt Puerto Cabezas erzählten mir, dass sie ihre Wurzeln in dieser oder jener *comunidad* hätten und trotz der Jahre, die sie schon in der Stadt verbracht haben, jederzeit in »ihr Dorf« zurückkehren könnten und dort ein Anrecht auf Land hätten. Aufgrund meines kulturellen Backgrounds war es für mich anfänglich schwer zu begreifen, was es bedeutet über keinen Privatbesitz an Boden zu verfügen. Die Regionalhauptstadt Puerto Cabezas befindet sich großteils auf traditionellem Territorium der *comunidad* Karata und die BewohnerInnen zahlen, soweit es möglich ist, Pacht an die Gemeinde. Es ist nicht möglich, das Grundstück auf dem das Haus steht, das teilweise schon seit Jahrzehnten von derselben Familie bewohnt ist, zu kaufen. Diese Option existiert nicht im Verständnis der Kultur der Miskito. All diese Impressionen weckten mein Interesse, die Lebenssituation der Menschen in der RAAN näher kennenzulernen.

Trotz aller Unterschiedlichkeiten, sowohl historischer als auch ökonomischer Natur, zwischen den autonomen Gebieten und dem Rest von Nicaragua, liegt es auf der Hand, dass eine Verbindung zwischen den beiden Bereichen existiert. Aber auch die Pazifik- und Zentralregion von Nicaragua ist in sich sehr heterogen, insbesondere hinsichtlich der Ausformung des Agrarbereichs, wie im Kapitel 6.5 dargestellt wurde. Einerseits existiert ein agrarischer Teilsektor, der gezielt für die

Exportwirtschaft produziert und vor allem Produkte wie Kaffee, Rindfleisch und Milchprodukte erzeugt. Andererseits gibt es eine Vielzahl von kleinen und mittleren Betrieben, die auf die Produktion von *granos básicos* setzen und vorwiegend für den regionalen bzw. nationalen Markt produzieren.

In Hinblick auf den Beitritt Nicaraguas zum Zentralamerikanischen Freihandelsabkommen (CAFTA) stellt sich die Frage, welche Auswirkungen dies auf die unterschiedlichen Bereiche des Agrarsektors haben wird. Welche Chancen ergeben sich dabei für die Exportwirtschaft und welche Gefahren birgt dies für die kleinen und mittleren Betriebe? Welche Rolle spielt dabei die *Costa Caribe*, die zwar die Hälfte des nationalstaatlichen Territoriums ausmacht, jedoch ökonomisch eine geringe Bedeutung einnimmt?

Diesen und ähnlichen Fragen wurde in der vorliegenden Arbeit nachgegangen und mit Hilfe der Theorie der strukturellen Heterogenität und den Post-Development-Ansätzen bearbeitet. Die beiden theoretischen Ansätze bilden auch die Ausgangsbasis für die zwei zentralen Fragestellungen, die sich zum Einen an der Verbindungslinie zwischen der Mikro- und Mesoebene bewegen und sich zum Anderen mit der Perspektive der Mikroebene beschäftigen. Die Auseinandersetzung mit dem CAFTA und dessen Einfluss auf den modernen, wie auch auf den traditionellen Agrarsektor in Nicaragua steht im Fokus der Mesoebene, wohingegen die Mikroebene die Perspektiven der indigenen Gemeinden in der autonomen nördlichen Altantikregion beleuchtet.

In Anlehnung an die Theorie der strukturellen Heterogenität wurde deshalb folgende Forschungsfrage formuliert: *Führen weitere Liberalisierungsbestrebungen im Agrarbereich (Etablierung des CAFTA) zu einer Vertiefung der Marginalisierung der autonomen, vorwiegend indigenen Gebiete des zentralamerikanischen Landes?*

Die Forschungsfrage zielt auf die Zweiteilung des nicaraguanischen Agrarsektors in einen modernen und einen traditionellen Sektor ab und geht davon aus, dass sich durch den Beitritt zum CAFTA die Marginalisierung des traditionellen Sektors weiter verschärfen wird. Unter dem traditionellen Sektor werden dabei die indigenen Gebiete der autonomen Atlantikregion eingerechnet, wobei jedoch auch die *pequeños y medianos productores* aus dem Rest von Nicaragua zuzuordnen sind.

Um sich dieser Forschungsfrage zu nähern, wurden die strukturellen Schwierigkeiten mit denen der primäre Sektor in Nicaragua kämpft, analysiert und die Problematik, die sich aus einer sehr gering diversifizierten Exportwirtschaft im Agrarbereich, beleuchtet. Zu den grundlegenden strukturellen agrarwirtschaftlichen Problemen des zentralamerikanischen Landes zählt insbesondere der fehlende Zugang zu Krediten, um damit die benötigten produktivitätssteigernden Investitionen tätigen zu können. Dieser Aspekt korreliert mit der ebenso problematischen Frage nach der rechtlichen Absicherung der Landtitel. Nicaragua ist, wie viele andere lateinamerikanische Länder, mit der Tatsache konfrontiert, dass die Rechte auf Bodenbesitz umstritten sind. Das koloniale Erbe, fast ein halbes Jahrhundert Diktatur, Revolution und die (neo-)liberale Politik der 1990er Jahre und die damit einhergehenden Prozesse der Enteignung, Verstaatlichung und Wiederverteilung von Land aufgrund verschiedenster Agrarreformen führten hinsichtlich des Besitzes von Land und Boden zu einem Chaos: Für ein Stück Land sind teilweise fünf Landtitel vorhanden. Diese sind in unterschiedlichen Landregistern eingetragen (oder auch nicht eingetragen) und erzeugen somit eine immense Verunsicherung, was die Rechte auf Land anbelangt. Aufgrund dieser undurchsichtigen Situation ist es kein Leichtes, Kredite von den Banken zu bekommen, da Grundbesitz nicht für die Kreditsicherung herangezogen werden kann.

Besonders die kleineren und mittleren ProduzentInnen verschulden sich aufgrund dieser Ausgangslage bei privaten Kreditvergabeinstitutionen, die hohe Zinsen verlangen. Wenn die Schuldenlast zu groß wird, bleibt oftmals nur noch die Möglichkeit das Land zu verkaufen und in die Städte zu emigrieren. Dort arbeiten die Menschen im informellen Sektor, um das Überleben ihrer Familien einigermaßen sichern zu können oder gehen als ArbeitsmigrantInnen (oftmals) illegal nach Costa Rica oder in die USA.

Neben der Kreditproblematik und deren Auswirkungen ist der traditionelle Agrarsektor mit gravierenden infrastrukturellen Problemen konfrontiert. Ein schlecht ausgebautes Straßensystem, Probleme mit der Stromversorgung, fehlender Zugang zu Düngemittel und Pestiziden wie auch ein geringer Technologisierungsgrad, d. h. wenige Traktoren und andere landwirtschaftliche Geräte, sind jene Aspekte mit denen vor allem der klein-strukturierte nicaraguanische Agrarsektor zu kämpfen hat.

Durch die Beschreibung der strukturellen Schwierigkeiten wird die Asymmetrie zwischen den USA und Nicaragua im Agrarsektor deutlich und damit auch verständlich, wie ungleich die Konkurrenzbedingungen zwischen den beiden Ländern sind. Diese Ausgangsituation hat eindeutige Implikationen auf das Zentralamerikanische Freihandelsabkommen. Der Agrarsektor in den USA ist ein hoch spezialisierter und er zählt nicht nur aufgrund seiner hohen Produktivität, sondern auch wegen der immens hohen internen Stützungen und Subventionen zu den potentesten der Welt. Er spielt in den USA jedoch volkswirtschaftlich, wie auch gesellschaftlich eine untergeordnete Rolle: Nur ca. 2% der gesamten Bevölkerung sind im Agrarsektor beschäftigt. In Nicaragua arbeiten knapp 40% der Bevölkerung im primären Sektor, womit deutlich wird, wie gegensätzlich auch die gesellschaftliche Funktion des Agrarsektors in den CAFTA-Mitgliedsstaaten ist.

Im Kapitel 6.3.2 wurde auf die Gefahren eingegangen, denen sich eine Volks-wirtschaft gegenüber sieht, deren Exportsektor auf einige wenige Agrarprodukte ausgerichtet ist. Besonders die Produkte aus dem primären Sektor sind den Preis-schwankungen auf den internationalen Märkten chancenlos ausgeliefert, wie am Beispiel der Kaffeepreisentwicklung aufgezeigt wurde. Neben der direkten Betrof-fenheit der ProduzentInnen von internationalen Preisschwankungen im Agrarsek-tor, muss eine Volkswirtschaft bei schlechter Entwicklung mit massiven Devisen-einbußen rechnen, was sich auch in der Handelsbilanz niederschlägt. Ein Rück-gang der Deviseneinnahmen für den Staat bedeutet auch eine Beschränkung seines politisch-gestalterischen Spielraumes.

Der CAFTA wurde ausführlich in Kapitel 6 besprochen und dabei auch der Fra-ge nachgegangen, wer durch dieses Abkommen zu den VerliererInnen bzw. zu den GewinnerInnen im nicaraguanischen Agrarsektor zählt. Die Klärung dieser Frage steht auch in unmittelbarem Zusammenhang mit der oben definierten leitenden Forschungsfrage. Das Freihandelsabkommen trat mit 1. April 2006 in Kraft, wobei für sensible Produkte Übergangsfristen ausverhandelt wurden, innerhalb derer es zum vollständigen zoll- und quotenfreien Handel mit den USA kommen muss. Lange Übergangsfirsten wurden dabei vor allem den *granos básicos* eingeräumt, deren Handel erst in 15 bis 20 Jahren komplett liberalisiert wird. Nichtsdestotrotz wurden die zollfreien Importquoten aus den USA für diese Grundnahrungsmittel, im Vergleich zu der Zeit vor dem CAFTA, wesentlich erhöht. Zu den Verliere-rInnen des Freihandelsabkommens zählen im Agrarsektor vor allem die kleinen und mittleren Betriebe, die *granos básicos* produzieren und die besonders unter den schwierigen Rahmenbedingungen zu leiden haben. Der US-amerikanische Agrarsektor gehört zu den höchstsubventioniertesten und technisch am besten aus-gestattetsten der Welt. Neben Exportförderungen kommt der US-amerikanischen Landwirtschaft eine umfassende interne Subventionierung zu Gute. Eine hohe Pro-duktivität und Preise, die aufgrund von internen Stützungen konkurrenzlos nied-rig sind, verdeutlichen den asymmetrischen Wettbewerb zwischen den USA und den Zentralamerikanischen Ländern. Zu den GewinnerInnen im nicaraguanischen Agrarsektor sind jene Betriebe zu zählen, die auf die Produktion von »nicht tradi-tionellen« Erzeugnissen setzen, wie Erdnüsse oder Fischfilets bzw. jene Betriebe, die über einen höheren Technologisierungsgrad verfügen.

Konkrete Zahlen zu den Auswirkungen des Freihandelsabkommens auf den nicaraguanischen Agrarsektor sind zu diesem Zeitpunkt noch nicht vorhanden. Je-doch können aufgrund der Auswirkungen des Nordamerikanischen Freihandels-abkommens auf den mexikanischen Agrarsektor Rückschlüsse auf Zentralamerika gezogen werden. Die klein-strukturierte Landwirtschaft, die vor allem auf die Erzeugung von Mais ausgerichtet war, zählte dabei zu den VerliererInnen. Die Billigimporte von Mais aus den USA überschwemmten den mexikanischen Markt und zerstörten damit die Existenzgrundlage von hunderttausenden LandwirtInnen. Ein ähnliches Schicksal wird auch den KleinproduzentInnen in Nicaragua prognostiziert, weshalb gerade im Agrarbereich der Widerstand gegen das CAFTA groß war. Bis auf die langen Übergangsfristen zur vollständigen Liberalisierung für sensible Produkte, konnte wenig erreicht werden, um diesen Bereich zu schützen.

Neben den unterschiedlichen Chancen und Risiken im Agrarbereich des Pazifik- und Zentralraumes von Nicaragua wurde in der vorliegenden Arbeit ein weiteres Hauptaugenmerk auf die spezielle Situation der *Costa Caribe* gelegt. Die sich aus der Theorie der strukturellen Heterogenität abgeleitete Frage nach einer möglichen Verfestigung und Verstärkung der Marginalisierung der autonomen Gebiete durch die Etablierung des CAFTA bedarf einer differenzierten Auseinandersetzung. Die *Costa Caribe* ist ebenso wie der Pazifik- und Zentralraum kein homogenes Gebilde, vielmehr ist sie multiethnisch geprägt und ihre BewohnerInnen sind sehr unterschiedlich in die agrarische Produktion eingebunden. Diese Einbindung verläuft an den gesellschaftlichen und ethnischen Grenzen, wie im Kapitel 7.8 dargestellt wurde. Die gesellschaftliche Gruppe der *mestizos*, die verstärkt an der Grenze zum Zentralraum von Nicaragua siedeln, sind bspw. in die Rindfleischproduktion eingebunden. Die *mestizos* forcieren den Handel ihrer Produkte und versuchen am nationalen Markt zu partizipieren. Im Gegensatz dazu leben die Menschen in den indigenen Gemeinden fast ausschließlich von den Produkten, die sie selber produzieren; wenig davon wird auf den lokalen Märkten verkauft.

Die Frage, ob und wie die zunehmende Liberalisierung des Agrarsektors die indigenen *comunidades* in der RAAN betreffen wird und ob dies zu einer weiteren Marginalisierung führt, wurde im Kapitel 7 ausführlich behandelt. Die Theorie der strukturellen Heterogenität, die besagt, dass durch eine zusätzliche Einbindung des »modernen« Sektors in den internationalen Handel, der »traditionelle« Sektor weiter ins Abseits gerät, kann bestätigt werden. Die Theorie kann nicht nur in Hinblick auf die indigenen *comunidades* bekräftigt werden, sondern zeigt sich auch an der Zweiteilung von GewinnerInnen und VerliererInnen im nationalen Agrarsektor. Jene Sektoren, die mit infrastrukturellen Schwierigkeiten konfrontiert sind, einen geringen Technologisierungsgrad und damit auch eine geringe Produktivität aufweisen, die über eine mangelnde Anbindung zum regionalen bzw. nationalen Markt verfügen und dazu vielfach auch noch primär *granos básicos* erzeugen, werden durch das Freihandelsabkommen verlieren.

Welche Folgen können damit für die indigenen *comunidades* prognostiziert werden? Einerseits wird es zu einem vermehrten Druck auf die autonomen Regionen durch die *avance de la frontera agrícola* kommen. Die *campesinos* aus dem Pazifik- und Zentralraum in Nicaragua, die dem Konkurrenzdruck von Billigimporten nicht standhalten, werden ihr Land aufgeben müssen. Sie haben die Option in die Städte abzuwandern und sich dort im informellen Sektor durchzuschlagen oder sie versuchen ein Stück Land zu besetzen und dort von dem zu leben, was sie anbauen. Dabei ist es vor allem das indigene Land an der *Costa Caribe*, das von den illegalen Landbesetzungen bedroht ist. Aufgrund der schleppenden Umsetzung des Demarkationsgesetz (*ley 445*) verfügen die indigenen *comunidades* hinsichtlich ihres traditionellen Landbesitzes bis dato nicht über den ausreichenden rechtlichen Schutz. Andererseits wird sich die ökonomische Situation der indigenen Gemeinden zuspitzen, da aufgrund des zunehmenden Drucks von Billigimporten die Produkte aus den Gemeinden auf dem lokalen Markt weniger Absatz finden, zumal diese (optische) auch eine bessere Qualität aufweisen. Aufgrund der schwierigen infrastrukturellen Situation in der RAAN, die sich noch wesentlich drastischer gestaltet als im Rest des Landes, ist auch der Zugang zu den lokalen Märkten in den Munizipalstädten wie bspw. Waspam oder in der Regionalhauptstadt Puerto Cabezas für die indigenen Gemeinden problematisch. Das Freihandelsabkommen wird somit die indigenen Gemeinden treffen und die ohnehin schwierige Situation noch verschärfen.

Mit dieser Feststellung kann zum zweiten Theoriebündel übergeleitet werden, das für die Arbeit, speziell für die Analyse der Mikroebene von Relevanz ist: Zu den Post-Development-Ansätzen. Als Gegenentwurf zum vorherrschenden Entwicklungsdiskurs sehen einige VertreterInnen der Post-Development-Ansätze die Subsistenzökonomie als eine Alternative. Die Ökonomieform wird dabei in traditionellen lokalen Gemeinschaften verortet, die sich als selbstbestimmt und selbstverwaltet erfahren. Anhand dieser Ansätze wurde die zweite zentrale Forschungsfrage formuliert: *Kann die Subsistenzökonomie zur »Lebenssicherung« der indigenen comunidades in der RAAN beitragen, oder dient sie vielmehr nur mehr als »Überlebenssicherung«?*

Zur Verdichtung und Beantwortung dieser Frage wurden weitere Forschungsfragen formuliert, die auf die Erläuterung der rechtlichen, ökonomischen und sozialen Rahmenbedingungen der RAAN abzielen. Eine dezidierte Auseinandersetzung mit diesen Punkten erfolgte in Kapitel 7. Das Autonomiegesetz (*ley 28*) sowie das Demarkationsgesetz (*ley 445*) können dabei als progressiver rechtlicher Rahmen gesehen werden, der jedoch in seiner Umsetzung an Grenzen stößt, da zu viele politische und ökonomische Interessen an die *Costa Caribe* herangetragen werden. Die autonomen Gebiete sind reich an natürlichen Ressourcen, insbesondere Holz, Edelmetalle und vor allem auch Land. Die Verfügungsgewalt dieser Vorkommen liegen laut dem *ley 445* bei den Gemeinden, jedoch besitzt bis dato noch keine von ihnen einen rechtlich anerkannten Landtitel. Der Demarkationsprozess schreitet nur langsam voran und wird von der nationalen Regierung kaum unterstützt. Die Regierung(en) in Managua haben kein Interesse daran, den indigenen Gemeinde ihr traditionelles Land mittels Landtitel abzutreten, da Land, das nicht in das nationale Landregister eingetragen ist, unter der Verwaltung des Staates steht. Der Demarkationsprozess bedeutet somit auch für den Nationalstaat einen Verlust der uneingeschränkten Zugriffsrechte auf die natürlichen Ressourcen der *Costa Caribe*. Für die Gemeinden bleibt oftmals nur die illegale Extraktion wie bspw. bei Holz, um an finanzielle Mittel zu kommen. Die *comunidades* sind dadurch in einer viel schwächeren Verhandlungsposition gegenüber den AbnehmerInnen der Rohstoffe und müssen zu sehr niedrigen Preisen anbieten.

Das Autonomiegesetz, das historisch aus den Wirren des Bürgerkrieges entstanden ist, ist das zentrale Instrument zur Forcierung der Selbstverwaltung der Region. Diesem Gesetz nach gibt es in beiden autonomen Teilen jeweils eine Regionalregierung, in der mindestens ein/eine RepräsentantIn von jeder ethnischen und gesellschaftlichen Gruppe in der Region vertreten sein muss. Der politische Gestaltungsspielraum der sich aus dem Autonomiegesetz ergebenden Institutionen ist gering, da diese von der finanziellen Unterstützung der Regierung in Managua abhängig sind. Die ökonomischen Aktivitäten in den autonomen Gebieten fallen bescheiden aus, was sich wiederum aus der fehlenden infrastrukturellen Ausgestaltung der Region und den mangelnden finanziellen Mitteln ergibt. Die nationale(n) Regierung(en) verabsäumten es seit Jahren, den autonomen Gebieten nachhaltig unter die Arme zu greifen. Eine schwache Regionalregierung macht es auch leichter, die nationalstaatlichen Interessen in den autonomen Gebieten durchzusetzen. Die Schürfrechte von Edelmetallen (Gold, Silber) im Minendreieck in der RAAN liegen ausschließlich in den Händen von transnationalen Firmen, die (teilweise) mit nationalen Unternehmen zusammenarbeiten. Die indigenen Gemeinden bekommen nichts von diesen Gewinnen und der Regionalregierung entgehen dadurch Steuereinnahmen.

Fehlender Zugang zu Schulbildung, katastrophale medizinische Versorgung und steigender Drogenkonsum sind nur Auszüge aus den sozialen Problemen der autonomen Gebiete. Besonders in den *comunidades* gibt es für viele SchülerInnen keine Möglichkeit eine adäquate Ausbildung zu erhalten, wie in Kapitel 7.4 dargestellt wurde. Ohne den Zugang zu Schulbildung bleiben die beruflichen Möglichkeiten beschränkt, was sich längerfristig auf die Entwicklung der Region auswirkt. In diesem Zusammenhang wurde auch auf die Sprachproblematik in der Region hingewiesen, da in den *comunidades* fast ausschließlich Miskito gesprochen wird und für die Mehrheit die entsprechenden Rahmenbedingungen fehlen, um Spanisch zu erlernen. Im Autonomiegesetz wurde der *Costa Caribe* allerdings eingeräumt, eigene Universitäten zu gründen, woraufhin Anfang der 1990er Jahre zwei Hochschulen entstanden.

Die Menschen in den indigenen Gemeinden produzieren einen Großteil ihrer Nahrungsmittel selber und leben deshalb weitgehend autark vom Gütermarkt. Jedoch kann in den *comunidades* nicht alles hergestellt werden und auch die Konsumgewohnheiten der BewohnerInnen haben sich verändert, wie in Kapitel 7.9 beschrieben wurde. Deshalb ist es für die *comunidarios* von zunehmender Bedeutung, auch über finanzielle Mittel zu verfügen. Die Subsistenzökonomie ist zwar in den indigenen Gemeinden die vorherrschende Ökonomieform, für die *mestizo comunidades* in der RAAN trifft das in diesem Umfang allerdings nicht zu. Diese setzen vorwiegend auf die im Rest des Landes übliche Form der *finca*-Bewirtschaftung und versuchen verstärkt ihre Produkte auf den Märkten abzusetzen. Geographisch liegen ihre Siedlungegebiete dafür (großteils) günstiger, als die der *miskito comunidades*, da sie sich entweder an der einzigen Verbindungsstraße von der Regionalhauptstadt der RAAN nach Managua befinden oder bereits an die Zentralregion von Nicaragua grenzen, welche infrastrukturell besser erschlossen ist als die autonomen Gebiete.

In den indigenen Gemeinden, die auf Basis von Subsistenzökonomie leben, kann aufgrund der beschriebenen Schwierigkeiten in der Region, davon ausgegangen werden, dass diese Ökonomieform eher der »Überlebenssicherung«, als der »Lebenssicherung« dient. Die VertreterInnen der Post-Development-Ansätze müssen sich den Vorwurf gefallen lassen, dass sie diese Form der Ökonomie als zu »romantisch« darstellen, die mit der Lebensrealität der Gemeinden gemeinhin nichts zu tun hat. Die Lebens- und Konsumgewohnheiten haben sich in den *comunidades* verändert und die Arbeit im *campo* ist eine körperlich sehr schwere. Dadurch, dass die *comunidarios* für ihre Produkte – falls sie überhaupt einen Zugang zum Markt haben – keine angemessenen Preise erzielen, um notwendige Produkte wie Salz, Öl usw. zu kaufen, wird das Leben in den *comunidades* zusehends schwieriger. Die jüngeren Menschen verlassen ihre Siedlungsgebiete um sich mit Gelegenheitsarbeiten in den Städten der Region über Wasser zu halten. Migration betrifft somit auch die indigenen Gemeinden, jedoch können jene, die nur der indigenen Sprache *miskito* mächtig sind, nur in den autonomen Gebieten nach Verdienstmöglichkeiten suchen. Jene, die auch spanisch sprechen, emigrieren zum Teil ins Ausland, bspw. nach Costa Rica.

Die Subsistenzökonomie ist Teil der traditionellen Lebensführung innerhalb der indigenen *comunidades*. Die Gemeinden verfügen über genügend Land – trotz

274

aller rechtlichen Probleme – womit die *comunidarios* ausreichend Nahrung für die eigene Subsistenz herstellen werden können. Der Tausch von Nahrungsmittel wird innerhalb, aber auch zwischen den Gemeinden betrieben. Die BewohnerInnen haben somit, auch wenn es nicht sehr abwechslungsreich ist, genügend Essen und leiden im Vergleich zu den landlosen *campesinos* im Rest von Nicaragua keinen Hunger. Eine vollständige Ablösung vom Markt bzw. von Konsumgütern die nicht in den *comunidades* hergestellt werden, kann aufgrund der (externen) Einflüsse, die die Lebensgewohnheiten verändert haben, nicht mehr umgesetzt werden. Falls Rahmenbedingungen, wie infrastrukturelle Verbesserungen, Zugang zu den lokalen Märkten und auch Schutz der sensiblen Agrarprodukte gegeben wären, könnte die Subsistenzökonomie als Form der »Lebenssicherung« verstanden werden. Mit dem Freihandelsabkommen wird jedoch ein Schritt in die andere Richtung gesetzt und die Option für die indigenen *comunidades* im autonomen Gebiet der nördlichen Atlantikregion, ihrer (teilweise transformierten) Ökonomieform nachzugehen, massiv erschwert. Ein romantischer Blick auf die traditionelle Lebensform in den Gemeinden sollte nicht aufgrund der sich (teilweise) idyllisch gebärdenden Siedlungsformen propagiert werden. Die beschriebene Realität des alltäglichen Lebens in den Gemeinden verdeutlicht, wie schwer das Leben in den indigenen Gemeinden ist. Wobei die *comunidarios*, im Gegensatz zu anderen marginalisierten Gruppen in Nicaragua, wie bspw. den landlosen LandarbeiterInnen oder BäuerInnen, wenigstens die Möglichkeit besitzen, ihr alltägliches »Überleben« durch die eigene Produktion von Nahrungsmittel sicherzustellen.

Abschließend sollen die nachfolgenden Photos Impressionen aus der Lebenssituation in den *comunidades* darstellen und sollen damit auch den Untersuchungsgegenstand fassbarer machen.

Das Photo zeigt die traditionelle Form dsr Hausbaues in den Gemeinden. Ein Großteil der Häuser ist aus Holz und steht auf Stelzen. Diese Bauart dient einerseits dazu, dass die Häuser von unten belüftet werden und andererseits wird der gewonnene Raum als Stauraum oder als Unterschlupf für Tiere verwendet. Oftmals sind unter den Häusern auch Hängematten angebracht und dienen somit als »Ruheort«. In einem Haus wohnen bis zu zehn Personen einer Familie, die auch verschiedenen Generationen angehören. Die Unterteilung in einzelne Räume wird in den Häusern entweder mittels Brettern oder Vorhängen vorgenommen. Waschgelegenheiten befinden sich außerhalb der Häuser und sind meist ein Brettverschlag in dem mit Wasserkübeln »geduscht« wird. Das Wasser stammt entweder aus Brunnen oder wird vom Fluss herangeschafft.

Abbildung 8: Häuser in der comunidad Auhya Pihni

Photo von Sigrid Lamberg, aufgenommen am 5. Mai 2007.

Abbildung 9: Transportmittel in die comunidades

Photo von Sigrid Lamberg, aufgenommen am 6. Mai 2007 in der *comunidad* Auhya Pihni.

In den *comunidades* gibt es, bis auf Fahrräder und (manchmal) Mopeds keine Fortbewegungsmittel. Dieses Bild zeigt einen dieser (gelben) ausrangierten Schulbusse, die aus den USA importiert sind und das einzige öffentliche Verkehrsmittel zwischen der Regionalhauptstadt Bilwi und einzelnen *comunidades* darstellen. Viele Gemeinden werden nicht direkt angefahren, sondern können nur mittels eines Fußmarsches von teilweise mehreren Stunden erreicht werden. Auhya Pihni gehört jedoch zu jenen privilegierten Gemeinden in der zweimal in der Woche eine Busverbindung nach Bilwi besteht. Die Busse dienen für die *comunidarios* auch als Transportmittel, um ihre Waren auf den Markt in die Regionalhauptstadt zu bringen. Die Kosten für den Transport sind jedoch meist so hoch, dass gerade die Fahrt dorthin bezahlt werden kann. Deshalb ist es für die *comunidarios* großteils nicht rentabel bspw. den »übrigen Sack« *yuca* oder *frijoles* auf dem regionalen Markt feilzubieten.

Abbildung 10: Tierhaltung in den comunidades

Photo von Sigrid Lamberg, aufgenommen am 29. April 2007 in der *comunidad* Wara Bar.

Die Tiere in den Gemeinden laufen frei herum und gehören oftmals auch der Gemeinschaft, d. h. nicht einer BewohnerIn bzw. einer Familie alleine. Wird bspw. eine Kuh geschlachtet, bekommt jede Familie ein Stück davon. In den *comunidades* sind neben Kühen auch freilaufende Schweine und diverses Federvieh zu sehen. Pferde gibt es in den *miskito comunidades* fast keine, wobei hier ein weiterer Unterschied zwischen den *miskito* und *mestizo comunidades* feststellbar ist. In den *mestizo* Gemeinden gehört das Pferd zum alltäglichen Anblick und dient sowohl als Fortbewegungsmittel als auch als Arbeitstier am Feld.

In einigen *comunidades* gibt es auch Schafe. Die Verbreitung von Schafen in der Region ist auf ein Projekt der lokalen NGO Aikuki-Wal zurückzuführen. Diese haben vor einigen Jahren in den Gemeinden Schafe verteilt und damit versucht die Versorgungslage in den Gemeinden mit Milch, Fleisch und auch Wolle zu verbessern. Die Tiere wurden ausschließlich an Frauen ausgegeben, da die NGO die Philosophie vertritt, dass Frauen zuverlässiger sind und die Tiere nicht für eine Flasche *guaro* (Schnaps) verkaufen werden. Das Projekt ist ein Erfolg und in jenen *comunidades*, die am Projekt beteiligt waren, können viele dieser Schafe beobachtet werden.

Abbildung 11: Bohnenernte und Einlagerung

Photo von Sigrid Lamberg, aufgenommen am 3. April 2007 in der *comunidad* Ulwas im *municipio* Waspam.

Das letzte Photo wurde während eines Forschungsaufenthalts in *comunidades* im *municipio* Waspam gemacht. Es zeigt ein Haus in der traditionellen Bauweise der *miskito* Gemeinden, wobei auf der Abbildung links neben dem Haus ein weiterer kleiner Anbau ersichtlich ist. Dieser Anbau dient als Küche. Hier ist meist eine Feuerstelle vorhanden und Regale in denen das Geschirr verstaut wird. Im Vordergrund des Hauses sind die Menschen gerade dabei, Bohnen aus ihren Hülsen zu schlagen und sie nochmals zum Trocken aufzulegen. In dem dahinter rauchenden Feuer werden die Bohnenhülsen verbrannt. Besonders in den *comunidades* am Rio Coco im *municipio* Waspam wird eine große Menge Bohnen angebaut und aufgrund mangelnder Alternativen an die »fliegenden HändlerInnen« bspw. aus Honduras verkauft. Den *comunidarios* fehlt es an Transportmittel und Geld, ihre Produkte selber auf den Markt zu bringen und sind deshalb auf die HändlerInnen angewiesen. Diese können aufgrund ihrer Monopolsituation den Preis massiv drücken und zahlen daher nur sehr wenig für die Bohnen.

9. Bibliographie

Acevedo Vogel, Adolfo (2003): IMPACTOS POTENCIALES DEL TRATADO DE LIBRE COMERCIO CENTROAMÉRICA – ESTADOS UNIDOS EN EL SECTOR AGRÍCO-LA Y LA POBREZA RURAL DE NICARAGUA.

Aráuz, Alejandro (2004): Nicaragua. Impacto del CAFTA sobre secotres sociales menos favorecidos. In: López Carrión, Nehemías (et al): DR-CAFTA. Impacto sobre secotres sociales menos favorecidos en América Central, Managua: Fundación Friedrich Ebert. (S. 243-298).

Atteslander, Peter (1995): Methoden der empirischen Sozialforschung, Berlin/New York: Walter de Gruyter Verlag.

Belli, Cioconda (1989): Die Bewohnte Frau, München: Hanser Verlag.

Belli, Cioconda (2000): Die Verteidigung des Glücks, München: Hanser Verlag.

Bendel, Petra/Nohlen, Dieter (1992): Struktur- und Entwicklungsprobleme Zentralamerikas. In: Nohlen, Dieter/Nuscheler, Franz (Hrsg.): Handbuch der dritten Welt, Band 3: Mittelamerika und Karibik. 3. völlig neu bearb. Auflage, J. H. W. Dietz Nachf., Bonn. (S. 14-45).

Bennholdt-Thomsen, Veronika/Holzer, Brigitte (Hrsg.) (1999): Das Subsistenzhandbuch. Widerstandskulturen in Europa, Asien und Lateinamerika. Wien: Promedia Verlag.

Bernecker, Walter L. (1997): Ureinwohner, Einwanderer, Sklaven und Kreolen in Lateinamerika. In: Krakau, Knud (Hrsg.): Lateinamerika und Nordamerika. Gesellschaft, Politik und Wirtschaft im historischen Vergleich. Frankfurt/Main und New York: Campus Verlag. (S. 72-84).

Biehl, Elisabeth (2008): Der zentralamerikanische Integrationsprozess. Unveröffentlichte Diplomarbeit, Hochschule (FH) Harz, Halberstadt.

Boeckh, Andreas (2004): Was ist von der »Dritten Welt« übrig geblieben? In: Rittberger, Volker (Hrsg.): Weltpolitik heute. Grundlagen und Perspektiven. Baden-Baden: Nomos Verlagsgesellschaft. (S. 145-165).

Bösl, Anton/Reuter, Patrik (2004): Ein Jahr nach Cancún. War das Scheitern ein Erfolg für die Entwicklungsländer? Perspektiven für eine marktwirtschaftlich orientierte Entwicklungspolitik. Berlin: KAS-Arbeitspapiere, Nr. 139. (abrufbar unter: www.kas.de, Download: 5. November 2007).

Broegaard, J. Rikke et al. (2002): Property Rights and Land Tenure Security in Nicaragua. In Zusammenarbeit mit den Centre for Economic and Business Research (CEBR) in Copenhagen. (abrufbar unter: http://www.econ.ku.dk/heltberg/Papers/landtenureNicaragua.pdf, Down-load: 29. April 2008).

Bujard, Otker/Wirper, Ulrich (Hg.) 2007: Die Revolution ist ein Buch und ein freier Mensch. Die politischen Plakate des befreiten Nicaragua 1979-1990 und der internationalen Solidaritätsbewegung; Bonn: PapyRossa Verlag.

Burkard, Günter (2000): Bauern, Kader und Migranten. Ländliche Modernisierungsprozesse am Beispiel einer Dorfgemeinschaft in der Sonderregion Yogyakarta/Indonesien. Herbolzheim: Centaurus Verlag.

Cainglet, Jayson (2005): Können handelspolitische Schutzinstrumente wie Spezielle Produkte (SP) und Spezielle Schutzmechanismen (SSM) zu einer nachhaltigeren und gerechteren Ausgestaltung des globalen Agrarhandelssystems beitragen? Global Issue Papers, Nr. 22, Heinrich Böll Stiftung, (abrufbar unter: http://www.ecofair-trade.org/pics/de/GIP22-sm-de.pdf, Download: 28. Juli 2008).

CALPI(CentrodeAsistenciaLegalaPuebloIndígenas)(2005):ConociendolaLey445.Managua.

Cardoso, Fernando/Faletto, Enzo (1976): Abhängigkeit und Entwicklung in Lateinamerika, Suhrkamp Verlag: Frankfurt am Main.

Chang, Ha-Joon (2005): NAMA gefährdet die wirtschaftliche Entwicklung des Südens: Massiver Zollabbau wird eine Welle der De-Industrialisierung auslösen. In: Forum Umwelt & Entwicklung (Hrsg.): Das NAMA-Drama. Wie die WTO-Verhandlungen über Industriegüter Umwelt und Entwicklung bedrohen. Bonn. (S. 6-13).

CIPRES (CENTRO PARA LA PROMOCION, LA INVESTIGACION Y EL DESARROLLO RURAL Y SOCIAL) (2006): Los Pequeños y Medianos Productores Agropecuarios en Nicaragua, Tomo 1, Managua.

Dietrich, Wolfgang (1988): Nicaragua. Entstehung, Charakter und Hoffung eines neuen Weges. 3, erweiterte und aktualisierte Auflage, Heidelberg: Heidelberger Verlagsanstalt.

Engel, Sven (2001): Vom Elend der Postmoderne in der Dritten Welt. Eine Kritik des Post-Development-Ansaztes, Stuttgart: ibidem-Verlag.

Escobar, Arturo (1995): Encountering Development. The Making and Unmaking of the Third World. Princeton: Princeton University Press.

Esteva, Gustavo (1992): Fiesta – jenseits von Entwicklung, Hilfe und Politik. Frankfurt am Main: Brandes & Apsel/Südwind.

Esteva, Gustavo (1993): Entwicklung. In: Sachs, Wolfgang (Hrsg.): Wie im Westen so auf Erden. Ein polemisches Handbuch zur Entwicklungspolitik. Hamburg: Rowohlt Taschenbuch Verlag. (S. 89-112).

Eßer, Klaus (1979): Lateinamerika – Industrialisierungsstrategien und Entwicklung, Frankfurt am Main: Suhrkamp.

Feinberg, Richard/Kurtz-Phelan, Daniel (2006): Nicaragua between Caudillismo and Modernity. The Sandinistas Redux? In: World Policy Journal (S. 76-84). (abrufbar unter: http://www.mitpressjournals.org/doi/pdf/10.1162/wopj.2006.23.2.76?cookieSet=1, Download: 11 April 2008)

Flick, Uwe (2006): Qualitative Sozialforschung. Eine Einführung, 4. Auflage, Hamburg: Rowohlt Taschenbuch Verlag.

Flores Cruz, Selmira (Hrsg.) (2006): Desafíos para mejorar el acceso de pequeños productores al mercado: el caso del Triángulo Minero en la RAAN, Nicaragua. Managua: NITLAPAN-U CA.

Frein, Michael/Reichert, Tobias (2005): Vorraten und Verkauf? Entwicklungsländer in der WTO. Bonn: Evangelischer Entwicklungsdienst (EED).

Fuchs, Doris (2004): Stand und kritische Analyse der regionalen Integrations-Abkommen: NAFTA, MERCOSUR. Arbeitspapier. (abrufbar unter: http://www.uni-stuttgart.de/soz/ib/mitarbeiter/fuchs.arbeitspapiere. html, Download: 10. Juli 2008).

Fürst, Edgar; Hess, Erik; Jäger, Waltraut; Süster, Strubelt (1985): Nicaragua: Aufbrüche in Abhängigkeiten. Fünf Jahre sandinistische Wirtschaftspolitik. Erweiterte Neuauflage 1985 von »Nicaragua: Aufbrüche in Abhängigkeiten. Zwei Jahre sandinistische Wirtschaftspolitik aus 1982. Edition Nahua. Wuppertal.

Garcia, Ana (2006): Es gibt eine Alternative zur ALCA. ALBA und warum der ALCA Prozess gestoppt wurde. In: PROKLA – Zeitschrift für kritische Sozialwissenschaft, Nr. 142, Münster: Westfälisches Dampfboot. S. 81-95.

Gesh, Alain (Hrsg.) (2006): Atlas der Globalisierung. Die neuen Daten und Fakten zur Lage der Welt. Berlin: Le Monde Diplomatique/taz.

Gobierno de la República de Nicaragua (1987): Ley 28. Estatuto de Autonomía de las dos Regiones de la Costa Atlántica de Nicaragua y su reglemento. Publicado en La Gaceta No. 238.

Gobierno de la República de Nicaragua (2003): Ley 445. Ley de Régimen de Propiedad Comunal de los Pueblos Indígenas y Comunidades Étnicas de las Regiones Autónomas de las Costa Caribe de Nicaragua y de los Ríos Boca.y Coco, Indio y Maíz. Publicado en La Gaceta No. 16.

Gonzáles, Miguel (2007): El enigma de Laulu. Tres Publicaciones y una leyenda sobre el Caribe Nicaragüense. In: Wani, Revista del Caribe Nicaragüense. Nr. 49, Managua: CICDA-UCA. (S. 33-43.)

Guillén, Arturo R. (2006): Die Notwendigkeit einer alternativen Entwicklungsstrategie. Der Ansatz von Celso Furtado. In: PROKLA – Zeitschrift für kritische Sozialwissenschaft, Nr. 142, Münster: Westfälisches Dampfboot. S. 95-113.

Hein, Wolfgang (1994): Autozentrierte agroindustrielle Entwicklung. Eine Strategie zur Überwindung der gegenwärtigen Entwicklungskrise? Ansätze sozioökonomischer Transformationen in Costa Rica im Vergleich zu südostasiatischen und afrikanischen Gesellschaften. Hamburg: Deutsches Übersee-Institut.

Henriksen, Ken/Kindblad, Christopher (2005): El dilema coltivo de los pueblos miskitos de Nicaragua en los años 90. El caso de Tasbapauni. In: Wani, Revista del Caribe Nicaragüense. Nr. 42, Managua: CICDA-UCA. (S. 6-39.)

Hooker, Alta (2004): URACCAN University: »Education as empowerment: Building a University for Indigenous Peoples«. Centre for sami studies: CONFERENCE REPORT 2005 Forum for Development Cooperation with Indigenous Peoples: »Globalization, Cultural Resources and Indigenous Peoples. (abrufbar unter: http://www.sami.uit.no/forum/2005/pdf/forumrapport2005.pdf, Download: 5. August 2008).

Huhn, Sebastian/Löding, Torge (2007): Zentralamerika: Sozialer Konflikt um CAFTA und seine Folgen. In: GIGA-Fokus – German Institute of Global and Area Studies, Nr. 10. (abrufbar unter: http://www.giga-hamburg.de/dl/download.php?d=/content/publikationen/pdf/gf_lateinamerika_0710.pdf, Download: 8. Dezember 2008).

IDA (Inter-American-Development Bank) 2004: Nicaragua. Completion Point under the Heavily Indebeted Poor Countries Initiative.

Kaller-Dietrich, Martina (2002): Macht über Mägen. Essen machen statt Knappheit verwalten. Wien: Promedia-Verlag.

Kerner, Ina (1999): Feminismus, Entwicklungszusammenarbeit und Postkoloniale Kritik. Eine Analyse von Grundkonzepten des Gender-and-Development Ansatzes. In: Berliner Studien zur Politikwissenschaft. HerausgeberInnen: Altvater, Elmar, Jänicke, Martin (Hrsg.). Hamburg: LIT-Verlag.

Kohl, Karl-Heinz (1986): Exotik als Beruf. Erfahrung und Trauma der Ethnographie. Frankfurt am Main/New York: Reihe Campus.

Kohl, Karl-Heinz (1993): Ethnologie – die Wissenschaft vom kulturellen Fremden. Eine Einführung. München: Beck.

Kohn, Hermann (1981): El Salvador. Nicaragua. Aufstand im US-Hinterhof. Weltkreis-Verlag, Dortmund.

Kolland, Franz (2003): Entwicklungstheorien bis in die 1980er-Jahre und ihre politischen Implikationen. In: Fischer, Karin/Hanak, Irmtraut/Parnreiter, Christof (Hrsg.): Internationale Entwicklung. Eine Einführung in Probleme, Mechanismen und Theorien. 2. Auflage, Frankfurt a. M.: Brandes & Apsel Verlag. (S. 56-71).

Knippenberg, Luuk/Schuurman, Frans (1994): Blinded by Rainbows: Anti-modernist and Mondernist Deconstructions of Development. In: Schuurman, Frans (Hrsg.): Current Issues in Development Studies. Global Aspects of Agency and Structure. Nimegen Studies in Development and Cultural Change 21. Saarbrücken: Verlag für Entwicklungspolitik Breitenbach. (S. 90-106).

Krakowski, Michael (2004): Poverty Reduction Strategy Papers in Lateinamerika: Nicaragua, HWWA-Report 241. Hamburg: Hamburgisches Welt-Wirtschafts-Archiv (HWWA).

Krennerich, Michael (1992): Nicaragua – Länderanalysen. In: Nohlen, Dieter/Nuscheler, Franz (Hrsg.): Handbuch der dritten Welt, Band 3: Mittelamerika und Karibik. 3. völlig neu bearb. Auflage, J. H. W. Dietz Nachf., Bonn. (S. 203-237).

Küblböck, Karin (2003): Entschuldung: Entstehung, Trends und neue Fakten. In: Fischer, Karin/Hanak, Irmtraut/Parnreiter, Christof (Hrsg.): Internationale Entwicklung. Eine Einführung in Probleme, Mechanismen und Theorien. 2. Auflage, Frankfurt a. M.: Brandes & Apsel Verlag. (S. 128-138).

Küblböck, Karin (2005): HIPC AND BEYOND. Entschuldungsinitiativen und –vorschläge auf dem Prüfstand. Working Paper 7, ÖFSE, Wien (abrufbar unter: http://www.oefse.at/Downloads/publikationen/entschuldugst.pdf, Download: 31. März 2008).

Küblböck, Karin/Staritz, Cornela (2007): Internationale Verschuldung und (Unter-) Entwicklung. In: Becker, Joachim/Imof, Karen/Jäger, Johannes/Staritz, Cornelia (Hg.): Kapitalistische Entwicklung in Nord und Süd. *Handel, Geld, Arbeit, Staat.* Wien: Mandelbaum Verlag. (S. 160-184).

Lacayo O., Antonio (2005): LA DIFÍCIL TRANSICIÓN NICARAGÜENSE. En el Gobierno con doña Violeta, Managua: Imprelibros S. A.

Lamnek, Siegfried (1995): Qualitative Sozialforschung, Band 2: Methoden und Techniken, 3., korr. Auflage, Weinheim: Beltz, Psychologie-Verl.-Union.

Langhorst, Christina (2007): Die bilateralen Handelsabkommen der Europäischen Union. Risiko und Chance für Multilateralismus und weltwirtschaftliche Integration. In: Analysen & Argumente, Ausgabe 45. (abrufbar unter: http://www.kas.de/wf/doc/kas_12147-544-1-30.pdf, Download: 14. Juli 2008).

Leyerer, Stefan (2007): Die Rolle afrikanischer Universitäten für Entwicklung – Dargestellt anhand einer Fallstudie an ost- und südafrikanischen Partneruniversitäten der JKU. Unveröffentlichte Diplomarbeit, Johannes Kepler Universität Linz.

Losch, Bruno (2007): Implicaciones Estructurales de la Liberalización Comercial en la agricultura y el Desarrollo Rural en Nicaragua. Managua: Nitlapan-UCA. (abrufba unter: http://www.nitlapan.org.ni/files/documento/1193853518_PROGRAMA%20RURAL%20BM%20MAGFOR%20NITLAPAN.pdf,Download:9.Dezember2008)

Mayring, Philipp (1993): Einführung in die qualitative Sozialforschung, 2. Auflage, Weinheim: Beltz, Psychologie-Verl.-Union.

Menzel, Ulrich (1992): Das Ende der Dritten Welt und das Scheitern der großen Theorien, Frankfurt am Main: Suhrkamp.

Mies, Maria/Werlhof, Claudia von (2003): Der internationale Widerstand. In: Mies, Maria/Werlhof, Claudia von (Hrsg.): Lizenz zum Plündern. Das Multilaterale Abkommen über Investitionen »MAI«. Globalisierung der Konzernherrschaft – und was wir dagegen tun können. Hamburg: eva/Sabine Groenewold Verlag. (S. 28-52).

MIFIC (Ministerio de Fomento, Industira y Comercio) (2005): Documento Explicativo. Tratado de Libre Comercio Centroamérica – Estados Unidos – República Dominicana. Managua.

Milborn, Carinna (1999): Subsistenz gegen Ausbeutung: Widerstandsgemeinden in Guatemala. In: Bennholdt-Thomsen, Veronika/Holzer, Brigitte (Hrsg.): Das Subsistenzhandbuch. Widerstandskulturen in Europa, Asien und Lateinamerika. Wien: Promedia Verlag.

Minkner-Bünjer, Mechthild (1999): Zentralamerika nach Hurrikan Mitch (II). In: Brennpunkt Lateinamerika, Nr. 04-99, Institut für Iberoamerika-Kunde Hamburg, S. 25-34. (abrufbar unter: http://www1.uni-hamburg.de/IIK/brennpkt/bpk9904e.pdf, Download: 11. April 2008)

Minkner-Bünjer, Mechthild (2004): Freihandelsabkommen USA – Zentralamerika: Bleibt die regionale Integration auf der Strecke? In: Brennpunkt Lateinamerika: Politik – Wirtschaft – Gesellschaft. Nr. 12/2004, Institut für Iberoamerika-Kunde Hamburg. (S. 125-139.)

Morley, Samuel (2006): Trade Liberalization under CAFTA: An Analysis of the Agreement with Special Reference to Agriculture and Smallholders in Central America. Discussion Paper No. 33: International Food Policy Research Institute (abrufbar unter: http://www.ifpri.org/divs/dsgd/dp/papers/dsgdp33.pdf, Download: 3. Dezember 2008).

Niess, Frank (1987): Das Erbe der Conquista. Geschichte Nicaragua; Köln: Pahl-Rugenstein Verlag.

Nohlen, Dieter (1999): Raúl Prebisch (1901-1986). Das Zentrum-Peripherie-Modell der internationalen Wirtschaftsbeziehungen. In: E + Z Entwicklung und Zusammenarbeit, Nr. 11. (S 316-319.) (abrufbar unter: http://www.inwent.org/E+Z/zeitschr/ez1199-6.htm, Download: 3. Jänner 2009.)

Nohlen, Dieter/Nuscheler, Franz (Hrsg.) (1992): Handbuch der dritten Welt, Band 3: Mittelamerika und Karibik. 3. völlig neu bearb. Auflage, Bonn: J. H. W. Dietz Nachf.

Nohlen, Dieter/Sturm, Roland (1982): Über das Konzept der strukturellen Heterogenität. In: Nohlen, Dieter/Nuscheler, Franz (Hrsg.): Handbuch der dritten Welt, Band 1: Unterentwicklung und Entwicklung: Theorien – Strategien – Indikatoren. 2. überab. und ergänzte Ausgabe, Hamburg: Hoffmann und Campe. (S. 92-117).

Nuscheler, Franz (2004): Entwicklungspolitik. Lern- und Arbeitsbuch, 5., völlig neu bearb. Auflagen, Bonn: J. H. W. Dietz Nachf.

Orozco, Manuel (2008): Migración y Remesas en Nicaragua: Análisis y Resultados de la ultima encuesta sobre remesas y migración. (abrufbar unter: http://www.thedialogue.org/PublicationFiles/Encuesta%20de%20Remesas%20a%20Nicaragua%202008.pdf, Download: 3. Jänner 2009.

Passadakis, Alexis (2006): Keine Tränen für Doha. Die Anti-Entwicklungsrunde der WTO vor dem Aus? Zeit für Alternativen. (abrufbar unter: http://www.weed-online.org/publikationen/arbeitspapiere/336358.html, Download: 14. Juli 2008.)

PNUD (Programa de Naciones Unidas para el Desarrollo) (2005): Informe de Desarrollo Humano 2005. Las Regiones Autónomas de la Costa Caribe. INPASA: Managua.

Rahnema, Majid (1997): Development and the People's Immune System: The Story of Another Variety of AIDS. In: Rahnema, Majid (Hrsg.): The Post-Development Reader. London/New Jersey: ZED BOOKS. (S. 111-135).

Rediske, Michael (1984): Umbruch in Nicaragua. Die Entstehung der Revolution aus dem Zerfall der bürgerlichen Herrschaft. Forschungs- und Dokumentationszentrum Chile – Lateinamerika, Berlin.

Rivera, Virgilio/Williamson, Dennis/Rizo, Mario (1997): Autonomía y Sociedad en la RAAN. Managua, CIDCA-UCA.

Rodríguez Alas, Tomás Ernesto 2002: Ajuste Estructural y Desarrollo Rural en Nicaragua. Managua: NITLAPAN, UCA.

Rostow, Walt W. (1960): Stadien wirtschaftlichen Wachstums. Eine Alternative zur marxistischen Entwicklungstheorie. Göttingen: Vandenhoeck & Ruprecht.

Sachs, Wolfgang (1992): Zur Archäologie der Entwicklungsidee, 2. Auflage, Frankfurt: Verlag für Interkulturelle Kommunikation.

Schubert, Klaus/Martina Klein (2006): Das Politiklexikon. 4. Aufl. Bonn: Dietz.

Schuurman, Frans J. (1993): Introduction: Development-Theory in the 1990s. In: Schurrmann Frans J. (Hrsg.): Beyond the Impasse. New Directions in Development-Theory. London/New Jersey: ZED BOOKS. (S. 1-41)

Senghaas, Dieter (1974): Elemente einer Theorie des peripheren Kapitalismus. In: Senghaas, Dieter (Hrsg.): Peripherer Kapitalismus. Analysen über Abhängigkeit und Unterentwicklung. Frankfurt am Main: Suhrkamp. (S. 7-37).

Senghaas, Dieter (1978): Weltwirtschaftsordnung und Entwicklungspolitik. Plädoyer für Dissoziation, 2. Auflage, Frankfurt am Main: Suhrkamp.

Senghaas, Dieter (1979): Dissoziation und autozentrierte Entwicklung. Eine entwicklungspolitische Alternative für die Dritte Welt. In: Senghaas, Dieter (Hrsg.): Kapitalistische Weltökonomie. Kontroversen über ihren Ursprung und ihre Entwicklungsdynamik, Frankfurt am Main: Suhrkamp. (S. 376-412).

Senghaas, Dieter/Menzel, Ulrich (1976): Multinationale Konzerne und Dritte Welt. In: Senghaas, Dieter/Menzel, Ulrich (Hrsg.): Multinationale Konzerne und Dritte Welt, Opladen: Westdeutscher Verlag. (S. 47-67).

Slezak, Gabriele (2006): Länderinformation Nicaragua, ÖFSE, 4. überarbeitete Auflage, Wien.

Sollis, Peter (1989): The Atlantic Coast of Nicaragua: Development and Autonomy. In: Journal of Latin American Studies (Volume 21 Part 3), Cambridge: Cambridge University Press.

Stiglitz, Joseph (2002): Im Schatten der Globalisierung. 6. Aufl. Berlin: Siedler.

Ulrich, Stefan (2001): Die zentralamerikanische Integration. Stand und Entwicklungsperspektive. Bonn: Deutsches Institut für Entwicklungspolitik.

UNDP (2007): Human Development Report 2007/2008: Fighting climate change: Human solidarity in a divided world. New York.
(abrufbar unter: http://hdr.undp.org/en/media/hdr_20072008_en_complete.pdf, Download: 8. April 2008.)

UNDP (2005): Human Development Report 2005: International cooperation at a crossroads. Aid, trade and security in an unequal word. New York.
(abrufbar unter: http://hdr.undp.org/en/reports/global/hdr2005/, Download: 20. November 2008).

UNCTAD (2000): World Investment Report 2000: Cross-border Mergers and Acquisitions and Development, New York/Geneva.

Vargas, Oscar-René (2007): Después del CAFTA, ¿Que? PAVSA: Managua.

Varian, Hal (2001): Grundzüge der Mikroökonomie. 5. Auflage, München/Wien: Oldenbourg Verlag.

Vernooay, Ronnie (Hrsg.) (1991): ¿cómo vamos a sobrevivir nosotros? Aspectos de las pequeñas economías y autonomía de la Costa Caribe de Nicaragua. CIDCA-UCA, Managua.

Ziai, Armin (2004): Entwicklung als Ideologie? Das klassische Entwicklungsparadigma und die Post-Development-Kritik. Ein Beitrag zur Analyse des Entwicklungsdiskurses. Hamburg: Deutsches Übersee-Institut.

Ziai, Aram (2006): Post-Development: Ideologiekritik in der Entwicklungstheorie. In: Politische Vierteljahresschrift, 47. Jg, Hef. 2, (S. 193-218.) (abrufbar unter: http://www.springerlink.com/content/g6417w5rm75h2t2t/fulltext.pdf, Download: 4. November 2008.)

Ziegler, Jean (2005): Das Imperium der Schande. Der Kampf gegen Armut und Unterdrückung. 3. Auflage, Bertelsmann Verlag, München.

Internetquellen

Acevedo Vogel, Adolfo (2003): IMPACTOS POTENCIALES DEL TRATADO DE LIBRE COMERCIO CENTROAMÉRICA – ESTADOS UNIDOS EN EL SECTOR AGRÍCOLA Y LA POBREZA RURAL DE NICARAGUA.
http://www.revistafuturos.info/download/down4/impactos-potenciales.pdf
Download: 10. August 2008.

AG-Friedensforschung an der Uni Kassel
http://www.uni-kassel.de/fb5/frieden/themen/Europa/akp3.html
Download: 4. Februar 2009.

Anderson, Rachel (2008): CAFTA is a Disaster: Vignettes from the Nicaraguan Countryside and Marketplace. In: Stop CAFTA Coalition: DR-CAFTA – Effects and Alternatives. (S. 9-15):
http://www.cispes.org/documents/DR-CAFTA_Effects_and_Alternatives.pdf
Download: 15. November 2008

APA/OTS
http://www.ots.at/presseaussendung.php?schluessel=OTS_20080623_OTS0062
Download: 17. Juli 2008

Azzellini, Dario (2004): Ärger im Paradies. Südwind Magazin 09/2004.
http://www.suedwind-magazin.at/start.asp?artid=3059&ausg=200409&b=0&artart=,
Download: 20. Juni 2008

Baldwin, Richard/Low, Patrick (2009): Multilateralizing Regionalism: Challenges for the Global Trading System. Herausgeber: WTO.
http://www.wto.org/english/res_e/booksp_e/multila_region_e.pdf
Download: 19. Jänner 2009

BCN (Banco Central de Nicaragua) (2006): Comercio Exterior
http://www.bcn.gob.ni/estadisticas/exterior/2006/default.html
Download: 18. Dezember 2008

BCN (Banco Central de Nicaragua) (2007a): Nicaragua en Cifras. Managua
http://www.bcn.gob.ni/publicaciones/prensa/folletin/Folletin2006.pdf
Download: 8. April 2008

BCN (Banco Central de Nicaragua) (2007b): Comercio Exterior
http://www.bcn.gob.ni/estadisticas/exterior/2007/default.html
Download: 18. Dezember 2008

BCN (Banco Central de Nicaragua) (2007c): Importaciones CIF por uso o destino económicos.
http://www.bcn.gob.ni/estadisticas/exterior/2007/7.pdf
Download: 22. Dezember 2008)

BCN (Banco Central de Nicaragua) (2008a): Estadísticas económicas del 40 aniversario.
Managua.
http://www.bcn.gob.ni/estadisticas/macroeconomia/default.shtm
Download: 2. April 2008

BCN (Banco Central de Nicaragua) (2008b): Indice mensual de actividad económica
http://www.bcn.gob.ni/estadisticas/basedatos/demoFrameset.html
Download: 21. April 2008

Bertelsmann Transformation Index 2003: Ländergutachten – Nicaragua
http://bti2003.bertelsmann-transformation-index.de/fileadmin/pdf/laendergutachten/lateinamerika_karibik/Nicaragua.pdf
Download: 14. April 2008

Beteta, Antonio/Gutiérrez, Víctor (2007): Impacots del TLC (DR-CAFTA) en Nicaragua.
Abril 2006-Marzo 2007.
http://cisas.org.ni/files/Impactos%20del%20TLC%20en%20Nicaragua.pdf
Download: 7. Dezember 2008

Bloque Popular Centroamericano (2004): Why We Say No to CAFTA. Analysis of the Official Text
http://www.grain.org/rights_files/cafta304.pdf
Download: 18. Dezember 2008

BMWA (2008): Suspendierung der WTO-Verhandlungen am 24. Juli 2008
http://www.bmwa.gv.at/BMWA/Schwerpunkte/Aussenwirtschaft/MultiHandelsPolitik/suspendierung_wto_verhandlungen.htm
Download: 10. Juli 2008

Bourgois, Philippe 1985: Nicaragua's ethnic minorities in the revolution.
http://findarticles.com/p/articles/mi_m1132/is_v36/ai_3579026/print
Download: 13. März 2008

Bundesministerium für wirtschaftliche Zusammenarbeit und Entwicklung
http://www.bmz.de/de/wege/ez_eu/eu-wege/akpstaaten/index.html
Download: 14. Juli 2008

Carstens, Margret (2004): Die Awas Tingni-Entscheidung zu indigenen Landrechten in Nicaragua und ihre regionale wie internationale Bedeutung.

287

http://www.gfbv.de/inhaltsDok.php?id=160&highlight=Carstens
Download: 20. Juni 2008

CEPAL (2002): Centroamérica: El impacto de la caída de los precios del café
http://www.grupochorlavi.org/cafe/docs/cepal2002.pdf
Download: 24. April 2008

CIA-World Factbook: Nicaragua
https://www.cia.gov/library/publications/the-world-factbook/geos/nu.html
Download: 9. April 2008

Consejo Supremo Electoral: Elecciones 2006
http://www.cse.gob.ni/index.php?s=28
Download: 7. Mai 2008

Coordinadora Civil (2004): Análisis y posicionamiento de la Coordinadora Civil acerca del
Tratado de Libre Comercio de Centroamérica con los Estados Unidos de Norteamérica
(CAFTA).
http://www.ccer.org.ni/files/publicacion/1165957221_040901_TLC.pdf
Download: 15. Dezember 2008

derStandard: Preise für Rohkaffee auf Rekordniveau; Erscheinungstag: 23. April 2008, APA;
www.derstandard.at
Download: 24. April 2008

Deutsches Auswärtiges Amt
http://www.auswaertigesamt.de/diplo/de/Laenderinformationen/Nicaragua/Geschichte.
html
Download: 08. Januar 2008

Díaz Polanco, Héctor 1997: Nicaragua: Diez años de autonomía en Nicaragua.
www.latautonomy.org/NI_DiazPolanco_Art1.pdf
Download: 17. März 2008

Direccion General Policia Nacional (1994): Problematica de la Droga en la RAAN.
http://www.policia.gob.nic/cedoc/sector/drg/04_01_15_P766p_droga.pdf
Download: 21. Mai 2008

Eberhardt, Pia/Passadakis, Alexis (2006): Die Konzernagenda in der WTO.
http://www.wto-runde.de/themen/agrar/137946.html
Download: 9. Juli 2008

El Nuevo Diario (2006): Mestizos reclaman derecho a la tierra.
http://www-ni.elnuevodiario.com.ni/2006/10/25/departamentales/32176
Download: 30. Juni 2008

El Nuevo Diario (2007): Indígenas y mestizos dialogan por tenencia de la tierra.
http://www.elnuevodiario.com.ni/2007/06/06/nacionales/50560
Download: 19. Juni 2008

El Nuevo Diario (2008): Queman droga incautada en la RAAN.
http://www.elnuevodiario.com.ni/nacionales/16204
Download: 20. Mai 2008

Envio-Team (1986): Miskitus on the Río Coco Whose Political Football Are They? Revista Envio 1986: Nr. 59.

http://www.envio.org.ni/articulo/3504

Download: 14. März 2008

http://www.erlassjahr.de/content/glossar/index.php

Download: 28. März 2008

http://www.euractiv.com/de/handel/doha-entwicklungsrunde-wto/article-157101,

Download: 10. Juli 2008

Europäische Kommission (2007): Nicaragua Länderstrategiepapier 2007-2013.

http://ec.europa.eu/external_relations/nicaragua/csp/07_13_de.pdf

Download: 2. Oktober 2008

Fiallos, Alvaro (2001): Salidas a las crisis rural: reforestar, educar y no robar. IN: Revista Envio 2001: Nr. 231,

http://www.envio.org.ni/articulo/1084

Download: 26. März 2008

Government of Nicaragua (2001): A Strengthened Growth and Poverty Reduction Strategy, Managua.

http://www.imf.org/external/np/prsp/2001/nic/01/073101.pdf

Download: 14. April 2008

Grigsby, William (2005): Elections in the Caribbean Coast: Drugs, Abandonment and Apathy. In: Revista Envio 2005: Nr. 293,

http://www.envio.org.ni/articulo/3154

Download: 7. Mai 2008

Grünberg, Marcel/Vogel, Adrian (2005): Regionalismus vs. Multilateralismus: Die WTO und regionale Integrationsräume. Unveröffentlichte Seminararbeit, TU Kaiserslautern, Fachbereich Wirtschaftswissenschaften.

http://www-bior.wiwi.uni-kl.de/wiwi/dekanat/blank/Segelseminar2005/themen/Thema%2011.pdf

Dowload: 20. April 2008

Homepage der Falconbridge Kompanie:

http://www.falconbridge.com/about_us/history_milestones.htm

Download: 05. Februar 2008

Hoyt, Katherina (2006): Agriculture in Nicaragua. The Impact of CAFTA on Nicaraguan Agriculture. In: Stop CAFTA Coalition: Monitoring report: DR-CAFTA in Year One. (S. 37-41).

http://www.cispes.org/cafta/CAFTA_Monitoring_sept12.pdf

Download: 17. November 2008

IICA (Instituto Interamericano de Cooperación para la Agricultura IICA-Nicaragua) (2000): Estrategia para el Desarrollo Agropecuario y Forestal de Nicaragua. Managua.

http://www.iica.int.ni/Estudios_PDF/EstregIICA_Provia.pdf

Download: 29. April 2008

INEC (Instituto Nacional de Estadísticas y Cenosos – INEC de Nicaragua) (2003): Censo Nacional Agropecuario III de la Región Autónoma del Atlántico Norte (R. A. A. N.).
http://www.inide.gob.ni/cenagro/perfiles/91 %20RAAN.pdf
Download: 14. Juni 2008
Instituto Nacional de Información de Desarrollo (2005): Compendio Estadístico 2003-2004.
http://www.inec.gob.ni/
Download: 31. März 2008
Instituto Nacional de Información de Desarrollo (2007): Perfil y Características de los Pobres en Nicaragua 2005, Managua.
http://www.inec.gob.ni/Pobreza/publicacion/Pobrezafinal05.pdf
Download: 14. April 2008
Inter-American Development Bank (2008): Remittances 2007. A bend in the road, or a new direction?
http://idbdocs.iadb.org/wsdocs/getdocument.aspx?docnum=1381109
Download: 4. Jänner 2009
International Monetary Fund (2007)
http://www.imf.org/external/pubs/ft/weo/2007/01/data/index.aspx
Download: 1. Dezember 2008
Inwent: Europäische und amerikanische Maßeinheiten, die in Nicaragua in Gebrauch sind
http://www.inwent.org/v-ez/lis/nic/masseinheiten.pdf
Download: 22. April 2008
Ita, Anna de (2008): Fourteen Years of NAFTA and the Tortilla Crisis.
http://americas.irc-online.org/am/4879
Download: 18. Juli 2008
kfw-Entwicklungsbank (2005): Landesinformation Costa Rica
http://www.kfw-entwicklungsbank.de/DE_Home/Laender_und_Projekte/Lateina-mer79/CostaRica60/Landesinformation_Costa_Rica.pdf
Download: 9. April 2008
la Prensa (2008): Lenta demaracación en RAAN
http://www.laprensa.com.ni/archivo/2008/marzo/01/noticias/regionales/246315.shtm
Download: 25. Juni 2008
Lateinamerika-Nachrichten (online): Ausgabe, Nummer 361/362-Juli/August 2004
Massenbach, Arndt (2004): Nicaragua, Schuldenerlass schafft nur wenig Luft
http://www.lateinamerikanachrichten.de/?/artikel/99.html
Download: 9. April 2008
Lateinamerika-Nachrichten (online): Ausgabe, Nummer 375/376-September/Oktober 2005
Leonhard, Ralf (2005): Drei Caudillos lähmen das Land.
http://www.lateinamerikanachrichten.de/?/artikel/653.html
Download: 11. April 2008
Leonhard, Ralf: Arnoldo Alemán – ein Lehrbeispiel zur politischen Lage in Nicaragua

http://www.dioezese-linz.at/redaktion/data/sozialreferat/Nicaragua1neu2.rtf
Download: 9. April 2008

Marxistische Streit- und Zeitschrift, 1990: Freiheit statt Sandinismus oder die Rückkehr des Hungers nach Managua.
http://www.gegenstandpunkt.com/msz/html/90/90_5/nicarag.htm
Download: 04. März 2008

McElhinny, Vincent (2004): Update on the U. S. – Central America Free Trade Agreement (CAFTA): Implications of the Negotiations.
http://www.interaction.org/files.cgi/2532_CAFTA_Update_January_1-9.pdf
Download: 28. Dezember 2008

MIFIC (Ministerio de Fomento, Industira y Comercio) (2006a): Boletín Comercio Exterior. Enero-Diciembre 2004-2005.
http://www.mific.gob.ni/
Download: 21. Oktober 2008

MIFIC (Ministerio de Fomento, Industira y Comercio) (2006b): Informe de Relaciones Comerciales Nicaragua – Estados Unidos de América. Año 2005.
http://www.mific.gob.ni:81/docushare/dsweb/Get/Document-3903/Relacion_Comerical_Nicaragua_-_Estados_Unido
Downlaod: 10. November 2008

Moody, John (1989): Don't coll her Comrade. Managua
http://www.time.com/time/printout/0,8816,957920,00.html
Download: 25. März 2008

Nicaragua: Dispute over Property Rights (1993)
http://www.photius.com/countries/nicaragua/government/nicaragua_government_dispute_over_propert~10079.html
Download: 26. März 2008

Nicaragua-Nachrichten (2006): Wahl-Unlust an der Atlantikküste. (März 2006: Nr. 353)
http://www.nicaraguanet.org/NICARAGUANET/NiNaONLINE/Archiv/Ubersicht/Fr%20Ubersicht.htm.
Download: 7. Mai 2008

Nicaragua-Verein Hamburg:
www.nicaragua-verein.de/Nicaragua/Geschichte/Unabhangigkeit/unabhangigkeit.html,
Download: 11. Januar 2008

Nitlápan-Envío team (1989): Toll Rises from Hurricane Joan: Emergency as Daily Life Revista Envio 1989: Nr. 90
http://www.envio.org.ni/articulo/2831
Download: 25. März 2008

NZZ (2005): Nicht ganz erfolglose WTO-Konferenz
http://www.nzz.ch/2005/12/19/wi/articleDF9VV.html
Download: 08. Juli 2008

Ökumenischen Büros (2004): Infoblatt Nr. 63: Die Strukturanpassungsprogramme des Internationalen Währungsfonds. Privatisierungspflicht und »Armutsreduktion«.
http://nica.open-lab.org/Infoblatt63/saps.shtml#fuss05
Download: 26. März 2008

Oxfam Deutschland (2002): Bitter! Armut in der Kaffeetasse.
http://www.oxfam.de/download/kaffeestudie.pdf
Download: 23. April 2008

Oxfam Deutschland (2007): Ist die Kaffeekrise nun Vorüber?
http://www.oxfam.de/download/kaffee_studie.pdf
Download: 22. April 2008

Oxfam International (2003): Make Trade Fair for the Americas. Agriculture, Investment and Intellecutal Property: Three Reasons to Say No to the FTAA. Briefing Paper: Nr: 37.
http://www.oxfam.org/en/policy/pp030126-FTAA
Download: 21. Juli 2008

Öl – Dimensionen – Welt der Wissenschaft: URACCAN – die Geburt einer Universität.
http://www.truebswasser.com/
Download: 20. November 2008

Pinzler, Petra (2005): Die Angst der Reichen vor dem Markt.
http://www.zeit.de/2005/52/Agrument_521?page=2
Download: 10. Juli 2008

PRSP-WATCH: Nicaragua
http://www.prsp-watch.de/index.php?page=laenderprofile/nicaragua.php,
Download: 31. März 2008

Rodríguez-Piñero, Luis (2005): Comunicación de la Comunidad Mayangna Awas Tingni al Relator Especial de la ONU sobre la situación de los derechos humanos y las libertades fundamentales de los indígenas.
http://www.law.arizona.edu/depts/iplp/advocacy/awastingni/documents/comunicacion_a_Relator_Especial_Stavenhagen_def.pdf
Download: 25. Juni 2008

Russell, George 1984: Indians Caught in the Middle.
http://www.time.com/time/printout/0,8816,954345,00.html
Download: 13. März 2008

Salazar-Xirinachs, Jose (2003): Las Asimetrías en los TLCs contemporáneos y el TLC Centroamérica-Estados Unidos (CAFTA).
http://ctrc.sice.oas.org/TUnit/STAFF_ARTICLE/jmsx03_asimetrias.pdf,
Download: 12. Dezember 2008

Salazar-Xirinachs, Jose/Granados, Jaime (2003): The US-Central America Free Trade Agreement: Opportunities and Challenges.
http://www.iie.com/publications/chapters_preview/375/09iie3616.pdf,
Download: 8. Dezember 2008

taz.de online: Interview mit Christof Parnreiter
http://www.taz.de/1/politik/amerika/artikel/1/die-kleinbauern-werden-verdraengt/?src=TE&cHash=43adc2e0c4
Download: 18. Juli 2008
http://www.taz.de/index.php?id=archivseite&dig=2003/09/16/a0109
Download: 7. Juli 2008

The Stop CAFTA Coalition (2007): DR-CAFTA Year Two: Trends & Impacts.
http://lasolidarity.org/CAFTA_report/CAFTAYear2_monitoring_eng.pdf,
Download: 4. Jänner 2009

Torres, Peña (2006): El período de los Treinta Años Conservadores. http://ress.afehc.apinc.org/_articles/portada_afehc_articulos 28.pdf
Download: 08. Jänner 2008

United Nations Millennium Development Goals
http://www.un.org/millenniumgoals/poverty.shtml
Download: 3. Februar 2009
http://www.un.org/special-rep/ohrlls/ldc/ldc%20criteria.htm
Download: 08. Juli 2008

United Nations Statistics Division (2008): Glossary – Definition of Terms
http://unstats.un.org/unsd/snaama/glossResults.asp?Id=8
Download: 9. April 2008

Universität Hamburg, Department für Sozialwissenschaften
http://www.sozialwiss.uni-hamburg.de/publish/Ipw/Akuf/kriege/100_elsalvador-honduras.htm
Download: 18. Februar 2008.

Vargas (2005a): Contra el TLC – Against CAFTA
http://www.nadir.org/nadir/initiativ/agp/free/cafta/0908agricultura.html,
Download: 30. November 2008

Vargas, René (2005b): Nicaragua sobrevive de las remesas.
http://archivo.elnuevodiario.com.ni/2005/julio/22-julio-2005/economia/,
Download: 15. Oktober 2008

Verein zur Förderung der Städtepartnerschaft Berlin-Kreuzberg/San Rafael del Sur
http://www.staepa-berlin.de/
Download: 11. März 2008

Vigna, Anna (2008): Böses Erwachen in Mexiko.
http://www.monde-diplomatique.de/pm/.dossier/hunger_artikel.id,20080314a0057
Download: 21. Juli 2008

WEED (2006): fact sheet. Die NAMA – Verhandlungen in der WTO: Stand der Dinge nach Hongkong
http://www2.weed-online.org/uploads/weed_factsheet_nama.pdf
Download: 20. Juni 2008
http://www.weed-online.org/themen/97165.html

Download: 08. Juli 2008
http://www.wirtschaftslexikon24.net/d/naples-terms/naples-terms.htm
Download: 28. März 2008
World Bank (2007): Nicaragua at a glance
http://devdata.worldbank.org/AAG/nic_aag.pdf
Download: 9. April 2008
World Bank (2008): Data and Statistics
http://siteresources.worldbank.org/DATASTATISTICS/Resources/GNIPC.pdf und
http://siteresources.worldbank.org/DATASTATISTICS/Resources/GDP.pdf
Download: 9. April 2008
WTO – Ministerial declaration 2001 – Doha
http://www.wto.org/english/thewto_e/minist_e/min01_e/mindecl_e.htm
Download: 10. Juli 2008
http://www.wto.org/english/thewto_e/whatis_e/tif_e/org6_e.htm
Download: 7. Juli 2008
http://www.wto.org/english/tratop_e/agric_e/agnegs_swissformula_e.htm
Download: 10. Juli 2008
ZDFheute (2005): WTO Kompromiss in Hongkong
http://www.heute.de/ZDFheute/inhalt/2/0,3672,3226434,00.html
Download: 08. Juli 2008.

Unveröffentlichte Literatur:

Alcaldía Municipal de Puerto Cabezas (2003): Plan estrategico de desarrollo 2003-2012.

Alcaldía Municipal de Waspam (2004): Diagnostico – Municipio de Waspam, Rio Coco.

Ausstellungskatalogue: Tipitapa en las Zonas Francas. Bilder, Geschichten, Fakten und Träume aus dem Nicaragua der Sonderwirtschaftszonen.

Blanco, Myriam/Bendaña, Guillermo/Guevara, Ramón (2004): Estudio Sectorial de Economía Rural y Sistemas Productivos de la Costa Atlántica de Nicaragua. Herausgeber: Ministerio del Ambiente y los Recursos Naturales und Fondo Nórdico de Desarrollo.

Bryan, Joe (2007): We fought the war to defend our land; Paper presented to the Mellon-Sawyer Seminar Series on *the Changing Nature(s) of Land: Property, Peasants and Agricultural Production in a Global World.*

Consejo Regional Autónomo de la RAAN (2004): PLAN ESTRATÉGICO DE DESARROLLO REGIONAL: Región Autónoma Atlántico Norte

Davis, Sandra/Marley, Sasha/Trübswasser, Gerhild (2005): ALGO ANDA MAL. El Bla a Wakni en el Río Coco. URACCAN – Horizont3000

Gobierno Autónomo de la Región Autónoma del Atlántico Norte (2003): Estrategia de Desarrollo de la RAAN.

Palazio Gola, Edgard (2000): Zelaya y la Mosquitia: El mito de la reincorparación. Unveröffentlicher Vortrag auf dem *CONGRESO CENTROAMERICANO DE HISTORIA*, El Salvador.

URACCAN (2004): Primer Informe de Desarrollo Humano Costa Caribe de Nicaragua, Capítulo 2, segunda parte: Dinámicas Territoriales y Bio-demográficas.

Welthungerhilfe (2006): PDI – Programa de Complementariedad Interagencial para el Desarrollo Integral de Comunidades en la RAAN y en Miraflor-Moropotente.

Zapata Webb, Yuri Hamed: Una historia diferente. Apuntes básicos sobre la historiografía de los pueblos indígenas y las comunidades éthnicas de las regiones autónomas de la costa caribe nicaragua.

Abkürzungsverzeichnis

ALBA	Alternativa Bolivariana para los pueblos de Nuestra América
ALCA	Área de Libre Commercio de las Américas
ALPROMISU	Alianza Para el Progreso de los Pueblos Indígenas Miskitos y Sumos
ANC	Acción Nacional Conservadora
AoA	Agreement on Agriculture
ATC	Asosicaión de Trabajadores del Campo
ATTAC	Association pour une Taxation des Transactions Financières pour l'Aide aux Citoyens
BCN	Banco Central de Nicaragua
CBI	Caribbean Basin Initiative
CEPAL	Comisión Económica para América Latina y el Caribe
DR-CAFTA	Dominican Republic-Central America Free Trade Agreement; Tratado de Libre Comercio entre Estados Unidos, Centroamérica y República Dominicana
ENITEL	Empresa Nicaragüense de Telecomunicaciones
ESAF	Enhanced Structural Ajustment Facilites
FSNL	Frente Sandinista de Liberación Nacional
FTAA	Free Trade Area of the Americas
GATS	General Agreement on Trade in Services
GATT	General Agreement on Tariffs and Trade
HDI	Human Development Index
HIPC	Heavily Indebted Poor Countries
IDR	Instituto de Desarrollo Rural
INRA	Instituto Nicaraguense de Reforma Agraria
IREMADES	Instituto de Recursos Naturales y Medio Ambiente
IWF	Internationaler Währungsfond; International Monetary Fund
KISAN	Nicaraguan Coast Indian Unity
LDC	Less Developed Countries
LLDC	Least Developed Countries
MAG-FOR	Ministerio Agropecuario y Forestal
MAI	Multilateral Agreement on Investment

MARENA	Ministerio del Ambiente y los Recursos Naturales
MCCA	Mercado Común Centroamericano;
	Gemeinsamer Zentralamerikanischer Markt
MERCOSUR	Mercado Común del Sur
MIFIC	Ministerio de Fomento, Industira y Comercio
MISURA	Indigene antisandinistische Organisation
MISURASATA	Miskitos, Sumus, Ramas, Sandinistas Asla Takanka
	(war ein politischer Zusammenschluss von indigenen Ethnien
	mit VertreterInnen der SandinistInnen an der *Costa Caribe*)
NAFTA	North American Free Trade Agreement,
	Nordamerikanisches Freihandelsabkommen
NAMA	Non-Agricultural Market Access
OAS	Organization of American States
OECD	Organisation for Economic Cooperation and Development
ONG	Organización no gubernamental
PLC	Partido Liberal Constitucionalista
PPP	Purchasing Power Parity
PNUD	Programa de las Naciones Unidas para el Desarrollo
RAAN	Región Autónoma Atlántico Norte
RAAS	Región Autónoma Atlántico Sur
SICC	Southern Indigenous and Creole Communities
SUKAWALA	Sumu Kalpapakna Wahaine Lami;
	(span.: Organización Nacional de las Comunidades
	Indígenas Mayangna de Nicaragua)
TLC	Tratado de Libre Comercio
TRIPS	Trade Related Aspects of Intellectual Property Rights
UDEL	Unión Democrática de Liberación
UNDP	United Nations Development Programme
UNO	Unión Nacional Opositora
URACCAN	Universidad de las Regiones Autónomas
	de la Costa Caribe Nicaragüense
YATAMA	Yapti Tasbara Marawaska:
	politische Partei, die hauptsächliche die Interessen
	der indigenen Ethnie der Misikto vertritt
WTO	World Trade Organisation